SOBRE O SUICÍDIO

A psicoterapia diante da autodestruição

Valdemar Augusto Angerami
ORGANIZADOR

SOBRE O SUICÍDIO

A psicoterapia diante da autodestruição

Ana Vitória Salimon-Santos
André Faro
André Luis Sales da Costa
Andrea dos Santos Nascimento
Bruno Gonçalves
Cleide Pereira Monteiro
Cristiana Ornellas Renner
Francisco Baptista Assumpção Jr.
Gythãna Dantas Cidreira Merigui
Iran Johnathan Silva Oliveira
Lazslo Antonio Ávila
Luana Cristina Silva Santos
Luiz José Veríssimo
Maria Aparecida Penso
Maria Inês Gandolfo Conceição
Marilda de Oliveira Coelho
Marina Corrêa Damazio
Maura Ribeiro Alves
Miguel Mahfoud
Naira Barbosa Soares
Résia Silva de Morais
Silvana Carneiro Maciel
Sueli Guerreiro
Tiago Lupepsa

Artesã

Sobre o suicídio. A psicoterapia diante da autodestruição

1ª edição, 2018 – 1ª reimpressão, 2020

COORDENAÇÃO EDITORIAL
Karol Oliveira

DIREÇÃO DE ARTE
Tiago Rabello

REVISÃO
Débora Andreza Zacharias

CAPA
Karol Oliveira

IMAGEM DE CAPA
Evandro Angerami

PROJETO GRÁFICO E DIAGRAMAÇÃO
Conrado Esteves

S677

Sobre o suicídio : a psicoterapia diante da autodestruição / organizador: Valdemar Augusto Angerami . – Belo Horizonte : Ed. Artesã, 2020.

440 p.; 24 cm.

ISBN: 978-85-88009-98-1

1. Psiquiatria. 2. Suicídio. 3. Psicoterapia. 4. Psicologia. I. Angerami, Valdemar Augusto, 1950-.

CDU 616.89

Catalogação: Aline M. Sima CRB-6/2645

IMPRESSO NO BRASIL
Printed in Brazil

(31)2511-2040 (31)99403-2227
www.artesaeditora.com.br
Rua Rio Pomba 455, Carlos Prates - Cep: 30720-290 I Belo Horizonte - MG
/artesaeditora

Para
os sonhadores ensandecidos...
que acreditam e nos fazem crer
que é possível uma sociedade sem a faceta
cruel da autodestruição...

SUMÁRIO

APRESENTAÇÃO

Valdemar Augusto Angerami

A Lua te mostra a borboleta ainda no casulo...
SABEDORIA CIGANA

A Lua se mostra esplendorosa entre as montanhas. Lua de Páscoa, a primeira Lua depois da Lua de março. Páscoa, com sua esperança de renovação e de uma vida mais digna. Vida em harmonia e paz. Lua argêntea a pratear nossos cantos de modo único e a mostrar o sombreado das montanhas ao longe. O céu exibe a Constelação de Leão, o Outono se mostrando no firmamento.

Outono com sua florada encantadora, da espatódea com suas flores alaranjadas; da aleluia com a delicadeza de suas florzinhas amarelas; das quaresmeiras com suas diversas especificidades em flores brancas, roxeadas e rosadas. E da graciosidade das flores rosadas das Paineiras. Mistério a encantar e seduzir a alma por tantos e indecifráveis mistérios.

Mistério que se renova a cada luamento e a cada transformação das constelações nos céus a mostrar a mudança das estações e da própria vida. Mistério que se vinca com a própria inextricabilidade de se compreender algumas intercorrências da vida. Somos mistério, paixão e presunção. Presunçosos em se arvorar a escrever sobre suicídio como se fossemos minimamente capazes da alcançarmos os meandros de seus tentáculos.

A Lua se mostra luminosa ao alumiar os detalhamentos da vida e das montanhas. Imanta nossa alma com sua aura e nos faz singelos em busca de mistérios e encantamentos da própria vida. Falar de autodestruição, algo tão insano e disforme de tudo que se preconiza na busca de vida, de seus aspectos de preservação e, até mesmo, da busca tão contemporânea da longevidade. A ciência busca com afã inesgotável recursos para extirpar doenças tidas como incuráveis, ao mesmo tempo em que um número incontável de pessoas plenamente saudáveis acaba com a própria vida de modo deliberado. Desespero e mistério a dizimar qualquer parâmetro mínimo de compreensão.

Esse livro é lançado com a presunção de se tornar a principal referência na área da saúde na questão da temática do suicídio. E certamente o será. Os mais renomados nomes da área estão presentes com trabalhos simplesmente fantásticos.

Mas essa presunção se mostra como verdadeira aberração. Falamos de causas do suicídio e o desespero humano nos mostra que não existem causas para o suicídio. Existe a falta de sentido para a vida que destrói e corrói com toda a dignidade humana. Falamos em prevenção, e nossa presunção assume níveis de total sandice. Afinal, o número de pessoas que morrem pelo suicídio supera os que morrem pelas guerras ao redor do mundo. Algo totalmente incompreensível e totalmente revestido de absurdidade sequer definível. É como se estivéssemos totalmente inertes por uma sonolência incontrolável. Ou ainda, por uma total obnubilação da consciência, que nos impedisse de termos pensamentos mais lúcidos e precisos sobre a dramaticidade do suicídio e dessa maneira continuássemos a falar em prevenção e na fé inquebrantável de que a autodestruição deixará de fazer parte de nossa cotidianidade. Algo tão insano como acreditar que a noite não virá após o fim da tarde.

E se em outros livros sempre manifestamos a preocupação dos tantos acadêmicos e profissionais que seguem nossos passos e publicações, em livros abordando o suicídio, isso se torna ainda mais severo. A realidade nua e crua é que ninguém, absolutamente ninguém, sabe nada sobre o suicídio. Existem inúmeras teorias que tudo explicam, mas sempre teorias, conjuntos de hipóteses formuladas com a intenção de compreensão de um determinado fato ou ocorrência. Hipóteses mirabolantes a explicar o inexplicável. E podemos mesmo afirmar, sem margem de erro, que algumas teorias são verdadeiramente alucinógenas tal o delírio de suas asserções. Ninguém sabe nada sobre esse fenômeno que arrasta tantas pessoas ao desespero da autodestruição.

Nada sabemos sobre o suicídio, mas muito conhecemos do desespero humano e das raias de seu sofrimento e recrudescimento na alma humana. E sobre isso podemos falar com propriedade ímpar de como atuar para que a pessoa desesperada possa encontrar alívio em seu sofrimento e atingir patamares mais dignos para sua vida. Nisso esse livro é soberano.

Esse livro será esteio para todos que se debruçam em busca de subsídios para intervenção junto à alma desesperada e para o acolhimento àqueles que quedam em dor diante do desespero da vida.

Mais um sonho lançado rumo a horizontes intangíveis pela razão, mas certamente alvissareiro diante dos desafios que se sobrepõem em nossos caminhos.

Suicídio a desafiar nossa razão. Esperança a iluminar caminhos em busca de novos horizontes e perspectivas teóricas.

O Outono por si é maravilhoso...

Serra da Cantareira, na Lua de Outono de Páscoa...

Capítulo 1

ATITUDES DO PSICOTERAPEUTA DIANTE DOS CASOS DE SUICÍDIO

Valdemar Augusto Angerami

Para anjinha
Das Gerais para a vida...

As mais lindas flores crescem na adversidade...
SABEDORIA CIGANA

1. INTRODUÇÃO. INÍCIO DE UMA TRAJETÓRIA...

Minha trajetória envolvendo a temática do suicídio se inicia no final da década de 1970 junto às vítimas de tentativas de suicídio que eram atendidas no Pronto Socorro do Instituto Central do Hospital das Clínicas da Faculdade de Medicina da USP[1]. Recém-formado em psicologia, me vi lançado à uma atividade extremamente delicada e para a qual não tinha sequer tido uma reflexão teórica no período de minha formação acadêmica. Felizmente, tive a presença e acolhimento de inúmeros profissionais que não apenas alargaram meus horizontes de vida como, principalmente, me subsidiaram em termos teóricos e práticos para esse trabalho. Não podia sequer compreender que aquela experiência seria determinante para todo o meu percurso profissional. Não atingia minimamente a consciência de que estava fazendo parte de um trabalho que o próprio Conselho Regional de Psicologia[2] iria balizar como sendo a primeira atividade de psicólogos na

[1] Esse trabalho está descrito em *Temas em Psicologia Hospitalar,* Angerami, V.A., São Paulo: Cengage Learning, 2007.

[2] A entrevista ao Jornal do CRP que baliza essa inserção pode ser lida no link http://www.crpsp.org.br/portal/comunicacao/jornal_crp/110/frames/fr_entrevista.aspx

temática de suicídio, até então de exclusividade apenas de médicos e psiquiatras. Naquele momento era apenas uma atividade que exercia sem qualquer dimensionamento de seu significado, tampouco saber como isso iria ser vincado em minha vida de maneira irreversível. Afinal, depois de alguns anos dessa prática profissional, passei a ser referência tanto na área da psicologia hospitalar, com inúmeras publicações, como também naquelas que envolviam a questão do suicídio, igualmente com inúmeras publicações, que se tornaram referências teóricas a tantos que resolvessem se debruçar sobre a temática.

Naqueles anos, essa prática profissional era apenas e tão somente algo que envolvia um jovem psicólogo que havia se formado e se lançado em busca de searas, sem a verdadeira dimensão de seu real significado. Nem a mais otimista das expectativas poderia conceber que essa atividade poderia me projetar da maneira como posteriormente ocorreu. O próprio frescor do entusiasmo que se descortinava em nossa prática profissional era, por si, o determinante de tantas realizações e projeções posteriores.

Foi também nesse momento que presenciei de forma assombrosa a maneira como os profissionais da saúde eram reféns da ditadura cívico-militar que nos assolou durante longos vinte anos. e que se utilizava de todos os subterfúgios para escamotear da sociedade a violência de seus atos. Nesse momento, já eram sobejamente conhecidas as alterações dos laudos de morte sobre as vítimas da violência militar. O que não se sabia em detalhes eram as tantas formas encontradas para que se escamoteasse também sua fúria desenfreada e sanguinária nos atos excessivos e desumanos de tortura. Assim, muitos casos que davam entrada naquele pronto socorro como vítimas de tentativas de suicídio, em realidade, eram apenas vítimas de torturas realizadas nos arcabouços dessa vergonha militar. Pacientes que davam entradas como tendo se atirado de alturas significativas, na verdade, haviam sido espancados nos porões da ditadura; pacientes internados por ingestão de prego simplesmente relatavam que estavam sendo torturados com pregos em suas línguas e que haviam tentado puxar a língua para evitar os golpes engolindo então os pregos utilizados por seus algozes.

Foi um grande aprendizado de como a saúde era refém do poder policialesco do Estado e, principalmente, de como estávamos à mercê de algo que não tínhamos força para enfrentar. Quando passamos a denunciar em nossas aparições esse estado de coisas, essa farsa de agressões e torturas como sendo tentativas de suicídio, simplesmente tivemos nossas atividades encerradas sem qualquer respeito nem mesmo aos pacientes. Enfim...

Um início bastante denso para uma trajetória profissional que encontraria ainda tantas e mais dificuldades em seu percurso. Era apenas o início de tantos outros embates que conheceríamos na luta pela construção de uma sociedade mais justa e fraterna. Nesse sentido, ao enfrentarmos um dos tentáculos mais cruéis da ditadura cívico-militar no atendimento às vítimas de suas barbáries, certamente caminhávamos também para trilhas em que a busca da dignidade humana se tornaria nosso maior objetivo, sem titubeios.

2. PALAVRAS INICIAIS...

A ideia desse trabalho é instrumentalizar os psicoterapeutas para que conheçam atitudes que possam ser adotadas diante dos casos em que o suicídio se materializa na intencionalidade do paciente e, verdadeiramente, vai ao encontro da necessidade cada vez mais premente de material que aborde a temática do suicídio, tal a magnitude que esse fenômeno adquire em termos sociais. Lamentavelmente, não se ouve qualquer citação ao fenômeno do suicídio na formação acadêmica, seja em medicina, em psicologia, em enfermagem ou em qualquer outra variante que envolva os profissionais da saúde. No entanto, tão logo esse profissional adentra na vida profissional, se depara com pacientes envoltos no desespero humano e que apresentam no suicídio o paradigma maior de suas vidas. Então, esse profissional simplesmente atende a esse paciente apenas e tão somente com sua intuição ou, quando muito, com a discussão do caso com outros colegas da área, ou seja, terá que lidar com algo bastante complicado e extremamente sério e para o qual não houve qualquer menção em sua formação acadêmica. Essa realidade é algo totalmente insano e o cenário das grades curriculares dos cursos mencionados não mostra qualquer esboço de possíveis mudanças ou da possível inclusão da temática do suicídio em suas temáticas de abrangência.

Isso tudo sem mencionar aqueles psicoterapeutas que, quando o paciente traz à baila a temática do suicídio, simplesmente o encaminha a um especialista por não se sentir preparado para lidar com isso. Decididamente, temos uma das facetas mais cruéis presenciadas ao longo desses anos de prática profissional: um paciente que ao manifestar sua situação de desespero é simplesmente deixado à margem do caminho por alguém com quem caminhou, muitas vezes, por anos a fio. Simplesmente não alcanço a compreensão para esse enredamento, pois, minimamente, o que transpassa é o abando total e irreversível por alguém que cuidava dos sentimentos e perspectivas de vida desse paciente e o que se argumenta, simplesmente, é o despreparo para lidar com essa temática e que o fato de que a vida de uma pessoa está em risco. Então, encaminha-se essa pessoa para um especialista e a questão está resolvida. Essa atitude representa dizer que outras temáticas como sexualidade, angústia, fobias, transtornos, pânicos e outros tantos temas cabem no bojo de temas pertinentes ao processo psicoterápico, mas jamais nos aspectos envolvendo a autodestruição. Simples assim, e verdadeiramente assustador. O vínculo forjado ao longo de anos de convivência psicoterápica simplesmente é deixado de lado diante da perspectiva trazida pelo paciente de sua possível autodestruição.

Esse despreparo usado como justificativa por esses psicoterapeutas ao efetivarem esses encaminhamentos poderia ser visto também como uma forma de não assumir determinadas dificuldades pessoais e operacionais e, diante disso, o melhor é o encaminhamento para que esse paciente não corra riscos mais sérios nesse processo. O vínculo psicoterápico existente é esgarçado diante do fato de que o psicoterapeuta se vê incapaz de lidar com aspectos envolvendo a autodestruição. O paciente, então, que crie vínculos com esse novo psicoterapeuta definido como especialista em suicídio. Simples assim... Cruel e desumano, tal encaminhamento tem como enredamento a falta de preparo desse psicoterapeuta.

Procurar ajuda para continuar com esse atendimento é algo que poucos profissionais se dispõem a fazer, mas que, sem sombra de dúvida, seria o melhor e mais saudável para o paciente, pois os anos que forjaram o vínculo psicoterápico seriam um grande aliado no enfrentamento das questões que estão levando o paciente ao desespero e às raias do suicídio.

Esse trabalho não é conclusivo e nem sequer pretende ser a referência maior na discussão envolvendo a prática da psicoterapia diante dos casos de suicídio, ele apenas evoca possíveis atitudes para o enfrentamento de aspectos envolvendo o desespero do paciente e os determinantes que o levaram pelos caminhos da autodestruição.

Ao enveredarmos pelos caminhos do suicídio, é como se uma força maior nos dragasse continuamente para os aspectos que fazem tentáculos de resistência diante de tema tão complexo, e absurdamente incompreensível à própria condição humana. É difícil assumir publicamente que ninguém, absolutamente ninguém sabe nada sobre os determinantes do suicídio. Como dissemos anteriormente, diante de sua absurdidade, somos como um marinheiro que, embora viva no mar, jamais irá saber sobre os seus mistérios e segredos (Angerami, 2017). O que temos é um sem número de teorias que explicam tudo, muitas vezes, sem o menor tangenciamento com o fenômeno propriamente dito do suicídio. Se considerarmos que teoria é um conjunto de hipóteses formuladas na tentativa de compreensão de um fenômeno ou ocorrência (Angerami, 2018), teremos, à nossa frente apenas e tão somente hipóteses que tentam explicar o inexplicável.

No entanto, se nada sabemos sobre o fenômeno do suicídio, muito sabemos sobre o desespero humano e as condições de obnubilação de consciência de alguém que se vê transtornado e que, diante dessa situação desesperadora, consegue enxergar apenas e tão somente a autodestruição como solução para seus desatinos. Ao afirmarmos saber sobre o desespero humano, estamos nos colocando na vanguarda do enfrentamento de situações que destroem a alma humana e corroem a vida de maneira lenta e impiedosa. Sabemos dos instrumentos necessários para que esse paciente possa ser acolhido e o enfeixamento técnico e teórico para que a cruel faceta da autodestruição seja extirpada de sua vida. Por mais paradoxal que possa parecer, o acolhimento ao desesperado em sua determinação de autodestruição não significa que compreendamos o inextricável fenômeno do suicídio.

Mais do que o reconhecimento de nossas limitações diante do fenômeno do suicídio, temos também o aspecto que, ao assumirmos tais limites, direcionamo-nos para o enfrentamento do desespero humano, considerando-o como ele realmente é: a faceta mais cruel do sofrimento humano, retrato sem retoque da crueldade que é o sofrimento da alma atingindo níveis em que a autodestruição simplesmente se torna a redenção para a crueza do desespero. É dizer que, muitas vezes diante do sofrimento tão desesperador, o suicídio se mostra o único alívio possível.

Certamente, para o enfrentamento, estamos preparados.

Para esse embate, temos o instrumental necessário para o triunfo final, temos o arcabouço teórico e prático necessário para que não nos percamos em mero devaneio ilusório diante de inimigo tão portentoso como o desespero humano. Lidar com dificuldades tão intensas nos faz cônscios da necessidade de um aprimoramento contínuo de nossa responsabilidade na divulgação e reflexão desse material para que inúmeros colegas possam igualmente se instrumentalizar nessa árdua batalha.

Algo que precisa ficar bastante claro é que se trata de algo concebido por mim e que, embora não tenha qualquer pretensão de ser soberana diante de outras concepções de manejo da psicoterapia diante da autodestruição, tem a força e altivez do nosso cabedal teórico e prático diante dessa temática. Da mesma maneira que outros modelos teóricos de intervenção efetivados em outras publicações se tornaram referências pelas unidades de saúde no Brasil e mesmo de outros países da América Latina e Europa, certamente essa proposta será expandida além dos nossos horizontes domésticos. Frise-se sempre que muitas dessas propostas de intervenções teóricas e práticas que atravessaram fronteiras e se consagraram até mesmo em âmbito internacional, inicialmente foram rechaçadas com críticas muitas vezes ácidas quando de suas publicações.

Verdadeiramente sabemos que o nosso modelo de intervenção psicoterápica junto ao paciente envolto na autodestruição provocará críticas, divergências e confrontos pela maneira muitas vezes propositiva e direta em que se apresenta.

Isso é algo sempre tão presente em nossas publicações que realmente será muito estranho se nossas propostas não forem criticadas.

No caso específico da temática do suicídio, temos o surgimento intenso da denominada *suicidologia*, com cursos, seminários, eventos, etc. Sem dúvida alguma, tudo o que se propõe trazer à baila na temática do suicídio sempre é importante. Todas as luzes que podem ser lançadas sobre esse fenômeno têm a condição de ajudar muitas vidas que possam estar enredadas nesse desespero tão pungente e aterrador. A questão delicada que essa sistematização apresenta é a de criar normatização de modo a estabelecer que tudo que diste de seus princípios está errado e sem fundamentação. Seguramente nossas propostas distam de alguns dos princípios apresentados por esse segmento, ainda que sejam merecedores de nosso respeito e admiração.

Nossos maiores confrontos, no entanto, sempre serão com as formas estanques de compreensão da condição humana, que não permitem outro olhar sobre a vida que não a que transpassa suas teorizações. E isso é algo tão recorrente em nossos escritos e propostas que simplesmente não consideramos mais como relevantes.

Primeiramente, sempre colidem com os modelos existentes, muitas vezes obsoletos e presos a amarras teóricas importadas de outros países e seus centros acadêmicos, e, sequencialmente, por apresentarem propostas efetivadas a partir da nossa realidade. Mas, o que tem prevalecido é a efetivação de tais modelos teóricos de intervenção a despeito das tantas críticas que nos cercam. E isso é o determinante maior de que estamos construindo uma nova psicologia totalmente calcada na realidade brasileira. E mais do que as tantas homenagens acadêmicas que recebemos nas últimas décadas, existe a certeza de que a divergência provocada é algo salutar, pois, necessariamente, sempre está a nos motivar em busca de constante atualização e esmero em nossas publicações. Caminhar pela vida sabendo que sempre teremos inúmeros obstáculos a serem superados. De matizes e constitutivos entranhados não apenas com dificuldades, mas principalmente, pelo fato de estarmos envoltos em um dos maiores mistérios da condição humana, a destruição pelo suicídio.

Jovens acadêmicos, acreditávamos que o estudo de teorias nos levaria a um patamar de compreensão da condição humana que nos habilitaria aos mais diferentes tipos de enfrentamentos. A vida, no entanto, vai imputando um número incontável de teorias que tudo explicam, mas que se mostram sem abrangência real. E permanecem apenas no tangenciamento teórico.

Quando escrevo sobre suicídio, sempre me vejo como alguém ao mesmo tempo presunçoso e também muito ingênuo diante de tudo que isso significa. Tentamos refletir sobre algo que ceifa um número absurdo de vidas contínua e interruptamente, sabendo das nossas limitações. E, tendo consciência de que esse fenômeno não se mostra à nossa compreensão, por mais que tentemos alcançá-lo de todas as formas possíveis e imagináveis.

Esse trabalho irá instrumentalizar o psicoterapeuta para o enfrentamento dos casos de autodestruição. Para o atendimento daqueles pacientes para quem o desespero se tornou a própria condição de vida. Pessoas que estão com a consciência totalmente obnubilada diante da dor e do sofrimento. Pessoas que buscam a psicoterapia como um sustentáculo que pode não apenas trazer suporte emocional, mas, principalmente, descortinar-se como a esperança diante da tormenta em que a vida se encontra atirada.

3. E POR FALAR EM PSICOTERAPIA...

Ao longo de anos desenvolvemos um conjunto de atitudes que passaram a ser adotadas para o enfrentamento do desespero de nossos pacientes. E, na medida em que foram sendo passadas em supervisões e aulas de nosso curso de formação e dos inúmeros módulos ministrados por mim nas principais universidades do país, essas atitudes se tornaram uma espécie de referência diante de pacientes que manifestam a questão da autodestruição em suas trajetórias. Nossa primeira incursão pelos detalhamentos da psicoterapia diante da autodestruição foi justamente em nossa primeira publicação em forma de livro, o *Existencialismo & Psicoterapia* (1984). Posteriormente voltamos a essa temática em outro livro, o *Histórias Psi. A Ótica Existencial em Psicoterapia* (1994).

Othon Bastos apud Angerami (1984) coloca que psicoterapias norteadas pela neutralidade, como a psicanálise ortodoxa e também as psicoterapias chamadas não diretivas (rogerianas), pouco poderão ajudar quando o paciente manifesta o desejo de morrer através do suicídio. E, seguramente, essas colocações são inteiramente endossadas por qualquer terapeuta que tenha à sua frente um paciente em que a possibilidade do suicídio é real e concreta. Não se trata simplesmente de desprezar tais correntes, mas apenas de constatar que, ao decidirmos pelo enfrentamento dos casos de autodestruição, o nosso instrumental terá que ser incisivo, e toda e qualquer proposta de *neutralidade* terá que ser deixada de lado, ainda que não exista a tão propalada *neutralidade* em psicoterapia, pois na medida em que decido por uma determina vertente teórica, simplesmente encampo todo seu constitutivo de valores de homem, mundo e procedimentos. Se me defino por ser existencialista, por exemplo, me inclino por sua concepção de valores frente à vida. Da mesma forma ocorre com o psicanalista, rogeriano, analista do comportamento, etc. Não existe *neutralidade* em psicoterapia, embora algumas correntes se autodefinam neutras, isso em total acinte com as demais, pois o contraponto é que todas as demais são tendenciosas diante dessa *neutralidade*.

Falso e ilusório!

De qualquer maneira, o que estamos propagando de forma veemente é que não cabe titubeio em situações em que a autodestruição ocupa o cenário principal da prática psicoterápica. Vamos sistematizar algumas atitudes para que possamos refletir didaticamente sobre elas. Isso não significa dizer que ocorram separadamente, e que essa ordem precise ser seguida e prescrita de maneira irrebatível. Vamos deixar bem claro que não prescindimos nenhum dos recursos que podem ser utilizados para o enfrentamento da autodestruição. Isso significa uma constante revisão de nossos valores e procedimentos. Dissemos em *As Relações de Amor em Psicoterapia* (Angerami, 2018), que a arte da psicoterapia implica tocar a alma do paciente de modo suave para que ela possa se transportar rumo a horizontes libertários. Ao escolhermos atuar nessa área, torna-se necessário instrumentalizar a nossa prática para que tenhamos claro o teor das intervenções que efetivamos com o paciente e as repercussões em sua vida. Não se pode ser psicoterapeuta se não houver uma grande dosagem de amor, tanto pela atividade em si como pelo paciente que se mostra a nossa frente. Tocar a alma do paciente é algo que cria uma intimidade que vai muito além do próprio toque de pele. E, quando envolve situações de sofrimento da alma levada ao desespero, essa condição precisa ser ainda mais excelsa, pois o que temos, então, é uma pessoa fragilizada, que tem a própria vida nas mãos do psicoterapeuta.

Independentemente de como o suicídio possa vir a ser categorizado, a pessoa que procura essa alternativa sempre será alguém cujo padecimento pode ser definido como insuportável (Angerami, 1984). O ato em si, de modo algum deve ser isolado do contexto de vida dessa pessoa. E por mais celeumas que possam existir no tocante a características de personalidades comuns a essas pessoas, compondo assim um grupo de personalidades potencialmente suicidas, algo por si falso e totalmente indevido, ainda assim, a peculiaridade apresentada por cada paciente deixa clara a necessidade de se acabar de vez com esse tipo de categorização. Além de errônea e falsa, totalmente inócua.

Ao se falar em categorizações com o intento de agrupar as pessoas em traços de personalidades potencialmente suicidas, temos uma arbitrariedade teórica revestida de valores sedimentados em bases sem qualquer solidez diante da realidade. E o que é pior, não tem como ajudar esses pacientes de modo efetivo. A essência que enreda fatos e sofrimentos capazes de levar uma pessoa ao desespero do ato do suicídio ocorre no cerne da alma humana, e não tem protocolos de respostas nem nesses arcabouços teóricos, e tampouco nos chamados testes psicológicos.

A questão inicial na reflexão sobre a abrangência da psicoterapia e sua real efetivação junto ao desespero humano, implica em se fazer desse processo algo bastante claro e lúcido, no sentido de acolhimento e de ancoradouro diante dessa intempérie.

A autodestruição, e uma de suas principais configurações, o suicídio, mobiliza, na grande maioria dos psicoterapeutas, sentimentos obscuros e pouco precisos, que fazem com que o paciente se torne alguém indesejável quando manifesta o desejo de morrer, pondo, assim, fim ao sofrimento que se mostra insuportável.

Temos ainda o fato de que, muitas vezes, quando o paciente traz à baila a questão do suicídio, sua real intenção é testar a reação do psicoterapeuta diante dessa temática. Muitas vezes envolto em questões místicas e filosóficas. Isso também pode elucidar como as duas partes, na realidade, lidam com a temática, e para o paciente principalmente, sua dimensão de segurança diante da possibilidade de o desespero se tornar agudo e dilacerante.

É importante atentarmos que estamos fazendo referência a pessoas que estejam em processo de psicoterapia. Desse modo não temos como ter controle sobre milhares de pessoas que estão perdendo o sentido de vida diariamente e que começam a ver na autodestruição a única possibilidade para suas vidas. E se já é difícil uma ação interventiva e plena de êxito com quem está em processo de psicoterapia, temos que diante dos números avassaladores do suicídio sabermos sempre que estamos totalmente impotentes. Dessa maneira nossa discussão, embora restrita nesse espaço no campo da psicoterapia, dá a real dimensão dessa dramaticidade.

Oliveira apud Angerami (2018) cita que no ano de 2014 morreram ao redor do mundo, segundo dados da ONU e da OMS, cerca de 420 mil pessoas em decorrência das guerras mundiais. E que nesse mesmo ano morreram cerca de 850 mil pessoas por suicídio. Ou seja, o suicídio mata mais do que as guerras. Significa dizer que nossa abrangência, embora restrita, pode salvar vidas preciosas e isso, por si, já é altamente alentador. Mesmo os serviços que atendem às pessoas desesperadas também se veem atônitos diante de números tão absurdos e sobre os quais não temos como intervir, pois, de maneira clara e precisa, só temos acesso a quem decididamente procura por atendimento.

Em seguida, vamos sistematizar a reflexões sobre alguns procedimentos a serem adotados pelo psicoterapeuta diante da autodestruição.

4. VALORES MORAIS E PESSOAIS DO PSICOTERAPEUTA

Antes de qualquer reflexão sobre as atitudes a serem adotadas na psicoterapia diante dos casos de autodestruição, é imprescindível uma reflexão inicial sobre os valores do psicoterapeuta que se propõe a efetivar esse atendimento. Embora seja algo bastante preconizado desde as lides acadêmicas, o cuidado imperioso para que nossos valores pessoais e morais fiquem de fora da nossa abordagem junto ao paciente, no caso de pessoas envoltas na questão da autodestruição, isso é ainda mais premente. Escrevemos em *Suicídio. Uma Alternativa à Vida. Fragmentos de Psicoterapia Existencial* (Angerami, 2017) sobre o preconceito que envolve a temática do suicídio. Inclusive citamos o fato de que nenhuma religião, seja ela oriental ou ocidental, aceita minimamente a pessoa envolta em suicídio. Isso significa dizer que, se o psicoterapeuta não se desvencilhar de seus possíveis valores religiosos, ele terá uma séria contaminação diante de alguém que esteja pensando em enveredar pelos caminhos da autodestruição.

Ademais, o suicídio é igualmente condenado e evitado em todos os segmentos sociais, sem exceção. Até mesmo na seara da psicologia, a discussão envolvendo sua ocorrência está ausente e distante de qualquer parâmetro que não a absurdidade de tal situação. Mesmo diante do número absurdo de suicídios que acometem tantas pessoas no Brasil, e que ao redor do mundo é completamente insólito e irreal, ele não faz parte de programas de saúde mental e de prevenção no âmbito dos programas de saúde.

Algo muito comum é o de atribuir ao ato de suicídio a um gesto de covardia, ou então de coragem. Não se trata nem de covardia, nem de coragem, mas sim, de um ato de desespero (Angerami, 2018). Um ato em que a pessoa tem uma total obnubilação da consciência e não consegue ver outra possibilidade para o enfrentamento de seu desespero que não a morte. Essa visão não pode estar ausente da reflexão desse psicoterapeuta que se decide pelo atendimento de pessoas que estão decididas a se autodestruir.

O julgo moral, muitas vezes, é associado a preceitos religiosos, e esse imbricamento reveste a temática de cores muito dramáticas, que tornam difícil qualquer forma de desvinculação de tais preceitos. A maneira como as religiões focam o suicídio é crítica que não se coaduna com o sofrimento da pessoa que está em situação de desespero, e muitas vezes, em extremo sofrimento psíquico. Se a junção de religiosidade com psicoterapia é uma sandice imensurável, nos casos envolvendo autodestruição é algo que precisa ser totalmente apartado.

A busca pelo Sagrado é algo inerente à própria condição humana, faz parte de sua ontologia. Tentar compreender as razões da vida, e até mesmo seu sentido frente a tantas vicissitudes, é algo que permeia a condição humana desde sempre. No entanto, por mais que a busca pela religiosidade seja um direito pleno de todos que se dediquem a isso, na situação de psicoterapia não é possível sequer o menor tangenciamento com essa configuração. Religiosidade e valores morais incrustados de modo inflexível não são pertinentes a quem se propõe a atender pessoas que tem o desespero em seu escopo de vida.

Sempre temos novos valores morais, éticos e até mesmo religiosos em nossas vidas. A questão é ter bastante claro que eles não podem jamais permear a prática do psicoterapeuta, principalmente diante dos casos de autodestruição; isso é algo soberano acima de qualquer outro balizamento.

Uma grande dificuldade inicial nos questionamentos envolvendo a temática do suicídio é aceitar que a autodestruição faz parte das possibilidades humanas, e que um número incontável de pessoas a isso recorre frente às situações de desespero e desesperança que a vida apresenta. Aceitar que a autodestruição é uma possibilidade humana, em princípio, já colide de modo drástico com valores religiosos. Como dissemos anteriormente, não existe qualquer religião no mundo que minimamente tolere a ideia de suicídio. Todas sem exceção condenam o suicídio de modo veemente (Angerami, 2018).

E de modo igualmente contundente vamos constatar que, nem mesmo nas lides da psicologia e psiquiatria, vamos encontrar, com as exceções de praxe, conceitos de compreensão sobre o desespero humano envolvendo a autodestruição que não enquadrem esse desespero em psicopatias severas. Podemos dizer, então, que a totalidade das pessoas está enquadrada nessa nosologia, pois, se há algo igualmente inerente a toda condição humana é o desespero diante de situações em que a vida se vê quedada inerte e de modo indefensável.

Ninguém jamais pode afirmar, sem estar blasfemando, que o suicídio é algo do qual se está livre e impune. Ninguém sabe o que a vida lhe reserva no futuro, tampouco o teor de desespero em que poderá se ver acometido diante de determinadas situações.

Isso tudo precisa fazer parte do escopo de reflexões do psicoterapeuta que se propõe a atender pessoas envoltas em questões de autodestruição. Ou seja, ter muito claro que à sua frente se encontra alguém desesperado pelas intempéries da vida, e que esse desespero é algo que igualmente faz parte de suas possibilidades existenciais. E isso deve ser feito independentemente de valores religiosos, morais, éticos e quaisquer outros que se queira arrolar. Simples assim...

Ao decidir pelo acolhimento do paciente desesperado e envolto na perspectiva de autodestruição, o psicoterapeuta tem diante de si não apenas uma pessoa envolta em sofrimento extremado, mas principalmente, um simulacro da condição humana em sua mais consistente configuração. Aceitar que a autodestruição é uma possibilidade da condição humana, por mais constrangedor que isso possa parecer, é o passo inicial para se debruçar sobre os valores que permeiam esse ato, com todas as formas dos jugos trazidos pelas religiões e por toda a sociedade em geral.

A psicoterapia sempre será vitoriosa no embate contra a autodestruição quando aceitarmos sua inextricabilidade com a condição humana. Essa aceitação implica, por si, que temos à nossa frente uma temática que não pode ser desassociada das possibilidades presentes no processo de psicoterapia, e que está a desafiar todos os tentáculos teóricos envolvendo a psicologia e a psiquiatria. É dizer que a psicoterapia precisa se colocar como soberana nesse embate, mas sem desprezar a força e magnitude da autodestruição. Assim. certamente teremos as condições para que possamos sair vitoriosos nesse enfrentamento colocando, acima de tudo, a condição humana com suas nuances e respeitando seus detalhamentos e configurações.

Certamente, não é possível alguém com valores definidos aprioristicamente, e muitas vezes preconceituosos em relação ao suicídio, ter uma postura de isenção para ajudar a essa pessoa desesperada.

Os aspectos envolvendo a reflexão contínua sobre os valores morais e pessoais do psicoterapeuta são algo que, nos casos de autodestruição, precisa sempre ser renovada, e até mesmo balizada amiúde, diante de sua performance profissional. O sofrimento que o suicídio provoca em todas as pessoas envolvidas em sua ocorrência também estará presente no processo de psicoterapia, e isso precisa ser algo bastante claro e bem definido para o psicoterapeuta.

Outro tema igualmente polêmico e controverso que o psicoterapeuta precisa enfrentar é a morte. O falar sobre a morte e suas intercorrências na subjetivação das pessoas é algo que o psicoterapeuta precisa sempre ter presente, e, claramente, tratar essas temáticas com uma postura de total isenção e distanciamento. A morte é outro tema igualmente mitificado, e, assim como acontece com o suicídio, as religiões têm conceitos e prerrogativas sobre sua ocorrência, principalmente quanto a existência de uma vida pós-morte.

A morte é outro tema que não faz parte das grades curriculares dos principais cursos de formação dos profissionais da saúde. Mas, assim como devem lidar com a temática do suicídio, terão que lidar com a morte quando essa surgir em seus pacientes, ou em suas trajetórias profissionais.

A morte, de maneira geral, é tema abordado apenas nas lides religiosas, e em alguns segmentos da filosofia. Grosso modo, é algo totalmente escamoteado das discussões envolvendo temas contemporâneos. No entanto, ela surge sem qualquer predicativo na seara da saúde, e, principalmente, no campo da psicoterapia, envolvendo questões que trazem o desespero e a desesperança humana no bojo de suas inserções.

E quando questões envolvendo a morte são trazidas para o campo da psicoterapia, é necessário um discernimento bastante lúcido por parte do psicoterapeuta para que a discussão seja totalmente isenta de valores apriorísticos e, principalmente, místicos.

A morte é uma temática que está em junção indivisível com o suicídio. Ao se evocar o suicídio, a morte é automaticamente elencada. A dramaticidade do suicídio reside justamente no fato de trazer a irreversibilidade da morte em seu escopo. O que não significa dizer que não se possa falar da possibilidade da morte sem a conotação do suicídio. Um paciente pode falar de morte, por exemplo, diante de algum sintoma físico e temendo o surgimento de alguma doença fatal como o câncer. Em outros casos, até mesmo da possibilidade de algum acidente que a vida possa apresentar.

Esse discernimento é necessário para que não se evoque necessariamente o suicídio todas as vezes que a temática da morte for trazida pelo paciente. De qualquer maneira a lucidez para lidar com essa temática é algo que precisa estar presente no psicoterapeuta para que o conteúdo trazido pelo paciente seja devidamente trabalhado de maneira exitosa.

Morte e suicídio, temas totalmente escamoteados no seio acadêmico e que, entretanto, surgem nas searas dos profissionais da saúde sem qualquer aviso prévio e de maneira totalmente intempestiva, na maioria das vezes. E quando se traz a necessidade de uma reflexão pormenorizada sobre o significado de suas ocorrências, o que temos, na quase totalidade dos casos, é um número muito grande de profissionais da saúde totalmente desqualificados para o enfrentamento de suas ocorrências. A mudança desse paradigma é algo imprescindível para que a psicoterapia, e por assim dizer a prática dos profissionais da saúde, possa trilhar por caminhos mais alvissareiros no soerguimento do paciente que busca por ajuda em suas lides.

5. DIANTE DA INTENÇÃO DO PACIENTE EM SE MATAR

Nesse quesito, é necessário estar atento, pois o paciente pode manifestar sua situação de desespero, e muitas vezes, a consequente intenção de autodestruição, de maneiras diversas. Inclusive, em alguns casos, a coisa se manifesta de maneira subliminar, sem que a questão da autodestruição seja colocada de modo claro e conciso. Vamos fazer uma reflexão separada dessas intencionalidades, o que não significa dizer que ocorram separadamente, ou até mesmo sem tangenciamento entre si. A separação é meramente didática e sem qualquer caráter excludente de seus imbricamentos no desenvolvimento da psicoterapia.

5.1 Intenção subliminar

Nesse quesito vamos encontrar aqueles casos em que o psicoterapeuta precisa estar atento aos diferentes filigranas presentes no discurso do paciente e na sua eventual relação com outros aspectos que já possam ter sido trazidos ao longo do processo psicoterápico. Evidentemente que, ao falarmos em conteúdos subliminares, estamos fazendo referência à autodestruição, que é o nosso foco de interesse nesse espaço. Os diferentes detalhes subliminares que constituem um processo psicoterápico devem sempre merecer a atenção do psicoterapeuta. No entanto, o que nos importa, e sobre o que iremos discorrer, são as mensagens subliminares que envolvem a autodestruição.

As mensagens subliminares que envolvem o discurso do paciente podem se apresentar de diferentes maneiras, e seus constitutivos devem ser analisados em detalhes pelo psicoterapeuta para que não se tornem meras e vãs digressões teóricas ou mesmo filosóficas. Vamos a algumas dessas falas subliminares. É importante a ressalva de que as falas não precisam ser literalmente as mesmas, e sim, conter o sentido e o significado do que estamos exemplificando:

5.1.1 – Não aguento mais essa vida...

Nesse caso temos presente uma colocação bastante clara e precisa de uma grande insatisfação do paciente frente à própria vida. Embora questões envolvendo o desespero e a autodestruição não estejam presentes de modo claro, temos uma evidente situação em que as coisas circunstanciais da vida desse paciente estão chegando a um limite que, muitas vezes, não é apenas tênue em relação à própria situação de sofrimento, como também denota situações insustentáveis de desespero. Evidentemente que esse tipo de fala em um processo psicoterápico precisa ser articulado com outros conteúdos manifestos ao longo do processo em si. Mas é igualmente verdadeiro que, diante de colocações desse teor, o psicoterapeuta precisa ter claro que se encontra diante de um caso em que o desespero está prestes a circundar a vida desse paciente.

Nessas situações o psicoterapeuta precisa ser igualmente incisivo e questionar o paciente de modo direto e claro se a morte está se tornando uma possibilidade a ser buscada diante dessa situação. Embora para muitos essa postura direta e incisiva possa ser questionada com o argumento de que necessariamente o paciente não está se referindo à situações de desespero e de busca do suicídio, ainda sim, é preferível o enfrentamento destemido em relação às questões envolvendo a morte, e por assim dizer o suicídio, do que se lastimar posteriormente pela omissão de uma postura de enfrentamento quando a temática foi trazida à tona.

Casos envolvendo a autodestruição não podem ser condenados por possíveis excessos de intervenção do psicoterapeuta na abordagem de temas relacionados ao suicídio. É preferível o zelo e cuidados excessivos que possíveis omissões, cujas consequências podem ser daninhas. Enfrentar a temática da morte, sem titubeios, é premente nesses casos, pois antes de qualquer outro questionamento, estará sendo mostrado ao paciente que o seu desespero terá acolhimento junto ao psicoterapeuta.

5.1.2 – Estou cansado de tudo. Seria melhor morrer...

Aqui temos uma situação em que a desesperança está antecedendo uma situação de desespero iminente. Esse cansaço atribuído pelo paciente precisa ser investigado para se alcançar a real dimensão de sua extensão. Esse cansaço pode ser algo provisório e passageiro diante de algo que possa estar sendo vivido, ou então, o que é mais preocupante, o indício de que algo mais sério esteja eclodindo em sua estrutura emocional diante dos desatinos da vida. Diante desse tipo de colocação, cabe ao psicoterapeuta elucidar à que o paciente faz referência quando diz estar *cansado de tudo*. O significado de *tudo*, e, principalmente, como ele acabaria com esse *cansaço* com a própria morte. Assim, abre-se a perspectiva para que o paciente possa elucidar para o psicoterapeuta, e principalmente para si, o significado das coisas que o envolvem e que estão agrilhoando sua vida. A própria definição conceitual do que o paciente está exprimindo já irá levá-lo a uma reflexão sobre o sentido de sua dor e o que verdadeiramente está expondo quando se coloca dessa forma.

Esse cansaço que muitos pacientes trazem à psicoterapia embute, antes de qualquer outra reflexão, uma definição de seu estado frente às vicissitudes da vida. Um cansaço que pode denotar que esse enfrentamento já o levou a um grande desgaste emocional, e, principalmente, que ele está sendo dragado por tais circunstâncias a desistir da luta para superação desses desatinos.

Ao propor que o paciente elucide o real significado do que o paciente está falando, descortina-se a possibilidade de a autodestruição ser exposta em seu horizonte. E, sequencialmente, podem ser alinhavadas reflexões que impliquem alternativas de superação desse cansaço. Nunca é demais repetir que isso incide na necessidade de o psicoterapeuta ter bastante lucidez sobre seus posicionamentos frente aos temas da morte e do suicídio, pois, ao solicitar que o paciente elucide tais questões, esses temas podem surgir. Ao se abrir para tais questionamentos, temos sempre como premente à possibilidade de estarmos detonando conteúdos que muitas vezes podem estar submersos nas questões que envolvem o paciente. Tantas coisas podem estar articuladas com a definição de cansaço da vida que, ao evocarmos tais reflexões, estamos abrindo leques de opções imensuráveis. E. para isso, é necessário que o psicoterapeuta, acima de tudo, esteja cônscio dos desdobramentos que suas reflexões irão provocar.

5.1.3 – Minha vida está completamente vazia. Nada mais tem sentido para mim...

Esse tipo de depoimento certamente se configura dentre as de intenção subliminar como o que mais demonstra o limite do desespero na condição humana. Dissemos anteriormente que o suicídio é um ato de desespero e também que não possui uma causa isolada como comumente se atribui. O suicídio, antes de qualquer outro constitutivo é um ato que denota que a pessoa perdeu totalmente o sentido de vida. Tivesse sentido de vida e uma eventual separação conjugal não levaria ao suicídio; com o sentido de vida pleno alguém desempregado não procuraria o caminho da morte para seus infortúnios. No entanto, diante da falta de sentido de vida tudo, absolutamente tudo, é capaz de desencadear um gesto fulminante de autodestruição. E assim, quantas possibilidades quiser arrolar o que vai sempre estar presente na vida dessas pessoas é a total falta de sentido para com a vida.

E aqui reside uma das grandes celeumas do gesto de autodestruição. Não existe uma causa isolada que determine esse gesto. Buscamos causas para o suicídio, mas elas não existem. É uma mais uma das vãs tentativas que se faz em busca de compreensão dos meandros do suicídio. Buscamos causas para tentar compreender o incompreensível; causas que nada mais são do que uma criação teórica dos estudiosos da condição humana. Causas que eu mesmo busquei durante muito tempo em meu percurso profissional.

E até mesmo no início de minha trajetória profissional publiquei vários trabalhos em que teci comentários sobre as causas do suicídio. E vejo hoje com a nitidez que me faltava na ocasião, que o determinante da autodestruição é a falta de sentido de vida que deixa a pessoa totalmente fragilizada. E sujeita a que qualquer intempérie ganhe ares de dramaticidade, e justifique a autodestruição.

E uma das questões mais cruciais para o psicoterapeuta que se dispõe a atender casos de autodestruição é justamente como resgatar o sentido de vida do paciente. Em trabalho anterior (Angerami, 2018) colocamos que o sentido de vida é a propulsão maior de uma determinada pessoa. E que a vida ganha significa a partir da busca de nossas realizações. Agora, o que verdadeiramente dá sentido de vida a uma determinada pessoa não é o mesmo para outra.

O paciente quando relata que a vida está vazia e completamente sem sentido está colocando o tanto que as coisas perderam o significado diante de sua percepção. O tanto que tudo está quedado diante de si, e sequencialmente vivendo de maneira inercial, e sem qualquer pulsão decididamente vital.

Então o que se faz necessário ao psicoterapeuta diante dessas colocações é procurar dimensionar que coisas na vida do paciente poderiam ser pinçadas para que ele resgate o próprio sentido de vida. Que fatores e circunstâncias poderiam ser arroladas em seu campo perceptivo para que o vazio citado possa ter outra configuração de maneira a livrá-lo do caminho sequencial do desespero. Essa tarefa além de árdua e muito difícil requer também um cuidado bastante específico de como abordar tais fatores. Afinal, o paciente em psicoterapia em princípio, está em processo evolutivo. E quando surgem questões desse possível vazio e perda de sentido para com a vida, o significativo inicial é de que várias coisas se acumularam nesse trajeto, e que muitas vezes sequer foram trazidos ao campo da psicoterapia. Nessas situações, não se trata de atribuir ao psicoterapeuta possíveis descuidos no conteúdo do material trazido às sessões pelo paciente, e sim de que muitas vezes, esse não trouxe detalhes da evolução das coisas que o levaram a essa falta de sentido para com a vida.

No entanto, diante dessas colocações do paciente, urge que o psicoterapeuta fique atendo para poder articular devidamente o melhor procedimento a ser efetivado para que esse paciente consiga seu soerguimento. Pois é fato que ninguém simplesmente fica sem sentido para a vida repentinamente. Isso sempre é um processo que se desenrola lenta e silenciosamente. São decepções, frustrações, expectativas, enfim, uma série de episódios e fatores que constituem a condição humana que vão sendo desfiados por uma pessoa e que a levam a perder totalmente o sentido de vida.

No caso de essa pessoa estar em processo de psicoterapia significa que pode ter esse encadeamento quebrado por intervenção precisa e sistemática do psicoterapeuta. Mas ressalte-se sempre o fato de que é necessário que tais questões sejam explicitadas para que possam ser articuladas para sua real superação.

A falta de sentido de vida também pode ser percebida com o distanciamento que a pessoa efetiva de coisas que lhes são importantes. Atividades, hábitos, pessoas, uma série de coisas que tinham importância vão perdendo o significado, e a pessoa lentamente vai deixando tudo e se encarquilhando em um processo de dor e sofrimento. Isso pode ser percebido pelo psicoterapeuta, pois quando isso ocorre até mesmo sinais físicos evidenciam o distanciamento que essa pessoa vai tendo de coisas que lhe eram prazerosas. É algo silencioso e que necessita habilidade e sensibilidade do psicoterapeuta para que esse detalhamento não passe despercebido. Pois como dissemos acima, muitas vezes o paciente não se manifesta claramente sobre isso, mas pode, sim, mostrar evidências disso em filigranas que podem ser apreendidas pelo psicoterapeuta. E esse então terá condições de intervir e conduzir o processo de modo a acolher esse paciente nesse contexto de desespero e dor.

O resgate do sentido de vida surge como sendo um dos principais antídotos contra o suicídio. Na medida em que a pessoa que envereda pelos caminhos da autodestruição sempre é alguém que perdeu totalmente o sentido de vida, resgatar o sentido de vida equivale a dizer que alguém foi resgatado dos caminhos da autodestruição. É dizer que a autodestruição é claramente um processo que apresenta alguém desesperado frente às circunstâncias da vida, e uma pessoa para quem a vida simplesmente perdeu totalmente o significado.

A ideação suicida surge quando o sentido de vida se vê esmaecido e sem qualquer condição de superação ao esgarçamento provocado pela vida. A ruptura com a disposição de continuar no enfrentamento às adversidades da vida, e o ato de se entregar totalmente ao cansaço é derivação sequencial da perda do sentido de vida. E a ideação suicida irá surgir no escopo de algo que não tem configuração precisa, mas é quase sempre letal.

5.2. Intenção Explícita

5.2.1 – Não estou mais aguentando viver. O melhor a fazer é morrer, acabar com tudo de uma vez...

Aqui estamos iniciando a reflexão sobre a maneira como paciente explicita claramente sua intenção de suicídio. E se citamos anteriormente que a ideação suicida surge quando o sentido de vida vai se esmaecendo da vida de uma determinada pessoa, aqui temos uma forma bastante clara de que o suicídio se tornou uma opção viável e que poderá ser efetivada de modo incisivo.

Embora psicoterapeutas consagrados inúmeras vezes já tenham vindo à público e relatado casos de pessoas que, sob os seus cuidados se mataram, é muito difícil, até mesmo para eles, um discernimento claro e preciso de que necessariamente não se trata de fracasso da psicoterapia nem do psicoterapeuta. Frise-se ainda que muitos psicoterapeutas também recorrem à autodestruição para solução de seu sofrimento da alma. Alguns anos atrás recebi vários pacientes que eram atendidos por um psicoterapeuta que havia se matado e quase todos diziam que se sentiam extremamente acolhidos por ele, que era difícil entender como isso tinha acontecido, justamente pelo nível de acolhimento que recebiam. Tecnicamente, podemos ver com clareza que esse psicoterapeuta buscava uma centelha de vida e esperança na própria dramaticidade de seus pacientes. Como se ao resgatá-los de seus sofrimentos e dores, também estivesse resgatando a si próprio.

Temos ainda nesse escopo de dramaticidade inúmeros autores que são referência para muitos psicoterapeutas e estudiosos da área humana, que igualmente dedicaram ao suicídio o último ato de suas vidas. Temos Bruno Bettelheim (1979), autor de um dos livros muito estudado na área da psicanálise, o *A Psicanálise Dos Contos De Fadas*. Em trabalho anterior (Angerami, 2017) citamos outros autores pressentes nesse rol: vamos encontrar Gilles Deleuze, importante pensador francês, e um dos criadores da corrente denominada de Esquizoanálise, que depois de anos de luta contra um câncer que o deixava totalmente sem respiração, se joga de seu apartamento em Paris; Arminda Aberastury, importante psicanalista, com uma severa doença de pele que a desfigurava, igualmente se mata. Seus livros continuam a ser referência na área. Sobre Melaine Klein, há controvérsias quanto a suas intenções suicidas, mas é fato que ela entra em um processo de anemia profunda e irreversível antes da cirurgia para o enfrentamento de um câncer de cólon. Sua obra é grande referência para muitos estudiosos de psicanálise, e para diversos psicoterapeutas.

Temos que ter sempre claro e presente que na psicoterapia, embora esta seja um tratamento portentoso diante da ideação suicida, o paciente se mostra soberano para decidir sobre os desígnios de sua vida. Assim, por melhor e abrangente que seja a psicoterapia, muitas vezes, o ato final desse processo pode ser decidido pela pessoa do paciente à revelia de tudo e de todos. E isso não se pode perder de vista, pois, além das limitações que todo processo de tratamento apresenta, temos dificuldades os mais diferentes matizes a ombrear as intervenções do psicoterapeuta.

É bastante significativo ainda que não apenas psicoterapeutas consagrados e experientes falem do suicídio de seus pacientes, mas igualmente autores igualmente consagrados narrem esses casos envolvendo essa dramaticidade. O mais notório é Binswanger (1977), que descreve o caso Ellen West, mostrando a evolução de seu sofrimento e o suicídio como consagração de seus atos. Ele narra em detalhes como não foi possível evitar a sucumbência da paciente em que pese os esforços empreitados. Roger (1977) também faz sua análise desse caso, tecendo considerações de como seria possível abordá-lo, e, assim, evitar esse suicídio. Evidentemente que ele faz considerações sobre hipóteses criadas em seu imaginário e bem distantes da realidade descrita e vivida por Binswanger. Melhor seria se ele tivesse feito considerações sobre caso por ele atendido, e que seu desempenho realmente pudesse ter evitado alguém de se autodestruir.

Nos casos em que o paciente manifeste claramente a intenção de autodestruição, e inclusive mostra a própria situação de cansaço com a vida, precisamos adotar procedimentos bastante concisos e severos para que possamos resgatar a esperança e, consequentemente, a vida desse paciente.

Vamos refletir sobre medidas e procedimentos a serem adotados.

5.2.2 – *Revisão do Contrato da Psicoterapia*

A primeira medida a ser adotada é fazer com que o paciente tenha a sensação de que sua vida está inteiramente nas mãos do psicoterapeuta. Isso no sentido de que esse assuma que não irá tomar nenhuma decisão importante em sua vida sem antes discutir com o psicoterapeuta. É necessária até mesmo uma revisão do contrato feito anteriormente sobre os procedimentos da psicoterapia e do psicoterapeuta. Questões que envolviam a independência do paciente sobre seus atos e sua vida serão revistas. Dessa maneira, fica acertado que o paciente não irá deliberar mais nada de sua vida sem uma discussão prévia com o psicoterapeuta. Assim, toda e qualquer decisão sobre as coisas de sua vida passará por um crivo severo de discussão com o psicoterapeuta. A psicoterapia passa, então, a ser cenário de uma amplificação das questões que possam estar agrilhoando a vida do paciente.

É interessante observar que, ao decidirmos pela postura de tomarmos a vida do paciente em nossas mãos, estamos também assumindo uma amplitude de responsabilidade de suas decisões. É dizer que o paciente ao assumir a discussão de suas questões mais agudas no palco da psicoterapia antes de viabilizá-las, está partilhando de modo indefinível sua esperança e credibilidade nas mãos do psicoterapeuta. E isso, podemos afirmar quase sem margem de erro, é um dos principais sustentáculos do êxito do processo nesse momento tão delicado da vida do paciente.

Evidentemente que quando assumimos com o paciente que nenhuma atitude significativa em sua vida será efetivada sem discussão prévia com o psicoterapeuta nosso objetivo maior estarmos cientes sobre a configuração de algo que leve à autodestruição. Isso significa dizer que muitas outras coisas, que podem parecer irrelevantes, também serão direcionadas para esse bojo pela simples razão de que podem encadear outras atitudes que culminem na autodestruição. Esse detalhamento é sempre bastante significativo, pois as coisas, necessariamente, estão encadeadas. Significa dizer que um fato isolado e, em princípio, sem qualquer importância, pode estar atrelado a projetos do paciente em sua sina de autodestruição.

Nesse estágio de desenvolvimento do processo da psicoterapia, é necessária uma superação contínua do psicoterapeuta quanto a apreensão dos detalhamentos que são expostos, e que podem se articular com a autodestruição. Desfiar lentamente cada aspecto que é colocado, mesmo aqueles que parecem insignificantes, é o determinante maior no êxito de mudar o prisma de autodestruição do paciente. Esse nível máximo de alerta dos detalhes colocados pelo paciente conduz à perfeita concatenação dos fatos para que a superação do desespero possa ser efetivada.

A grande aliada da psicoterapia para o enfrentamento da autodestruição é a esperança do paciente, que está sendo resgatada lenta e continuamente. Frise-se ainda que o paciente em psicoterapia está buscando pela luz, própria centelha vital necessária para o resgate do significado de seu sentido de vida. Ressalte-se que, em todas as patologias, a cura dos sintomas e da própria patologia é a consciência do paciente de que necessita de ajuda. Tomemos por exemplo alguém que tem uma dor contínua no joelho. Primeiro passo em direção à cura é procurar ajuda médica. Então, após exames clínicos o médico fará a devida prescrição do tratamento a ser seguido.

Da mesma forma, nos casos envolvendo a autodestruição, a consciência da necessidade de ajuda é o determinante inicial para se buscar ajuda e consequentemente a superar os desatinos de sofrimento. A psicoterapia surge como um dos principais tentáculos para quem deseja a superação de seus sentimentos de desespero e dor. E quando o paciente já está em psicoterapia e se vê envolto em questões de desespero que o levam à total desesperança frente à própria vida, o movimento de superação inicial e até mesmo de cura, é falar sobre os fatos que estão minando seus sustentáculos de vida. Nesse aspecto, a predominância da psicoterapia será a totalidade de sustentação para o resgate dessa vida quedada em sofrimento e dor; expor minúcias do que possa estar trazendo sofrimento e, consequentemente, desesperança e desespero. Nesse sentido, quando a questão for devidamente exposta e balizada conjuntamente com o psicoterapeuta, poderão então ser deliberados possíveis recursos de ajuda ao processo da psicoterapia. Ressalte-se sempre que todo e qualquer recurso complementar terá que ser efetivado em conjunto com o paciente. Nada, absolutamente nada será deliberado sem a anuência e participação do paciente.

Tudo que se quiser arrolar e evocar terá que ser feito em parceria com o paciente. E mesmo os possíveis sustentáculos de ajuda terão que ser deliberados a partir de valores de proeminência do paciente.

Nessa nova modalidade em que a psicoterapia se transforma, um dos quesitos principais é o psicoterapeuta se colocar disponível para novos horários de atendimento, bem como disponibilizar telefones e contatos com os quais poderá ser encontrado em caso de necessidade. Isso é algo imprescindível, pois dará ao paciente, nesse momento de fragilidade, a consciência de que pode dispor a qualquer instante do acolhimento do psicoterapeuta. E, na realidade, na quase totalidade das vezes, essa possibilidade de recorrer ao psicoterapeuta em outros momentos e circunstâncias, é algo ao qual nem sempre o paciente recorre. O mais comum é a marcação de novas e inúmeras sessões para que as coisas possam ser dimensionadas e refletidas com mais profundidade e precisão.

Ao se colocar disponível para outros horários, além daquele previamente estabelecido para as sessões de psicoterapia, o psicoterapeuta não apenas se posiciona de modo disponível diante da dor do paciente, como também, e principalmente, mostra a compreensão da dimensão da dor pela qual esse o paciente está passando.

E se ainda assim, no decorrer da psicoterapia, com toda essa disponibilidade, o paciente continuar a manter seu desespero e dor, outros recursos poderão ser buscados. Repito quantas vezes forem necessárias, não podemos abrir mão de qualquer recurso que esteja disponível e que possa trazer alívio ao desespero do paciente. Um dos grandes antídotos no trabalho de prevenção ao suicídio é justamente tirar essa pessoa do isolamento (Angerami,2017). Nesse sentido, se o paciente em processo de psicoterapia manifesta intenção de participar de algum grupo, ele deverá ser totalmente incentivado para isso. Seja esse grupo clube, associação de bairro, partido político, entidade cultural, igreja ou qualquer outra forma de reunião comunitária que se queira arrolar. E aqui também se faz necessário pontuar que a possível religião ou qualquer outra entidade que venha a ser buscada tem de ser algo valorizado e escolhido pelo paciente, algo importante para sua vida. Nossos valores precisam ser totalmente preteridos nessa escolha feita pelo paciente, pois, acima de qualquer outro questionamento que se queira colocar, temos em nossas mãos uma vida em sofrimento, apresentando fragilidade e envolta em desespero e dor.

Ressalte-se ainda que a escolha pelo paciente dos recursos a serem buscados para atuarem como coadjuvante da psicoterapia sempre é soberana. E até mesmo a escolha de quais recursos buscar para alívio de sua dor sempre será feita conjuntamente com o paciente, e com os valores que lhes são pertinentes. Vamos então refletir detalhadamente sobre os principais recursos buscados como coadjuvantes para o processo de psicoterapia.

5.2.3 Auxílio Familiar

Alguns pacientes manifestam o desejo de contar com ajuda de familiares próximos. Frise-se mais uma vez, por mais exaustivas que sejam tais repetições, que buscar ajuda dos familiares é algo que deve ser discutido com o paciente, e deliberado conjuntamente com ele.

Esse tipo de auxílio pode ser sugerido pelo psicoterapeuta, mas a deliberação para se utilizar ou não disso deve ser do paciente. Então, desde chamar algum familiar para que compareça às sessões de psicoterapia juntamente com o paciente, ressalte-se sempre, juntamente com o paciente, até possíveis alternativas à presença desses familiares, podem ser arroladas nesse processo.

Quando o paciente pede para que se recorra à ajuda de familiares, sempre é um indício significativo de que ele pode não estar dando conta de seu sofrimento. E que o fato de a família ter consciência desse quadro pode ajudá-lo nessa superação, na medida em que todos estarão não apenas cônscios de suas dificuldades, mas também comprometidos em sua recuperação. E, como dissemos anteriormente, um dos grandes fatores para a prevenção do suicídio é tirar o paciente de seu isolamento. Isso significa dizer que, ao recorrer à ajuda dos familiares, estamos não apenas tirando esse paciente de um possível isolamento social, como, principalmente, inserindo-o em uma teia de proteção familiar.

Os diferentes desdobramentos desse auxílio familiar podem ser desde acompanhar o paciente em seus deslocamentos pela vida, como também não o deixar só nos momentos em que necessita da presença de alguém ao seu lado. Esse tipo de auxílio é decidido conjuntamente com o próprio paciente, isso significa dizer que até mesmo a conjuntura dessa ajuda no seio familiar será deliberada por ele. As diferentes formas que essa ajuda pode apresentas sempre será algo decidido conjuntamente com o psicoterapeuta, e depois viabilizado junto aos familiares.

Como a família representa um poderoso esteio de proteção, recorrer a esse recurso significa buscar um grande sustentáculo em nossa luta pela preservação da vida desse paciente. Merleau-Ponty (1999) coloca que "o doente, ao contrário, não pode entrar em uma situação fictícia sem convertê-la em situação real: ele não distingue uma adivinhação de um problema". É dizer que, ao elaborarmos conjuntamente uma estratégia de ação, estamos indo ao encontro de diretrizes que farão que as situações reais de seu sofrimento ganhem contornos específicos para a devida superação.

Ao enfeixarmos essa conduta de ajuda junto aos familiares, estamos na situação de um sonhador que conhece a familiaridade de seus sonhos, e que mesmo assim sabe que eles possuem desdobramentos multifacetados, que precisam ser devidamente balizados para que não se transformem em pesadelos.

A vinda de familiares juntamente com o paciente em suas sessões de psicoterapia significa, antes de qualquer outra análise, um hiato para acomodação das estratégias de atuação na direção de seu soerguimento.

E, nesses casos, há que se fazer uma diferenciação bem precisa de que não estamos atuando no contexto da denominada *Terapia Familiar*, situação em que todos os membros de uma determinada família estão submetidos conjuntamente ao processo psicoterápico. A *Terapia Familiar* tem teorizações e procedimentos próprios, e, seguramente, não se coadunam com o que está sendo proposto nesse espaço. O nosso procedimento é apenas recorrer ao auxílio de familiares para que esses possam auxiliar nosso paciente em seu momento de desespero e dor. Jamais submeter todos a um processo de psicoterapia sob nossa responsabilidade. Inclusive, se for detectada a necessidade de que os membros dessa família se submetam a tratamento psicoterápico, deve ser efetivado encaminhamento para que sejam atendidos por outro profissional. A nossa prioridade sempre será o paciente que está sob nossos cuidados, quem tem sobre si o determinante da autodestruição a ceifar seus sonhos e ilusões.

O modelo de atendimento que estabelecemos juntos aos familiares e ao paciente sempre se realiza no mesmo espaço da psicoterapia. Não recorremos a nenhum procedimento de visita domiciliar, ou algo que se assemelhe a isso. Não existe qualquer objeção de nossa parte aos chamados atendimentos e visitas domiciliares, apenas a nossa proposta é recorrer à ajuda dos familiares do paciente para que esse supere esse momento tão difícil de sua vida. E isso pode ser plenamente viabilizado apenas nos limites em que acontece o processo de psicoterapia. Esse aspecto de nossa proposta necessita ficar bem claro para que procedimentos diferentes não coloquem em dissonância o que propagamos no enfrentamento das questões de autodestruição trazidas pelo paciente. E, ainda que possa haver muitos psicoterapeutas que coloquem como primordial conhecer o espaço familiar do paciente quando esse traz a questão da autodestruição para o campo da psicoterapia, isso, em nossa proposta, é totalmente fora de cogitação. Optamos pelo acolhimento no espaço em que a psicoterapia acontece, e dessa maneira, os procedimentos decididos serão expandidos para outros locais, mas sempre se originando dentro da nossa seara.

Ao recorrermos ao expediente de auxílio dos familiares, estamos apenas buscando um dos inúmeros recursos que nos são disponibilizados para acolhimento de alguém que tem a autodestruição como uma de suas possibilidades prementes. E se considerarmos que a família é o primeiro dentre os diversos grupos sociais que farão parte de nossa vida, temos, então, que esse recurso será de grande valia e eficácia.

A família muitas vezes é o determinante não apenas da formação de nossos valores, mas, também, de aprendizados muito eficazes de enfrentamento das adversidades da vida. Embora seja fato que no seio familiar sempre irão existir conflitos e contradições que podem ter implicações severas na condição emocional de seus membros, ainda assim, não deixa de ser o logradouro em que nossa vida tem o esteio para sua configuração. E onde também aprendemos a própria inserção para outros grupos sociais, com os quais iremos nos deparar ao longo de nossas vidas.

Outros grupos sempre surgirão, mas a família sempre será o esteio inicial sobre o qual se configura a base da dinâmica de inserção nos demais grupos de nossas vidas. Dessa maneira, ao recorrermos à família como auxílio em nossa intervenção junto ao paciente desesperado, estamos indo ao encontro de algo vincado em sua vida, vincado muitas vezes em coisas e fatos de alta toxicidade, mas ainda assim vincado... Enfim, são as contradições muitas vezes presentes no seio familiar, às quais que fizemos referência acima. Mas, de qualquer maneira, temos que ter sempre presente que o paciente. ao decidir por esse recurso, tenta resgatar algo que lhe é muito precioso e que pode ter sido esgarçado pelas circunstâncias da própria vida. Isso é o mais primordial, pois ele pode, nesse processo de recuperação de seus vínculos familiares, também resgatar seu sentido de vida e de esperança corroído nesse momento tão crucial de sua trajetória.

Dessa maneira, a família será chamada e os caminhos a serem buscados serão devidamente escolhidos para que se tornem um grande alicerce no processo de psicoterapia.

5.2.4 A Inserção do paciente em outros grupos sociais

Dissemos anteriormente, exaustivas vezes, que um dos principais antídotos de prevenção do suicídio é fazer com que a pessoa desesperada saia do isolamento em que se encontra. Essa deliberação pode ser sugerida pelo psicoterapeuta, se não houver esse movimento por parte do paciente. E na medida em que mudamos a configuração da psicoterapia diante do desespero do paciente, temos também a diretividade ao nosso favor. Então, sugerir que ele possa buscar alguma alternativa para que saia do isolamento social em que se encontra, não só é pertinente como se mostra como muito eficaz. Novamente, embora a diretividade e asserção da proposta esteja nas mãos do psicoterapeuta, o que buscar, onde e quando buscar será de arbítrio do paciente. Seja na igreja, no clube, na associação de bairros, no grupo de colecionadores, ou o que mais se quiser arrolar, a deliberação será do paciente. Sua escolha prevalecerá sobre nossos determinantes de valores e constructos morais.

Não se trata de discussão sobre qual entidade é mais pertinente, ou melhor, para atender nossa intenção de tirá-lo do isolamento social em que se encontra. Seja qual for sua escolha, ela será soberana e terá todo o respeito e respaldo do psicoterapeuta. Discussões envolvendo aspectos de religiosidade, ou mesmo da natureza de outros grupos, devem ser deixadas ao relento, pois não cabem nesse momento. O importante é que ele possa se inserir em algum grupo, e de alguma maneira sentir que existe vida ao seu redor. A vida que pulsa nos diferentes grupos e que poderá brotar em seu coração a centelha de esperança para superação de seus desatinos de sofrimento e dor.

As questões, sempre presentes quando se aborda questões de religiosidade, por exemplo, e por esse ser um dos grupos nos quais os pacientes mais buscam inserção, precisam ficar fora de discussão. O paciente, ao decidir pela frequência em uma determinada religião ou seita religiosa, tem sobre si a soberania de sua escolha, e está certamente vincada em seus valores constitutivos de vida. Então, ao psicoterapeuta cabe apenas aprovar tal decisão, e, munido de sua diretividade e asserção, incentivar para que ele verdadeiramente busque por esse ou qualquer outro grupo, para que o nosso intento de tirá-lo do isolamento seja plenamente atingido.

Diante de seres humanos lançados às raias do desespero e dor, não temos outra configuração que não a interseção para ajudá-los rumo a novos horizontes de vida. Então, discussões envolvendo matizes religiosos, ideológicos, ou quaisquer outros que se queira arrolar, são completamente despropositais e não apresentam qualquer escopo de legitimidade em seu enraizamento. A vida que se encontra a nossa frente, encarquilhada em dor e sofrimento, precisa de acolhimento. Nossa intervenção precisa ser o bálsamo capaz de cicatrizar essas chagas existenciais, e não mais um ponto de atrito possível de levar o paciente novas configurações de incerteza e dor.

5.2.5 Auxílio medicamentoso

A questão envolvendo a ação medicamentosa sempre é revestida de muita polêmica, pois, todas as vezes que vêm à baila, sempre surgem vozes contrárias a esse recurso. No entanto, é sempre bom frisar que ao decidirmos enveredar pelos caminhos da autodestruição nenhum recurso pode ser prescindido, nunca é demais repetir. E se o paciente manifesta o desejo de medicação para acalmar seu desespero esse, recurso precisa ser buscado sem qualquer digressão teórica a respeito. Não cabe discussão sobre possíveis dependências que a medicação possa causar, ou mesmo que a medicação possa escamotear o verdadeiro sentido do sofrimento. Matizes de desespero podem ser acalmados com medicação precisa e específica, e disso não devemos abrir mão. E, verdadeiramente, ao decidirmos atender casos envolvendo autodestruição, é necessária uma rede segura de encaminhamentos médicos que possam medicar esse paciente quando isso se fizer necessário. Ou ainda quando ele manifeste situações de insegurança e simplesmente afirme que precisa de algum tranquilizante para conseguir enfrentar momento tão delicado e desesperador.

Repito, não cabe discussão sobre a possível dependência medicamentosa nesse momento. Se isso for pertinente terá que ser efetivada em outro momento quando a situação de desespero do paciente já houver sido estancada, desde que essa possibilidade surja em meio a uma discussão plena e ampla de suas possibilidades de vida.

Citamos anteriormente que toda e qualquer postura precisa de uma completa revisão quando temos a nossa frente alguém cujo determinante maior é a autodestruição. E tal como em situações em que nos vemos diante de sintomas de patologias severas que acometem um determinado organismo, a premência inicial sempre é cuidar para a reversibilidade da patologia em si. Assim, todos os recursos e procedimentos médicos e até mesmo cirúrgicos, ou de outras formas terapêuticas serão efetivados para o restabelecimento desse organismo enfermo. Como exemplo, cito uma ocorrência pessoal. Levei uma mordida canina de um dos meus cachorros que havia operado de uma hérnia na coluna. Tratava-se de um pequeno cão da raça basset. Fui transportá-lo de lugar, ele latiu de dor e me mordeu. O ferimento provocado infeccionou, ou seja, dentro da margem de 20% de mordidas que infeccionam, fui contemplado com essa ocorrência. Isso implicou numa dosagem severa de antibióticos, analgésicos, anti-inflamatórios e vacina antitetânica. Então, não cabia a menor discussão sobre a infecção e seus derivativos. E tampouco o tanto de questões emocionais envolvidas até mesmo na maneira talvez descuidada como segurei o cão para o transporte, afinal, tratava-se de um animal combalido em estágio de recuperação e dor. Isso tudo se tornou secundário diante da gravidade da infecção.

Posteriormente é plausível discutir possíveis componentes emocionais que possam ter desencadeado, e até mesmo contribuído significativamente para o surgimento, ou mesmo agravamento, da patologia em si. Mas, diante dos sintomas e da patologia instalada, repita-se sempre, a premência é o tratamento e estancamento do sofrimento provocado por esses sintomas.

Igualmente nos casos em que o paciente opta por recorrer pelos caminhos da autodestruição, estamos diante de algo que já está incrustado em sua alma de modo severo e impiedoso. Os fatores que provocaram esses transtornos serão buscados e balizados pela psicoterapia em seu desenvolvimento. Mas o sofrimento provocado pelo desespero desse paciente não pode prescindir de nenhum recurso que minimamente possa trazer alívio nesse quadro de dor. Inclusive da ação medicamentosa administrada criteriosamente por profissionais da área médica. Nada pode ser prescindido nesse afã de resgate dessa vida quedada em sofrimento e dor.

Discussões ideológicas envolvendo os matizes e as filigranas da prescrição medicamentosa devem ficar distantes nesse momento, pois a prioridade maior é o estancamento do sofrimento e dor do paciente. E não se trata simplesmente de negar ou desconhecer o conjunto de ações muitas vezes perversas que envolvem a prática das indústrias farmacêuticas na imposição de seus produtos, principalmente junto à classe médica. Nesse momento, a medicação surge como um aliado ao tratamento psicoterápico para soerguimento de um paciente totalmente quedado diante do desespero humano. E quando citamos uma rede confiável de encaminhamentos, estamos fazendo referência até mesmo para a presença de profissionais de medicina que tenham critérios bastante éticos e envoltos nessa reflexão acerca da ação dos laboratórios farmacêuticos.

A psicoterapia nos casos de desespero será alicerçada para que os possíveis fatores emocionais não provoquem a reincidência desses sintomas. Isso implica em dizer que a psicoterapia sempre será soberana no enfrentamento de situações de desespero que possam envolver o paciente, mas sempre contanto com os recursos disponíveis e que possam ajudar seu soerguimento.

A medicação poderá ser alicerce para que o paciente encontre alívio em seus sintomas, e, consequentemente, no produto de seu sofrimento. O ideal nessas circunstâncias é que o psicoterapeuta possua profissionais de sua confiança para os quais possa eventualmente encaminhar esse paciente para o devido acompanhamento medicamentoso. Essa parceria poderá implicar em uma união para que o tratamento siga em harmonia, pois a prescrição medicamentosa será coadjuvante no processo psicoterápico podendo, inclusive, haver discussão técnica entre os profissionais sobre o desenvolvimento do paciente diante desses processos de tratamento.

O psicoterapeuta não possui um condão mágico capaz de extirpar o sofrimento do paciente a seu bel prazer. Isso significa dizer que o sofrimento do paciente envolto no desespero da autodestruição será estancado com a utilização de todos os recursos disponíveis ao nosso alcance. E, certamente, a medicação poderá trazer alívio para determinados transtornos que estejam instalados na vida do paciente será.

A medicação, por outro lado, traz consigo, inclusive, o risco de o paciente ingerir, em seu intento de destruição, os próprios remédios, que em princípio seriam para trazer alívio. E não são poucos os casos com esse tipo de ocorrência. Isso sempre é preocupante, pois algo que traria alívio ao sofrimento do paciente acaba se tornando seu instrumental de destruição. Nesse sentido, a proposição de que o psicoterapeuta trabalhe em plena harmonia com o médico responsável pela prescrição medicamentosa é fundamental. Dessa maneira os passos do paciente serão acompanhados de maneira estreitada para se evitar esse tipo de acontecimento. E se considerarmos que a nossa condição emocional pode ser comparada a uma nuvem no céu em constante mudança, temos então, como determinante, o fato de que esse paciente, ao ter ao seu dispor remédios tão bombásticos, precisa ter necessariamente acompanhamento bastante cuidadoso nos detalhamentos de seu tratamento.

Ao se decidir pelo auxílio medicamentoso, e o risco de se ter arsenal tão bombástico em mãos, o paciente deve ser cuidadosamente balizado pelo psicoterapeuta dessa condição. Isso significa dizer que não se pode simplesmente acreditar que a medicação será apenas algo para trazer alívio sem qualquer outro risco ao paciente. O desespero humano tem facetas muitas vezes desconhecidas tanto para o psicoterapeuta como para o próprio paciente. Saber dessa condição é primordial para que nenhum passo seja dado sem consonância com tais riscos e possibilidades.

O auxílio medicamentoso tem que ser coadjuvante no processo de soerguimento do paciente, e esse risco de se tornar um poderoso instrumental de destruição colocado em suas mãos não pode ser descartado, nem tampouco desprezado. Somente assim teremos um processo que irá caminhar em harmonia com os diversos recursos disponíveis, justapostos em harmonia para o êxito de resgate dessa vida encarquilhada em sofrimento e dor.

Todos os recursos devem ser buscados, isso não se nega jamais, mas os detalhes que os envolvem, principalmente na questão medicamentosa, devem ser cuidadosamente avaliados para que simplesmente não se ponha tudo a perder.

6. ALGUNS CASOS CLÍNICOS

Nessa parte do trabalho iremos discorrer sobre alguns casos clínicos com os quais nos deparamos ao longo de nossa trajetória, bem como as reflexões pertinentes.

6.1 Flávia – O silêncio torturante e ensurdecedor. A destruição pela automutilação[3]

6.1.1 Palavras iniciais

Flávia era uma adolescente de 17 anos de idade quando procurou pela psicoterapia após ingestão excessiva de comprimidos e, simultaneamente à tentativa de mutilação através de cortes nos pulsos. Ela exibia curativos nos

[3] Esse caso foi apresentado inicialmente no livro *Histórias Psi* (ANGERAMI, 1994). Aqui foi melhor desenvolvido e analisado, além de ter sido acrescido de atualização e revisão.

mostrando resquícios de seu gesto. Logo nas primeiras sessões, mostrou diferenças bastante significativas da maioria dos pacientes que procuram pela psicoterapia. Frise-se que, apesar de adolescente, a busca pela psicoterapia foi deliberação pessoal, o contrário do que ocorre com vários adolescentes, que muitas vezes chegam ao processo psicoterápico por pressão familiar.

6.1.2 Primeira Sessão

Flávia chegou à primeira sessão no horário previsto, mostrando indícios claros que não queria estar perdendo nenhum momento do tempo de seu atendimento. E, tão logo entrou na sala de atendimento, sentou-se na cadeira destinada para ela, apoiou seu braço na cadeira como se estivesse querendo segurar o queixo, e assim permaneceu durante todo o horário de sua sessão. Nada falou. E quando se viu abordada em algumas questões, até mesmo aquelas rotineiras de contrato, horário etc., nada respondeu. Depois, vim a saber que já havia efetivado esses detalhes com a secretária.

Uma sessão em que nada foi falado. Literalmente nada, e o que mais causava estranheza, ao menos naquele momento era o fato, como foi citado acima, de que havia sido ela mesma quem tinha procurado pela psicoterapia.

A minha experiência com adolescentes mostrava que, quando se viam obrigados a comparecerem à psicoterapia sob forte influência familiar, o resultado iminente era o total alheamento que exibiam diante do processo em si e da figura do psicoterapeuta. Como exemplo dessas citações, há o caso de um adolescente que simplesmente fumava vários cigarros de maconha antes de seu horário, e chegava às sessões com a consciência totalmente alterada, sem qualquer condição mínima de reflexão do que quer que fosse.

Mas não era o caso de Flávia. Ela não havia sofrido qualquer pressão para iniciar seu processo psicoterápico. A procura pelo psicoterapeuta havia sido livre e deliberada escolha sua. Isso tudo destoava completamente da atitude que ela havia demonstrado em sua primeira sessão.

E além do fato de estarmos diante de algo inusitado, é facilmente tangível a percepção de incredulidade de se ter alguém à sua frente, em completo silencio, por cerca de cinquenta minutos. Sensação de eternidade ao se ter alguém sem falar absolutamente nada por toda uma sessão, e mesmo sem responder às questões pontuais que haviam sido feitas.

E o contraponto desse silêncio é que grande parte dos pacientes em suas primeiras sessões simplesmente falam de maneira catártica, inclusive, muitas vezes, impedindo até mesmo possíveis intervenções do psicoterapeuta. Nessas circunstâncias, são necessárias várias sessões até que o psicoterapeuta finalmente possa intervir e realizar pontuações que levem o paciente às reflexões sobre sua narrativa. E, verdadeiramente, uma sessão inteira, sem qualquer narrativa, era algo que estava sendo novo para mim. Insólito e mostrando que o desafio que se descortinava seria intenso, e mesmo inominável. Afinal, a psicoterapia é um processo pela dialética entre a *fala* e a *escuta* e aqui tínhamos algo que não se coadunava com essa concepção. Pelo contrário, estava mostrando configurações que não possuía em meu arcabouço de experiência de vida.

Algo muito inusitado começava a se configurar, pois, embora fosse conceituado como alguém que atendia casos de tentativas de suicídio com pleno êxito nesse acolhimento, algo muito estranho começava a se efetivar e se mostrava apenas em seu início.

E embora Flávia não houvesse falado nada, não significava igualmente que nada havia transmitido. Sua expressão gestual, não mostrara evidências que pudessem se configurar como indícios, ou fossem até mesmo determinantes, de algum fato mais notoriamente perceptível.

Tudo era envolto em grande mistério. Não conseguia alcançar compreensão para a atitude daquela adolescente.

A primeira coisa que me ocorreu em meu campo perceptivo é que se tratava de um confronto com o psicoterapeuta. Aquele que em princípio é o senhor das palavras, o que *entende* como poucos da condição humana. Era um confronto que mostrava sinais específicos de acirramento, principalmente diante do fato de que havia sido instigada a falar a partir de algumas perguntas. e que, mesmo assim, não havia emitido palavra alguma que pudesse nortear qualquer rumo de compreensão de sua atitude. As coisas estavam em total estranhamento, pois não conseguia sequer atinar com esse enredamento dos fatos. O confronto também era evidenciado pelo simples fato de que ela era conhecedora de que as pessoas, ao se dirigirem ao psicoterapeuta, se expressam, na maioria das vezes, através da palavra falada. E tudo se tornava ainda mais obnubilado, pois parecia se tratar de algo previamente concebido, e não que pudesse ter ocorrido em função de possível inibição diante do que o psicoterapeuta possa ter falado, ou ainda pela sua simples presença.

E se não era inibição também não era falta de assuntos, pois os curativos dos pulsos estavam a mostrar, a ponta de iceberg submerso de dor de sua alma.

Tudo era mistério.

Van Den Berg apud Angerami (2017) assevera que "aqui nesta vida jaz a profundidade dessa vida. Aqui reside a explicação desta vida, na medida em que pode ser explicada, pois há muita coisa acerca da vida que não pode ser explicada e que, aliás, nunca o foi. A vida certamente não é um nevoeiro, mas é certamente um mistério". Então, a explicação para a atitude de Flávia se tornava um enigma cada vez mais inalcançável. E quais também seriam os mistérios envolvendo sua atitude.

E se falamos constantemente que a psicoterapia é um processo em que o psicoterapeuta, em suas intervenções junto ao paciente, está sem qualquer rede de proteção, o que se tinha em Flávia era a configuração real dessa asserção. E estávamos apenas na primeira sessão. Mal poderia conceber e nem mesmo imaginar que de mais instigante ainda estaria por vir.

De outro lado, estava totalmente inquieto, e em busca de dados que pudessem trazer compreensão para o meu foco perceptivo, para enveredar nos caminhos a serem trilhados pela psicoterapia diante de Flávia. No entanto, não tinha como imaginar como seriam as próximas sessões. Esses são aqueles momentos em que o meu maior desejo era ter um daqueles glossários que os médicos possuem, e onde constam os remédios a serem prescritos. Na dúvida, basta consultá-lo e a droga correta a ser ministrada está, lá sem qualquer titubeio. Ou ainda, a possibilidade de se acessar o Google para saber como agir nessas circunstâncias. Enfim... Isso tudo era simples delírio a me envolver e a me fazer refém dessa circunstância. Refém de uma adolescente de 17anos. Adolescente que em nada se diferenciava de seus pares. Calça jeans, tênis, camiseta despojada, nada, absolutamente nada a diferenciá-la de outras tantas adolescentes que circulam pelas ruas, como também das que atendemos em psicoterapia.

Ela me ocupava o pensamento de modo irrebatível, e se não tinha defesa ao pensar em seus detalhamentos, tampouco sabia como proceder se na próxima sessão ela repetisse essa postura inicial. Nessas circunstâncias, sempre me surge o incômodo de ser autor de tantos livros na área da saúde, que são estudados por tantos acadêmicos que me tomam como referência em suas ações, pesquisas e referências bibliográficas. Se eles poderiam recorrer aos meus livros para balizarem suas posturas profissionais, certamente, também eu poderia me acercar dessa possibilidade. Mas não, ainda não havia publicado nada que pudesse minimamente jogar alguma luz de compreensão para algo tão insólito. E se já me sinto incomodado por ter tantos acadêmicos e estudiosos seguindo meus escritos, diante de uma situação em que não sabia o que pensar, e tampouco como proceder, a questão se tornava ainda mais insólita e surreal.

Nesse momento sentia que a minha obra era como um lindo castelo de areia cuidadosamente erigido. Podia servir para a contemplação das tantas pessoas que o admirassem, mas não possuía nenhuma concretude a preservar-lhe a forma diante de alguma intempérie da natureza, por mínima que fosse. As situações de supervisão clínica vêm ao pensamento, principalmente aquelas em que as pessoas são recém-formadas e se sentem inseguras diante de seus atendimentos. Nessas ocasiões, procuro transmitir otimismo e confiança no percurso desses jovens psicoterapeutas; contraponho as dificuldades do caminho com o êxito que trará muitas alegrias e desdobramentos de realização. Apresento ainda o arcabouço teórico indispensável para o êxito de seu desempenho psicoterápico. Entretanto, essa possibilidade não me era sequer tangível, pois a minha própria autocrítica conflitava de maneira drástica com a minha autoestima. Vidas que se entrelaçam seja na condição de docência, psicoterapia ou supervisão. Pessoas a seguirem nossas orientações, postulados e reflexões. Mistério a nos envolver desde o fato das circunstâncias que determinam tais entrelaçamentos.

A atitude de Flávia havia mobilizado em mim diversos questionamentos, não apenas sobre a minha conduta naquela sessão, como também da onipotência de que muitas vezes nos achamos revestidos em nosso exercício profissional. É como se num repente tivéssemos de nos subtrair da crença de que temos a vida do paciente em nossas mãos, como se fossemos os responsáveis por suas escolhas. Ou ainda, que de nossa atuação depende até mesmo sua eventual cura.

Em meu campo perceptivo havia apenas uma situação que, ao me confrontar, mostrava que, por mais que pudéssemos buscar subsídios para um desempenho satisfatório em nossa atividade profissional, sempre haveria a ocorrência de casos e fatos que iriam exigir toda uma reflexão criativa e momentânea para se estabelecer qual a intervenção cabível naquele momento. Falamos anteriormente do manual disponível ao médico sobre os remédios para determinadas patologias, e isso não temos como efetivar na prática da psicoterapia. Nem tampouco o acesso ao supervisor ou a possíveis bases teóricas. No momento da intervenção, estou diante do paciente apenas e tão somente com o meu campo perceptivo, e tudo que fizer será algo que brotará naquele instante com as consequências inerentes a tais intervenções.

Evidentemente que estou preparado teórica e filosoficamente para atuar como psicoterapeuta. E isso por si garante, ao menos em princípio, que minhas intervenções serão balizadas por esse arcabouço teórico e filosófico. No entanto, são tantas situações inusitadas com as quais nos deparamos ao longo de nosso percurso profissional, que certamente sempre vamos além desse aparato. Somos reféns de nossa própria humanidade, e isso por si, já confere intervenções que misturam esse arcabouço teórico e filosófico às nossas experiências de vida.

Pensava até mesmo se não seria mais adequado abandonar a ótica existencial de compreensão da condição humana, e abraçar as teorizações que enquadram a atitude de Flávia como sendo alguma coisa mal resolvida na esfera edipiana. E que dessa maneira a paciente nada mais estava fazendo que agredir a figura paterna na pessoa do psicoterapeuta.

Diante de uma explicação desse teor, seria muito fácil entender a atitude de Flávia, pois bastaria mostrar para ela que, na verdade, ela estava tentando agredir a figura paterna; deslocava assim, para o psicoterapeuta, agressões que, em princípio seriam destinadas ao pai.

Tudo muito simples e teoricamente muito bem fundamentado. Bastava apenas fazer um simples procedimento de acoplamento entre aquilo que havia sido manifestado pela paciente e a teoria existente. Merleau-Ponty apud Angerami (2017) coloca que "todo saber se instala nos horizontes abertos pela percepção. Não se pode tratar de descrever a própria percepção como um dos fatos que se produzem no mundo, já que a percepção é a falha desse grande diamante". É dizer que o nosso campo perceptivo apreende a realidade que se mostra à nossa frente de acordo com aquilo que faz parte de nosso constitutivo de valores e de vida.

A atitude de Flávia seria evidência maior dos acertos das interpretações freudianas, principalmente se ela se recusasse a aceitar as evidências de algo tão notório e explícito. Então, bastaria apontar os *mecanismos de defesa* que ela havia utilizado, se eventualmente recusasse tamanho brilhantismo interpretativo. E a enquadraria em alguma entidade nosológica que pudesse exprimir sua conduta. Também mostraria algum resquício inconsciente para que pudesse deslocar para o psicoterapeuta conflitos existentes no relacionamento com seu pai. Mas não, por mais brilhante que fosse esse esboço teórico, sua estruturação não ia ao encontro à minha convicção de valores de mundo e, por assim dizer, da condição humana. Entretanto, não havia como acoplar a sessão de Flávia a esse esboço teórico, única e exclusivamente por me faltarem elementos mais preciosos de análise.

Sim, a vida é um grande mistério, e decifrá-lo é uma das tarefas mais ingratas que temos à nossa frente. E uma retrospectiva à minha própria vida mostrava que antes de enveredar pelos caminhos da psicologia, exercia atividade de musicista. Ambiente de música clássica, com todo o requinte e glamour dessa realidade. E numa guinada extremada, me via diante de casos envolvendo a temática do suicídio com toda a dramaticidade que por si estava presente nessa nova realidade. Algo que não se coaduna com uma simples reflexão é tentar compreender essa mudança em meus paradigmas de vida.

Mas, certamente, sendo a vida um grande mistério, não será com doses de racionalidade que irei conseguir enfeixar a compreensão desses ditames que mudaram meus caminhos tão drasticamente. Como também, por vezes, não encontro respostas, mesmo na seara da psicologia, com tantas possibilidades de atuação e intervenção, se estou diante de temáticas como suicídio e câncer, principalmente. Enfim...

E que mistérios ainda teriam que envolver a compreensão de Flávia; somente a nebulosidade dos fatos poderia ainda me determinar. Intrigado, comecei a questionar as razões pelas quais havia enveredado pelos caminhos da ótica existencial que nada explica aprioristicamente, quando existem tantas teorias tão fascinantes que tudo explicavam da maneira mais absoluta possível. Com tantas teorizações tão modernas que explicam até as ocorrências de vidas passadas, estava simplesmente diante de um mistério indecifrável, com uma adolescente a desafiar todo meu postulado teórico e filosófico. Seria muito viável queimar todos os livros que mostravam a abordagem existencial, e adotar o ponteamento dessas teorias. Pois, certamente, haveria uma explicação mais lógica e convincente do que ficar tartamudeando a compreensão do suicídio como um mistério inatingível pela percepção humana.

Na ocasião em que Flávia surgiu em meus caminhos para ser atendida, eu já tinha dois livros publicados sobre psicoterapia existencial, e que seriam igualmente queimados numa total redenção diante do ceticismo que tinha sobre as outras teorias.

E os inúmeros seguidores de minhas publicações também buscariam por outras trilhas, pois, igualmente saberiam que não tínhamos fundamentação teórica necessária para casos dessa magnitude e contundência. Seria uma grande redenção teórica, assim como um herege prostrado aos pés da cruz, pedindo clemência diante de seu titubeio em converter-se ao cristianismo. Assim, também, me converteria para alguma outra corrente teórica, e poderia dar uma explicação bastante razoável para minhas dúvidas.

E quando fosse, então, abordado por alguém que simplesmente ainda seguisse meus escritos existencialistas, diria que havia me deixado levar pelas explicações mais convincentes, e, por isso, mais modernas que as outras correntes teóricas. E isso apesar de a psicanálise citada anteriormente ser até mais antiga do que a corrente existencial. Mas ela se renova com suas explicações absolutas sobre tudo. Tudo tem explicação, e seu encadeamento causal da vida humana é tão fantástico que a cada dia surgem milhares de novos seguidores, pois tudo é abarcado em suas explicações. Nada, absolutamente nada escapa de sua compreensão. E no caso específico de suicídio, poderia seguir os autores que, sob a ótica da psicanálise, escreveram verdadeiros manuais de manejo para os casos envolvendo autodestruição. Tudo devidamente acoplado de maneira bem sistematizada e à disposição de todos que queiram aprender tal manejo. Algo que sintetiza tudo que se queira sobre a temática. Passam até a sensação de que os mistérios envolvendo a temática do suicídio finalmente foram desvendados. E que em breve a autodestruição será algo apenas pontual, e não algo, como citado anteriormente, que ceifa mais vidas do que as guerras existentes ao longo do planeta. Mais do que ingenuidade e ilusão, é algo que beira propriamente a desinformação com requintes de delírio e sandice.

No entanto, estava simplesmente debruçado diante de uma possível compreensão de Flávia pela ótica existencialista. Estava à espera dos fatos para poder descrevê-los, e então, tentar enfeixar alguma forma de compreensão. Merleau-Ponty apud Angerami (2017) coloca que "todas as explicações econômicas, psicológicas de uma doutrina são verdadeiras, já que o pensador pensa sempre a partir daquilo que ele é". É dizer que geralmente nossas evidências são mesmo verdades, e não ilusórias, pois se tornam nossas referências para compreensão do mundo. As teorias surgem como meros alicerces para fundamentação de nossos posicionamentos, que em realidade estão estribados em nossa própria vivência.

A escolha de uma determinada teoria implica, antes de qualquer outro balizamento, na identificação que temos com ela. Existe uma afinidade em seus postulados de compreensão de valores e de condição humana. E quando se diz que não escolhemos a teoria, e sim, ela que nos escolhe o bojo dessa asserção é justamente a identificação dos diversos sustentáculos que apoiam a teoria escolhida. A racionalidade presente no corpo teórico da psicanálise, por exemplo, não se amolda a alguém que tem na emoção e no desenvolvimento sensitivo o determinante de sua vida.

Mas mudar de abordagem simplesmente não é possível, pois minha identificação e similaridade com a proposta existencialista é maior até mesmo que a racionalidade dessa reflexão. Assim, como o herege não se converte por uma mera imposição da razão, sendo necessário o surgimento de uma fé inquebrantável em suas novas crenças, também não poderia abraçar essas teorizações que, igualmente, dependem de uma fé inquebrantável em suas asserções dogmáticas para que seus postulados sejam aceitos. Ou numa simples citação, não é possível a compreensão de seus axiomas que não através da fé dogmática. Veja como mero exemplo as citações de Klein e Riviere (1975), que colocam que "se a mulher é capaz de fortes sentimentos de amor tanto para com o marido como para com os filhos, é possível deduzir-se que na infância teve um bom relacionamento com os pais e também com os irmãos e irmãs, em outras palavras, mostrou-se capaz de lidar satisfatoriamente com os seus primitivos sentimentos de ódio e vingança contra eles". E em outro trecho temos ainda que "a frustração por parte do pai de seus desejos genitais desperta na criança fortes fantasias agressivas que tem forte significado sobre a capacidade de gratificação sexual". Ou ainda, essa colocação que supera até mesmo os dogmas religiosos mais intrínsecos: "buscamos o prazer do seio da mãe durante a relação sexual".

E se fossemos alongar as citações desses autores que explicam a conduta humana a partir desses chamados *impulsos inconscientes,* teríamos uma série tão imensa quanto as afirmações que dependem única e exclusivamente de suas asserções para se tornarem realidade. O caso de Flávia, então, se prestaria de forma brilhante para análise segundo esses pressupostos nos quais iríamos buscar, os conflitos entre os *sentimentos primitivos* de ódio em relação ao pai, e seu deslocamento para a figura do psicoterapeuta. E, certamente, encontraríamos tantas explicações quanto fossem às citações teóricas buscadas. E talvez, e isso seria fantástico, seria mais um dos autores que escrevem sobre a temática do suicídio e explica seus matizes e desdobramentos em filigranas estupendas, não como ocorre realmente, em que, mesmo sendo referência na área, simplesmente escrevo que nada sei sobre o suicídio. O que sei refere-se apenas e tão somente ao desesperado.

Mas não, não dispunha desses recursos tão mágicos e simplistas apresentados pelos autores embasados pela psicanálise. Igualmente eles também não os possuem, pois, uma coisa é teorizar livremente, e outra, bem diferente, é a configuração real dos fatos. E se não tinha tais recursos, também não tinha outro instrumental para me fundamentar nesse atendimento tão insólito.

À minha frente estava apenas e tão somente a realidade massacrante e dilacerante de Flávia. O que ficava notório é que não adiantaria queimar meus livros de abordagem existencial, nem tampouco os que me embasam filosoficamente, pois se houvesse alguma forma de compreensão da ocorrência de Flavia, ela se daria por ela mesma, ou seja, pelo desvelamento de seu próprio fenômeno; pelos meandros da ocorrência de sua busca pela autodestruição e pelo sofrimento estampado em todo o seu ser.

Tentei controlar minha ansiedade e perturbação da melhor maneira possível, dentro das possibilidades que me levavam a um estado de inquietude raras vezes experenciado, e aguardei pela próxima sessão. E o que me ocorreu de início foi que, felizmente, os seus atendimentos haviam sido programados para duas sessões semanais, o que implicaria que não seria necessária a espera de uma longa e tortuosa semana para o próximo atendimento. E mais do que nunca esse critério de atender os pacientes em duas sessões semanais no mínimo se mostrava extremamente eficaz, ao menos para a minha ansiedade.

Acreditava que na sessão seguinte o mistério de seu silêncio finalmente seria decifrado, e poderíamos então caminhar por trilhas de desenvolvimento e superação desse momento tão delicado de sua vida. Essa reflexão que o psicoterapeuta faz das sessões de um determinado paciente, tentando projetar expectativas de superação, é algo que simplesmente o deixa desprotegido para possíveis frustrações. Sabemos disso desde há muito; ensinamos sobre isso;

supervisionamos jogando luz sobre esses desatinos. No entanto, o fato de estarmos calejados na prática da psicoterapia não nos impede de fazermos tais projeções e lançarmos em nosso imaginário os caminhos pelos quais desejamos que o paciente siga. E os pacientes, felizmente, seguem por seus caminhos e não pelos desígnios que estabelecemos em nosso imaginário. Veja que pontuo ser algo erigido no imaginário e que não deve encontrar guarida na prática propriamente dita. Esse detalhe é bastante importante para ser delimitado e contido em nossa prática.

E se ainda estava atônito com a primeira sessão, novos e surpreendentes desdobramentos estavam à espera.

No dia da segunda sessão, acordei com o coração apreensivo. Mas segui minha rotina natural dos muitos anos em que moro na Serra da Cantareira. Um café da manhã contemplativo aos encantos da serra sob a música da minha Santíssima Trindade Musical, Mozart, Debussy e Rachmaninoff. E nesse dia especificamente ouvi *La Mer*, de Debussy, um dos mais estupendos poemas sinfônicos dessa vida. A primeira parte retrata o mar desde os primeiros raios da madrugada até o meio da manhã. Ouvia os detalhes da música sem conseguir me atentar aos efeitos de encantamento que ela sempre me provocou, pois já tinha a boca seca de angústia e preocupação pela nova sessão de Flávia. Dei meu passeio matinal com os cachorros, e o dia estava como qualquer outro, não fosse o sentimento de angústia a me estrangular a alma. O céu azul de Outono mostrava o fascínio das manhãs mais lindas dessa vida. Tudo era absolutamente igual aos outros tantos dias, não fosse o coração estrangulado de tanta preocupação. E, como sempre, almocei e desci a serra rumo ao consultório na região central de São Paulo. O atendimento estava marcado para o fim da tarde, antes eu atenderia outra pessoa, que praticamente não existia em meu universo simbólico, pois Flávia, e apenas ela, ocupava todo o meu espaço vital.

Estranha sensação vivida depois de tantos anos de exercício profissional. Algo muito estranho, ou seja, não me era crível estar sendo dominado com tantas preocupações por uma simples adolescente... Enfim...

A vida não apresenta balizamentos estanques de suas ocorrências e tampouco de seus determinantes. Merleau-Ponty (1999) coloca que "a experiência vivida não tem como fundar experiências futuras. As coisas não se repetem e não se estruturam a partir do conhecimento do vivido". É dizer que, por mais que possa tentar me alicerçar em experiências passadas, o futuro sempre irá exigir uma nova performance que, na maioria das vezes, não se concatena com o que foi vivido.

Estava me sentindo desolado, como alguém que se informa da previsão meteorológica antes de sair de casa, e essa se mostra totalmente equivocada, com forte chuva em um dia que havia sido anunciado como estável e sem alterações pluviométricas. Assim, também estava me sentindo sob forte temporal e sem qualquer proteção. Minha experiência profissional, e minha tão decantada aura de psicoterapeuta bem-sucedido, não estavam sendo suficientes para trazer alívio à minha angústia, e nem mesmo paz para a minha alma tão desarvorada.

6.1.3 Segunda sessão

Flavia chega para a nova sessão e sequer me cumprimenta. Senta-se novamente na cadeira e, após alguns minutos com o braço apoiado na cadeira, repetindo o gesto da sessão anterior, e sempre sem nada falar, tira da bolsa um pequeno estilete. De início me preocupei com um possível gesto de tentativa de agressão contra mim. Afinal, não são poucos os casos de psicoterapeutas agredidos em sua prática profissional por seus pacientes, mesmo durante as sessões.

Mas não; no caso dela, a deliberação era de outro teor. As filigranas de sua autodestruição possuíam detalhamentos próprios e específicos. Depois de fitar-me com um olhar profundo e enigmático, segura por instantes o estilete vibrando no espaço. Em seguida, começa a passar o estile pelos dorsos e pelas palmas das mãos, cortando-se num ritual lento e silenciosos de destrutividade. Enquanto se cortava seu olhar se desdobrava entre o sangue que escorria e o meu comportamento.

Eu estava tomado de total inquietação e indignação. Algo indescritivelmente muito mais exacerbado do que a sessão anterior. A sessão anterior havia exibido um silêncio torturante e ensurdecedor. Agora, tinha a minha frente o silêncio e os gestos de autodestruição em minha presença. E se eu já constatava que não havia subsídios teóricos para me acalmar diante da sessão anterior, agora estava tudo completamente sem qualquer sinal que não o de uma total sandice. Algo de total obnubilação para a minha compreensão.

Dúvidas me ocorriam de como proceder se de fato ela tentasse algum ferimento mais profundo em algum órgão ou região mais frágil. E como citado anteriormente, fiz longos devaneios sobre possíveis interpretações a partir da ótica da psicanálise, sobre possíveis deslocamentos ódio de seu pai à figura do psicoterapeuta; a coisa se mostrava tingida de matizes muito mais dramáticos e sem qualquer outra sustentação. O que tinha agora como real era pura e simplesmente a presença de uma adolescente que, com seu gesto de autodestruição em minha, presença poderia arruinar de vez minha reputação e credibilidade como psicoterapeuta.

Era apenas uma adolescente a desafiar anos de prática profissional e a conceituação inerente a isso. Tantos anos de prática profissional como psicoterapeuta, professor acadêmico, autor de vários livros, alguns inclusive referências na área de suicídio, tudo, absolutamente tudo sendo lançado às raias da absurdidade por uma simples adolescente que havia decidido pôr seu intento de autodestruição na minha presença.

E aqui, a interpretação simplista de deslocamento do ódio da figura paterna para o psicoterapeuta, não só era dantesca e fora da realidade, como se mostrava apenas mais um dos tantos delírios que colegas enfeixam sobre a temática do suicídio. Os gestos de Flávia eram a absurdidade se tornando realidade. Tudo o mais era simplesmente entorpecimento da própria consciência em busca de um mínimo de compreensão para esses fatos. O que e como fazer eram aspectos do drama a me torturar de modo impiedoso. Nada contemporizava essa situação tão inusitada que se desenrolava à minha frente.

O meu pensamento fervilhava entre possíveis atitudes que talvez eu precisasse adotar caso ela efetivasse algo mais contundente, como alusão a cortes na jugular, por exemplo, e o tanto que estava desmoronando emocionalmente diante disso tudo. E as consequências dos possíveis desdobramentos profissionais que esse caso poderia ter. Em fração de segundos toda uma vida se mostra exibida em uma tela imaginária, na qual refletimos os caminhos que nos levaram aos imbricamentos enfrentados.

Superação, superação e toda uma vida sendo transpassada em fração de segundos diante de um estilete nas mãos inconsequentes de uma adolescente. Pensei em como adentrei para os caminhos da psicologia, por ser um curso que, a princípio, não conflitaria com a minha perspectiva de musicista, pois a música era verdadeiramente minha opção de vida até como a vida me conduzira para outras searas e como a música continuava a ser parte importante da minha vida, mas nesse momento com a predominância da psicologia. Em fração de segundos o imaginário me levou à infância, perante o momento no qual, pela primeira vez, soube o que era suicídio, por esse ter ceifado a vida de uma criança com a qual convivia... Tudo era um grande mistério...

E ao mesmo tempo em que as imagens da minha própria vida eram projetadas nesse simulacro instantâneo que o gesto de Flávia estava propiciando, também havia a inquietação e agonia de presenciar aquilo tudo. Pensava ainda nas possíveis implicações legais que poderia haver ao ter uma adolescente se automutilando em minha presença. Tantas indagações que simplesmente era impossível harmonizar o pensamento para que as ideias pudessem seguir um curso minimamente plausível.

O sangue escorria... Escorria em pequenas gotículas pelo braço da cadeira, sujando também o carpete do chão. Flávia cortava-se e me olhava. Era como se estivesse balizando meu comportamento diante de seu gesto, o que de fato estava, não apenas me desafiando, como principalmente mostrando a dimensão de sua autodestruição.

Não demonstrava satisfação em seus gestos, mas cumpria um ritual lento e compassado de destrutividade. Parou com esse ritual de cortes apenas quando o sangue escorreu sobre os curativos do pulso. Parou. Limpou o estilete num pequeno lencinho que trazia guardado na bolsa e permaneceu o resto de sua sessão sem nada falar. E se na sessão anterior o seu horário pareceu não a vivência de uma hora, mas de dias, essa nova sessão foi a vivência da eternidade.

Cada volta dos ponteiros do relógio não marcava segundos ou minutos, mas sim séculos e séculos sem término. O fim da sessão evidenciava que não havia envelhecido apenas uma hora nessa minha fragrância de existência, mas sim séculos e séculos incontáveis. E o meu desempenho havia adquirido uma envergadura profissional que os anos anteriores não haviam jamais conseguido atingir. O corpo todo me doía em contrações musculares e tensionais muito intensas. A cabeça latejava, provocando vasodilatação, com suas dores consequentes. Estava literalmente um caco, precisaria de bálsamo e sais para me recuperar.

Jamais, em qualquer situação similar nas intercorrências de uma sessão de psicoterapia, poderia conceber algo similar. É fato que a realidade surpreende mais que as mais férteis imaginações, mas o que tinha vivido era por demais em seu escopo para ser verdadeiro. Simplesmente não acreditava no que tinha vivido e sentido naqueles minutos diante de Flávia.

E uma das primeiras coisas que me vieram ao pensamento nesses devaneios foi uma antiga supervisora que realizava *role playing* com seus alunos para que esses pudessem se preparar adequadamente para a prática da psicoterapia. Ainda na condição de aluno, não gostava daquela técnica justamente por acreditar que nada se repete na condição humana, e que não seria com esses jogos que iríamos adquirir subsídios para a prática da psicoterapia. Enfim...

Se já discordava das técnicas de *role playing* quando era acadêmico, não seria depois de calejado que tais procedimentos seriam aceitos. Mas, o que me instigava era justamente que, por mais que esses supervisores buscassem a diversidade de diferentes casos para esse exercício, algo como o que Flávia havia propiciado era totalmente insano para ser real. Verdadeiramente, estava diante de uma sandice, de um delírio do imaginário tentando dar contornos de realidade a algo indescritível e inominável.

Tive ainda dois outros atendimentos depois de Flávia, e a grande dificuldade e superação foi conseguir desvencilhar meu pensamento de sua sessão, para poder me concentrar em outros pacientes. Felizmente, e com muito esforço e superação isso foi possível.

Ao sair do consultório olhei o céu e constatei que não haveria neblina na subida da serra em direção à minha casa. São Paulo é um grande planalto e boa parte de suas nuvens se acomodam na serra, o que faz com que o nosso caminho seja coberto de neblina em todos os períodos do ano. A Serra da Cantareira simplesmente circunda São Paulo na região norte da cidade e acopla toda a nebulosidade da cidade. Subimos a serra sob intenso nevoeiro para encontrar o céu mais lindo e estrelado ao chegarmos finalmente ao fim da subida. E, dessa vez, era noite clara, sem qualquer nevoeiro pelo caminho e, desde o início da subida, já foi possível contemplar o céu cintilado de estrelas que brindava a Serra da Cantareira. Uma imensa colcha aveludada coberta com preciosos diamantes. O que verdadeiramente destoava desse cenário onírico era minha alma cravejada em dor, lancetada pela angústia provocada pelos gestos de Flávia.

Eu ouvia o Concerto 23 para Piano e Orquestra de Mozart. Algo de uma doçura e divindade simplesmente inigualável, um verdadeiro bálsamo para a minha alma que estava sangrando em dor e incertezas. Agora, ao menos ecoavam as palavras de Chopin diante desse esplendor musical: "a maior prova da existência de Deus era a música de Mozart". E se a música de Mozart prova a existência de Deus por sua doçura, delicadeza e complexidade, eu buscava, então, algo para definir o gesto de Flávia. Não posso aceitar que aquela adolescente tão meiga e indefesa estivesse possuída pelo Demônio, como insistem em afirmar alguns religiosos diante dos gestos suicidas. Não era crível que ela, por maior que fosse o seu sofrimento, também não estivesse contemplada pela determinação que ungiria os que buscassem por caminhos de superação.

E, por mais que meus caminhos não se distanciassem dos que buscam pelo Sagrado para síntese e ajuda em suas dificuldades, ainda assim, não me era possível aceitar o enredamento de que aquela moça estive possuída por forças do mal. E tampouco aceitar, igualmente, que houvesse alguma psicopatia a ceifar suas forças vitais.

Era uma adolescente sofrendo diante da vida. Padecendo diante das agruras que se interpunham em seus caminhos. Mas ainda assim, uma adolescente. Alguém que havia buscado pela psicoterapia para tentar mudar os desatinos pelos quais padecia.

Embora fosse fato um teor de sofrimento que ela estava me impondo, tinha muito clara a necessidade de superação, para que pudesse estender-lhe a mão nessa transição para uma nova perspectiva de vida distante da autodestruição.

Nesse estado de espírito fui ao encontro do vinho companheiro e do queijo estepe das minhas noites. Continuei a ouvir Mozart em minha casa, acendi a lareira, pois o fogo com seu mistério e magia tem o poder de acalmar meu espírito, principalmente nesses estados de inquietude. Dessa vez, teria que esperar quase uma semana para o novo atendimento. Dias que iriam me consumir inapelavelmente pelas configurações de preocupação que já me ceifavam toda e qualquer possibilidade de não pensar em Flávia.

A sensação que tinha era a de que, depois daquelas sessões, estava experiente para qualquer outra situação. Não haveria mais atendimentos que pudessem fazer com que esmorecesse ou titubeasse, fossem quais fossem os depoimentos e comportamentos dos pacientes. Não saberei responder jamais o controle emocional necessário para suportar aquele silêncio e o sangue respingando pelo ambiente da sala, e ainda as forças que me impeliram a respeitar a autodestruição de Flávia em seu processo psicoterápico.

E se era fato que na primeira sessão houve um confronto pelo silêncio de Flávia diante do psicoterapeuta, a sessão seguinte adquiriu contornos imensuráveis de contestação no imbricamento provocado pelo silêncio e automutilação na presença do psicoterapeuta, aquele que em princípio havia sido escolhido para estender-lhe a mão rumo a novos patamares de vida.

O que Flávia esperava do psicoterapeuta diante de seus gestos era algo muito além do simples confronto e provocação. Era a configuração extremada do tanto que o desespero e a dor haviam dominado a totalidade de seu ser. Sua alma sangrava impiedosamente e cortar os pulsos apenas exibia algo que latejava em todo o seu ser.

A minha maior preocupação nesse momento era a de que esses gestos de autodestruição pudessem se expandir para outros momentos de sua vida, e adquirirem contornos de total irreversibilidade. Não havia sido possível estabelecer nenhuma linha secundária de ajuda a ela, pois, como já foi dito, não houve minimamente o estabelecimento de nada. Os horários das sessões foram marcados com a secretária, e apenas ela havia trocado algumas palavras, ainda que formais, com Flávia. Algo que também se fazia presente era a possibilidade de que ela havia mostrado diante do psicoterapeuta como iria consumar seu projeto de autodestruição, de maneira lenta, dolorosa e sem piedade.

Eram tantas indagações e questionamentos, que não era possível sequer respondê-los minimamente, pois toda e qualquer explicação jamais seria obtida em qualquer escopo teórico e filosófico. Se havia algo para elucidar isso tudo, e verdadeiramente havia, isso estava em Flávia.

Tudo era um grande e inefável mistério. Mistério, nebulosidade, e tudo o mais que pudesse definir algo que nos escapa da compreensão. A manifestação da extensão de sua destrutividade, esta sim, seria motivo para preocupação, pois evidenciava não apenas o seu teor de destruição como e, principalmente, a escolha que havia feito para a sua vida diante das dificuldades surgidas ao longo do caminho.

Os dias foram se passando em seu ritmo, mas para mim nunca foram tão lentos, vazios e sem alteração. Anteriormente, após a primeira sessão, havia sido acometido por grande ansiedade e angústia à espera da sessão seguinte, para tentar compreender as nuanças ocorridas naquela sessão. Agora, a desorientação e ansiedade eram simplesmente aniquiladoras. Indagava-me continuamente o que Flávia ainda poderia reservar para a próxima sessão.

Uma adolescente sofrendo o desespero da dor em sua alma e mostrando pela automutilação a extensão de seu sofrimento. Ao menos, conseguia ver em seus gestos detalhes de sofrimentos pungentes e que precisavam ser acolhidos com cuidado e delicadeza. Eram tantos os questionamentos e as reflexões que me deixavam totalmente imerso nas questões que envolviam Flávia. Ela praticamente absorvia a totalidade dos meus pensamentos nesse hiato de vida em que frequentou, de forma absoluta, minha condição de psicoterapeuta.

6.1.4 Terceira sessão

Finalmente, chegou o dia da nova sessão. E ela novamente quebrando todas as expectativas sobre suas atitudes, telefonou desmarcando, alegando que tinha compromisso inadiável. Confirmou o horário da sessão seguinte, fazendo questão de sublinhar que não faltaria sob nenhum pretexto.

Já citamos que a psicoterapia é uma arte efetivada de maneira artesanal. E que por mais que possamos desenvolver técnicas e reflexões de intervenção quando temos o paciente à nossa frente, apenas e tão somente nossa condição sensitiva poderá apreender suas dores, emoções e tudo que se queira expor (Angerami, 2004). E todo o meu constitutivo teórico e filosófico incorporado ao meu ser irá agir, mas, de modo bastante conciso, o que temos é apenas uma atividade artesanal para acolher e direcionar as reflexões do paciente para o estancamento de seu sofrimento. O psicoterapeuta desenvolve sua arte através de sua percepção. Pelo modo como ele apreende o que o paciente está trazendo à sessão e a maneira como essa apreensão é codificada, se processa a transformação perceptiva que vai ser desenvolvida, juntamente com o paciente, para a criação de novas possibilidades existenciais.

A ausência de Flávia à nova sessão configurou-se como algo de difícil compreensão, pois poderia ser um novo mistério, ou então, a continuação do mistério mais amplo que envolvia sua vida como um todo. Vida da qual eu apenas percebia pequenos fragmentos, algo muito ínfimo para que se pudesse tecer a dimensão real de todo sua dramaticidade. Pois se de fato nas sessões anteriores ela havia marcado sua presença através do silêncio, inicialmente e posteriormente mesclando o silêncio com filetes de sangue, agora marcava sua presença através da própria ausência.

Ausência que era sentida de maneira muito marcante, pois os indícios de destrutividade que haviam sido exibidos nas sessões anteriores ainda estavam a refletir fortemente em minha percepção como se fossem luzes de neon. Era uma ausência que se mostrava desnudada pela própria maneira como ocorria, pois. mostrava uma preocupação de não se fazer esperar, uma preocupação para que não fosse esperada, uma vez que já sabia que não compareceria à sessão. Era, acima de tudo, uma amostra de que, apesar da ausência, havia um profundo respeito pelo outro que estava a sua espera em seu momento de dor. O outro que estaria disponível para ampará-la em seu gotejar de dor e de sofrimento.

Mostrava que apesar de seu desespero o outro ainda fazia parte de seu universo de preocupações. Isso era algo bastante significativo e, de certa forma, animador, pois um dos primeiros indícios de que alguém que se abandona em definitivo e busca de modo irreversível pela autodestruição, é justamente o total distanciamento e alijamento da figuro do outro. Kalina e Kovladoff apud Angerami (2018) colocam que "o suicida com seu gesto mostra que não suporta mais a si como também ao outro". E Flávia mostrava com seu telefonema que o outro ainda era merecedor de suas considerações e respeito. Ainda não havia sinais de que a insuportabilidade para com o outro já era sinal indicativo da irreversibilidade de sua autodestruição.

E mais do que algo simplesmente rotineiro, a preocupação de Flávia com o outro, no caso, com a figura do psicoterapeuta, era indício maior de que, apesar do desespero que corroía sua alma, ainda havia a centelha de pertencimento nas filigranas de uma relação interpessoal. As palavras de Kalina e Kovladoff (apud. Angerami, 2017) indicando que o suicida mostra com seu gesto tanto o desprezo por si, como também pelo outro, é importante balizamento dos detalhes que dispomos nessa empreitada efetivada contra a autodestruição.

E o cuidado de Flávia para com o psicoterapeuta mostrado em sua preocupação para que não ficasse indevidamente à sua espera, denota principalmente que ainda havia também valores de sua autoestima que se encontravam preservados. Afinal, isso também mostrava uma preocupação para que não fosse considerada desatenta e negligente com seus compromissos.

Kalina e Kovladoff apud Angerami (2017) asseveram que "para se exterminar é preciso se conceber conscientemente ou não, como outro. O derradeiro atentado só pode ser cometido, quando a 'vítima' *já não é identificada pelo* 'agressor' consigo mesmo, mas com o outro denegrido que está contido nele e não diferenciado". E Flávia mostrava, então, que preservava intacta a separação simbólica entre si e o outro. Sabia de si, ao mesmo tempo em que tinha no outro alguém a ser preservado em sua concepção dialética de relacionamento interpessoal.

A decisão pela autodestruição é também uma determinação bastante precisa de que a vida se tornou insuportável, e que nada mais importa. Não existe então qualquer preocupação com os atos e negligências do cotidiano. E isso não acontecia com Flávia. Não apenas avisou sobre a sua ausência ao mesmo tempo em que ratificava o próximo horário. Não se ausentou simplesmente deixando ao outro a preocupação com hipóteses sobre as circunstâncias dessa ausência.

Esse respeito mostrado pelo outro na figura do psicoterapeuta, no entanto, não era congruente com aquilo que exibia em si mesma. Não eram pertinentes aos cortes que exibia nos pulsos e agora também nas mãos, sendo que esses últimos haviam sido provocados na presença do psicoterapeuta, uma agressão imensurável aos olhos desse. Outro para quem mostrava respeito ao avisar de sua ausência. Essa manifestação de respeito não se harmonizava com o fato de que sua contusão nas mãos havia sido feita contundindo o psicoterapeuta em olhar angustiado e inquieto ao presenciar a cena.

Agrediu o outro ao mesmo tempo em que se agredia. Cortou-se em ritual que mostrava requintes de crueldade para consigo mesma e para com o outro. Sangrava diante do outro para mostrar acima de qualquer outro posicionamento o tanto de agressão que havia em sua vida. Capaz não apenas de agredir a si como, e principalmente, de fazê-lo na presença do outro. Diante de seu olhar, por mais aterrador e insano que isso significasse. Mostrava o tanto que sofria ao mesmo tempo em que fazia o outro sofrer. Mostrava seu momento de desespero levando o outro à situações diferentes de desespero, mas igualmente situações desesperadoras.

Sofria e amargava o sofrimento sabendo que estava expandindo suas marcas de dor para todos os lados alcançados pelo seu raio de ação. Mas agora mostrava preocupação com o outro, tendo o cuidado de não o fazer esperar por um atendimento que não se realizaria.

Talvez tivesse conhecimento do estardalhaço emocional que provocaria se simplesmente não comparecesse à sessão. Ou talvez, ainda soubesse das implicações que a ausência provocaria diante daquilo que havia mobilizado no psicoterapeuta na última sessão. Avisava da ausência e se mostrava de maneira significativa no anúncio dessa ausência. Mostrava-se capaz de promover um contraponto precioso entre a Flávia cheia de destrutividade e que agredia o outro na própria agressão, com outra Flávia que, num profundo gesto de respeito, avisa o outro de sua ausência. Era como se estivesse mostrando que, apesar do que havia sido exibido na sessão anterior, também possuía em si condições de outra realidade que não apenas a destrutividade e a agressividade.

Mostrava a possibilidade da dualidade inerente à condição humana e isso diante do olhar do outro. E para acentuar ainda mais o sentido de respeito pela condição do outro, assegura sua presença de maneira indiscutível na próxima sessão; pede pela espera do outro. Avisa que estará presente e que prosseguirá nos caminhos psicoterápicos.

Flávia parece mostrar que estava interessada na construção de um novo arcabouço teórico em psicoterapia. Estava a exigir um completo revisionismo de uma série de postulados discutidos, refletidos e assimilados como necessários para um desempenho adequado.

Inicialmente, questionou com o silêncio a capacidade de escuta tão alardeada pelos psicoterapeutas. Era como se dissesse em alto e bom tom: "vocês dizem que a psicoterapia é a arte da escuta. Da escuta e do raciocínio clínico... Então, vamos ver como fica isso diante do meu silêncio..." *(sic)*.

Na sequência, questionou outro pressuposto básico da psicoterapia que é o respeito ao livre expressionismo do paciente. Era como se dissesse: "vocês dizem que a sessão é o espaço em que o paciente pode colocar suas questões sem qualquer censura. Tudo é aceito livremente... Então, vamos ver como fica isso diante da minha destrutividade..." *(sic)*.

E além dos limites da psicoterapia também havia questionado os limites da autodestruição diante do olhar do outro. Provocando uma tensão limítrofe do teor de sua autodestruição.

Exigia ainda uma revisão sobre questões envolvendo o olhar do psicoterapeuta diante do olhar do paciente, que se mantém em silêncio a exibir um olhar vazio e totalmente imperceptível. Também exigia uma revisão na questão da presença determinada pela ausência; fazia-se presente pela ausência, ao mesmo tempo em que exigia presença física e real para a próxima sessão. É verdadeiro o fato de que, quando o paciente falta sem qualquer aviso, sua ausência ocupa seu horário de forma, muitas vezes mais intensa do que em situações reais de presença física. Então, a ausência de Flávia estava a dimensionar a necessidade de uma compreensão mais abrangente sobre seu significado. Estava igualmente tornando realidade o fato de que, ao se fazer presente pela ausência, estava também mostrando um aspecto de respeito ao outro que se fez ausente nas sessões anteriores.

6.1.5 Quarta sessão

Flávia comparece no horário estabelecido. Entra, tece um comentário lacônico sobre as condições climáticas ao me cumprimentar e senta-se novamente em sua cadeira. Estou completamente tenso diante de sua presença. E por mais que tente esconder esse sentimento, creio que ala percebe, pois emite um sinal no olhar que codifico como sendo desafiador, inquisidor.

E como das vezes anteriores, apoia o braço na cadeira e novamente segura o queixo.

Estou preparado para enfrentá-la com o seu silencio e seu estilete; julgo-me preparado para mais uma eternidade diante de sua presença. Estava em condições de ampará-la em seu sofrimento e dor. E da mesma forma que em outras incontáveis vezes, o questionamento que sempre me ocorre é o que draga; me atrai para os caminhos da autodestruição. Algo que sempre surge quando me vejo diante de pessoas com sofrimentos tão pungentes e insuportáveis; algo que surge, de forma geral, quando me encaminham algum paciente a que está envolvido com processos contínuos de destrutividade. Em alguns momentos isso era algo que não aparecia em minhas reflexões. Em outros, no entanto, a minha divagação era entender o significado disso tudo. Tanto do sofrimento presente no entorno desses pacientes, como igualmente minha condição que se vincava como psicoterapeuta de suicídio. Muitas questões, que jamais terão respostas convincentes. Ponto... Simples assim...

Estava diante de Flávia. Sentia que estava preparado para esse acolhimento ao mesmo tempo em que estava totalmente fragilizado diante de sua agressividade e destrutividade. A minha fragilidade está exposta pelo meu olhar; pelo encolhimento que meus músculos apresentam, um estado de completo retesamento. Fragilizado, por mais que tente me convencer da minha experiência como psicoterapeuta e de que as atitudes de Flávia têm apenas a finalidade de tatear os caminhos que ela própria poderá percorrer. A minha fragilidade está exposta na minha ansiedade arduamente contida, e na minha preocupação de como será o desenrolar da sessão.

Percebo minha própria angústia e ansiedade nos movimentos das minhas mãos. Com a mão fechada pressiono o polegar da mão direita na parte central do dedo médio. E como uso as unhas cumpridas na mão direita em razão da prática do violão erudito, esse movimento começa a provocar dor e inquietação. É como se a dor do dedo pudesse abafar a dor da alma, tão inquieta e insegura para esse atendimento. As unhas da mão esquerda, ao contrário, são cortadas rente à carne, e embora também estivesse fechada, não tinha condição de pressionar os dedos em atitude similar à outra mão.

Mãos fechadas, olhar atento à espera de seus movimentos. Sorrio com a convicção de que a força do sorriso pode alquebrar e desmoronar qualquer barreira que se coloque em nosso caminho.

Flávia me observa. Possui um olhar inquieto. E como que explorando o campo de sua atuação, observa atentamente o ambiente do consultório. Seu olhar percorre o espaço como se estivesse à procura de algo. Ao encontrar os meus olhos, me fita de modo profundo, como se estivesse a mostrar que não teme o enfrentamento do olhar. Sustento o olhar com todo o requinte advindo da minha etnia cigana, em que o olhar acomoda tanto a dor do mundo como sua redenção. É como se ouvisse a Mainha dizendo: "no olhar está a alma da pessoa. No olhar a vida se mostra mais intensamente que nas palavras e nos gestos..." *(sic)*.

E assim estava diante do olhar de Flávia. Tentando acolher com o meu olhar a dor e o desespero de sua alma, que certamente estariam presentes em seu olhar. Ela baixa os olhos, como se não fosse capaz de sustentar o seu olhar diante do meu. É como se o seu sofrimento e dor não pudessem ser expostos de maneira tão indefensável. Ela prefere outra forma de expressionismo que não o olhar. Ela continua a percorrer o espaço com seu olhar.

A primeira sensação que me ocorre é que havia conseguido neutralizar os efeitos de seu silêncio, pois minimamente, ela havia percebido que, mesmo sem se manifestar através da palavra, já estava havendo uma comunicação intensa pelo olhar. O meu percurso pelos caminhos da tentativa de suicídio, inclusive, precedia o nascimento de Flávia. Ou seja, muito antes de ela nascer, eu já transitava entre os adolescentes que atentavam contra a própria vida, seja por ingestão de comprimidos, ou ainda, por automutilação. E desde sempre, a faixa que mais atentava contra a vida era justamente a das adolescentes, meninas entre 15 e 17 anos de idade. Flávia estava nesse grupo, o que significava absolutamente nada. Flávia era apenas e tão somente Flávia. Embora adolescente, seu drama e sofrimento eram apenas e tão somente dela. E sem qualquer similaridade com as tantas adolescentes que tentam o suicídio diariamente.

E aqui nos deparamos com uma das maiores idiotias da psicologia, e até mesmo de outras disciplinas da configuração da área das humanas, a busca insana pelas chamadas pesquisas quantitativas para que sejam aceitas e referendadas como ciência. Se a pesquisa quantitativa pode referendar, e de fato referenda, variáveis na área das chamadas disciplinas exatas, no caso das disciplinas da área de humanas, isso se mostra totalmente sem qualquer fundamentação. Pode se pesquisar, por exemplo, e como mera citação, um universo de 500 adolescentes que tenham tentado o suicídio, e se estabelecer um perfil de sua faixa etária e dos componentes de possíveis similaridades de personalidade, e até mesmo de seus comportamentos destrutivos. Conclui-se então, que a maioria tentou o suicídio por ingestão de comprimidos, além do cruzamento de outras tantas variáveis presentes nesse universo. No entanto, a validade dessa pesquisa, por mais bem estruturado que esteja seu tratamento estatístico, sua serventia é nenhuma para ajudar possíveis adolescentes que estejam com o coração tomado pelo desespero e dor. Saber do resultado dessas pesquisas só tem relevância para aqueles que buscam números exatos com a ilusão de que irão igualmente compreender com isso detalhes da alma humana.

Dissemos em outras ocasiões (Angerami, 2017) que a psicologia, em seu afã de ser reconhecida como ciência, se embrenhou nos caminhos das pesquisas acadêmicas, principalmente, utilizando-se de outros animais e fazendo uma convergência totalmente insana para a condição humana. Assim, pesquisam-se o comportamento de ratos, pombas etc. e simplesmente se transferem os resultados para a condição humana, desconsiderando-se sua principal característica: a emoção. E ao considerarmos a emoção na condição humana, temos, então, que não temos sentimentos semelhantes sequer entre duas pessoas diferentes.

Flávia está nesse universo de adolescentes que tenta o suicídio por ingestão excessiva de comprimidos e automutilação. E isso não significa mais nada que não o seu enquadre nesse contingente de dor. Nada mais. Seu sofrimento e dor eram apenas dela, e apenas isso era a configuração com a qual teríamos que lidar em seu processo psicoterápico. O fato de estar na faixa etária que mais tenta o suicídio, inclusive com métodos semelhantes, em nada ajudava seu processo psicoterápico. O que tinha para ser balizado era a sua condição de sofrimento, os desatinos que a estavam levando à situação tão desesperadora frente à própria vida.

Tinha a minha frente uma alma encarquilhada em sofrimento e dor, o restante era algo que não me dizia respeito. Pesquisas, números ou sei lá mais o que a enquadrá-la em algum grupo específico de pesquisa e análises de dados, simplesmente não me diziam respeito. E em nada me ajudariam nesse momento. Tinha a minha espreita uma pessoa desesperada. E o que contava, verdadeiramente, era o conhecimento que tinha do desespero humano do choro incontido dos que sofrem padecimentos profundos pela falta de sentido de vida; pela agonia da desesperança; a dor que se transformava em destruição visível e atuante em cada espaço da. E com isso tudo, estava diante de Flávia, tentando acolhê-la e ajudá-la nesse momento dão difícil de sua vida.

Flávia percorre o espaço novamente com os olhos e novamente se posiciona diante do meu olhar. E dessa vez, fixa-o, nitidamente, para novo enfrentamento. Na sequência, ela abre a bolsa e tira o estilete para fora. Fixa o estilete diante do olhar como se estivesse a observá-lo avaliando sua condição de destrutividade. E, concomitantemente, observa a minha reação, a maneira como reajo à simples exposição daquele objeto de agressão. Estou acuado, assim como uma fera ferida que está prestes a ser definitivamente abatida. Mostro uma preocupação na totalidade do meu ser, que deve ter sido codificada imediatamente por ela, que prontamente exibe um sorriso vitorioso. Não movimenta o estilete, a penas o observa ao mesmo tempo em que também observa a minha inquietude.

E na sequência, como se estivesse a realizar um confronto de forças, começa a se cortar ferindo os próprios cortes provocados na outra sessão. O ritual se repete com os filetes de sangue escorrendo sobre a cadeira e o chão. E, assim como da vez anterior, Flávia, para com esse ritual quando o sangue escorre sobre os curativos exibidos em seus pulsos. Igualmente retira um lencinho que se encontrava guardado na bola, limpa o estilete e novamente fica sem proferir palavra até o final de seu horário. Dessa vez, no entanto, fixa o olhar num ponto da sala e permanece assim até o encerramento de seu horário. Flávia se despede. A sensação que tenho é a de que seu olhar me diz que dessa vez eu suportei, mas que da próxima não resistirei à sua destrutividade; que da próxima vez, o requinte de seus atos me levará a um nível insuportável de agressão e de sofrimento.

Recuso-me a aceitar como verdadeira essa percepção que tenho de seu olhar no final de sua sessão. Difícil aceitar que aquela adolescente esteja me destruindo lentamente, ao mesmo tempo em que também se destrói. Inacreditável que ela esteja me mostrando minha fragilidade diante desses limites, que vivi situações invasivamente abusivas, que estariam a se constituir, de alguma forma, no seu próprio deleite.

Flávia era um caso que me deixava cada vez mais intrigado, cada vez mais constrangido diante da minha própria fragilidade e, até mesmo, da minha impotência diante de suas atitudes. Ela estava conseguindo provocar uma sensação de total irascibilidade diante dos fatos e da maneira como se estabelecia a ocorrência nesse limite de espaço e tempo do processo psicoterápico.

Quatro sessões e uma experiência secular. E uma intriga cada vez maior sobre os mistérios que envolviam aquela vida. A certeza de que o simbolismo de autodestruição exibido por Flávia estava muito distante de tantas teorizações que poderiam ser invocadas na vã tentativa de compreendê-lo. Uma sensação muito grande de impotência e inoperância.

Quatro sessões era o tanto de sessões necessárias para a redefinição de uma performance psicoterápica. Seja quanto aos rumos da psicoterapia, seja quanto ao próprio instrumental de ação do psicoterapeuta. E tudo que havia sobre Flávia era seu silêncio e sua destrutividade. Nada mais que a sensação de que a vida havia despencado sobre a minha cabeça, impossibilitando articular com clareza que rumos tomar diante dos desatinos apresentados por ela.

Nada mais do que quatro sessões para um completo revisionismo de toda uma série de postulados teóricos sobre as atitudes do psicoterapeuta diante dos casos de tentativa de suicídio. Tudo estava exposto de maneira clara. A minha fragilidade nada mais era do que a própria fragilidade do processo em si. A constatação maior de que não podemos nos responsabilizar pela vida do paciente.

A minha fragilidade escancarava, por mais que sempre afirmemos o contrário, que o paciente possui sua própria vida e delibera sobre ela de maneira absoluta. A minha fragilidade era a realidade de como os rumos de uma determinada vida independem da nossa concepção, por mais que tenhamos essa vida sob nossos cuidados.

Flávia se cortava sob o meu olhar para me mostrar de forma clara e precisa a voluntariedade de seus atos. Apesar dos cuidados, com os quais se encontrava protegida pela psicoterapia, em todas as nuances, era ela mesma quem decidia, de maneira arbitrária e livre, sobre a sua própria destrutividade. Seus cortes eram a evidência maior de sua deliberação. De sua busca destrutiva e da ação de destrutividade diante do olhar do outro.

Olhava o outro para se certificar da agressão provocada. Olhava ao mesmo tempo o olhar do outro a observá-la. Sofria ao mesmo tempo em que provocava sofrimento. Feria ao mesmo tempo em que era ferida por si. Agredia a si para mostrar alguma forma de poder ao olhar do outro. Poder de manifestar-se livremente, ainda que de forma destrutiva. De exibir o estilete, instrumento de tortura, antes do exercício contundente de sua prática.

Quatro sessões para mostrar que naqueles momentos, Flávia e o estilete eram um único objeto de agressão e dor. Um único objeto a cortando a si mesma, provocando sangramento e inquietação. Dor e dúvida. Sofrimento e inquietação. Um único objeto que estava agora torturando reflexivamente também a mim, pelas implicações que o caso apresentava. Esse objeto também havia ferido a minha alma, lancetando-a de forma contundente. Provocava em mim uma inquietação que aumentava a cada segundo e se tornava simplesmente insuportável.

Dúvidas, reflexões, questionamentos e um polemizar infindável que mostravam de que eu estava mais ferido do que as mãos de Flávia. Ferido, fragilizado e procurando caminhos para encontrar forças e prosseguir com o processo psicoterápico. Perguntava a mim mesmo se teria forças para aguentar uma nova sessão nos moldes anteriores. Perguntava e não encontrava nenhuma resposta, apenas dúvidas, incertezas e uma fragilidade cada vez maior se apoderando de mim.

Uma inquietação que me levava aos pensamentos mais absurdos possíveis em relação à Flávia. Era por demais acintoso seu comportamento na psicoterapia, e isso era algo muito incompreensível. Afinal, era um psicoterapeuta identificado com a temática do suicídio. Possuía livros e trabalhos publicados sobre o tema. Proferia conferências, ministrava aulas e supervisão envolvendo a temática do suicídio. Além das inúmeras publicações que haviam sido orientadas por mim. E sempre envolvendo suicídio e seus desdobramentos.

E agora tinha à minha frente, simplesmente uma adolescente estava pondo a perder tudo aquilo que havia amealhado ao longo de anos de atividade como psicoterapeuta e autor na área de suicídio. Era um caso que me levava a um sem número de questionamentos e que transcendiam o caso em si e me direcionava sobre a validade dos meus escritos, dos meus ensinamentos. Afinal, ela era apenas uma adolescente diante de um psicoterapeuta experiente, com muitas obras e trabalhos apresentados em inúmeros congressos e seminários. Eu, portanto, não poderia estar tão fragilizado e tão desarvorado como estava acontecendo.

Tudo era muito insólito.

Muito estranho e surpreendente. A autoridade em suicídio era eu, e não poderia jamais ser afrontado por uma simples adolescente. Essa a dúvida a martelar meu pensamento. Era como se não houvesse a menor possibilidade de que alguma ocorrência que envolvesse essa temática pudesse escapar ao meu controle. E, cada vez ficava mais evidente que esse suposto domínio era simples devaneio teórico. Era algo que parecia existir apenas como construto do imaginário, mas sem qualquer escora na realidade. Tudo estava distante dos fatos em si.

A primeira lição que Flávia mostrava, e que cada vez se tornava mais clara, era simplesmente o fato de que, por mais que se possa estudar, ler, refletir e discorrer sobre uma determinada temática, sempre estamos separados de maneira abissal de cada ocorrência em si. Por maior que seja o número de atendimentos realizados envolvendo a temática, cada caso se mostra com peculiaridades tão específicas que é praticamente impossível qualquer tentativa de generalização ou até mesmo de extrapolação. A singularidade de cada pessoa, tão decantada nas lides existenciais, deixava de ser uma simples cantilena na qual se esboçam determinadas configurações teóricas e filosóficas para se tornar realidade. Realidade que se contundia sob meu olhar com um estilete. A configuração da singularidade no sangue respingando pelo ambiente da psicoterapia.

Uma realidade que se colocava à minha frente como se fossem vagalumes iluminando a escuridão com pequenos pontinhos de luz. Anunciava de modo premente o esplendor do dimensionamento da singularidade, a ser observado e respeitado.

Flávia se mostrava como única em sua maneira de ser e na forma de se mostrar ao outro. Mostrava-se irreverente ao mesmo tempo em que reverenciava o desdobramento de suas possibilidades de vida. Mostrava o sofrimento de sua alma com os cortes que provocava em si.

Ela desnudava sua alma de maneira tão particular que, embora paradoxalmente, ainda estivesse mostrando evidências acentuadas de destrutividade, era singela em seus modos de expressão. Ela *simplesmente* se cortava. Exibia os cortes e *simplesmente* mostrava uma maneira única de ser e de se mostrar frente à dor e ao sofrimento. Também mostrava sofrimento na maneira como desafiava a linha tênue entre a destrutividade, o ato em si, seu gesto, sua expressão, e a contundência do instrumento que utilizava para alcançar esse limite. Flávia era dúvida e dor. Ausência se fazendo presença. Liberdade de expressão gestual. Dor e angústia. Desespero e inquietação. Determinante cada vez mais inatingível no crível da razão e do sentimento que pulsava no próprio relacionamento psicoterápico.

Merleau-Ponty (1999) ensina que "representar é situar-se por um momento em uma situação imaginária, é divertir-se em mudar de 'meio'. O doente, ao contrário, não pode entrar em uma situação fictícia sem convertê-la em situação real: ele não distingue uma adivinhação de um problema". É dizer que o controle de representação presente no ato artístico não se faz presente no sofrimento do paciente. E Flávia, apesar de decidir pelos cortes arbitrariamente na presença do psicoterapeuta, não tinha verdadeiramente esse controle entre os limites da realidade de seu sofrimento, e o possível controle de seus próprios atos. Ou ainda, novamente Merleau-Ponty (1999) para quem "enquanto tenho um corpo e através dele ajo no mundo, para mim o espaço e o tempo não são uma soma de pontos justapostos, tampouco uma infinidade de relações das quais minha consciência operaria a síntese e em que ela implicar meu corpo; não estou no espaço e no tempo, não penso o espaço e o tempo; eu sou no espaço e no tempo, meu corpo aplica-se a eles e os abarca". A amplitude dessa apreensão mede a amplitude de minha existência. Flávia tinha a automutilação em um espaço determinado de seu tempo, em psicoterapia, o que poderia evidenciar possíveis desdobramentos irreversíveis fora desse contexto. O arbítrio era único e tão somente seu.

Ela era a desmistificação da realidade existencial do suicídio em suas manifestações e congruências. Era um bimbalhar de sons em que se misturavam o desespero e a incerteza da própria vida. Era a morte desafiando o próprio palpitar do tempo e da dor física, em uma de suas manifestações mais expressivas, o sangue respingando pelo próprio corpo.

A morte era trazida à tona nas reflexões pelo desafio iminente da dor e do desespero, presentes no exaurir da emoção existente em cada encontro. A morte era a realidade que se mostrava e que se configurava como a pertinência da vida de Flávia. A morte, moribunda em sua conceituação, mas vital em sua manifestação, estava a determinar a minha própria inquietação. Desorientação diante do insólito de sua ocorrência e manifestação no próprio ambiente psicoterápico. Era o desdobramento de inúmeras reflexões que se mostravam evidenciadas em aspectos circundantes, e que, ainda assim, não conseguiam mostrar concretude nem tampouco apresentar formas que pudessem superar as nuances dessa manifestação.

Flávia era a representação da morte. A possibilidade do suicídio em sua configuração mais pura e genuína. Era tudo o que pudesse ser concebido como destrutividade do trivial e dos gestos mais harmoniosos na pulsão da vida em contraponto com a própria morte.

Ela era o suicídio adquirindo formas e me mostrando contornos de sofrimento e desdobramento. Era a morte sorrindo diante de seus cortes e do sangue que escorria. Não mais uma adolescente em conflitos diante da vida, mas a própria morte em uma de suas inúmeras manifestações. Também não era mais uma das tantas adolescentes que tentam o suicídio com ingestão de comprimidos e automutilação. Não, ela era apenas e tão somente a manifestação maior do significado do suicídio na vida humana. Era tudo ao mesmo tempo em que não era nada. Simplesmente a absurdidade do suicídio e a determinação da automutilação.

E se por uma fagulha das circunstâncias, Flávia era a própria morte, por outro lado, também era uma manifestação exuberante da própria vida. Da vida que esboçava reação ao procurar pela ajuda psicoterápica. Não havia como negar-lhe a pulsão vital diante de suas manifestações, ainda que através da destrutividade, e até mesmo a harmonia gestual presente em seus atos. Merleau-Ponty (1999) assevera que "o pensamento objetivo ignora o sujeito da percepção. Isso ocorre porque ele se dá o mundo inteiramente pronto, como meio de todo acontecimento possível, e trata a percepção como um desses acontecimentos". É dizer que o enredo que Flávia desfiava em meu campo perceptivo não poderia jamais ser apreendido de modo objetivo, tamanhas as filigranas que seu caso exibia, em constante mutação.

Era impossível negar-lhe a pulsação maior da vida até mesmo nos contrapontos de dor e sofrimento. Flávia era um turbilhão que esparramava deleites de vida dos mais intensos e turbulentos ao longo do caminho. Derramava-se em prantos ao mesmo tempo em que se mostrava mistério. Espraiava sua dor ao mesmo tempo em que aturdia a própria compreensão dessa particularidade intimista denominada de psicoterapia.

Questionava ao mesmo tempo em que polemizava acerca de si mesma. Flávia se transformava nos fatos e, num embaralhar de tempo e lógica espacial, era a destrutividade no momento de resgate da própria compreensão e libertação de vida. Seu caminho era tortuoso ao mesmo tempo em que se pretendia libertário. Disforme e configurado na sua própria razão sem o menor detalhamento de configuração que não a sua própria expressão. Não havia mais separação entre as dualidades de seus gestos; tudo era uma coisa só, buscando configuração com o seu próprio campo perceptivo.

Flávia dera o seu sangue, que escorria ao mesmo tempo em que era também a centelha libertária de sua própria vida, ainda que numa mera manifestação de dor. Ela era também a minha totalidade de vida. Era a configuração maior do meu campo perceptivo, da totalidade das minhas reflexões e preocupações. Ela era eu mesmo em sua totalidade. Era como se não visse mais diferença entre seus gestos e, por exemplo, o corte no rosto que eu me havia provocado acidentalmente com o aparelho de barbear. Não havia mais dimensão que pudesse separar os cortes de seus pulsos de qualquer manifestação sanguínea que ocorresse ao meu redor, ainda que diretamente não me envolvesse. A minha realidade de vida havia se transformado no sangue de seu pulso. A minha percepção de sua figura eram os pulsos sangrando e respingando pelo ambiente. Sua imagem, ao menos nessa fragrância de tempo e espaço, era o sangue e sua configuração gestual.

E se nesse momento alguém me pedisse para descrever o que considerava como sendo a imagem do suicídio, certamente a imagem de Flávia com os pulsos cortados seria a minha definição mais precisa. Era tudo uma só transparência: a dor de Flávia e a minha incerteza diante de seus desatinos e procedimentos. Era tudo uma só manifestação. Um arrebatamento de dor e prazer. De dor e desespero. De incerteza e angústia. Não havia como processar tais distinções nem como promover tais fatores, por mais incongruentes que pudessem parecer. Tampouco classificá-los num outro dimensionamento que não aqueles esboçados pela minha própria incerteza e inquietude diante dos fatos. A pertinência maior diante da realidade de Flávia era ela mesma, com todas as suas manifestações e ocorrências. Era o fenômeno transformando numa transfenomenalidade para transcender o meu campo perceptivo e se mostrar como determinante de si mesmo na configuração de sua manifestação mais plena e singela. Era um fenômeno esplêndido, exuberante e que se mostrava em variação e nuances de difícil apreensão, mas igualmente rico em suas vertentes múltiplas de configuração com a vida.

Outro aspecto que também se evidenciava de maneira crônica e analogamente antagônica à todas as reflexões teóricas era a questão da neutralidade.

Vimos anteriormente a dificuldade de se estabelecer a chamada neutralidade para o desenvolvimento da prática psicoterápica. No caso específico de Flávia, além das dificuldades inerentes à própria escolha de uma determinada vertente teórica, havia ainda a complexidade do emaranhado de sua conduta, de suas nuances de destrutividade, e a incidência disso tudo sobre mim e a minha performance psicoterápica. A neutralidade, tão decantada como necessária para uma intervenção precisa e detalhada no material apresentado pelo paciente, estava agora diante de desdobramentos que iam além de toda e qualquer discussão e digressão teórica ou mesmo filosófica. Neutralidade que implica, acima de tudo, em se desprender de qualquer julgamento de sua conduta, e que, ao mesmo tempo, havia impregnado o meu ser de tal maneira que não havia mais o menor indício de separação entre o que era sentido e aquilo que era vivido a partir do desenrolar dos fatos.

Tudo era uma tênue fragrância a se perder no tempo e no espaço. Ao mesmo tempo em que determinava marcas profundas de enraizamento em termos de idealização daquilo que seria o processo psicoterápico e a realidade do que ocorria em tendência e destrutividade, aquém da própria compreensão e apreensão dos fatos em si. Tudo era muito distante de qualquer tentativa de análise, ao mesmo tempo em que exigia um determinante da compreensão e do acoplamento de sua realidade em termos de esboço e configuração da realidade humana.

A destrutividade que era exibida estava distante ao mesmo tempo em que estava próxima da compreensão e da apreensão das possibilidades inerentes à própria percepção. Bastava apenas determinar a maneira por meio da qual esse fenômeno poderia ser percebido e analisado em sua verdadeira essência.

Flávia era uma paciente que se mostrava de maneira única e estava a desafiar toda e qualquer tentativa de compreensão que partisse de pressupostos criados e concebidos a partir da análise de outros casos ou de outros esboços teóricos. Ela era um fenômeno único. Uma ocorrência sem qualquer similaridade com outros pacientes ou mesmo esboços teóricos sobre a temática de suicídio. Única em seu modo de ser e de se mostrar. Única na maneira como a destrutividade era efetivada e mostrada ao outro; na maneira como estava mobilizando a minha condição emocional e o meu desempenho profissional. E, por mais que pudesse evocar a singularidade de cada paciente, o seu caso evidenciava que esse aspecto da condição única e incomparável de cada paciente estava presente de modo insofismável; e, determinava que a análise de seu caso não poderia ser feita se não a partir dela mesma, se não a partir de outros pressupostos que não aqueles exibidos em sua busca de destrutividade, em seus detalhamentos mais precisos.

Era necessário conceber a análise do caso de Flávia a partir dela mesma. Compreender sua conduta nas sessões anteriores a partir dessas mesmas sessões. Era necessário acolher o seu sofrimento e dor nas manifestações que exibia. Era igualmente necessário abarcar a totalidade de uma abordagem que se mostrasse abrangente a partir daquilo que ela mostrava e que, de alguma forma, determinava a maneira como deveríamos abordá-la. Ela era única e cada momento de reflexão mostrava essa realidade de maneira absoluta. E nada poderia incidir sobre essa realidade que não a apreensão desses fatos em sua maneira mais plena. Por assim dizer, determinantes de sua singularidade. Era uma intensa palpitação em todos os níveis de reflexão. Um frenesi de uma paixão que, ao mesmo tempo em que encantava pela sua complexidade, atordoava e dilacerava. Era um turbilhão de fatos e ponteamentos que estavam a mobilizar toda sorte de questionamentos em que a razão era um simples hiato de lucidez diante da tormenta vivida. Era assim, como se tivesse apenas Flávia como paciente em meu universo simbólico. Era como se não houvesse condições para nenhum outro paciente ocupar o meu espaço vital. Era difícil até mesmo a simples crença de que, juntamente com Flávia, existiam outros pacientes em minha realidade de psicoterapeuta. E que assim como ela, também tinham a tentativa de suicídio como característica em suas vidas. E o que agrava ainda mais qualquer reflexão, também possuíam a destrutividade em atos requintados de arrojo e simetria. O elemento diferenciador era o fato de que parte de sua destrutividade era exposta de maneira nua e crua diante do meu olhar.

Os outros pacientes descreviam seus atos de destruição e, por mais pesaroso que pudessem ser os teores de seus depoimentos, não havia como parear com os gestos requintados de Flávia diante do meu olhar. E toda a angústia que pudesse existir em seus gestos era naturalmente transferida para a minha pessoa, numa sincronia assustadoramente real e inatingível. Ela expunha ao meu olhar sua condição existencial ao mesmo tempo em que expunha a minha fragilidade diante de seus gestos. E na medida em que sequer se manifestava verbalmente, também mostrava uma característica real em relação aos outros pacientes: a condição de expressar sua própria dor através de outras manifestações de destrutividade. A destrutividade, anteriormente presente em sua tentativa de suicídio, não era expressa através das palavras, e sim, de outros gestos igualmente destrutivos, e que tinham um impacto e uma dimensão muito superiores à sua expressão verbal.

Não havia sequer esboçado a necessidade de se expressar através da fala, havia escolhido uma forma contundente de colocar o quanto ainda sofria e tinha a alma dilacerada em fragmentos de dor e desespero. Também mostrava que não possuía mais os determinantes que separam a nossa realidade de dor, angústia e outras manifestações existenciais do olhar do outro.

Simplesmente angustiante. Dilacerante e ainda distante de toda e qualquer forma de expressão que a razão pudesse abarcar em seus níveis de compreensão.

A habilidade desenvolvida ao longo de anos junto a pacientes que manifestavam dor e angústia por meio da palavra, se não era a totalidade do instrumental de que dispunha para tentar compreender os atos de Flávia, era ao menos parâmetro para abarcar a minha instabilidade e a necessidade de uma ascese profissional, e, até mesmo, espiritual, para alcançar o mínimo necessário de sua expressão gestual. O meu instrumental, forjado ao longo de anos, experimentava a necessidade de flexibilizar sua maneira de apreender novos fatos e por assim dizer, novas vivências presentes em cada singularidade de vida. Era necessário expandir a minha própria consciência para aceitar a dimensão de destruição mostrada por Flávia em sua realidade de vida.

Não havia como compreendê-la sem necessariamente alargar a minha consciência diante dessa nova realidade que se antepunha ao meu olhar. Era real a minha dúvida diante da angústia que me acometia. Angústia que superava qualquer tentativa de exposição teórica e mesmo reflexiva e que, mais do que determinar uma nova maneira de compreensão dos meus sentimentos, estava a mostrar a necessidade constante que temos de expansão da própria consciência para acolhermos os fatos que se mostram ao nosso olhar.

Flávia, mais do que questionar o meu desempenho psicoterápico, estava me levando a rever minha totalidade de vida numa dimensão muito maior do que eu mesmo poderia conceber anteriormente. Era como se tivesse que exigir de mim mesmo um posicionamento e um clareamento para fatos novos numa velocidade muito maior do que aquela experimentada até então.

Tudo era muito novo e diferente do que a minha realidade de vida dimensionava. Tudo era aquém daquilo que Flávia exibia. E o único contraponto que conseguia estabelecer comigo mesmo era a necessidade de uma reflexão que me levasse, minimamente, a novos parâmetros de compreensão, que não me perdesse simplesmente em mera e vã digressão teórica. Que assim, deixasse escapar a essência daquilo que ela estava escancarando através da exibição de sua destrutividade. E nesse desfolhar de emoções, chegamos à sessão seguinte.

6.1.6. Quinta sessão

E como das vezes anteriores, Flávia chegou em seu horário sem atraso e sem demonstrar nada que pudesse determinar traços de sua destrutividade. Ou ao contrário, um ímpeto qualquer que estivesse a demonstrar sinais de sofrimento e dor. Cumprimenta-me e senta no lugar destinado a ela. Aguardo ansioso por alguma manifestação expressiva para sedimentar alguma estruturação em termos de intervenção, ou mesmo alívio para uma situação de tensão vivida ao longo dos últimos dias. Seguramente, o exercício da minha postura de acolhimento estava em seu limiar diante da decorrência dos últimos encontros.

Flávia reserva para si a condução do processo. E, ao contrário das últimas sessões, desata a falar de forma compulsiva. Parecia mesmo que aquela era a primeira sessão de um paciente que estava ansioso para colocar em desabafo emocional todas as mazelas da vida e que aguardava a sessão psicoterápica para isso.

Falava compulsivamente e repetidamente sobre fatos e dados de sua realidade de vida, não permitindo sequer alguma forma de intervenção que não fosse a escuta. Falava e gesticulava de maneira tensa. E sua tensão era a extensão de sua dor.

Conturbada estava, e assim se mostrava. Aflita era a expressão como se definia diante das dificuldades que enfrentava. Falava e se contorcia em lágrimas, ao mesmo tempo em que levava as mãos, feridas pelos cortes de estilete, um signo de sua destrutividade, ao rosto para prestar alívio ao seu próprio pranto. Mistura sua narrativa com fatos deslocados de sua própria realidade. Mostrava desespero ao mesmo tempo em que se desesperava diante de sua própria dor. Usou o tempo todo dessa sessão para promover uma catarse que tinha em si, não apenas seus desatinos, mas todo o aspecto contido do sofrimento que havia sido estancado através dos próprios indícios de destrutividade. Não havia como intervir, ou até mesmo como colocar parâmetros ao seu momento de dor. Alternava a fala, rouca e se manifestava, através de gritos e espasmos de soluços, com um choro rangente em que a própria gesticulação das mãos era alternada com uma manifestação de ranger de dentes.

Ela era uma mistura de desespero alternada com manifestação de destrutividade e dor. Era praticamente impossível sequer acompanhar a sequência de sua narrativa, tal o teor de alternância que imprimia à sua fala. E, da mesma forma que mostrava a própria dor em sua fala confusa e disforme, também mostrava a necessidade de que, mais uma vez, a escuta prevalecesse como a intervenção psicoterápica mais oportuna para aquela ocasião. E assim terminou essa sessão, com uma verdadeira avalanche de dados sendo colocados, ora como problemas irreversíveis, ora numa como mera narrativa sem relação formal entre os fatos em si.

Embora ainda fosse clara como se processaria minha intervenção para articular o material que ela estava expondo, ao menos aquela fragilidade que ela havia me provocado pela maneira como havia me acuado nas sessões anteriores estava sendo superada. Agora, sentia que iria trilhar um terreno conhecido, agora estaríamos atuando numa condição de concretude mais abrangente, ao menos em meu campo perceptivo.

Estaria ainda em condições de intervir, dentro de algumas sessões, ao menos hipoteticamente, sobre a sua fala, alinhavando sua narrativa para que ela pudesse, então, alcançar limites de compreensão e apreensão de sua realidade de vida. Poderia ainda, conceber junto com ela um enredamento para a destrutividade das sessões anteriores. Era como se tivesse sido contemplado com uma nova chance para poder continuar desempenhando satisfatoriamente minha condição de psicoterapeuta. Havia ganhado uma nova oportunidade para continuar em meu caminho de escuta e ajuda ao outro. Estava me sentindo mais seguro para compartilhar a dor do outro e dividir sua angústia e dor no verdadeiro partilhar da emoção.

É necessário que o psicoterapeuta tenha uma fé inquebrantável tanto em seu potencial, quanto em seu paciente para que seja capaz de alicerçar os sustentáculos de seu caminho (Angerami, 2004). E isso estava sendo resgatado em mim, a própria confiança capaz de me manter à frente na condução desse processo. O psicoterapeuta que titubeia na fé perceptiva de sua capacidade de ajuda, certamente não será um bom condutor no processo psicoterápico, pois, de muitas de suas intervenções deve sair a condição de reflexão, libertária para o paciente. Também é necessário que o psicoterapeuta acredite na condição de superação do paciente, pois somente assim será possível impulsionar reflexões que possam mobilizá-lo em busca de novas alternativas para sua vida.

Aquela sessão teria sido considerada muito difícil, e até mesmo indefinível, não fosse seu contraponto com as anteriores. Por si, essa sessão estava a mostrar indícios de uma pessoa que estava num nível insuportável de sofrimento. Alguém cujo fardo existencial estava além de suas próprias forças e de seu alcance. Seria, sem a menor sombra de dúvidas, uma sessão na qual poderíamos perceber resquícios do teor de destrutividade presentes em sua vida, seja pelo choro compulsivo, ou ainda pelo ranger dos dentes.

E de outra parte, poderia ser incluída no rol daquelas sessões nas quais definimos como o momento no qual o paciente simplesmente despeja seus dejetos existenciais, sem a menor preocupação com forma e conteúdo. Seria também facilmente definida como uma sessão de difícil apreensão para o psicoterapeuta dos conteúdos manifestos e daqueles presentes de forma subjetiva e perceptíveis apenas através de uma escuta precisa e detalhada desse conteúdo. Também caberia uma definição de sessão em que o paciente mostra, ainda que de forma abrupta, seu desespero e dor como se fosse a ponta de um iceberg, escondendo, no entanto, a totalidade do continente submerso. Mas, diante das sessões anteriores, havia sido algo *leve e tênue*. Essa sessão se transformava, assim, em algo cujo significado me remetia às anteriores, fazendo dela apenas algo que interrompia com aquela cadeia de destrutividade irascível e irreversível. Não havia como considerá-la uma sessão difícil diante daquilo que havia sido vivido anteriormente. Tampouco como o início de um processo no qual a catarse marca a delimitação do processo em si. Era muito mais que isso. Era, acima de tudo, o meu reencontro com a tranquilidade necessária para o desempenho da atividade de psicoterapeuta. Era a minha busca de reequilíbrio, a energização das próprias forças. Era a busca de um sentido pleno para a minha própria tranquilidade pessoal.

Flávia se tornava uma paciente ao lado de outros pacientes. E não apenas alguém que me desatinava o tempo todo e na totalidade das minhas inquietações.

E, por mais difícil e emaranhado que fosse o conteúdo de suas narrativas, agora me sentia em ação, com o instrumental adequado para o enfrentamento das dificuldades apresentadas. Não mais acuado e ansioso.

Essa sessão havia sido uma benesse, um prêmio para o meu desassossego, para o sofrimento que a minha alma havia experimentado nos últimos dias.

Estava revitalizado, em que pese toda a dificuldade que a narrativa dela mostrava. E ainda que tivesse muito mais coisas a serem mostradas, agora me sentia habilitado e capaz de ajudá-la em sua busca de equilíbrio de vida. Estava novamente apto para desenvolver minha própria atividade, sem ultraje a minha própria dignidade existencial. Embora esse momento pudesse parecer a mim mesmo um hiato de delírio ao considerar como *leve e tênue* uma sessão tão desesperadora em termos de narrativa e conteúdo da paciente, a sensação de alívio tomava conta de todo o meu ser. Sentia-me rejuvenescido com aquele turbilhão de problemas que havia sido despejado, ainda que sem forma e sem contornos claros e precisos.

E na sequência, nas sessões seguintes, Flávia continuou seu discurso disforme até encontrar parâmetros mais precisos para articular de maneira mais concisa seus desatinos, de modo a torná-los mais tangíveis a sua própria consciência. Pôde assim se desenvolver e atingir parâmetros satisfatórios de autoconhecimento e de autocrescimento, necessários a todo e qualquer processo psicoterápico. Ela permaneceu durante cerca de cinco anos em processo psicoterápico sob minha responsabilidade. E mais do que qualquer outro parâmetro que se possa estabelecer de êxito psicoterápico, foi um caso que me levou a um sem número de reflexões sobre a questão da singularidade de cada paciente. Algo extremamente difundido em praticamente todas as correntes teóricas, mas de difícil assimilação quando nos deparamos com essa singularidade, que se mostra tão intensa, e verdadeiramente única.

Flávia foi um exemplo do tanto de que necessitamos estar abertos para o aprendizado e apreensão de diferentes manifestações efetivadas pelos pacientes. Foi ainda uma amostra da necessidade de ressignificar constantemente os valores que concebemos como determinantes para a compreensão da própria vida. Ela era a teoria sendo exposta de maneira nua e crua, sem nenhum apêndice que pudesse ser alcançado em toda sua concepção. Era ainda a reflexão de como apreendemos a cada momento novas formas de delimitação e de expansão de nossa própria consciência. A percepção de si e do outro na concepção de como o outro nos observa, e de como seu olhar pode estar captando a nossa própria realidade, era a constatação maior que ela promovia. Merleau-Ponty (1999) assevera que "a consciência pura e desembaraçada de todos os obstáculos que ela consentia em se criar, o mundo verdadeiro sem nenhuma mistura de devaneios está à disposição de cada um". É dizer que a consciência busca seus determinantes e até mesmo filigranas para sua configuração. No tocante a nossa paciente, esses aspectos fizeram com que pudesse buscar pelos constitutivos que poderiam dar nova configuração à sua vida e aos seus desatinos de vida.

Ela era a inquietude transformando em realidade muitos aspectos que insistíamos teoricamente, e que de alguma forma mantínhamos. Era a própria realidade do fenômeno se transformando em algo muito além do próprio fenômeno apreendido pela consciência. Era a própria consciência que se transformava em fenômeno e repetidamente se alternava diante de si.

6.2 Marcelo – A testemunha ocular dos fatos

6.2.1 Palavras iniciais

Marcelo era um jovem empresário de cerca de 45 anos de idade. Na ocasião em que procurou psicoterapia, ele estava construindo um hotel na cidade de Natal, para onde havia se mudado e se unido em relação conjugal com Adriana. Os fatos que circundaram sua vida fizeram com que abandonasse temporariamente tudo em Natal e se refugiasse em São Paulo, sua cidade natal. E onde tinha familiares e amigos. Ele havia sido encaminhado para a psicoterapia por uma gerente de uma grande livraria de São Paulo, algo em princípio desconexo dos encaminhamentos tradicionais. Mas enfim, lá estava Marcelo para o seu processo psicoterápico.

6.2.2. Primeira Sessão

Se a paciente anterior passou as primeiras sessões sem se manifestar pela palavra falada, Marcelo, ao contrário, se caracterizava por ser daquele grupo de pacientes em que as primeiras sessões são de intensa catarse, que sequer permitem qualquer intervenção do psicoterapeuta. Chorava copiosamente e mal conseguia articular palavras e ideias concatenadas entre si. Dizia aos prantos que nada em sua vida dava certo. E que agora o sonho de construir um hotel de referência em Natal estava simplesmente desmoronando. Chorava e dizia que não via mais sentido em nada. Tudo estava perdido. Mas, verdadeiramente não conseguiu exprimir o que de fato havia acontecido, e nem tampouco as razões de seu desespero e dor. Terminou a sessão sem que fosse possível entender as razões de tanto sofrimento. Não consegui sequer saber detalhes nem de sua volta para São Paulo nem do que havia feito seus projetos ruírem.

Manter-se em silêncio é um exercício de ascese espiritual diante do turbilhão emocional exibido pelo paciente (Angerami, 2004). É necessário que se respeite sua catarse e que ela seja o contraponto em que ele pode se escutar para que possa dar a sua dor outra configuração. É necessário insistir nessa reflexão sobre a importância da escuta diante da ideia presente, principalmente para os jovens psicoterapeutas; que os melhores desempenhos são justamente aqueles em que o psicoterapeuta intervém diversas vezes sobre a fala do paciente.

E aqui podemos dizer que reside um dos grandes pontos da arte da psicoterapia, saber o momento em que o silêncio do psicoterapeuta é a melhor das intervenções possíveis. Saber que, muitas vezes, a palavra torna-se desnecessária, pois o gesto de acolhimento é dado pela postura de interação e pela maneira como o paciente se percebe compreendido em sua dor (ANGERAMI, 2004).

A proeminência da intervenção do psicoterapeuta é a palavra falada; muitas vezes, no entanto, o silêncio determina o acolhimento necessário no processo. Seguramente, quando ouvimos psicoterapeutas experientes relatando suas experiências profissionais, uma das primeiras coisas que salta aos olhos é sua postura em dizer que aquelas intervenções consideradas primordiais no início da atividade vão perdendo, aos poucos, espaço para o silencio, para a reflexão introspectiva. Os anos de prática vão moldando posturas de modo que se evidencia com total nitidez que o paciente se escuta com muito mais afinco no silêncio (ANGERAMI, 2004).

Marcelo precisou do silêncio do psicoterapeuta em sua primeira sessão, pois sequer conseguiu descrever ordenadamente o drama que estava consumindo sua alma. Não foi possível, ainda que tangencialmente, ter uma ideia do que estava ocorrendo com sua vida. E que coisas o fizeram vir para São Paulo quando seu projeto de vida era Natal, inclusive com a construção de um hotel. Imagens soltas de um projeto de vida que foram lançadas sem qualquer sequência ou reflexão que pudessem direcionar qualquer forma mínima de compreensão ao que foi exposto.

E como ele havia sido encaminhado por uma gerente de uma grande livraria, aliás, pessoa que não o conhecia, ficava evidente, ao menos em meu universo simbólico, se tratar de um caso de suicídio. Mas Marcelo nada citou que envolvesse algum projeto de autodestruição. Seu choro incontido tinha de tudo, menos qualquer citação, por pequena que fosse, a algo que implicasse colocar fim à própria vida. Falou da volta para São Paulo em meio à construção do hotel. E do transtorno desse ato. E sempre chorando, dizia que quando as coisas estavam caminhando em harmonia com seus projetos, tudo havia acontecido. E estava ele diante de um psicoterapeuta, clamando por ajuda. Diferentemente das sessões iniciais de Flávia, ao menos em Marcelo, por mais difícil que fosse lidar com seu choro incontido, tínhamos uma situação em que o paciente se expressou pela palavra falada. E isso era algo com o qual lidávamos comumente. Por mais que houvesse choro e desespero, a palavra falada dava um constitutivo para a psicoterapia, o que nos deixava mais seguros para a continuidade.

Ao fim da primeira sessão, minhas indagações se concentravam na tentativa de tentar compreender as razões pelas quais havia voltado para São Paulo, já que seu projeto profissional e pessoal era Natal. Conjuminei hipóteses das mais variadas, mas isso, evidentemente, era mero exercício especulativo, pois não tinha a dialética com ele para que houvesse um contraponto as minhas indagações. De qualquer maneira, sentia-me muito mais seguro do que no terreno arenoso das sessões iniciais de Flávia. Frise-se sempre, no entanto, que a sensação de segurança é sempre sensação, e muitas vezes não tem conformidade com a realidade em si. Um grupo de pessoas que se encontra à espera do ônibus em uma calçada se sente seguro em relação aos veículos que transitam pela rua. No entanto, basta um motorista de um desses veículos perder a direção e adentrar a calçada para que essa sensação de segurança perca totalmente sua fundamentação. Mas a sensação que experimentava em relação a Marcelo era de segurança. De domínio total da situação. Dessa maneira, sentia-me como um piloto que checa o painel de controle do avião e verifica todas as condições de segurança antes de erguer voo rumo ao seu destino. Essa checagem por minuciosa que possa ser, não pode impedir acidentes que derivem de inúmeras outras causas que não são mostradas nesse painel de controle. Mas me sentia seguro, e não havia contraponto capaz de me trazer preocupação no caso de Marcelo.

E, nessa mansidão, chegou o dia de sua nova sessão.

6.2.3 Segunda sessão

Marcelo chega no horário. E após os cumprimentos de praxe, se dirige a sua cadeira. Seu semblante parecia mais sereno e não mostrava evidências de sofrimento tão notórias como na sessão anterior. Um breve silêncio após o qual ele me olha e simplesmente diz:

– *Você deve estar curioso para saber por que te procurei. Vou tentar explicar.*[4]

Mas foi o suficiente para que as coisas que o torturavam aflorassem e ele começasse novamente a chorar compulsivamente. E, novamente, junto com o choro desesperador, vieram palavras desarticuladas, completamente desconectadas de uma relação causal e formal. Se na primeira sessão ao menos tinha conseguido decifrar a volta para São Paulo depois da ida para

[4] A descrição da fala de Marcelo procura reproduzir a maneira como ele descrevia os fatos. Isso significa dizer que não houve preocupação com a ortografia.

Natal, agora o que se mostrava era algo totalmente disforme, sem qualquer encadeamento lógico.

Choro e um soluçar de lágrimas que não encontrava guarida que não na própria continuidade do choro. Na pausa do choro ele dizia de modo totalmente confuso:

– *Não é possível que isso tenha acontecido...*

Choro e mais choro, e palavras intercortadas em apresentarem nexo:

– *Devo ser muito ruim para Deus ter me dado esse castigo...*

Choro contínuo e, desse modo, totalmente angustiante; palavras e frases totalmente desarticuladas vão sendo desfiadas sem qualquer possibilidade de compreensão. Não existe qualquer possibilidade de intervenção do psicoterapeuta diante desse quadro praticamente convulsivo e catártico. O silêncio do psicoterapeuta, assim, se torna um contraponto portentoso ao depoimento de dor e desespero do paciente. E diante dessa postura, será possível perceber o tanto de acolhimento e respeito existentes na postura do psicoterapeuta. É importante frisar que o silêncio como postura de intervenção deve ser balizado de modo a ser um diferencial de intervenção, e não algo que possa soar como falta de alternativa no rol de intervenções disponíveis ao psicoterapeuta (Angerami, 2004).

O domínio desse detalhamento é responsável, inclusive, pelo fato de que, muitas vezes, excelentes teóricos são incapazes de exercerem uma prática satisfatória como psicoterapeutas. A psicoterapia, na medida em que se apresenta como um enfeixamento praticamente artesanal entre a teoria, seus pressupostos teóricos e sua prática, muitas vezes, implica que a intervenção do profissional mostre um completo divórcio de seus pressupostos teóricos, pois sua ação ocorre no momento em que o paciente expressa seus sentimentos e dor. Ou seja, não permite que a sessão seja interrompida para que o profissional possa consultar sua teoria para o balizamento de sua intervenção. Nos casos envolvendo autodestruição, isso tudo se torna ainda mais complexo, e irá exigir desempenho pautado em uma sensibilidade extremada ao conteúdo manifesto pelo paciente. Temos ainda que, além do que está sendo manifesto, existe uma gama muito grande de sentimentos que são perceptíveis apenas nos aspectos subliminares do que está sendo apresentado pelo paciente. Então, o que se pode esperar do psicoterapeuta é um contínuo desdobramento de intervenções e apreensões do material apresentado.

O psicoterapeuta, em sua formação, se depara com as mais diferentes formas de reflexão sobre intervenção, inclusive sobre o significado de muitas colocações presentes na fala do paciente. O silêncio dificilmente surge como uma intervenção precisa e das mais importantes no âmbito psicoterápico. A própria questão tão evocada na prática da psicoterapia que é o raciocínio clínico, certamente, tem no silêncio um aporte necessário para sua efetivação.

O choro de Marcelo caldo com frases soltas e sem uma sequência que estabelecesse compreensão exigia silêncio. Qualquer outra intervenção poderia estancar a fluência com que sua dor estava sendo exposta. E por mais que essa maneira desarticulada de colocação das frases não trouxesse compreensão para a elucidação de suas questões, o que importava nesse momento é que a sua fala, cravejada de dor e sofrimento, fosse lançada para que trouxesse um alívio, ainda que momentâneo.

Aceitar essas limitações com as quais nos deparamos no processo inicial de alguns casos certamente é um exercício de superação contínuo e irreversível. É saber que, em muitas situações, iremos necessitar de várias sessões para simplesmente iniciarmos a compreensão do drama vivido por determinados pacientes. Nesse sentido, a questão dessa espreita é determinante para que o paciente possa continuar em seu processo de catarse, tendo a consciência de que o psicoterapeuta está efetivamente acolhendo sua dor e sofrimento.

O que Marcelo efetivamente mostrava nessas sessões iniciais é que o seu sofrimento e dor o haviam lançado em um insuportável turbilhão emocional. E que tornava praticamente impossível qualquer discernimento para uma avaliação minuciosa do que estava ocorrendo em sua vida. Ele falava e chorava compulsivamente. E isso era o que tínhamos para o momento. Nada poderia ser acoplado em termos teóricos para compreensão de seu sofrimento.

Ele mostrava que seu mundo havia desabado e que sua condição emocional estava completamente estilhaçada. A recomposição dessa estrutura, e por assim dizer, de sua própria vida, sequer era tangível a partir do que havia sido exibido nessas sessões iniciais.

O que as sessões iniciais de Marcelo estavam exibindo de modo bastante transparente era que, diante dos casos de autodestruição, o inusitado sempre se fazia presente. Podemos citar um número incontável de atendimentos psicoterápicos envolvendo casos de autodestruição, e, seguramente, teremos, um número incontável de enredos a emoldurar esses dramas. Não quero dizer com essas colocações que os demais casos, aqueles que não apresentem a autodestruição como seu mote principal, sejam todos iguais e padronizados. Ao contrário, sabemos da peculiaridade de cada caso e que os atendimentos sempre são únicos. Apenas é importante ressaltar que os casos envolvendo a autodestruição apresentam determinantes muito fortes da emoção contida na destrutividade.. E que, muitas vezes, inclusive eclode na própria sessão de psicoterapia, como estamos mostrando nesse espaço.

A erupção contínua da destrutividade presente nesses casos, leva o psicoterapeuta a um desgaste emocional contínuo, que não encontra parâmetros em outros casos que surgem para o processo psicoterápico. A carga vibracional presente nesses casos é sempre imensurável, até mesmo pela condição de total descontrole da destrutividade em si. E não se trata de simplesmente afirmar que o psicoterapeuta que atende a tais casos é especial, ou mesmo superior aos demais. Não é disso que se trata, e sim, de que ele estará diante de situações que envolvem uma das coisas que a vida apresenta de mais delicada, que é a possibilidade de alguém deliberar pela autodestruição. O suicídio sempre é um ato violento, mesmo naqueles casos em que não apresenta indícios de dor física. A violência é o próprio gesto da autodestruição, com tudo que provoca em todos os segmentos sociais. E essa violência, de alguma maneira, está presente na psicoterapia envolvendo esses casos. Violência que se configura em filigranas muitas vezes imperceptíveis ao olhar comum, e que, no entanto, não podem passar despercebidas para o psicoterapeuta que acolhe esses casos.

O choro de Marcelo trazia à tona sua dor e o inconformismo de sua situação. Mas também tinha em seu bojo a violência que havia se abatido sobre ele, e da qual não conseguia se desvencilhar. Ao afirmar sua incredulidade sobre o que lhe havia acontecido, não mostrava apenas sua decepção para com Deus (sic), mas principalmente, que estava sucumbindo diante da violência que havia desabado sobre sua vida. Ele tinha fragmentos dessa violência incrustados em sua alma, e seu choro estava a exibir a dor derivada dessa condição. Por essas sessões iniciais, ainda não tínhamos consciência do que poderia estar levando-o a tanto sofrimento e dor.

E o que me deixava cada vez mais intrigado era o fato de sequer saber os detalhes da autodestruição que envolvia sua vida. Desde o encaminhamento, que já havia sido inusitado, até o fato de ele não conseguir se expressar, tudo era algo muito insólito para se alcançar um mínimo de compreensão.

A segunda sessão não acrescentou nada que pudesse trazer alguma elucidação ao seu caso. Nada havia para que pudesse analisar os determinantes que o levavam a esse teor de sofrimento. E nesse estado de total desconhecimento dos fatos, chegamos ao dia da terceira sessão.

6.2.4 Terceira sessão

Marcelo, como sempre, chega pontualmente. Cumprimenta-me normalmente e se dirige ao seu espaço. Sentou-se em seu lugar e demonstrou a intenção de que estava tentando se ajeitar para organizar as ideias, e finalmente expor a dramaticidade que o envolvia. Aguardo em silêncio, embora ansioso, e minimamente curioso, para saber os detalhes de sua vida, e os determinantes que o levaram a buscar a psicoterapia. Ele parece que está se preparando para falar, e inclusive, para não se descontrolar e, novamente, não conseguir colocar as questões que envolvem sua dor e sofrimento. Continuo aguardando o início de sua fala, controlando para não precipitar fatos indevidos. A impressão que se tem é que se ele começar a falar novamente de modo descontrolado e não haverá concatenação entre os fatos de sua narrativa.

Estamos os dois em estado de espera, numa forma de aquietamento singelo. Simplesmente esperando que o desfiar das palavras se iniciasse para que os rumos a serem trilhados fossem traçados. Ele, então, tenta iniciar sua fala, mas não seria dessa vez que as coisas se elucidariam. Começa a balbuciar algumas palavras sobre Natal, e novamente desencadeia um choro compulsivo e incontrolável. Novamente palavras desconexas sobre sua mudança para Natal para estabelecer seu hotel. E o choro, mais uma vez, não permite que nada mais que isso seja compreendido. Havia se mudado para Natal para a construção do hotel e depois tivera que voltar para São Paulo. Os fatos desencadeantes desse enredo não eram perceptíveis e sequer alcançados ainda que tangencialmente. Balbuciava palavras soltas, desconectadas e chorava copiosa e compulsivamente. O seu torrencial debulhar de lágrimas era incontrolável. Ele ia buscando pelos lenços da caixinha colocada ao lado de sua poltrona, e isso era o próprio parâmetro de seu desespero.

Esse detalhe é algo que sempre me atinou nos consultórios de psicoterapia, a presença da caixinha de lenços de papel para o enxugamento das lágrimas do paciente. Talvez nenhuma outra atividade tenha esse detalhamento, nem mesmo de outros profissionais da saúde que atuem diretamente com patologias que tenham a possibilidade da morte intrínseca em si, como os oncologistas por exemplo. Mas, nos consultórios de psicoterapia, o lencinho de papel é apetrecho indispensável para o desenvolvimento do processo em si. Trabalhamos com a possibilidade sempre iminente de que o paciente, a qualquer momento, irá se debulhar em lágrimas por ter seus questionamentos e anseios expostos de modo ímpar. Naturalmente nos casos envolvendo autodestruição, torna-se algo muito mais extremado e recorrente. É como se, enquanto psicoterapeutas, fossemos os detentores de uma atividade que sempre está a detonar fortes emoções que, consequentemente, levarão os pacientes ao choro diante das emoções suscitadas.

A caixinha de lenço de papel geralmente está envolta em uma caixinha de madeira trabalhada e devidamente ornada para abrigar esse apetrecho tão indispensável aos consultórios de psicoterapia. Dificilmente encontramos a caixinha de lenços de papel simplesmente colocada sobre a mesa sem qualquer adereço. Ao contrário, por ser algo inerente à prática da psicoterapia, ela recebe acoplamentos para que faça parte do ambiente, mas integrado de modo decorativo.

Marcelo buscava pelos lencinhos de papel como quem busca um lenitivo para o seu sofrimento. Ora enxugava as lágrimas, ora a coriza que escorria pelo nariz. Tudo era derivativo de seu sofrimento, e nada poderia estancar sua dor diante desse turbilhão que era desencadeado ao apenas iniciar sua fala.

E quando citamos a importância do silêncio, é necessário ressaltar que, em alguns casos, tal como esse aqui descrito, sequer é possível a pontuação do psicoterapeuta. O destrambelho apresentado pelo paciente não permite nada que não a escuta. E, ainda que quiséssemos falar, não seria pertinente qualquer outra coisa que não a escuta, pois seu desespero dava lugar apenas e tão somente a isso. Falava desarticuladamente e chorava. Era esse o retrato de suas sessões. Nada a intervir, apenas a escuta paciente e amiga.

Esse era o quadro com o qual estávamos lidando nesse turbilhão em que o seu caso se apresentava. Depois de três sessões em duas semanas, sabia apenas que ele havia se mudado para Natal para terminar a construção de seu hotel, e que havia voltado abruptamente para São Paulo. Nada sobre possíveis tentativas de suicídio, e nem mesmo projetos de autodestruição. Apenas isso, a mudança para Natal e a volta para São Paulo. E também o inconformismo do que Deus havia feito a ele (sic). Essa possível revolta com Deus era a única coisa que se podia apreender além da mudança para Natal e da volta para São Paulo. De resto sua fala era tão desordenada e desconectada que nada era possível ser articulado.

Minha inquietação era não saber minimamente o que havia ocorrido com ele para ter sido encaminhado para a psicoterapia por ter característica de alguém envolvido com a autodestruição. Mais uma sessão em que a minha questão era apenas e tão somente tentar decifrar o que havia acontecido com ele para que estivesse na minha frente em uma sessão de psicoterapia. Seu choro era algo comovente, algo descontrolado e que mostrava sofrimento e dor inatingíveis pela razão.

Em minhas elucubrações, tecidas livremente pelo meu imaginário, enredava que se tratava de um empresário muito bem-sucedido e que estava passando por problemas de origem afetiva, o que teria destroçado sua estrutura emocional. Ou ainda que, mesmo sendo bem-sucedido financeiramente, poderia estar sob um vendaval incontrolável de dívidas, e isso estava sendo insuportável. Ou poderia ser conjunção dessas variáveis com outras intercorrências na vida. Pensava, divagava, e, naturalmente, não encontrava nenhuma resposta para esses meus devaneios. Tudo era apenas e tão somente criação do meu imaginário, pois tudo que tinha conseguido apreender de Marcelo era sua ida a Natal e sua volta a São Paulo. Ponto. Simples assim...

O modo como se descontrolava ao simplesmente iniciar a fala me levou a outros questionamentos, inclusive sobre a pessoa da livraria que o havia encaminhado para mim. Pois, o que me ocorria é que talvez, para ela, tivesse conseguido expor seu drama, do contrário, ela não o teria encaminhado para a psicoterapia. E ainda pensava sobre as razões que permitiram que expusesse sua dor a ela, sem conseguir o mesmo na psicoterapia. Devaneios incessantes a me instigar a alma. Nada tão sério, mas inquietante. Estava diante de um caso em que, após três sessões, nada sabia sobre ele. Merleau-Ponty (1971) ensina que "quando penso, as ideias animam a minha palavra interior, obsediam-na como a 'pequena frase' possui o violinista, e permanecem além das palavras como a 'pequena frase' além das notas, não porque resplandeçam debaixo de outro sol oculto para nós, mas porque as ideias são este afastamento, esta diferenciação nunca acabada, abertura sempre a refazer signo e signo, como a carne dizíamos nós, é a deiscência do vidente em visível e do visível em vidente". É dizer que o pensamento nos conduz e, invariavelmente, nos torna reféns de nossos devaneios e elucubrações.

Pensar no caso de Marcelo era pura e vã digressão envolta nos mais diferentes devaneios, pois de concreto nada tinha que não as palavras e frases soltas e totalmente desconectadas. Pensava em minha palavra interior e, simplesmente, nada mais obtinha que isso. Três sessões vividas e nada mais que inferências de que algo tinha se processado no âmbito da psicoterapia, mas que era inalcançável nesse momento. E Merleau-Ponty (1971) novamente nos esclarece que "a ideia musical, a ideia literária, a dialética do amor e as articulações da luz, os modos de exibição do som e do tato falam-nos, possuem sua lógica própria, sua coerência, suas imbricações, suas concordâncias, e aqui também as aparências são o disfarce de 'forças' e 'leis' desconhecidas". Significa que simplesmente o segredo em que se acham e de onde tira a expressão libertária fosse o seu modo de existência. Essas verdades não estão apenas escondidas como uma realidade física, antes, pertencem ao imaginário, onde as criamos e desenvolvemos.

No caso de Marcelo, tudo ficava totalmente obnubilado e distante da compreensão, pois o que mais se configurava era justamente a maneira como as coisas se distanciavam de qualquer compreensão plausível. De outra parte, era ao menos tangível, que certamente após esse período catártico ele poderia se organizar emocionalmente e falar das questões envolvendo sua autodestruição. Então poderíamos colocar em prática todo nosso cabedal teórico de intervenção para o enfrentamento dos casos de autodestruição em psicoterapia. Tudo era uma questão de espera, uma paciente espera, de qualquer forma, apenas a espera levaria ao momento adequado para se abordar as questões que o envolviam e que o faziam tangenciar os caminhos da autodestruição. Afinal, inúmeros casos também se configuravam dessa forma, ou seja, um início sem que se pudesse minimamente entender o conteúdo das falas do paciente tal o teor catártico das sessões, inclusive, muitas vezes, envoltas em choro compulsivo. Estávamos, então, apenas à espera de que as coisas ficassem devidamente expostas para que nossa intervenção pudesse ser efetivada. E, com esse pensamento, chegamos à quarta sessão.

6.2.5 – Quarta sessão

Estava confiante de que finalmente começaríamos a desvendar os mistérios que faziam da autodestruição sua perspectiva de vida. Já tinha engendrado mentalmente por quais atalhos conduziria a trama, e que faríamos para a superação dessa perspectiva. Envolto nessa certeza e confiante de minha intervenção, recebo Marcelo para a sua quarta sessão. Como das vezes anteriores ele chega no horário, e depois dos cumprimentos de praxe, senta em seu lugar. Ajeita o corpo para se posicionar melhor, algo que interpreto como preparativo para iniciar seu depoimento. De início diz:

– *Vamos ver se hoje consigo falar sobre as minhas coisas.*

Ri em seguida, e novamente se ajeita. Apenas sorrio em retribuição ao seu sorriso e nada falo, apenas aguardo. Estou à espreita da narrativa como um animal diante da possibilidade de abater sua presa. Postura cautelosa e à espera do momento adequado para o abate da presa. Mas a vida, felizmente, não segue o script que formulamos na quase totalidade das vezes. Embora repitamos à exaustão, e sem nos darmos conta, nos vemos fazendo conjecturas e idealizando padrões de comportamento; e, nesse caso, a provável intervenção diante da autodestruição de Marcelo. Estou a observá-lo e a sensação é a de que ele está se controlando e tentando se superar para finalmente começar a desfiar as configurações de seu drama. Ele olha para a caixa de lencinhos de papel, e nesse momento, mostra que está tentando controlar o choro a despeito de sua possível erupção. Controle que parece estar no limite, e a questão que me ocorre é que, dessa vez, embora talvez chore novamente, consiga articular as ideias e o discurso com clareza e, dessa maneira, expor as coisas que estejam atormentando sua vida. Não, mas ainda não era dessa vez que saberia detalhes de seu drama. Ao tentar iniciar sua fala irrompe novamente em um choro compulsivo e totalmente descontrolado. E mais uma vez as mesmas citações da ida para Natal e da volta para São Paulo. E o mesmo inconformismo com Deus pelo que estava passando.

E novamente assistia à passagem dos minutos de sua sessão sem qualquer possibilidade de intervenção. E, se estava na espreita para decidir pelo melhor momento de intervenção, o que tinha na realidade, era apenas e tão somente mais uma sessão em que a catarse da alma de Marcelo era dominante. Nada de intervenção, pontuação ou qualquer outro balizamento que não o silêncio absoluto diante de choro incontrolável. Mais uma vez o meu acolhimento à sua dor e desespero foi meu silêncio respeitoso e compartilhado. Silêncio que estava sendo exercido em sua plenitude diante dele, pois, ainda que intencionasse qualquer outra intervenção, ele não permitira por causa da maneira compulsiva com que chorava.

Quatro sessões em duas semanas e nada a direcionar os rumos a serem seguidos nesse processo. E se de fato, a psicoterapia é o espaço em que o paciente determina o caminho a ser seguido, então estávamos diante de uma situação em que isso era a configuração efetiva da realidade. Marcelo determinava o ritmo e os caminhos que a psicoterapia trilhava. E não só, também estabelecia o fim de todo e qualquer planejamento para as intervenções que envolvessem questões de sua possível autodestruição.

O que estava evidente após essas sessões iniciais é que toda e qualquer estruturação apriorística do que deveria ser a intervenção do psicoterapeuta diante dos casos de autodestruição dependia única e exclusivamente da condução que Marcelo daria às sessões seguintes. O contraponto que fazia nas reflexões sobre esse caso era o da necessidade de me manter nessa postura de silêncio e de espera de suas colocações. Era o exercício da psicoterapia através do silêncio. Postura de acolhimento feita a partir da maneira como o silêncio era transposto e codificado para o paciente. O respeito à magnitude de sua dor sendo mostrado pela maneira como era possível expor seu desespero, sem qualquer interrupção.

Como sempre, nesses momentos, penso que sou parâmetro para muitos profissionais que, pelos textos ou aulas e conferências, seguem minhas propostas de intervenção e compreensão da condição humana. E apesar de também buscar constantemente subsídios teóricos, parecia não haver nada que minimamente pudesse dar algum direcionamento para o desentranhamento desse caso. Tudo estava emaranhado de tal modo que a compreensão de seus tentáculos era algo que não podia alcançar, e nem mesmo conceber seus arcabouços. Merleau-Ponty (1971) coloca que "o negrume secreto do leite só é acessível por meio da sua brancura, a ideia da luz ou a ideia musical revestem por baixo as luzes e os sons, formando o outro lado ou a profundidade deles". E era isso que estava ocorrendo nessas sessões, algo poderia estar obscuro nas coisas que Marcelo colocava, coisas que ainda não se podia alcançar, nem mesmo de forma hipotética.

Estava diante daquela situação em que a visão silenciosa percuta a fala, e essa, por sua vez, delimita fatos e ocorrências inalcançáveis pela percepção. Temos, então, à nossa frente, um sofrimento que além de não ser estancado não apresenta parâmetros de delimitação. E, em certo sentido, compreender uma frase não é diferente de acolhê-la inteiramente, ainda que não se possa alinhavar seu significado e mesmo confluência com tudo que estava sendo exposto. Ou melhor, como o que Marcelo tentava expor sem êxito.

A sensação que ele me provocava era a de alguém que vê o horizonte da praia sabendo que se adentrar o mar em sua direção apenas o verá mais distante sem jamais alcançá-lo.

Uma das coisas que sempre me deram prazer era a construção de castelos na areia. Escolhíamos o local em que eles seriam erigidos, tendo muito cuidado, principalmente com a movimentação dos ventos. E uma coisa fascinante dessa atividade era justamente a maneira como uns ajudavam aos outros, tanto nos ensinamentos de novos instrumentos disponíveis, como ainda, na própria maneira de sedimentação dessas construções tão lúdicas e, ao mesmo tempo, tão fascinantes. E isso é algo que preservo de modo irreversível quando se trata da discussão da criação do instrumental para a intervenção psicoterápica diante dos casos de autodestruição. Certamente, diante da autodestruição, estamos como construtores de castelos de areia, ou seja, lidamos com sedimentamos que precisam ser cuidadosamente erigidos para que não esmoreçam diante de possíveis rajadas de vento ou diante da força incontrolável dos mistérios que envolvem o suicídio e seus tentáculos. Somos aprendizes de uma arte que se renova a cada instante e que sempre tem algo a nos ensinar. Jamais poderemos ser conclusivos com determinadas asserções, e concomitantemente sermos psicoterapeutas. Excludência inextricável.

Quatro sessões repletas de catarses que não se pode mensurar nem mesmo dimensionar. Catarses que, embora pudessem estar trazendo grande alívio a ele, de outra parte, ainda não permitiam que se alcançasse o verdadeiro constitutivo de seus problemas. A ideia básica de que a psicoterapia, por si, tem o poder de esclarecer o emaranhado de vicissitudes vividas pelo paciente esbarra em contornos inatingíveis quando nos deparamos com situações em que as sessões se sucedem e nada trazem para essa elucidação.

Citamos anteriormente o tanto de profissionais que são excelentes professores, e que, no entanto, não conseguem se desenvolver como psicoterapeutas. Essa reflexão sempre me vem à tona quando estou diante desses casos emaranhados que parecem não apresentar um fio condutor capaz de levá-los a uma maneira satisfatória de compreensão. Na medida em que o teórico não tem qualquer compromisso visceral da consistência de suas ideias diante da prática propriamente dita, tudo, absolutamente tudo, fica mais fácil. O grande imbricamento que a prática nos impõe é justamente esse acoplamento de fundamentos teóricos e filosóficos com uma prática psicoterápica consistente.

6.2.6 Quinta sessão

Marcelo, como das vezes anteriores, chega no horário estabelecido, e após os cumprimentos de praxe senta em seu lugar. E, novamente, estou à espreita do desenrolar dos fatos, a espera de algo que possa ser dito para que possa efetivar uma intervenção que decididamente faça com que o processo flua. Estou ansioso diante de sua presença, como se o desenrolar dos fatos estivesse me tornando refém de algo que não conseguia atinar o que era. De início ele coloca:

– *Vamos ver se hoje consigo colocar as coisas que fizeram procurar pela ajuda do senhor. Essa coisa de vir aqui e só chorar já perdeu a graça.*

Dou um sorriso cheio de titubeios apenas, para mostrar acolhimento a sua fala, pois, decididamente, esse seu introito não era suficiente sequer para acalmar minha ansiedade. Também não podia esquecer que as sessões anteriores também haviam se iniciado dessa forma, ou seja, ele tentando se articular para conseguir se colocar, sempre sem êxito. Ele observa a caixinha de lencinhos de papel, algo que para mim é indício de que novamente não irá conseguir falar, e irá apenas chorar. Aguardo, embora com a consciência torpe de que qualquer prenúncio que se evidencie talvez não seja suficiente para que as coisas se elucidem. Afinal, algumas coisas ele já havia falado nas sessões anteriores sem que se conseguisse concatenar com qualquer enredo minimante alcançável da extensão de seu sofrimento. A dimensão da insuportabilidade de seu sofrimento era seu choro incontido, e não, ao menos até essa sessão, o conteúdo de seu drama expresso por suas palavras.

Ele mostra visivelmente que está contido, tentando controlar seu choro compulsivo para conseguir expor, através das palavras, a extensão de seu drama. Aguardo, simplesmente aguardo. Ele se ajeita na cadeira como a buscar a melhor posição para iniciar seu relato.

Nessa fração de segundo em que espero o início de seu relato. veem ao pensamento outros tantos pacientes que igualmente demoravam a iniciarem seus relatos. Cada um com sua especificidade. Dramas dos mais diferentes constitutivos e dos matizes mais inusitados que se queira arrolar. Refletia sobre a extensão de uma sabedoria popular que simplesmente dizia: *toda comparação é indevida, embora inevitável.* Algo tão sábio e profundo, que se não houver grande esforço de nossa parte, tudo, absolutamente tudo é comparado, embora saibamos se tratar de algo totalmente inadequado e sem sentido. Comparar comportamento de amigos, namoradas, filhos, pacientes, ou o que mais se queira arrolar é algo totalmente inadequado pela própria condição de especificidade que cada um irá apresentar.

E apesar disso, estava à espera da fala de Marcelo ao mesmo tempo em que o comparava com outros pacientes que igualmente demoravam a iniciar o relato de seus dramas em suas sessões. E verdadeiramente cada caso evocado distava de maneira abissal das especificidades de Marcelo. Cada um com seu drama, peculiaridades, e mesmo dificuldades para se expressarem através da palavra falada.

Segundos em que a presença de outros pacientes ia sendo arrolada como que a mostrar o tanto que já havia caminhado nesses meandros dos casos de autodestruição, e o tanto de aprendizado que ainda havia pela frente para minimamente prover o acolhimento necessário diante das situações de desespero. Aguardava, ansiosamente aguardava e a minha ascese nesse momento era a superação de qualquer indício que mostrasse evidências dessa ansiedade. E Marcelo, então, coloca:

– Doutor, mais um pouco de paciência que estou tentando me controlar para conseguir fazer com que o choro não estrague tudo mais uma vez...

Novamente sorrio sem dizer qualquer palavra, até porque tudo que me restava nesse momento era esperar. Simplesmente esperar. Seu choro está contido, não sei se sob controle, mas ao menos nesse primeiro momento, contido. E num esforço sobre humano ele começa a balbuciar as palavras para tentar descrever seu drama:

– Conheci a Sandra quando estava em Natal acompanhando as obras do hotel. Era janeiro e ela estava de férias na faculdade.

Nova pausa para se certificar de sua condição emocional para sequenciar sua fala:

– Ela fazia direito. Então, veio para São Paulo comigo, pois suas aulas só começariam em fevereiro. Foram dias incríveis, maravilhosos... E agora essa vida de horror, em que preciso de remédios para dormir e me manter no dia... Isso é insuportável...

Na sequência novamente desandou a chorar de modo compulsivo e totalmente descontrolado e assim foi até o final da sessão... E como um prêmio de consolação agora havia a presença de Sandra, supostamente companheira. Uma nova personagem na trama, mas ainda assim sem qualquer avanço para a compreensão dos fatos que pudesse estar trazendo tanto sofrimento a ele. Seu choro compulsivo denotava dor, e permitia as mais diferentes interpretações na tentativa de elucidação do que estava ocorrendo. E agora tínhamos também o surgimento de Sandra, ou seja, mais uma personagem em seu drama. Alguém que talvez pudesse trazer elementos para a compreensão de sua dor. Mas isso teria que aguardar novas sessões e desdobramentos, pois tudo indicava que as coisas seriam colocadas de maneira totalmente esparsa e sem continuidade entre as sessões. Cinco sessões e apenas sabíamos que ele era empresário no ramo de hotelaria. E que havia interrompido o acompanhamento das obras de seu hotel em Natal e voltado para São Paulo. E agora que havia conhecido a Sandra, uma estudante de direito em Natal e que vieram juntos a São Paulo, pois suas aulas começariam apenas em fevereiro. Ou seja, quase nada tínhamos para esboçar qualquer tentativa de compreensão de seu drama.

Novamente fiquei a conjuminar no imaginário os tentáculos de seu sofrimento. De início me vi pensando que ele talvez tivesse sido abandonado por essa Sandra, e que a dor da ruptura tenha sido tão intensa que o tivesse levado a situações extremadas de desespero. Ou ainda, que essa moça, além de o abandonar, ainda tivesse mostrado que já estava em um novo relacionamento. Fatores que ele não suportou, tamanho o amor que nutria por ela. Especulações, elucubrações, digressões e um sem número de situações hipotéticas que não conseguia nem mesmo articular entre si. Estava me locupletando com minhas elucubrações. Delirava com minhas hipóteses. E verdadeiramente nada, absolutamente nada, conseguia estabelecer alguma forma de conjuntura plausível para compreensão desse caso. O pensamento fervilhava ideias incessantemente, e tudo que se tinha era apenas a construção de hipóteses calcadas em ideias pré-concebidas e que não tinham qualquer fundamentação com a realidade que Marcelo exibia nas sessões.

E se anteriormente já me mostrava ansioso e até mesmo revestido da chamada curiosidade feminina, certamente as coisas agora apresentavam uma dimensão inominável. Tudo era nebuloso, e tudo, cada vez mais, se mostrava em uma obnubilação formidável dos determinantes de autodestruição que pudessem estar permeando a vida de Marcelo. Algo muito estranho para se estabelecer uma compreensão minimamente plausível desse emaranhado que era colocado à minha frente de maneira tão inusitada. Não havia contrapontos e argumentos suficientes para que as coisas adquirissem um mínimo de articulação e enfeixamento necessários para uma explicação qualquer. Merleau-Ponty (1971) coloca que "aparentemente, essa maneira de introduzir o outro como incógnita é a única que considera sua alteridade e a explica. Se há outro, por definição não posso instalar-me nele, coincidir com ele, viver sua própria vida: vivo somente a minha". E, nessas circunstâncias, estava tentando estabelecer parâmetros de compreensão de Marcelo que não encontravam qualquer consonância com a minha subjetividade. Tudo era muito insólito. E isso fazia com que a compreensão do caso ficasse cada vez mais distante de qualquer coisa que se definisse como minimamente plausível.

E nesse sequencial tivemos a sexta e a sétima sessão sem qualquer mudança nesse paradigma, em que ele tentava iniciar a articulação de sua fala, e simplesmente era interrompido por um choro compulsivo e incontrolável. Praticamente já tinha concebido que seu processo psicoterápico seria apenas choro sem qualquer outra articulação com os fatos de sua vida que já haviam sido exibidos. E nada, além disso, um hotel em construção, a ida para Natal e a volta para São Paulo. Também havia Sandra, estudante de direito, também de Natal e que o havia acompanhado até São Paulo. De resto, era tudo um amontoado de dor e sofrimento em que a articulação de seu enredo era totalmente desarticulada e sem qualquer conexão que se pudesse alcançar para se tentar efetivar alguma forma de compreensão.

Estava simplesmente diante do paradigma simplista de que toda interpretação sob o pretexto de nos colocar, ele e eu, no mesmo universo de pensamento, arruína sua alteridade, marcando o triunfo de um falseamento da compreensão. E se Marcelo era incompreensível e inacessível para mim, sua peculiaridade estava sendo preservada e respeitada. É certo que sob muita superação da minha condição pessoal, mas superado. E isso em que pese o esforço sobre humano dessa superação. Sete sessões e uma vida sendo desfiada pelo choro compulsivo e incontrolável. Um psicoterapeuta atônito diante do que era exibido. E aguardando o que ainda poderia ser colocado para elucidação desse mistério.

Embora indevida, como citamos anteriormente, a comparação é inevitável. E assim Marcelo era comparado exaustivamente com outros pacientes, principalmente com aqueles que demoraram a iniciar o relato de seus dramas. Mas era sempre algo que versava em duas ou três sessões, no máximo, para que o processo pudesse se iniciar com as colocações do paciente. Sete sessões era algo inimaginável até então. Era a constatação maior de que algo que propagamos à exaustão, que cada paciente tem sua peculiaridade e especificidade, se configurava em realidade irrebatível. Inclusive a questão medicamentosa a que ele havia se referido na quinta sessão vinha à baila. Questionava se não seria um possível torpor provocado pela medicação que o impedia de falar. Ou ainda, se ele não estaria exagerando na dosagem, o que o impediria de articular o conteúdo de sua fala. De real havia o fato de ser uma pessoa em que o desespero e dor estavam acima de qualquer outro balizamento que se pudesse configurar. A colocação de que o imaginário, na maioria das vezes, dista do real se configurava como a realidade que se exprimia diante de mim. Em meu imaginário já tinha a configuração que se tratava de alguém que havia buscado a autodestruição por problemas com a Sandra, e por desatinos com o hotel. E, com essa estruturação, apenas aguardava que ele trouxesse a confirmação para que pudesse, então, intervir e conduzir o processo psicoterápico de maneira satisfatória.

E quando ouvimos asserções de que a vida não tem configurações exatas e absolutas, muitas vezes, titubeamos e agimos de modo contrário a isso. Assim, procuramos nos precaver contra possíveis incidentes, desatinos financeiros, percalços familiares e um sem número de outras ocorrências. No entanto, embora em muitos momentos tenhamos nos revestido de todos esses cuidados, a vida nos mostra que o seu fascínio maior é justamente o inusitado e o mistério que a envolve de modo surpreendente. É como se a vida precisasse nos mostrar a cada instante que não adiantam algumas precauções, pois os fatos irão desmoronar com possíveis arrumações que se queiram articular. E nesse rol vamos encontrar desde sonhos desfeitos em razão de mortes, surgimento de doenças, ou ao contrário, das tantas situações de desolamento que se transformam em fatos alvissareiros e prazerosos. Tudo é mistério a envolver a vida e suas filigranas. Merleau-Ponty (1971) coloca que "quer se trate de minhas relações com as coisas ou de minhas relações com o outro, a questão é saber se nossa vida, em última análise, se passa entre um nada absolutamente individual e absolutamente universal por trás de nós, e um ser absolutamente individual e absolutamente universal diante de nós, com a tarefa para nós incompreensível e impossível de devolver ao Ser, sob formas de pensamentos e de ações, tudo o que dele tomamos, isto é, tudo o que somos". É dizer que toda relação minha com o Ser até na visão, na fala, não é uma relação abstrata sem que se alcance suas propriedades constitutivas. E Marcelo me mostrava isso de uma maneira que não conseguia sequer definir, e tampouco alcançar compreensão mínima para o que quer que fosse.

Para se compreender o requinte presente na música de Debussy,[5] é necessário muito estudo musical. Não falamos da apreensão sensitiva, quando se gosta de uma determinada música ou melodia sem qualquer conhecimento prévio.

[5] Claude Achille Debussy é um dos mais importantes compositores de música erudita contemporânea, e de todos os tempos. E um de seus principais traços foi justamente o inconformismo com as estruturas musicais vigentes. A música inovadora de Debussy agiu como um fenômeno catalisador de diversos movimentos musicais em outros países. E se pode mesmo afirmar que sua música inovadora estabeleceu novos padrões de harmonia dissonantes, bem como a estruturação das composições contemporâneas. Outro grande compositor contemporâneo, o também francês Pierre Boulez, cita uma de suas peças, o magnífico *Prélude à l' après-midi d' um faune*, como o início da chamada música moderna. No Brasil, vamos encontrar a influência de Debussy predominantemente na música de Heitor Villa-Lobos, e também na de Tom Jobim. Debussy inovou ao romper com as normas musicais vigentes se lançando em padrões inovadores em seus prelúdios e peças musicais. Muitas de suas obras são referências obrigatórias a todos que se debruçam sobre a história da música e seus tentáculos contemporâneos. O grande público, até mesmo por esse padrão inovador, não tem muita familiaridade com a obra de Debussy. E com exceção de algumas peças, sua obra é requinte de apreciação apenas para os estudiosos da música erudita contemporânea. Apenas os noturnos de Chopin podem ser comparados em leveza e beleza melódica aos prelúdios de Debussy, mas ainda assim, o arrojo inovador em ondulações dissonantes criadas por Debussy não tem precedentes na história das artes. Debussy nasceu em Saint-Germain-em Laye em 1862, e faleceu em Paris em 1918.

Falo do conhecimento necessário para se entender a maneira como ele lidou com o enfeixamento temático das harmonias dissonantes lançadas ao mundo e que se tornariam paradigma de todo o universo da música contemporânea de qualidade, seja jazz, bossa nova ou qualquer outro gênero em que as harmonias dissonantes predominem. Música para ser apreciada sob detalhamentos tão preciosos que exigem um desprendimento materializado para que sua beleza possa ser apreciada em toda sua dimensão. E a questão que me envolvia em relação a Marcelo era algo desse teor, ou seja, um atendimento que exigia um conhecimento prévio e apurado das condições técnicas que envolvem o procedimento da psicoterapia. Era um caso em que a necessidade do domínio da técnica e de suas nuances eram necessários para que se pudesse tentar uma compreensão mínima de sua ocorrência. E, por assim dizer, uma apreciação dos aspectos que envolviam esse processo de psicoterapia.

O atendimento de Marcelo era a complexidade da música de Debussy, jamais a primarismo das valsas vienenses com suas melodias, muitas vezes, bonitas, mas absurdamente simples em suas configurações temáticas e de harmonias. Era algo surpreendente que não mostrava uma sequência lógica que se pudesse evocar na mera e vã tentativa de compreensão das coisas que ele havia lançado em meio ao seu choro compulsivo e repleto de dor e sofrimento.

Atônito e sem qualquer ideia para quais detalhamentos ainda estavam a nos esperar. Essa era a configuração real desse processo. E, no entanto, ele reservara para si a condução das duas próximas sessões. Assim, a sexta e a sétima sessão transcorreram sem qualquer mudança de rumo. Era seu choro incontido e as mesmas citações desconexas das sessões anteriores. A construção do hotel em Natal; a volta a São Paulo; Sandra a estudante de direito que viera a São Paulo com ele em suas férias; a medicação necessária para que dormisse e conseguisse enfrentar a cotidianidade. Nada mais que pudesse sequenciar qualquer direcionamento ao processo. E na medida em que ele estava sendo atendido em duas sessões semanais, tínhamos uma situação completamente inusitada em que, após um mês, que se completaria na sessão seguinte, a oitava, nada absolutamente nada, havia sido colocado sobre a presença da autodestruição em sua vida. É fato que, enquanto psicoterapeutas, necessitamos preparação ímpar para o enfrentamento das situações mais complexas que muitas vezes se emaranhavam de modo a nos obnubilar a compreensão. O caso de Marcelo, então, mostrava algo completamente descabido em seu desentranhamento. Nada que pudesse nortear qualquer direção a ser seguida e buscada para o clareamento daquilo a que a psicoterapia se propunha. Enfim...

E, nessas circunstâncias, caminhamos para a sessão que mudaria totalmente o rumo desse processo psicoterápico. A sessão em que Marcelo daria um novo e impactante rumo a esse processo. E, se realmente buscamos situações de fortes emoções para que a vida se torne alvissareira e sem monotonia, Marcelo estava a mostrar que isso era o que seu processo não prescindia. Fortes emoções nos aguardavam, e com a presteza do inusitado sempre presente. Algo muito forte estava por vir, a questão era apenas aguardar a próxima sessão. Na expectativa de algo que pudesse trazer novos fatos ao processo, chegamos à oitava sessão.

6.2.7 – Oitava sessão

Marcelo, como sempre, chega pontualmente e após os cumprimentos de praxe, ajeita-se em seu lugar. Ele dá início à sessão:

– Espero conseguir expor suas coisas de modo mais claro. Afinal isso já perdeu a graça. Apesar da paciência do senhor, acho que isso já está além de qualquer limite.

Minha resposta é um sorriso que mostra mais do que uma possível paciência um acolhimento ao seu sofrimento. Ele continua:

– Graças aos remédios consigo dormir e trabalhar. Fui ao médico nessa semana e ele está pensando em diminuir a dose dos remédios.

Ajeita-se novamente com mais determinação, e dessa vez sem olhar sequer para a caixa de lencinho de papel, reinicia:

– Acho que hoje vou conseguir falar das minhas coisas. Espero que consiga...

Sem nada falar, também desejo muito que ele consiga falar, pois estou muito ansioso para saber as configurações de seu drama. As questões que o fazem chorar de modo tão intempestivo e incontrolável. Em que momento perdeu o próprio sentido de vida para recorrer aos caminhos da autodestruição. Aguardo ansiosamente que ele consiga expor seu drama. Espreita silenciosa, simplesmente silenciosa. Acreditando que talvez, diante de sua exposição, consiga também intervir em suas colocações e direcionar a psicoterapia para que seja realmente um processo libertário.

Aguardo sua movimentação e o início de sua fala.

– Hoje estou mais calmo, afinal, já são várias sessões que apenas choro. Cansei! Preciso começar a falar para que as coisas comecem a ser resolvidas. Hoje é o dia em que o senhor irá conhecer a extensão do meu drama. A verdadeira face do meu sofrimento. É tudo muito difícil. Insuportável. Mas acho que hoje consigo falar.

Interrompe a fala fazendo uma breve pausa. Toma um pouco de água como se estivesse se preparando melhor e continua:

– Então, já disse para o senhor que estava em Natal acompanhando a construção de um hotel. Um grande investimento, não apenas financeiro, mas de vida, pois afinal

minha vida sempre fora em São Paulo e com isso estava me mudando para lá. Era uma mudança radical de vida, pois meus negócios sempre foram em São Paulo. E depois de várias incursões por aquelas bandas, resolvi investir na construção de um hotel adequado para turismo e negócios.

Nova pausa. Mais um pouco de água. Ajeita novamente sua movimentação na cadeira e prossegue:

– Minha intenção era mudar de vez para Natal quando o hotel estivesse pronto. Então ficaria morando de lá e viria para São Paulo apenas esporadicamente quando tivesse negócios a tratar. Foi então que conheci a Sandra em Natal, e a trouxe para São Paulo, pois as aulas dela começavam em fevereiro, e era janeiro. Foram dias maravilhosos. Voltamos juntos para Natal e aluguei um flat para ficarmos juntos mais alguns dias. Daí aconteceu o inevitável, resolvemos nos unir. A família dela era muito especial e todos ficaram felizes com a ideia...

Para novamente como se estivesse a recuperar o fôlego e articular as ideias para melhor se expressar. Contínua:

– Alugamos um apartamento bem confortável próximo à orla marítima. E vivíamos dias muito felizes. Ela ia para a faculdade pela manhã e eu para o hotel e acompanhava o desenrolar da obra. No final da tarde voltávamos juntos pra casa. Estranhava apenas que ela em alguns momentos ficava muito triste e até chorava. Pergunta o que estava acontecendo e ela nada respondia apenas me olhava com os olhos vermelhos de choro.

Interrompe novamente. Faz uma pausa maior estanca a fala como que a estancar também o choro. Parece se fortalecer para continuar com sua narrativa. E prossegue:

– Não entendia essas mudanças da Sandra. E até mesmo quando íamos para a casa da família dela essas mudanças também aconteciam. E uma vez em que ela saiu da mesa do almoço para ir chorar no quarto, sua mãe disse que isso já estava acontecendo há bastante tempo, e que ela estava preocupada com a filha. Aqueles encontros com a família dela eram muito bons, afinal não tinha mais família, não tinha mais ninguém no mundo. Minha mãe havia morrido há bastante tempo, e meu pai apenas alguns anos atrás. Filho único, estava só no mundo. Herdei uma grande herança do meu pai, e resolvi investir no hotel em Natal. E lá minha vida estava muito boa. Além da Sandra tinha também uma nova família. Uma família que me tratava muito bem e que era tudo de bom...

Marcelo começa a chorar compulsivamente. E durante alguns minutos, parecia que a sessão terminaria novamente com seu choro. Mas ele se recupera em alguns minutos e recupera a narrativa:

– Sandra dizia do medo que tinha de não ser uma grande profissional, e não ter colocação no mercado de trabalho. E por mais que todos falassem palavras

de incentivo e de elogios, ela insistia nessa tecla. E sempre com as mudanças de humor. Ora estava bem e ora chorava. Mas, mesmo assim, a vida seguia de modo muito tranquilo e prazeroso. Aos domingos era sagrado: almoçávamos na casa dos pais dela, e isso era muito bom. Ela também tinha um irmão que era muito legal. Lá todos eram gente boa.

Escuto atentamente cada detalhe de sua fala tentando entender o que o tinha levado a buscar os caminhos da autodestruição. Estava agora com um novo enredamento de que a possível separação, além da perda da família que tanto gostava, tinha o levado ao desespero, e consequentemente a esses caminhos. Ele continua:

– *Sandra tinha 23 anos de idade, mas a diferença de idade não era nenhum problema entre nós. Nossa relação era tudo de bom. A única coisa que realmente estranhava eram os momentos em que ela chorava aparentemente sem ter qualquer razão para isso. Não conseguia compreender, mas como sua mãe também falava disso e com preocupação, era como se isso fosse algo que não merecesse maiores cuidados. Quando perguntava para ela o que acontecia para ter esses choros, ela nada respondia. Apenas me olhava com os olhos marejados e vermelhos, mas nada dizia.*

Novamente interrompe e irrompe em choro compulsivo. E dessa vez incontrolável. E assim foi até o fim da sessão. Embora não tivesse ainda tocado nos aspectos da autodestruição, ao menos já tínhamos avançado nos detalhes de sua vida. Seu drama estava começando a ganhar configuração. Era algo que ia ganhando forma, e apesar de ainda não ter elementos para uma compreensão mais detalhada do caso, ao menos, agora, tinha a sensação de que estávamos avançando em seu processo. Afinal, foram necessárias oito sessões para saber de sua união com Sandra e da harmonia que tinha tanto com ela quanto com sua família. Oito sessões em que minimamente a minha ansiedade ganhava trégua, pois sentia que agora ele estava começando a ter condições de expor seus sofrimentos e assim permitir possíveis intervenções.

Embora tivesse sido uma sessão em que apenas ouvi sem condições de qualquer intervenção, mínima que fosse, ainda assim, era possível antever algo diferente para as próximas sessões. Afinal, ele havia conseguido colocar a sequência de sua narrativa, inserindo não apenas detalhes de sua vida com Sandra, como, principalmente, aspectos que envolviam o afeto presente na relação. E também o tanto de que gostava da família dela e dos tentáculos afetivos e emocionais que vincavam todo o relacionamento. Cada vez mais a minha suposição para que ele tivesse enveredado pelos caminhos da autodestruição era a ruptura dessa relação amorosa, o que implica também no fim da convivência com a família dela.

Nessa última sessão com os detalhes vindo à tona da maneira amorosa como o relacionamento com Sandra se desenvolvia, essa lógica de que a ruptura teria causado sua desestabilização emocional estava quase que totalmente sedimentada. Afinal, se todos os processos de separação conjugal são dolorosos, o que dizer então, quando a relação é extremamente amorosa em todas suas ramificações. E nessa configuração já tinha, inclusive, estabelecido a maneira de intervenção e dos sustentáculos sobre os quais conduziria o processo da psicoterapia. E ademais, um dos recursos que utilizamos quando a busca pela autodestruição se torna iminente já estava sendo efetivada, que era a ajuda medicamentosa que, segundo suas palavras, estava ajudando na preservação de sua condição laboriosa, como também auxiliando em seu repouso noturno.

A configuração de seu caso estava sendo delineado aos poucos, homeopaticamente. Mais do que nunca, estava sendo necessário um trabalho de escuta e aprimoramento no alcance de seus detalhamentos, que poderíamos definir como únicos. Mas o que se configurava já permitia um delineamento das razões que o teriam levado a esse teor de sofrimento. E, de maneira contígua, também já definíamos como seria a intervenção para que os caminhos da autodestruição não fossem novamente buscados.

E com essas configurações devidamente articuladas chegamos à nona sessão. Um processo psicoterápico de muitas surpresas e repleto de emoção. Embora a atividade de psicoterapeuta sempre seja crivada de muita emoção, é fato que ao enveredarmos pelos caminhos da autodestruição isso se multiplica de maneira abissal. Emoção e situações de completo desnorteio não faltam a qualquer psicoterapeuta. Situações essas ampliadas diante dos casos de autodestruição, que sempre estão a exigir uma contínua superação diante da gravidade de cada caso surgido pelos caminhos. Enfim... Merleau-Ponty (1971) ensina que "não sai mais do círculo de nossos pensamentos do que a imaginação, também ela pensamento de ver, mas pensamento que não procura o exercício, a prova, a plenitude que presume, portanto, a si mesma e só se pensa pela metade". É dizer que o real se transforma no correlativo do pensamento, e o imaginário é, em seu interior, do mesmo domínio, ou seja, o círculo estreito dos objetos do pensamento pensados pela metade, e que não possuem consistência.

Estava tudo sedimentado em meu imaginário, e os passos seguintes da minha intervenção estavam esboçados, à espera apenas do momento oportuno de intervenção. Afinal, era tudo uma questão de aguardar a oportunidade para que ele permitisse a minha ação durante sua fala. Até aquele momento, não havia ocorrido essa possibilidade, e isso estava alinhavado para a situação específica em que a psicoterapia finalmente seria conduzida pelos parâmetros inerentes aos sustentáculos de enfrentamento da ideação suicida. Minha ansiedade havia se dissipado, pois matizes e filigranas do caso já estavam definidos, e certamente era uma questão de sessões para que pudesse tomar o controle do processo em minhas mãos e conduzi-lo segundo o que se preconiza nesses casos.

Estava no compasso de espera. Exatamente isso, em tempo de intervalo, de pausa entre a configuração instrumental. Compasso de espera é aquele momento em que um determinado instrumento aguarda para entrar na música, ou então, o momento de espera, uma pausa em uma determinada melodia. Assim as coisas se configuravam, esperando o momento de intervir, a situação propícia para que pudesse ajudá-lo a sair dessa ideação suicida.

Apesar das tormentas e turbulências emocionais demonstradas nas sessões anteriores, havia a certeza de que as coisas estavam se aplainando. Estava à espera da mesma forma como alguém que, diante de uma forte chuva de verão, busca abrigo e aguarda, sabendo que ela é passageira. Ou algo que, embora, muitas vezes, seja forte e devastador, é algo com duração rápida. E assim chegamos à nona sessão.

6.2.8 – Nona sessão

Como das vezes anteriores, Marcelo chega no horário, e após os cumprimentos de praxe senta em seu lugar. E. novamente, começamos o ritual anterior em que ele se ajeita para iniciar sua fala, e de minha parte, em grande ascese de superação, aguardo silenciosamente. Também, mais uma vez ele inicia a sessão dizendo esperar conseguir expor as coisas de sua vida com mais clareza. Nada falo, apenas observo e aguardo. Afinal, era como se as suas sessões anteriores fossem repetitivas umas das outras, com exceção da última em que deu alguns detalhes de sua vida conjugal com Sandra. Ele continua a falar:

– A vida em Natal corria tranquila com os problemas que faziam parte da construção do hotel, mas no fim estava tudo dentro de um planejamento inicial. O arquiteto acompanhava as obras e estava satisfeito com o desenrolar. Tudo estava caminhando a contento. E não tinha mais vindo pra São Paulo, pois como já disse, não tinha mais família por aqui, então toda a minha vida era Natal. Sandra e sua família e a construção do hotel que estava bem adiantada. Já estava pensando na inauguração e no retorno financeiro que o empreendimento iria dar, e tudo caminhava dentro do planejado.

Marcelo faz uma nova pausa, toma um pouco de água e retoma a fala:

– A única coisa que me preocupava eram as mudanças de humor da Sandra. Ficava caraminholando se ela tinha outra pessoa, e que apesar da nossa harmonia, poderia estar sofrendo por isso. Não entendia como ela podia ter tantas variações de humor se tudo estava tão bem. Das vezes que falei com a mãe dela, dizia que isso era algo de muito tempo, e que a filha tinha esse comportamento fazia tempo. Um dia Sandra me

confidenciou que tomava antidepressivo fazia anos. E que regularmente ia ao psiquiatra para buscar nova receita para renovar os remédios. Aquilo, embora fosse algo novo não me surpreendeu justamente por suas variações de humor e tristeza. Significa que ao menos ela estava em tratamento para isso. Embora não soubesse o que era, e nem ela mesma conseguia explicar, ao menos estava em tratamento. Estava sendo cuidada por médicos que entendem dessas coisas, e inclusive davam o remédio para ajudá la nessa situação.

Nova pausa. E como sempre nova expectativa que ele pudesse interromper sua narrativa e irromper em choro compulsivo e incontrolável. Aguardo a sequência de seu relato, ao mesmo tempo em que, em meu pensamento, o enredo inicial de que a separação conjugal era o determinante de seu sofrimento ganhava configurações e matizes mais consistentes. Ele continua:

– É muito difícil falar sobre ela. É muito doloroso recordar tudo que aconteceu. A vida foi cruel demais comigo, me fez sofrer no momento em que estava muito feliz. No momento em que tudo na minha vida estava dando certo. Deus não podia ter feito isso comigo... Deus não podia ter me mostrado a felicidade e depois me lançar nesse sofrimento... Isso não é possível. Não aguento mais...

Nova interrupção e choro incontido até o final da sessão. Novamente seu choro angustiante preencheu os espaços da sessão. Mais uma vez seu enredo foi interrompido pelo choro incontrolável que expunha o sofrimento e a dor de sua alma de modo absoluto. E a cada nova sessão, era como se o choro não apenas impedisse o prosseguimento da narrativa de seu desespero, mas também estivesse a mostrar a sangria desatada de sua alma. E o que era mais incrível é que estávamos a mais de um mês nesse processo e ele tinha ouvido minha voz apenas e tão somente no início das sessões e com os cumprimentos de praxe. De resto, era apenas ele que falava e interrompia as sessões com o choro incontido.

O seu desespero e dor conduziam as sessões de modo a não permitir qualquer interferência ou pontuação de minha parte. Estava vivendo algo surreal, pois embora sempre valorizasse o silêncio do psicoterapeuta em determinadas situações, tinha a sensação de estar vivendo algo completamente indefinível e inominável. As coisas não apenas se configuravam de modo estranho e inusitado, mas principalmente distante de qualquer tentativa de compreensão teórica e até mesmo filosófica. Merleau-Ponty (1999) coloca que "o conhecimento aparece como um sistema de substituições em que uma impressão anuncia outras sem nuca dar razão delas, em que palavras levam a esperar sensações, assim como a tarde leva a esperar a noite". Era esse exatamente o encadeamento que prosseguia em meu pensamento, as coisas sendo justapostas sequencialmente, sem que houvesse essa lógica como a tarde, naturalmente, sendo a espera da noite. Não, ao contrário, algo se fundia de modo totalmente disforme e sem qualquer modo de apreensão lógica.

As coisas não se configuravam de maneira plausível para uma compreensão que não fosse apenas e tão somente minhas lucubrações sobre o caso. As palavras de Merleau-Ponty (1999) ecoavam de maneira luminosa, "a reflexão fixa uma essência da consciência que se aceita dogmaticamente sem se perguntar o que é uma essência, nem se a essência do pensamento esgota o fato do pensamento". É dizer que, por mais que pudesse conjuminar as articulações sobre o caso de Marcelo, tudo o que se sucedia era apenas a incerteza e o vazio. Conjecturas, por mais brilhantes que fossem, revelam-se indevidas e totalmente desprovidas de sentido.

A definição usual de que a vida é um eterno farfalhar de emoções se mostrava de modo inextricável na vida de Marcelo. Emoções que se imbricavam e faziam de sua vida algo completamente inalcançável, ao menos até aquele momento, pela nossa percepção.

E de outra parte havia algo que adquiria consistência cada vez maior e que não conseguia atinar com tudo que havia sido exposto. Era o fato de ele ter vindo para São Paulo. Afinal, segundo suas próprias palavras, sua vida estava totalmente vincada em Natal, e nada mais havia em São Paulo que minimamente pudesse justificar seu retorno. Não tinha familiares, residência, apenas amigos furtivos. Havia o fato de que São Paulo, apesar disso tudo, ainda ser sua referência de vida, pois era onde havia passado grande parte dela. Ainda assim, era difícil tentar entabular algo que justificasse sua volta e permanência em São Paulo.

Os detalhamentos de sua vida não se encaixavam, pois, se os caminhos da autodestruição estavam entalhados em sua vida, sua presença em São Paulo, distante até mesmo do acompanhamento das obras de seu hotel, era algo de total inverosimilhança. Estava me sentindo como alguém que tem diante de si um grande *quebra-cabeça* e não encontra as peças que faltam para completar a imagem pretendida. Não havia como contemplar sua estada em São Paulo, distante até mesmo de seu projeto profissional. São Paulo o recebia fraternalmente, e propiciava até mesmo o acolhimento psicoterápico. Difícil essa configuração, pois, segundo suas próprias palavras, ele estava muito feliz em Natal com Sandra, e seus familiares. Enfim... Faltavam muitas peças para que esse *quebra-cabeça* pudesse ganhar configuração. E nesse emaranhado de ideias e articulações mentais, eu lançava mão de tudo em busca de uma compreensão mínima para esse caso, ao mesmo tempo intricado e misterioso. E assim, chegamos à sessão seguinte.

6.2.9 – Décima sessão

E como sempre, Marcelo chega no horário, e após os cumprimentos de praxe, ajeita-se em seu lugar. Nova espera, e mais uma vez à espreita do desenrolar dos fatos para minimamente tentar intervir e conduzir o processo psicoterápico naquilo que julgava melhor. Ele inicia sua fala:

– A vida transcorria com tudo que se pode sonhar de coisa boa. Uma mulher amorosa e que não poupava carinhos para mim. A família dela que me tratava como a um filho. O pai dela, inclusive, dizia que agradecia a Deus por ser o marido de Sandra, pois não poderia ter genro melhor. Recebia carinho de todos os lados. E mesmo a construção do hotel, com todos os problemas que envolvem uma grande construção, ocorria dentro do planejado. Deus estava me mostrando o lado da felicidade para depois me cacetear impiedosamente. Não é possível, depois de toda a felicidade que vivi, Deus ter feito isso comigo. Foi muita crueldade de sua parte. Deus é um ser cruel, que está o tempo todo nos testando para ver se nos mantemos fiéis aos seus caprichos. Deus é um canalha, isso sim. Isso que ele é, pois não precisa me fazer isso tudo para mostrar seu poder, seu jeito de nos manipular.

Marcelo interrompe sua fala e chora, mas dessa vez de maneira contida. Mostra com isso que precisa colocar para fora algo que estava dilacerando a sua alma e que estava sendo indevidamente represado. Controla as lágrimas de maneira pausada, e mostra claramente que está se fortalecendo para continuar sua narrativa de dor e desespero. E após se recuperar, prossegue:

– Sandra queria um cachorro, então fomos à feirinha de adoção e adotamos um lindo cachorrinho que estava à espera de um lar. Aí, então, tudo estava perfeito, pois o cachorrinho nos deixava ainda mais felizes. Demos a ele o nome de Thor. E sempre que possível o levamos com a gente quando saíamos. Assim, ele também passou a ser presença nos almoços de domingo na casa dos pais de Sandra. Nesse momento o irmão dela já estava trabalhando comigo no hotel, e fazia a supervisão do material que chegava a partir dos pedidos feitos pelos arquitetos. Nossa, se tivesse que idealizar uma vida tão prazerosa não conseguiria chegar perto do que vivia. Quando chegávamos à casa dos pais de Sandra o Thor já corria para o seu canto, pois sabia que já tinham preparado alguma comida especial para ele. Tudo era harmonia e felicidade. O Sr. Manuel, esse o nome do pai de Sandra, era torcedor do América de Natal, após o almoço era sagrado assistir pela TV as partidas de seu clube. A única divergência que tínhamos era quando o América jogava contra o Corinthians, afinal sou corinthiano... Rsrsr... Ninguém é perfeito. O irmão de Sandra, o Lino, também fazia faculdade, mas arquitetura, e dizia sempre como era bom estar numa obra do porte do hotel para o seu crescimento profissional.

Nova pausa e novo choro contido. Nessa sessão seu choro estava contido. Chorava, pois sua dor era muito pungente, mas conseguia ter controle para continuar em sua narrativa. E aos poucos percebia que as peças que faltavam para completar o quebra-cabeça estavam sendo expostas de maneira clara. Continuava à espreita para intervir, mas efetivamente, ainda era necessário mais tempo para que sua catarse se completasse, e houvesse, então, condições de intervenção e balizamento de suas colocações. Ele prossegue:

– Foi numa quarta-feira. Tudo aconteceu numa quarta-feira. Era uma noite muito bonita, de lua cheia. Até falei de sairmos para jantar fora para aproveitarmos melhor a noite. Ela disse que preferia ir para casa, pois não estava bem. Disse que estava com muita dor de cabeça e queria repousar. Aceitei seus argumentos e fomos pra casa, afinal estar com ela era tudo de bom, qualquer que fosse o lugar. Passamos em um restaurante pelo caminho e compramos uma comida de seu agrado, e fomos para o nosso cantinho apaixonado. Como sempre, ao chegarmos, tínhamos a festa que o Thor fazia, afinal, ele passava o dia com a empregada, mas sempre à nossa espera. Não é possível, isso não é verdade. Não é possível...

Nova interrupção e novo choro. Contido, pois era claro que ele dessa vez precisava expor sua dor de maneira total para não apenas partilhar, como principalmente, para obter algum alívio.

– Após o jantar fomos ver um pouco de TV como sempre fazíamos. Estávamos abraçados como sempre quando Sandra se levantou sem dizer nada. Era como se fosse ao banheiro, cozinha ou algo assim, mas caminhou em direção a janela que estava totalmente aberta em razão da noite quente e simplesmente se debruçou sobre ela e se jogou. O Thor ainda correu latindo como que tentando evitar sua queda. Não consegui fazer nada, apenas fiquei paralisado e sem acreditar no que via. Quando corri até a janela apenas vi seu corpo no chão. E várias pessoas correndo para chamar o zelador, polícia e tudo que se tem direito nessas situações. Um verdadeiro horror. Fiquei em estado de choque por horas sem conseguir fazer nada, só chorava e chorava.

Nova interrupção, e dessa vez um choro incontido que permaneceu até o final da sessão. Não foi possível prosseguir afinal, agora ele havia lancetado o ferimento de sua alma, e o sofrimento era muito intenso para que se conseguisse minimamente prosseguir.

E o que tivemos sequencialmente no processo psicoterápico de Marcelo foi o desenrolar minuciosamente detalhado desse suicídio efetivado em sua presença. Ele havia se transformado na testemunha ocular dos fatos. Em texto anterior, *Suicídio. Uma alternativa à vida* (Angerami, 2017), afirmamos que o suicida se eterniza no outro, e verdadeiramente Marcelo mostrava de maneira absoluta a veracidade dessas afirmações. Segundo suas próprias palavras, conseguia dormir e continuar a minimamente trabalhar graças aos efeitos da medicação que fazia uso. Sua vida havia se transformado em uma grande chaga de desespero e dor. Nada havia que pudesse acalmar tamanho sofrimento. Segundo dizia, chorava em todos os cantos possíveis, e foi isso que ocorreu na livraria de onde foi encaminhado para o processo de psicoterapia.

Ao voltar a São Paulo, o que buscava era fugir da cidade que havia lhe apresentado o prazer mais intenso de um relacionamento interpessoal, mas também o que podia acontecer de pior a alguém, presenciar o ato de autodestruição da pessoa amada. São Paulo era seu porto seguro nesse cenário de desespero e dor. Não tinha mais vínculos familiares e de amigos, mas também não tinha o desespero que era associado à Natal.

Marcelo ficou no processo de psicoterapia por cerca de quatro anos, esporadicamente ia para Natal para acompanhar as obras de seu hotel. Nessas ocasiões, também visitava a família de Sandra, que também estava destroçada em dor. Consolavam-se uns aos outros e tentavam superar esse episódio tão dramático. O irmão dela continuava trabalhando como administrador de sua obra. Em uma determinada sessão, anunciou que voltaria de vez para Natal, pois além do cachorro que estava por lá, tinha seu empreendimento, que dependia de sua presença para se desenvolver plenamente.

Esse caso mostrou o tanto de variações que a autodestruição apresenta. Ao enveredarmos por esses caminhos, nem sequer podemos alcançar os inúmeros desdobramentos que se mostram à nossa frente. Na verdade, sempre somos reféns dos desígnios da autodestruição diante do estrago provocado em suas vítimas, sejam elas as protagonistas principais, sejam familiares e pessoas próximas dessas vítimas.

Mais um caso que se soma a outros tantos, e são tão diversificadas e abrangentes suas interligações, que não é possível enfeixá-los em análise única, ainda que detalhada e pormenorizada.

Suicídio a nos mostrar a nossa pequenez diante de sua força avassaladora e destruidora.

7. CONSIDERAÇÕES COMPLEMENTARES

Esse trabalho, verdadeiramente, não é conclusivo. Refletimos em detalhamentos sobre os determinantes da autodestruição na psicoterapia. Ao sistematizarmos um conjunto de atitudes que podem ser adotados diante da manifestação do paciente em buscar pelos caminhos da autodestruição, estamos apenas colocando um novo instrumento de intervenção para os psicoterapeutas, de modo geral. Já citamos anteriormente as possíveis críticas oriundas das divergências que poderão surgir diante do que foi exposto. Verdadeiramente, elas sempre serão bem-vindas, pois nos fundamentam para o aperfeiçoamento de nossas ideias. E, diante de uma temática tão delicada e complexa, o importante é que tudo seja discutido e refletido com abertura não apenas para possíveis divergências, como também para acréscimos as nossas observações.

A peculiaridade de cada paciente vai sendo desvendada aos nossos olhos e sob nossos cuidados. Algo que, ao mesmo tempo concebido como uma das maiores dádivas que a vida nos presenteia, é também o escopo da enorme responsabilidade com a qual lidamos em nossa cotidianidade de psicoterapeutas.

Sonhos e ilusões que nos são confiados para novos desabrochamentos pela vida afora. E, também, o desespero do sofrimento para que se possa estancar a dor e permitir o soerguimento de vidas encarquilhadas pelas lágrimas. Artesãos e aprendizes de uma arte que não se esgota em si, e nos permite galgar horizontes mais amplos, tanto para a vida dos pacientes como também para as nossas. Aceitar como real e verdadeiro o fato de que, se por um lado ajudamos o paciente em sua trajetória de dor e sofrimento, por outro também somos acrescidos de muitos ensinamentos que nos são trazidos por ele da maneira mais genuína possível. Somos sonhos de superação e arrebatamento diante das dificuldades trazidas pelos pacientes. Mas também somos a superação de nossos desatinos nos contrapontos que esses tantos depoimentos nos propiciam.

Esse trabalho mostrou possíveis atitudes do psicoterapeuta diante dos casos de autodestruição. Mas, certamente, além dos aspectos que envolvem o cuidado com esse paciente desesperado e com o coração dilacerado em dor, o mais importante é abrirmos para discussão temática tão importante e contundente. Infelizmente, na quase maioria das vezes, isso não se faz presente em nossas lides acadêmicas. E isso é o mais importante. Divergências, críticas e tudo o mais que se queira arrolar serão apenas detalhamentos que farão parte indissolúvel desses escritos. Verdadeiramente, sua importância reside em se abrir sendas teóricas que comportem a discussão sobre o instrumental da psicoterapia diante do suicídio.

E assim, como alguém se desloca de sua casa para o aeroporto para embarcar no avião e efetivar uma grande viagem, igualmente chegamos ao início de um longo trajeto.

Chegamos. E agora tem início a nossa viagem rumo a horizontes promissores para o enfrentamento do suicídio e seus desdobramentos. Na psicoterapia, pela vida e pelos sonhos...

REFERÊNCIAS

ANGERAMI, V. A. A arte da psicoterapia. In: ANGERAMI, V. A. (Org.). *As várias faces da psicologia fenomenológico-existencial*. São Paulo: Cengage Learning, 2004.

ANGERAMI, V. A. *As relações de amor em psicoterapia*, Belo Horizonte: Artesã Editora, 2018.

ANGERAMI, V. A. *Existencialismo & psicoterapia*. São Paulo: Traço Editora, 1984.

ANGERAMI, V. A. *Histórias psi*. São Paulo: Editora Pioneira, 1994.

ANGERAMI, V. A. *O desespero da noite de natal. In:* ANGERAMI, V. A. *A psicologia da saúde na prática*. Belo Horizonte: Artesã Editora, 2018.

ANGERAMI, V. A. *Psicoterapia e dilema humano. In:* ANGERAMI, V. A. (Org.). *Psicoterapia fenomenológico-existencial*. Belo Horizonte: Artesã Editora, 2017.

ANGERAMI, V. A. *Psicoterapia existencial: noções básicas*. Belo Horizonte: Artesã Editora, 2018.

ANGERAMI, V.A. *Solidão: a ausência do outro*. Belo Horizonte: Artesã Editora, 2017.

ANGERAMI, V. A. *Suicídio: uma alternativa à vida. Fragmentos de psicoterapia existencial*. Belo Horizonte: Artesã Editora, 2017.

ANGERAMI, V. A. *Temas em psicologia hospitalar,* São Paulo: Cengage Learning, 2005.

BETTELHEIM, B. *A psicanálise dos contos de fadas*, Rio de Janeiro: Editora Paz e Terra, 1979.

BINSWANGER, L. *Três formas da existência malograda*, Rio de Janeiro: Zahar Editores, 1977.

MERLEAU-PONTY, M. *Fenomenologia da percepção*. São Paulo: Editora Martins Fontes, 1999.

MERLEAU-PONTY, M. *O visível e o invisível*. São Paulo: Editora Perspectiva, 1971.

OLIVEIRA, K. *Suicídio*. In: ANGERAMI, V.A. (Org.). *E a psicologia entrou no hospital*. Belo Horizonte: Artesã Editora, 2017.

ROGER, C. *Ellen West – Solidão. In:* ROGER, C. e ROSEMBERG, R. *A pessoa como centro*. São Paulo: EPU – Editora Pedagógica e Universitária, 1977.

POSFÁCIO

Odeio escrever. E perguntarão como isso é possível com tantos escritos e livros. Simplesmente respondo que a escrita é meu instrumento de defesa aos combalidos e humilhados. Então, outros prazeres são deixados de lado pela escrita.

Capítulo 2

SUICÍDIO NA INFÂNCIA E NA ADOLESCÊNCIA

Francisco B. Assumpção Jr.

INTRODUÇÃO

Desde muito cedo, em seu caminhar evolutivo, algumas perguntas preocupam o homem.

Quem sou eu? De onde venho? Para onde vou? Qual o significado da minha existência?

Essas questões, permeando o cotidiano, afetam não somente o passar do tempo como a própria vida e, ao final, o enfrentamento da morte.

No trabalho com crianças, defrontar-se com a morte é mais complexo, pensar na morte torna-se difícil pois a criança é "possibilidades", é "vir a ser" e a interrupção abrupta dessa Existência provoca reações em todo ambiente e na própria sociedade na qual o fenômeno se verifica, uma vez que ele representa a perda de perspectivas e de futuro para esse ser e para o grupo social com ele envolvido.

No entanto, a Morte faz parte do desenvolvimento humano desde tenra idade e seu enfrentamento, sob o ponto de vista profissional, é de fundamental importância, pois na criança a expectativa de terminalidade provoca reações e respostas características de seu momento de desenvolvimento, com sentimentos de ansiedade e depressão que se refletem nela de maneira difusa e pouco estruturada quanto menor ela for.

Da mesma maneira, a percepção familiar traz à tona o medo, com a emergência de sintomas ansiosos e de devastação de suas próprias expectativas de existência, com vivências de isolamento, de tristeza e desvalia, principalmente decorrentes do defrontar-se com a finitude e o limite que não cabem naquele momento e naquelas circunstâncias e que, portanto, devem ser minoradas para que a vida continue nos demais membros dessa família.

Maior ainda é o efeito do fenômeno morte quando essa é voluntária e procurada, fato observado quando nos referimos à questão do suicídio, pois a angústia de saber que somos limitados e finitos, com todo um desconhecido pela frente, nos preocupa e, embora saibamos que a Morte se encontra inserida na Existência, dando a dimensão de que cada um de nós é um Ser-para-Morte, a angústia e, posso dizer, o desespero de nos defrontarmos com um fenômeno incontrolável e sobre o qual temos poucas possibilidades de atuação seguem existindo.

Nesse enfrentamento de algo tão onipresente e complexo, ainda que como alívio nós nos consolemos dizendo que o fracasso é uma lei universal que frustra a própria Existência, que, a princípio, deveria tender espontaneamente à duração; nada disso, nenhum argumento melhora a questão existencial básica que permeia o existir de qualquer ser humano: o que justifica esse tipo de ato? Com a consequente questão decorrente: o que me motiva a fazer qualquer coisa?

Isso porque a Morte "está aí" na Vida. Ela é algo que acontece.

Assim, embora eu possa dizer que a Vida está num plano ontológico mais profundo, primordial e autêntico, e a Morte, ao contrário, é algo que ocorre na Vida, ficando no plano dos entes particulares, das coisas reais, ideias ou valores, nada disso melhora o sofrimento pois, quando pensamos na Morte, não pensamos nela como uma entidade ontológica, mas sim, como a nossa morte. O nosso fim. Do nosso corpo, das nossas ideias e dos nossos significados. Por isso o nosso choque e a nossa repulsa quando nos defrontamos com o fenômeno suicídio, enquanto busca voluntária do término da existência, principalmente em alguém em seu início do caminho.

Mesmo acreditando que, pensando existencialmente, a Morte seja o único valor absoluto, o próprio corolário da Vida e que o Homem é o único animal que sabe que vai morrer, isso nos torna permanentemente divididos entre a originalidade da própria existência, única e irreproduzível, e a absoluta certeza de que um dia nos defrontaremos com seu término.

Assim, se o Homem nasce e morre só, uma vez que "quando alguém está morrendo, e já não está comigo" está só; mesmo sabendo que a Morte é o fator que dá veracidade à Vida, delimitando-a, estabelecendo sua finitude e caracterizando-a então como Existência, dando-lhe veracidade, mesmo assim, pensar nela é agoniante e o único consolo é poder esperar que, quando ela chegue, se possa, olhando para traz, para a vida já vivida, dizer, como disse São Paulo, "lutei a boa luta" e, por isso, valeu a pena. Mesmo percebendo, no dizer de Bilac "este espanto, e este medo(...)" "sofrer por estar vendo o sol, e vendo o céu e vendo, tão bela palpitar nos teus olhos, querida, a delícia da vida..."

Exatamente pela inexistência dessa possibilidade ou pela sua própria negação é que o fenômeno suicídio, na criança e no adolescente, nos provoque tanto, fazendo com que nos detenhamos sobre ele e tentemos controlá-lo e minimizá-lo.

A QUESTÃO DO DESENVOLVIMENTO

Pensando-se o desenvolvimento infantil, podemos observar que a morte faz parte do desenvolvimento humano desde tenra idade, uma vez que, **já** nos primeiros meses, ao sentir a ausência da mãe, a criança vivencia essa ausência de modo similar **à** morte, uma vez que não é capaz de sobreviver sem ela. Estabelece-se assim, para esse bebê, uma vivência de aniquilamento e desamparo.

Posteriormente, durante o período Pré-Operatório, entre 18 meses e 6 anos de idade, essa criança não faz distinção entre seres animados e inanimados, apresentando assim, dificuldades em perceber as diferenças entre seres orgânicos e inorgânicos, que não vivem nem morrem. Dessa maneira, não conseguem separar a vida da morte, que é vivida como reversível e mutável.

Durante o período de Operações Concretas, entre 7 e 11 anos de idade, essa criança passa a fazer distinção entre seres animados e inanimados; porém, **não conseguem fornecer respostas lógicas**, categóricas sobre a causalidade da morte, percebida, no entanto, como irreversível. Ela avalia os fenômenos a partir de seus dados empíricos e a morte também.

Finalmente, com o advento das Operações Formais, após os 11 anos de idade, a criança passa a reconhecer a morte como um processo interno que implica na parada das atividades do corpo sendo, portanto, universal. Nesse momento ela dá explicações lógico-categóricas de causalidade e definem a morte como parte da própria vida (Torres, 1996; 1999; 2002). Essa morte passa a ser vista, então, com as suas características de irreversibilidade, não funcionalidade e inevitabilidade.

Dessa maneira, para pensarmos a questão do suicídio na criança e no adolescente, temos que pensar seu momento evolutivo para que saibamos:

1. Como ela representa a morte?
2. Se percebe a iminência da morte.
3. Se percebe, ou sabe, da morte de seres queridos, mesmo quando este fato lhe é ocultado? (Aberastuy. 1978)

Entretanto, também temos que pensar que a criança, em seu caminhar através do próprio desenvolvimento, depende de aspectos de seu próprio equipamento genético constitucional, conforme já dissemos, mas também do investimento sociocultural, ou seja, ela se constrói a partir da relação entre o que ela tem enquanto limites e possibilidades e o que o meio lhe oferece. Assim, pensarmos a criança e o adolescente significa também pensarmos o ambiente no qual eles se inserem; e hoje, temos que pensá-los em um ambiente globalizado e caracterizado pelo que denominamos, habitualmente, de "cultura de massa".

MORTE E CULTURA

Considerando-se aquilo que falamos até agora, temos que nos perguntar "o que é Cultura de Massa?"

"Cultura de massa" não corresponde à uma "anticultura", ou à colocação de "bens culturais" à disposição de todos, mas representa uma cultura acessível e fabricada pela própria "massa média", tendo em vista seu próprio consumo. Corresponde, basicamente, à cultura que caracteriza os séculos XX e XXI.

Ela satisfaz as necessidades, os objetivos e o modelo de existência de cada ser, particularmente. Umberto Eco (1976) refere que "a massa, superadas a diferença de classe, é agora a protagonista da história e, portanto, sua cultura, a cultura produzida para ela, e por ela consumida, é um fato positivo".

Podemos pensá-la ainda, seguindo as propostas da Escola de Frankfurt (Tornero, 2000), a partir de características como:

- fragmentação: dispersão, desordem, impossibilidade de encontrar coerência entre as mensagens da cultura de massa. As mensagens fornecidas são cada vez mais dispersas, muitas vezes totalmente desvinculadas entre si e superficiais. Essas características negam ao indivíduo a possibilidade de ter um senso crítico, o que faz com que o que lhe é fornecido passe a ser o real significado.
- uniformidade das mensagens: o esquematismo, a superficialidade, a necessidade de criar um mesmo tipo psicológico de consumidor ficam na base da uniformidade generalizada das mensagens. Melhor dizendo, quanto mais uniformes forem as pessoas, mais adequadas elas serão enquanto grandes consumidores e participantes dessa sociedade de massa.
- seleção de valores rentáveis, concordes com a ideologia: o que passa a ter valor é aquilo que se espera da massa e é esperado por ela. Tendências pessoais e possibilidades individuais, passam a ser mais difíceis de serem vividas.
- moral do êxito como fundamento da cultura dominante, a partir da qual se explica a presença da violência. Em uma sociedade de consumidores, o êxito é fundamental como apologia ao próprio consumo.

- Homogeneidade: com a repetição do mesmo modelo de êxito para as mensagens e a homogeneização e uniformização do expectador. A cada momento e em todas as ocasiões, a repetição do que é ser bem-sucedido é fornecida como modelo a ser atingido.

Através dessa Cultura de Massa, a conduta humana é passível de redução a algo coisificado, e, embora a existência seja caracterizada, teoricamente, pela possibilidade de vir a ser, essa possibilidade passa a depender das forças produtivas e de seu manuseio. O homem passa a ser valorizado pelo que ele TEM e não pelo que ele É, caracterizando-se assim um existir inautêntico.

É dentro desse contexto que o homem moderno transportou para suas condutas as reações dessa massa humana, exigindo-se atitudes que não correspondem àquelas idealizadas, inicialmente, por e para ele. Para a criança isso é ainda mais complicado uma vez que, em sua trajetória de desenvolvimento, ela se constrói a partir de seu "equipamento" genético-constitucional e do "investimento" socioambiental, ambos profundamente interligados, de forma que se torna impossível pensarmos esse desenvolvimento desvinculado do contexto massificado e despersonalizante, no qual a colocamos nesta contemporaneidade, que usa o desejo de transcendência do ser humano para levar o homem a cultuar um modelo de sucesso e de perfeição primordial; da mesma maneira, esse modelo massificado, transforma, por exemplo, o automóvel ou o dinheiro em maneiras de ultrapassar, teoricamente, os limites do poder e da temporalidade. O Ter, nessas situações, proporciona então um estabelecimento ideal do Ser.

Considerando-se que nenhum ser humano é um ser isolado, temos que pensar que a dimensão exata da individualidade é dada pelo homem quando este é lançado e interage com o mundo. Para a criança isso se torna ainda mais difícil, uma vez que ela passa por momentos de desenvolvimento totalmente heterônomos, nos quais sua própria individualidade depende do ambiente circunjacente.

Assim, a linguagem é básica como forma de interação que permite ao homem maior estruturação e delimitação de seu próprio mundo, de seus sentimentos, instintos, impulsos e pensamentos; quando nos comunicados, aproximamo-nos do outro e, à medida que o tempo passa e indivíduo cresce, vai se sofisticando e refinando de acordo com as possibilidades sociais e culturais. Assim, os padrões comunicacionais para a criança e para o adolescente, passam a ter uma importância fundamental.

Entretanto, na estrutura cultural de massa, vários esquemas, muito importantes, podem ser observados, e são característicos da dominação econômica e reflexos da dependência do sistema de valores vigente. Esses esquemas fazem com que o Ser Humano crie, gradativamente, em seu processo de crescimento, um mundo enquanto contexto existencial, frente ao qual ele se posiciona, inicialmente de modo tímido e inseguro, característico da criança, e principalmente, do adolescente. Paralelamente, é construído um mundo enquanto estrutura de significação, no qual desvela o ser dos entes e lhes dá significado. Ora, nesse ser em desenvolvimento essa estruturação de significação é incipiente e profundamente influenciada pelo meio que o envolve. Finalmente, com o advento do pensamento formal, é elaborado um mundo como parte do homem, no qual, após a compreensão do ser dos entes e do ser-no-mundo, escolhe e executa os projetos dentro de suas reais possibilidades. Esse momento, característico da adolescência, vai ser de extrema importância no gradual delineamento do próprio existir e no caminho que esse indivíduo escolherá e percorrerá durante sua vida, de maneira própria ou imprópria e, portanto, extremamente angustiante.

É nesse momento que a disseminação da ideia de "modelos ideais" que devem ser seguidos e alcançados faz-se de maneira difícil, pois, dependente do esquema de dominação presente e divulgado pela "cultura de massa" Há quase que a obrigatoriedade, de um projeto ideal de casamento, que origina uma família autoritária, fonte natural de ideologias autoritárias, uma vez que a estrutura social é, ela mesma, uma extensão da estrutura familiar. Considerando-se ainda que o fenômeno da cultura de massa é característico de uma cultura urbana, podemos observar, também, a ruptura dos agrupamentos familiares extensos, a redução da convivência intrafamiliar;, paradoxalmente, são valorizados casamentos que se estabeleçam dentro de uma perspectiva de "amor romântico", demandando um homem austero, racional, metódico, produtivo, estável, combinando aspectos persuasivos e coercitivos, reconhecidos pela lei civil e pelos costumes.

Assim, o peso individual é imenso, pois essas ideias são expressão das ideias dominantes e expressão das relações materiais dominantes, que transmitem ao indivíduo um sistema de valores que veicula a ordem, a monogamia (dentro do conceito burguês) e a repressão, tudo de uma maneira autoritária, embora tais conceitos se encontrem sob o domínio da liberdade de imprensa. Tudo isso é concomitante à transformação da família, cada vez mais nuclearizada, com o ingresso da mulher no mercado de trabalho como mão-de-obra barata. As regras da moral repressiva burguesa tradicional se encontram alteradas e passaram a ser governadas por princípios de desempenho que pressupõem renúncias sócioinstintivas relacionadas com o acúmulo de capital. Dessa maneira, passam a ser mais comuns as violações de regras, relativizando noções práticas, alterando as relações pais-filhos e entre parceiros, genitalizando o corpo como instrumentos de prazer e dificultando as possibilidades de relacionamento amoroso. Esse é um ambiente que, no mínimo, podemos dizer que não privilegia a segurança e a estabilidade.

A INSEGURANÇA E O PROCESSO DE DESENVOLVIMENTO

Pensando-se a criança, o que a caracteriza é o gradativo desligamento da autoridade dos pais, processo penoso e fruto das mais variadas fantasias, uma vez que, para a criança pequena, pais são sinônimo de poder, de onipotência e de autoridade, o que desperta o desejo de ser como eles. Nesse processo de desenvolvimento, a criança percebe, gradualmente, as limitações dos pais, comparando-os com outros adultos, e inicia um processo de crítica. Conforme falamos anteriormente, a vida humana se estrutura não só a partir de uma biologia básica, mas também, e principalmente, nesse momento do desenvolvimento, a partir de uma função social, que é extremamente dependente da sociedade e do momento histórico no qual se insere, aqui, a "cultura de massa" tem um importante peso.

A figura materna ocupa um lugar de destaque, de objeto de curiosidade e de fantasiosa infidelidade. As primeiras fantasias, ainda de conteúdo assexuado, organizam-se e vão alcançando cada vez mais um maior nível de compreensão. Nesse momento, terceiriza-se essa função materna, embora a criação dos filhos seja valorizada. Criam-se, assim, situações de conflito e culpa.

Posteriormente, ocorre a substituição do pai idealizado, maior, mítico, pelo pai real Com o atual enfraquecimento do papel masculino e a indiferenciação desses mesmos papéis, podemos observar nessa criança, a confusão no que se refere à normas e papéis.

Finalmente, com o pensamento formal, o psiquismo se estrutura de maneira mais adulta, cortando os vínculos de dependência e estabelecendo possibilidades de um relacionamento interpessoal maduro. Com a fragilidade e a insegurança ambiental descrita até este momento, podemos observar a presença de relacionamentos fluídos, indiferenciados e descartáveis como padrões propostos.

Considerando-se que é característica da adolescência a rebelião contra a autoridade paterna, vemos que ela é atualmente representada nos meios de comunicação de massa de diferentes maneiras, apresentando-se, na maioria das vezes, de maneira muito próxima à ideação infantil com ausência de consequências e diminuição da aquisição de responsabilidade, o que diminui, de maneira significativa, a resistência às frustrações e a resiliência.

Todas essas formas sutis e inconscientes de atuação sobre a criança são difíceis de serem percebidas, pois proporcionam a falsa aparência de liberdade, liberdade essa que, embora com infinitas possibilidades individuais, fica restrita àquelas permitidas pela máquina do poder. Isso acontece com uma clara finalidade de reduzir a oposição dentro do campo político, principalmente, na esfera instintiva, diminuindo-se a possibilidade de visualização das contradições sociais, numa proposta tecnológica de aquisição de uma consciência feliz.

Isso porque a sociedade industrializada e globalizada, com a redução dos ambientes que produzem prazer, permite a concentração da libido e das experiências sociais e eróticas, principalmente nas satisfações genitais. Tal conduta é integrada às relações sociais e facilita uma satisfação aparente, sob um controle que impede a possibilidade de pensamento. Os impulsos de poder são institucionalizados, enfatizando-se a máxima de que o homem vale por aquilo que produz mais do que pelo que é. Relativiza-se a ética, que passa a ser abordada sob uma ótica pragmática, dentro de uma filosofia mais de resultados que de valores.

Com tudo isso, essa criança, ou adolescente, se constrói a partir da premissa sartreana de "O Ser e o Nada" (Sartre, 1976) ou da sátira de que "O Ser é o Nada?", com todas as suas consequências ansiogênicas e de perda de significado.

Os meios de comunicação de massa veiculam valores e trazem padrões de conduta que servem aos aparelhos ideológicos que mantêm o poder (hoje globalizado) e, dessa forma, embora em alguns momentos contribuam para a denúncia de alguns desses aparelhos, seguem o exemplo das demais estruturas até então elaboradas pelo homem, com a finalidade de impedir seu caminho em direção a um projeto ideal de vida, teoricamente livre. Assim, temos que pensar a formação de nossas crianças e adolescentes, bem como o significado existencial que lhes permitimos construir, a partir dessa cultura de massa, responsável pela formação de psiquismos.Números fornecidos pela "Justthink" (Bezerra, 1999) mostram que, até os 12 anos de idade, uma criança já assistiu a cerca de 8.000 assassinatos pela TV, com 58% dos casos apresentando uma vítima que não demonstra sofrer dor e 75% das cenas de violência não tendo punição como consequência do ato. Isso é, no mínimo, descaracterizar a morte e a violência, banalizando-a e transformando-a em algo corriqueiro e sem problemas.

Não estamos dizendo que devemos culpabilizar o meio, visto que isso seria somente simplificar o problema, uma vez que uma ferramenta não é boa ou má, mas sim a forma com que a utilizamos. Embora eduquemos os filhos conforme dizem os livros ou especialistas, o fazemos criando filhos mimados, superprotegidos, dependentes, verdadeiros "tiranetes" incapazes de resistir à frustração e às exigências que são cada vez maiores no cotidiano, incapazes de desenvolverem atitudes de cooperação uma vez que se esquecem da importância do desenvolvimento da independência e da autonomia infantil.

Da mesma forma que a censura pura e simples impede a liberdade e a criatividade, a ausência de limites e o descaso levam à dependência, à intolerância e à incapacidade de tolerar frustrações. Mais ainda, nenhuma dessas atitudes substitui as ligações de afeto tão pouco valorizadas em ambientes de consumo.

Conhecer o desenvolvimento infantil permite que se perceba que a liberdade da criança é relativa, não lhe cabendo algumas escolhas nem sendo todos os seus problemas solucionados somente a partir de intervenções profissionais ou medicamentosas, embora ambas sejam importantes e necessárias em muitas ocasiões, A criança, principalmente durante seu período de desenvolvimento, "gosta" e "precisa" de atenção e assim, a má (ou descompromissada) correção (ou identificação) de algum problema não somente não corrigem como agravam o fato, uma vez que esses problemas, habitualmente, não se constituem em atos pontuais.

O desenvolvimento infantil, embora demande igualdade de oportunidades no intuito de se obter o máximo de suas potencialidades individuais, não deve levar em conta a expectativa dos pais ou da sociedade em questão devendo se privilegiar a capacidade de adaptação às mudanças. Assim, permitir que a criança cresça significa saber escutar, ambientes familiares em homeostase e satisfatórios e, mais que isso, se perceber que a apologia à performance individual e condenação dos Laços de solidariedade social e da construção coletiva correspondem à fatores de desestabilização e de estresse infantil.

Dessa maneira, a criança e o jovem, na sociedade contemporânea, apresentam uma transição complexa para o mundo adulto em relação à família. Essa instituição importante na socialização e aprendizado de valores, que acaba sendo substituída por "valores pós-modernos" (neoliberais) de autorrealização, prazer, apologia à performance individual, consumo, privilegiamento da vida privada e escancaramento da intimidade com o aparecimento de um espaço social concreto de sobrevivência e da reprodução social, caracterizado pelo afrouxamento de laços familiares em função das dificuldades de inserção social, o que dificulta sua segurança e parametrização, para a criança.

Da mesma forma em relação à escola, instrumento importante de terceirização no cuidado com a criança. Observamos que a escola hoje se torna, cada vez mais, agência de socialização responsável pela educação formal, muitas vezes desestruturada pela total ausência do Estado, que permite que os jovens fiquem ao sabor do mercado globalizado, regulador das relações entre o capital, o trabalho e as escolhas profissionais, com um horizonte de formação escolar voltado para um trabalho terceirizado, flexível, autônomo, nem sempre verdade dentro do mercado real, embora a diminuição do valor das profissões antes valorizadas leve ao próprio questionamento da necessidade da educação formal como perspectiva de inserção social e, consequentemente, do aumento da insegurança e da falta de perspectivas.

Temos então um mal-estar difuso, que podemos caracterizar pela necessidade e desejo de poder, ser o "number-one", com todas as dificuldades decorrentes disso, descortinando-se uma utópica e irreal socialização entre iguais com um desejo de consumo e autonomia nem sempre compatíveis com o que é possível. Nessa diminuição da capacidade de resistência à frustração, temos a gradual evasão escolar, que livra o indivíduo da humilhação, de eventuais fracassos e do aparecimento de fenômenos cada vez mais prevalentes como depressão, pânico, consumo de drogas (remédio para a inadaptação? resposta ao hedonismo? falta de projeto existencial?), gravidez juvenil (necessidade de projeto existencial?), violência enquanto resposta entre o desejar e o ter.

É dentro desse contexto pós-moderno que, acredito, devamos pensar o fenômeno suicídio na infância e na adolescência.

MODELOS CONTEMPORÂNEOS DE COMPREENSÃO DO SUICÍDIO

Para Beck (1996 *apud* Spirito e Overholser, 2003), o comportamento suicida transforma a estruturação dos artifícios para o suicídio, que estão cada vez mais acessíveis, permitindo que situações estressantes futuras possam desencadear facilmente o ato suicida. Após a tentativa, o suicídio passa a ser visto pelo indivíduo como uma solução viável para os problemas cotidianos.

Assim, vários são os modelos e campos de conhecimento que tentam explicar o comportamento suicida a partir de abordagens psicodinâmicas, sociológicas e psiquiátricas; entretanto, segundo um modelo geral para comportamento suicida de adolescentes (Brent, 1997), um agente precipitador desse evento costuma levar à um efeito negativo intenso e à uma regulação fraca das emoções através de um destes três meios: falta de assertividade, distorção cognitiva ou percepção da ineficiência das relações interpessoais. Um estado afetivo negativo prejudica a tomada de decisões, reduz a capacidade para gerar soluções alternativas e cria dificuldades de antecipar e avaliar as consequências de ações de enfrentamento. O estabelecimento desta condição pode resultar em desespero, desesperança e comportamento suicida.

Modelo proposto por Shaffer e Piacentini (1994) e Shaffer e Pfeffer (2001) leva em consideração os fatores acima descritos, visando a prevenção (Fig. 1) e, assim, os autores consideram que o suicídio não ocorre por mero capricho, mas que afeta principalmente indivíduos predispostos, sendo importantes fatores predisponentes a depressão maior e alguns tipos de transtorno de personalidade. Assim, poucos indivíduos que não sejam acometidos por um desses quadros estão sob risco de suicídio, uma vez que indivíduos predispostos geralmente cometem a tentativa, ou de fato se suicidam, após algum evento estressante (em geral após alguma consequência, mais do que a causa, de seu transtorno) que desencadeia uma emoção extrema tal como, medo, infelicidade, desesperança ou fúria. Este estado mental tem maior risco de levar ao suicídio se o juízo estiver afetado pelo uso de álcool ou drogas, ou se há identificação com algum modelo "fascinante" ou heroico de suicídio (na TV ou no cinema). Por último, os meios de obtenção do suicídio de maneira aceitável e efetiva devem estar disponíveis para que o fenômeno se produza.

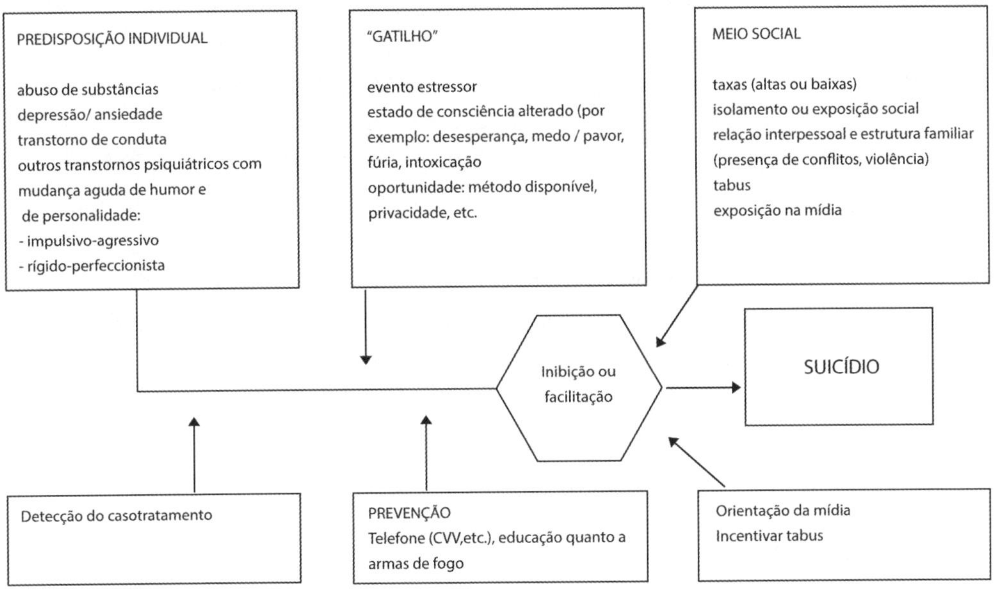

Figura 1 – Modelo em patamares do suicídio
(adaptado de SHAFFER e PIACENTINI, 1994 e SHAFFER e PFEFFER, 2001):

O FENÔMENO SUICÍDIO

É possível encontrarmos aproximadamente 15 conceituações de suicídio destacando múltiplas pesquisas sobre o tema, embora o termo "suicídio" seja relativamente recente, uma vez que corresponde ao nome que a modernidade dá à morte voluntária.

Teoricamente, esse termo teria sido usado como neologismo em latim, na Inglaterra ao redor de 1630, contudo, foi primeiramente utilizado (em língua francesa) pelo abade Desfontaines (1734 ou 37) com o significado de "o assassinato ou morte de si mesmo", (Louzã Neto, 1995) e a etimologia de Sui = si mesmo; Caedes = ação de matar.

É comum ainda observarmos o uso do termo «autocídio" como sinônimo de suicídio, já tendo esse termo passado a constar do léxico. Cabe ainda diferenciar daquilo que denominamos de Condutas "parassuicidas", caracterizadas por serem um "...ato deliberado que mimetiza o suicídio, mas não resulta em desenlace fatal, independentemente da gravidade médica ou intencionalidade psicológica" (Kreitman, 1977).

Conforme observamos há muito pouco tempo, epidemias pontuais de comportamentos suicidas, em crianças e adolescentes, são um estímulo para o estudo aprofundado das características do comportamento suicida na juventude. Esses estudos têm intuito de desenvolver abordagens preventivas que reduzam a morbidade e a mortalidade, principalmente, considerando-se o que dissemos até o presente, que a morte na criança é vista sempre como um fenômeno anacrônico e desprovido de qualquer sentido, uma vez que encerra uma "existência em aberto".

Entretanto, não podemos dizer que é um fenômeno da contemporaneidade, uma vez que a publicação da obra "*Os sofrimentos do jovem Werther*", de Johan Wolfgang von Goethe. no séc. XVIII, ocasiona uma epidemia suicida de jovens, atribuída à identificação e imitação do protagonista. O livro, durante um período, foi banido da Europa (Pfeffer, 1996).

No entanto, podemos dizer que a ocorrência de suicídio (ou tentativa) sem a associação com algum transtorno mental é rara, embora seja passível de ocorrência (Shaffer; Piacentini, 1994).

Na infância e na adolescência (antes dos 15 anos de idade), é um fenômeno menos prevalente, independentemente de países ou grupos culturais estudados, aumentando a sua frequência no final da adolescência e início da terceira década de vida (Shaffer; Fischer, 1981). Entretanto, nos EUA, o suicídio é a terceira causa de morte de adolescentes e jovens adultos, dado que tem se confirmado em vários países europeus, asiáticos e da América Latina. Essas crianças e adolescentes que cometem, ou tentam sem êxito, o suicídio, apresentam características comuns sendo que, um terço dos que atingem seu intento apresenta histórico de tentativas anteriores. Quem tenta uma vez acaba em um grupo de maior risco, que acaba sendo bem-sucedido em ocasião posterior (Shaffer; Fischer, 1981).

Estudo em nove capitais aponta o suicídio no o sexto lugar entre as mortes por causas externas (15-24 anos) sendo que, durante o período compreendido entre 1996 e 2000, de todos os suicídios registrados em São Paulo, 66% dos indivíduos tinham entre 5 e 44 anos. Assim, apesar das taxas de suicídio entre jovens serem ainda relativamente baixas no Brasil (em comparação a outras faixas etárias), tem se observado um aumento significativo no número de suicídios na faixa etária entre 15 e 24 anos (Mello-Santos, 2005). Dessa maneira, no período entre 2000 e 2008 foram registrados 43 casos de suicídio de crianças menores de 10 anos (0,1% do total de mortes) e de 6.574 adolescentes, entre 10 e 19 anos, com uma média de 730 mortes por suicídio/ano. Entre as crianças, 80% dos meninos recorreram ao enforcamento e, entre as meninas, notou-se a preferência por métodos como intoxicação medicamentosa, objetos cortantes e afogamento (Souza, 2010). Deve-se, no entanto, ressaltar que, quando consideramos os dados brasileiros sobre suicídio, são altas as taxas de subnotificação, fato decorrente de diversos fatores, que vão desde o pedido da família para que a *causa mortis* seja adulterada na certidão de óbito, até a existência de cemitérios clandestinos (Lovisi, 2009). Assim, a constatação de taxas muito variáveis de incidência de tentativas de suicídio pode refletir a menor procura por atendimento e, inclusive, a provável ausência de um diagnóstico adequado (Macintire; Angle, 1973). De acordo com estudo epidemiológico de suicídio, realizado entre 1980 e 2000, é praticamente nulo o conhecimento sobre as taxas de tentativas de suicídio ocorridas no Brasil, o que ocorre também em muitos outros países (Mello-Santos, 2005). Estima-se que, na maioria dos países europeus, o número de tentativas seja de 10 a 40 vezes maior em relação às mortes por suicídio.

O comportamento suicida é, assim, o quadro de emergência psiquiátrica mais comum entre adolescentes, sendo que, de crianças e adolescentes que recorrem aos serviços de pronto atendimento por motivos psiquiátricos, mais de 75% está acima de 13 anos (com predomínio o sexo feminino) e 50% envolvem tentativas de suicídio ou alterações do comportamento (Schmitt; Tramontina, 2008).

Podemos conceituar o suicídio enquanto ato intencional que se propõe a cessar as funções vitais de quem o pratica, levando à morte voluntária, após um certo grau de reflexão. É, portanto, um ato voluntário.

Considerando-se a identificação do fenômeno, fundamental para o delineamento de modelos de atendimento e de prevenção, temos que considerar, conforme já referimos, a existência de fatores de ocultamento de tentativa de suicídio. São eles:

1. A família esconde o fato, por vergonha ou mesmo medo das consequências decorrentes dele.
2. O paciente não fala de sua intenção suicida por repressão sofrida anteriormente.
3. O clínico não dá importância ao tema por desconhecimento ou negação, uma vez que a ideia de suicídio em crianças e adolescentes tende a ser minimizada e desqualificada.

Em que pesem esses fatores de ocultamento, devemos considerar que são considerados fatores de risco para o suicídio:

1. Tentativa de suicídio anterior, razão pela qual o diagnóstico e a notificação das tentativas fazem-se de fundamental importância.
2. Perda recente de figuras significativas, uma vez que os sistemas de suporte e sustentação são de fundamental importância para a criança e o adolescente que, por sua menor autonomia, dependem deles para sua segurança.
3. Baixo limite de resistência à frustração, decorrente de todo o processo familiar e cultural que já referimos anteriormente e que vem sendo, a meu ver, pouco considerado no processo de educação infantil, principalmente, de estímulo social.
4. Morte de pessoas próximas.
5. Preocupação exagerada com a morte.
6. Tentativa de suicídio em pessoas próximas, uma vez que modelos familiares e de pessoas com vínculos afetivos para a criança e o adolescente são de fundamental importância.
7. Acidentes frequentes que devem ser avaliados para verificação de possível intencionalidade.

Paralelamente, conforme tentamos especificar quando descrevemos anteriormente toda a *entourage* da criança, fatores culturais também têm um peso imenso no estudo do fenômeno. Devem assim ser considerados:

1. Estresse aculturativo, posto que a inclusão em determinado ambiente não implica na aceitação, por parte do próprio indivíduo, desse ambiente. Assim, deslocamentos culturais levam muitas vezes o adolescente a "deixar de ser quem é" (com perda de identidade cultural"

e "não se tornar quem pretende ser"), ficando, assim, perdido numa falta de identidade cultural. Esse fenômeno pode ser visualizado em populações indígenas ou minoritárias.

2. Grau de assimilação da cultura dominante, uma vez que os deslocamentos culturais demandam a incorporação dessa cultura e, muitas vezes, o abandono da cultura familiar do grupo de origem. Esse fenômeno é bastante descrito como base de mecanismos de auto e hétero agressividade, inclusive política e religiosa (Armstrong, 2016).
3. Estresse socioeconômico, violência doméstica e da comunidade, assim como a desintegração familiar, o abuso e os quadros de negligência são fatores de risco para a ocorrência do fenômeno.
4. Marginalização da cultura, novamente, com dificuldades na inclusão pessoal e alienação do grupo são fatores de risco.

Assim, o desejo individual de morte pode variar, mas ele sempre sofre a influência de pressões e estressores ambientais, o que acentua a importância da necessidade de atenção para a existência de possíveis fatores de risco para uma primeira tentativa ou para a recorrência do comportamento suicida. Associam-se, então, ao quadro ambiental descrito, a desesperança pessoal, acompanhada pela falta de perspectivas, dificuldades na construção de um projeto existencial e de significados para a vida; a carência na geração de alternativas para a problemática pessoal, levando à desesperança; a diminuição da flexibilidade para enfrentar situações, fato esse já citado quando nos referimos à superproteção como fator de diminuição de resiliência e baixa no limiar às frustrações; um estilo cognitivo disfuncional, internalizando eventos negativos, considerando-o estável e global (associados a quadros depressivos de longa evolução); e finalmente, a presença de maior impulsividade (Shaffer; Piacentini, 1994). Todos esses aspectos devem ser considerados, portanto, quando nos deparamos com condutas de tipo suicida.

Entretanto, apesar de não haver necessariamente um desejo suicida explícito relacionado às mortes de muitos adolescentes, o envolvimento em condutas de risco define, antes de mais nada, atitudes parassuicidas, aliadas ao descaso e desvalorização da vida, quer pela concomitância de transtornos do humor (principalmente a depressão e a distimia), não necessariamente diagnosticados, quer pela existência de estressores ambientais associados a uma ausência (objetiva ou subjetiva) de perspectivas de futuro (Souza, Kuczynski, 2012).

Na maioria dos casos que se apresentam aos cuidados médicos, esse é realizado pela primeira vez, habitualmente, num setor de Pronto Atendimento e, nesse caso, algumas particularidades do atendimento devem ser consideradas:

a) raramente o jovem suicida busca auxílio ao tentar se suicidar. Ele é geralmente trazido, muito frequentemente por alguém que tem algum tipo de vínculo com ele, ou caso tenha se arrependido em meio à tentativa, pode estar muito apavorado (ou confuso, pelas consequências da tentativa) para fornecer informações fidedignas (Press; Khan, 1997).

b) durante a realização da anamnese, é importante que se perceba o grau de entendimento bem como do estágio de desenvolvimento do paciente sobre o conceito de morte, (gravidade, motivação e grau de consciência da intenção suicida, crenças sobre letalidade dos meios utilizados, intensidade e persistência da ideação suicida, bem como as medidas que o paciente utilizou para a preparação, para assegurar que esta fosse evitada e que um possível resgate fosse efetuado, antes da atual tentativa). A avaliação da letalidade da situação final pode ou não corresponder à seriedade das intenções do paciente (Apter; King, 2006).

c) deve-se evitar ativamente atitudes de censura ou julgamentos precipitados, instituindo-se uma abordagem continente e de cuidado (Rotheram– Borus, 1996), o que demonstra sensatez e proporciona maior probabilidade de uma evolução satisfatória, tanto naquilo que se refere à busca de um tratamento psiquiátrico posterior, quanto a uma maior taxa de adesão e menor incidência de tentativas posteriores de suicídio. Uma abordagem pouco produtiva denota, antes de tudo, a dificuldade do profissional para lidar com seus próprios sentimentos frente a uma situação tão limítrofe, agindo, habitualmente, por projeção.

d) manter uma atitude tranquila e empática facilita a coleta de dados, além de permitir que o paciente fale com liberdade, pois dados importantes referentes a alterações de ordem psíquica podem surgir deste tipo de relato. O desempenho intelectual do paciente pode ser acessado com este tipo de observação.

e) condições de segurança da sala ("à prova de suicídio") em que o paciente for recebido, ou será mantido, em observação são de fundamental importância. Não se deve dispensar, *a priori*" a contenção física e/ou química para garantir a segurança do paciente, até que ele possa ser removido para um local mais seguro.

f) todas as informações obtidas pela observação inicial são valiosas. Assim, a atenção do cuidador deve ser redobrada para sinais de instabilidade autonômica ou descompensação clínica.

g) informações que não surjam do relato espontâneo devem ser obtidas com perguntas claras, emitidas de maneira tranquila, com uma atitude informal, de forma a não incrementar a ansiedade já presente.

h) pode-se utilizar escalas estruturadas para avaliar a ideação suicida, baseadas em autorrelato como auxílio aos dados obtidos na entrevista clínica.

i) deve-se ter em mente que essa entrevista inicial não deve ser encerrada antes que se obtenham dados conclusivos a respeito de: sanidade mental (diagnósticos ou tratamentos prévios); tentativas anteriores; letalidade da tentativa (atual e/ou prévias); planejamento (suicida) e planos de vida (acadêmico, profissional, etc.); comportamentos de risco; uso de álcool e/ou substâncias psicoativas; conflitos (pessoais e familiares); traumas (psicológicos, físicos, sexuais, etc.); impulsividade; recursos na comunidade; exposição (a eventos semelhantes, no âmbito familiar ou na mídia).

Após todos esses cuidados de intervenção, a alta só deve ser processada quando a situação se apresentar sem risco iminente de suicídio; sem instabilidade clínica; com compromisso de retorno à Emergência em caso de nova tentativa; não intoxicado, mentalmente desequilibrado ou em *delirium* (sem prejuízo de consciência); meios de nova tentativa potencialmente eliminados; encaminhamento para tratamento psiquiátrico; eventos precipitantes discriminados, e tentativas de resolvê-los, iniciadas; o cuidador se sente seguro de que as recomendações serão seguidas pela família e pelo paciente; existência de proposta de recursos sociais e de suporte (Buzan; Weissberg, 1992).

CONSIDERAÇÕES FINAIS

Após todas essas considerações somos obrigados a pensar o fenômeno suicídio como um fenômeno extremamente sério, multifatorial, usualmente acompanhado por aspectos pessoais, familiares e sociais.

Envolve, assim, a construção do "ser-no-mundo" naquilo que se refere ao seu próprio limite físico, à sua relação com o mundo das coisas e das pessoas e também, à relação com o mundo dos significados e dos projetos que caracterizam a própria existência individual.

Na criança, assume características ainda mais graves, posto que é a interrupção da própria construção de uma existência, ainda em seus primórdios e possibilidades.

Sua compreensão e, consequentemente, seu atendimento, é impossível de ser realizado de maneira linear e simplista, descuidando-se de qualquer uma de suas vertentes, principalmente se lembrarmos que a criança, enquanto ser em desenvolvimento, por sua heteronomia, depende mais do que o adulto de todo o ambiente familiar e social (na maioria das vezes representado pela escola e pelos meios de comunicação) enquanto padrões de suporte e modelos a serem seguidos e considerados.

REFERÊNCIAS

ABERASTURY, A. *La percepción de la muerte em los niños*. Buenos Aires: Kargierman, 1978.

AGERBO, E.; NORDENTOFT, M.; MORTENSEN, P. B. Familial, psychiatric, and socioeconomic risk for suicide in young people: nested case-control study. *British Medical Journal*, 2002.

APTER, A.; KING, R. A. Management of the depressed, suicidal child or adolescent *Child and Adolescent Psychiatric Clinics North of America,* 154, 2006.

ARMSTRONG, K. *Campos de Sangue: Religião e História da Violência*. São Paulo: Cia. das Letras, 2016.

BECK, A. Beyond belief: a theory of modes, personality and psychopathology. In: SALKOVSKIS P. *Frontiers of cognitive therapy*. New York: Guilford Press, 1996 *apud* SPIRITO, A.; OVERHOLSER, J. *The suicidal child: assessment and management of adolescents after a suicide attempt. Child and Adolescent Psychiatric Clinics of North America*, v. 12, p. 649-665, 2003.

BECK, A. T.; STEER R. A. Beck Scale for suicide ideation manual. San Antonio: Psychological Corporation, 1993 *apud* SPIRITO, A.; OVERHOLSER, J. The suicidal child: assessment and management of adolescents after a suicide attempt. *Child and Adolescent Psychiatric Clinics of North America*, v. 12, p. 649-665, 2003.

BEZERRA, W. *Manual do telespectador insatisfeito*. São Paulo: Summus, 1999.

BRENT, D. Practitioner review: the aftercare of adolescents with deliberate self-harm. *The Journal of Child Psychology and Psychiatry*, p. 277-286, 1997.

BUZAN, R.; WEISSBERG, M. Suicide: Risk factors and therapeutic considerations in the emergency department. *Journal of Emergency Medicine*, p. 335-343, 1992.

ECO, U. *Apocalípticos e Integrados*. São Paulo: Perspectiva, 1976.

KREITMAN, N. Parasuicide. London: J. Wiley & Sons, 1977 *apud* FRIEDRICHS. Tentativas de suicídio na infância. In: ASSUMPÇÃO JR., F. B. *Psiquiatria da Infância e da Adolescência*. São Paulo: Santos-Maltese, p. 469-476, 1994.

LOUZÃ NETO, M.R.; MOTTA, T.; WANG, Y. P.; ELKIS, H. *Psiquiatria básica. Porto Alegre*: Artes Médicas, 1995.

LOVISI, G. M.; SANTOS, S. A.; LEGAY. L.; ABELHA, L.; VALENCIA, E. Análise epidemiológica do suicídio no Brasil entre 1980 e 2006. *Revista Brasileira de Psiquiatria, v. 31, supl. 2,* 2009.

MACFADYEN, A.; BROSTER, G.; BLACK, D. The impact of a Child Psychiatry liaison service on patterns of referral. *British Journal of Psychiatry*, p. 93-96, 1991.

MACINTIRE, M. S.; ANGLE, C. R. Psych biopsy in self poisoning of children and adolescents. *Am J Dist Children*, p. 126, 1973.

MACINTIRE, M.S.; ANGLE C. R. STRUEMPLER LJ. The concept of death in Midwestern children and youth. *Am J Dis Child*, v. 123, p. 527-532, 1972.

MELLO-SANTOS, C.; BERTOLOTE, J. M.; WANG, Y. P. Epidemiology of suicide in Brazil (1980-2000): characterization of age and gender rates of suicide. *Revista Brasileira de Psiquiatria*, v. 27, p. 131-134, 2005.

PFEFFER, C. R. Suicidal behavior in children and adolescents: causes and management. In: LEWIS, M. *Child and Adolescent Psychiatry: A Comprehensive Textbook*. Baltimore: Williams e Wilkins, p. 666-673, 1996.

PRESS, B. R.; KHAN, S. A. Management of the suicidal child or adolescent in the emergency department. *Current Opinion in Pediatrics*, 1997.

ROTHERAM-BORUS, M.J. *et al. Enhancing treatment adherence with a specialized emergency room program for adolescent suicide attempters. J Am Acad Child Adolesc Psychiatry*, v. 35, p. 655-663, 1996.

SARTRE, J. P. *L'être ET Le néant*. Paris: Gallimard, 1976.

SCHMITT, R.; TRAMONTINA, S. Emergências psiquiátricas em crianças e adolescentes. In: QUEVEDO, J.; SCHMITT, R.; KAPCZINSKI, F. *Emergências Psiquiátricas*. 2. ed. Porto Alegre: Artmed, p. 265-78, 2008.

SHAFFER, D.; PFEFFER, C. Practice parameters for the assessment and treatment of children and adolescents with suicidal behavior. *J Am Acad Child Adolesc Psychiatry*, v. 40, supl. 7, 2001.

SHAFFER, D.; PIACENTINI, J. Suicide and attempted suicide. In: RUTTER, M.; TAYLOR, E.; HERSOV, L. (Ed.). *Child and Adolescent Psychiatry: Modern Approaches*. 3. ed. Oxford: Blackwell Scientific Publications, p. 407-424, 1994.

SHAFFER, D.; FISHER, P. The epidemiology of suicide in children and young adolescents. *J Am Acad Child Psychiatry*, v. 20, p. 545-565, 1981.

SOUZA, C. M. C. S.; KUCZYNSKI, E. Suicídio na Infância e na Adolescência In: ASSUMPÇÃO JR., F. B.; KUCZYNSKI, E. *Tratado de Psiquiatria da Infância e da Adolescência*. Rio de Janeiro: Atheneu, 2012.

SOUZA, F. Suicídio – Dimensão do problema e o que fazer. *Debates: Psiquiatria Hoje,* v. 2, p. 6-8, 2010.

TORNERO, J. M. P. El desarrollo de la sociedad de la información: del paradigma de la cultura de masas al de la cultura multimedia. In: TORNERO, J. M. P. *Comunicación em la Sociedad de la Información.* Barcelona: Paidós, 2000.

TORRES, W. C. O conceito de morte em crianças portadoras de doenças crônicas. *Psicol Teoria Pesq, v. 18, p. 221229,* 2002.

TORRES, W. C. *A criança diante da morte: desafios.* São Paulo: Casa do Psicólogo, 1999.

TORRES, W. C. O desenvolvimento cognitivo e a aquisição do conceito de morte em crianças de diferentes condições sócioexperienciais. Tese de Doutorado. Faculdade de Ciências Médicas. Campinas: Universidade Estadual de Campinas, 1996.

TORRES, W. C. O conceito de morte em diferentes níveis de desenvolvimento cognitivo: Uma abordagem preliminar. Dissertação [Mestrado]. Rio de Janeiro: Fundação Getúlio Vargas, 1978.

Capítulo 3

RELAÇÃO DIALÓGICA, GESTALT-TERAPIA E IDEAÇÃO SUICIDA: CONSTRUINDO NOVOS CAMINHOS

Andrea dos Santos Nascimento
Marina Corrêa Damázio
Naíra Barbosa Soares

INTRODUÇÃO

Este capítulo se propõe a apresentar os desafios acerca do atendimento psicoterapêutico de duas clientes do sexo feminino, de 21 e 49 anos, atendidas nas dependências do Núcleo de Psicologia Aplicada (NPA) da Universidade Federal do Espírito Santo, durante a prática de estágio específico em Psicologia, na abordagem da Gestalt-Terapia no ano de 2017.

Estruturamos o estágio de prática de atendimento clínico individual em duas partes, uma teórica e outra prática. Na primeira, textos clássicos da Gestalt-terapia, principalmente os de Fritz Perls, e autores contemporâneos brasileiros são apresentados aos alunos para que os conceitos e as teorias possam fazer uma interlocução efetiva com a segunda parte da dinâmica do estágio específico, o atendimento propriamente dito. Além desses textos, são discutidos o Código de Ética Profissional e as Resoluções do Conselho Federal de Psicologia que norteiam a prática profissional no Brasil, destacando-se a Resolução de Prontuários e a Resolução sobre a elaboração de laudos e pareceres técnicos (Resolução nº 001/2009 e nº 017/2002)

Na parte prática, os alunos e as alunas são autorizados pela supervisora a realizar um atendimento em psicoterapia individual, com clientes inscritos no NPA. São pessoas da comunidade em geral, funcionários e estudantes da própria universidade. Esses atendimentos são realizados nas salas do NPA e previamente agendados pelos estagiários, em comum acordo com seus clientes.

O atendimento do cliente é feito de acordo com a compatibilidade de horário e a partir da definição do aluno que fará o atendimento, respeitando o limite de uma sessão por semana. Caso seja necessário, a quantidade de sessões semanais pode ser estendida, após discussão do caso em supervisão. Cada atendimento tem duração média de até uma hora. Para serem atendidos por esse serviço, os clientes passam por um acolhimento inicial e suas fichas são distribuídas posteriormente para cada estagiário respeitando-se o critério de ordem de chegada.

As supervisões são semanais, com carga horária de quatro horas por encontro, e realizadas em grupo. O grupo de supervisão deste projeto em questão conta com a participação de quatorze estudantes do último ano do curso de Psicologia. Os estudantes aproveitam esse espaço para compartilhar suas experiências nos atendimentos clínicos, com os demais colegas, iniciantes e veteranos, sempre com a supervisão da professora. Vale ressaltar que todas as informações referentes aos atendimentos clínicos, são mantidas em sigilo pelo grupo. Todos os atendimentos são registrados em prontuários específicos, e ficam arquivados no NPA.

É de praxe a elaboração de um Acordo de Vinculação Terapêutica, para ser lido e assinado por cada um dos clientes atendidos na abordagem de Gestalt-Terapia, a partir do momento em que fosse sentido o engajamento do cliente ao processo psicoterapêutico. O objetivo desse contrato é familiarizar os estudantes de psicologia com a formulação dos contratos de prestação de serviço de um profissional autônomo, uma vez que estão oferecendo um serviço à comunidade.

REVISÃO TEÓRICA

Para compreendermos melhor como a Gestalt-Terapia se estrutura enquanto um campo do saber psicológico é necessário analisar minimamente os pressupostos que a fundamentam, além das bases teóricas que norteiam seus princípios e conceitos. Dentro dos pressupostos filosóficos da Gestalt-Terapia encontra-se a Fenomenologia, o Humanismo e o Existencialismo, em especial a filosofia dialógica de Martin Buber, uma referência direta para a Gestalt-Terapia, principalmente pela forma de contato do indivíduo com o mundo, por meio da relação "eu-tu" e "eu-isso" (Kiyan, 2009).

Segundo Kiyan (2009), a Fenomenologia de Edmund Husserl influencia a Gestalt-Terapia a partir da apreensão do fenômeno pela consciência do observador em relação a um objeto. Segundo o pressuposto de que a consciência é consciência de alguma coisa, a Gestalt-Terapia busca compreender o fenômeno como ele é trazido pelo cliente, por meio do seu desvelamento na relação com o ambiente em que vive. Sendo assim, a orientação do terapeuta centra-se na prevalência do "como" sobre o "porquê" para focar na análise do momento presente; sentimentos, comportamentos e emoções, tudo o que há de se saber está inscrito no "Aqui-e-Agora".

A clínica da Gestalt visa trazer como figura o contexto e as relações em que o indivíduo está inserido, tendo sua queixa enquanto fundo, a partir da regra básica da GT, que é observar, descrever e compreender (Ribeiro, 1999). A terapia orientada por essa abordagem visa a tomada de consciência de seus clientes sobre suas próprias ações, o que afetam e como são afetados em suas relações. Deste modo, a fenomenologia ajuda a apreender o que se é dito, sem interpretação ou julgamentos, focando na descrição sistemática daquilo que lhe é relatado, ou seja, todo fenômeno para ser compreendido deve ser descrito para chegar à essência em si (Ribeiro, 1999).

O Humanismo, segundo Ribeiro (1985), influencia a Gestalt-Terapia colocando o homem como centro dos fenômenos. O universo deve ser pensado a partir do homem, pois é a partir dele que as coisas se transformam, e é através do mundo que o homem tem a capacidade de compreender a si mesmo enquanto ser que existe. Além disso, a Gestalt-Terapia herda do Humanismo uma visão positiva do homem, que o enxerga como um ser capaz de autogerir-se e regular-se. A filosofia humanista promove um resgate do ser humano, de tudo aquilo que geram incontáveis caminhos diferentes para o indivíduo, criatividade, espontaneidade, força e beleza é o que se busca para trabalhar o potencial transformador (Ribeiro, 1999).

Kiyan (2009) refere-se ao Existencialismo sartreano como um dos pilares de sustentação da Gestalt-Terapia. A visão de homem no Existencialismo concebe um indivíduo que é sempre inacabado, que se descortina a cada novo instante de sua existência. Um homem "condenado" pela própria liberdade de estar sempre em transformação, sendo responsável por suas escolhas e tendo que lidar com a angústia de não ter uma natureza pronta e acabada, e sim, uma existência aberta ao desconhecido. Em Gestalt-Terapia, a questão da responsabilidade, da aceitação e da conscientização do indivíduo perante sua vida é fundamental para o processo terapêutico.

O existencialismo traz a noção de individualidade, de que a pessoa humana é única, ou seja, o que é bom para alguém, pode não ser para outro ser humano (Ribeiro, 1999). A postura existencial exige do terapeuta um respeito para com seu cliente, ainda que suas crenças e ideologias pessoais sejam extremamente diferentes, pois o que está em questão não é o que o profissional psicólogo crê, mas a vida que é apresentada enquanto queixa a ele.

Para Kiyan (2009), dentro da influência da Filosofia Dialógica na Gestalt-Terapia, existem duas possibilidades de interação do indivíduo com seu ambiente: a relação "eu-tu", que é estabelecida entre dois indivíduos, de maneira horizontal, onde se estabelece um diálogo genuíno de disponibilidade mútua entre as pessoas envolvidas; e a relação "eu-isso", que ocorre entre sujeito e objeto, podendo ser estabelecida, inclusive, entre duas pessoas.

No processo terapêutico, é oferecido um encontro de pessoa para pessoa, em que o psicólogo se dispõe como um facilitador/companheiro de busca e procura, estando pronto para receber os mínimos estímulos que partem do cliente. Nesse encontro, busca-se levar o indivíduo às intuições originárias, "do quem sou eu", por onde a pessoa poderá ressignificar sua vida (Ribeiro, 1999).

Esse vínculo terapeuta-cliente tem ênfase na relação "eu-tu", que diz respeito a um relacionamento dialógico, fenomenológico, criativo e ético (Yano, 2015). "Eu-tu" consiste em estar presente com o outro, sem pré-conceitos, com poucas finalidades ou objetivos voltados para si, mas sim direcionados a viver a relação de forma mútua. Dessa maneira, acontece um encontro existencial, acolhendo a singularidade e alteridade do outro sujeito (Martins e Moreira, 2013). Para tanto, é necessário que o Gestalt terapeuta não se perceba como o detentor de toda sabedoria, verdade e conhecimento nessa relação.

Querer que nosso cliente viva e que ele, ou ela, saiba que pode contar conosco, terapeutas, para esse processo de dor e prazer que é o viver, pode desfazer a apatia do cliente perante à própria existência. Ao buscarmos o outro disponível na relação terapêutica, resgatamos não apenas nosso cliente, mas nós mesmos enquanto seres relacionais.

O Gestalt terapeuta parte do pressuposto que, ao longo da vida, é comum que as pessoas vivam de forma automática, sem se atentar aos acontecimentos diários, entrando em relacionamentos objetificados, "coisificados", onde a outra pessoa é usada para um fim, as relações "eu-isso" (Martins e Moreira, 2013).

Em relação às bases teóricas que fundamentam a Gestalt-Terapia, Ribeiro (1985) apresenta a Psicologia da Gestalt de Werheimer, Kohler e Koffka; a Teoria de Campo de Lewin; a Teoria Organísmica de Goldstein e o Zen-Budismo. Não é proposta deste capítulo apresentar em plenitude todas as bases teóricas, mas apenas os elementos principais que auxiliaram no acompanhamento clínico dos casos em questão.

A Psicologia da Gestalt, ou "Psicologia da forma", elege os temas da percepção, da aprendizagem e da solução de problemas como centrais dentro de seu campo de investigação. Dentre os diversos conceitos da Psicologia da Gestalt que influenciaram a Gestalt-Terapia, destaca-se o conceito de Figura e Fundo, fundamental dentro do processo psicoterapêutico proposto por Fritz Perls. Em Gestalt-Terapia, os temas trazidos pelo cliente são entendidos dentro da lógica da figura e do fundo, em que um elemento do "Todo", da Gestalt, se apresenta como questão em destaque (Figura), dentro de outra parte que "recua", que serve de contexto para a parte que se destaca (Fundo). Essas partes não podem ser separadas, pois formam uma unidade (Ribeiro, 1985, Penna, 2000).

A Gestalt-Terapia entende o indivíduo como um Todo, inserido em um contexto que o constitui e o ultrapassa, ou seja, encontra-se dentro de um campo com o qual se relaciona. Portanto, podemos destacar a Teoria de Campo de Lewin como uma das influências principais de Perls em sua teoria (Ribeiro, 1985).

A Teoria Organísmica na medida em que entende o organismo como uma unidade, em que cada uma de suas partes afeta seu funcionamento total, proporciona a compreensão de que cada organismo é visto como um sistema próprio, organizado e complexo, que apresenta um impulso em se autorregular, de maneira permanente e dinâmica, buscando aprimorar suas potencialidades (Ribeiro, 1985), ou seja, buscando a autoatualização.

Goldstein, citado por Martins e Moreira (2013), propõe que por meio da interação com o mundo, na busca em equilibrar o sistema, o organismo se atualiza. Isso acontece quando o mesmo consegue corresponder de forma satisfatória às demandas do ambiente no qual está incluído.

Ribeiro (1985) aponta ainda para uma influência significativa de religiões orientais na Gestalt-Terapia de Perls, como o Taoísmo e o Zen-Budismo. Tanto a Gestalt-Terapia como o zen, convocam o homem a uma descoberta de si, em um mergulho cada vez mais profundo dentro de seus afetos e sentimentos. O abandono das velhas formas de ser, a abertura para o vazio e a presença constante no "Aqui-e-Agora", são importantes pontos de contato entre as religiões orientais e a teoria de Perls.

A partir do descrito até aqui, pode-se perceber que um dos objetivos da GT é promover a *awareness* do indivíduo sobre a questão que ele traz como figura no *setting* terapêutico. Essa consciência, mesmo compreendendo a precariedade do termo em português, entendemos como estar ciente e atento ao "como". Como sentimos, como pensamos e como reagimos.

OS CASOS CLÍNICOS

Caso 1. Entre pensamentos de morte e ataques de pânico

H.[1], é uma mulher cisgênero de 21 anos, de pele clara, cabelos compridos, altura mediana e corpo magro (de forma que alguns ossos tornam-se

[1] Todos os nomes das clientes atendidas foram modificados para garantir o sigilo de sua identidade.

aparentes). Sorri muito pouco e demonstra-se tímida. Trouxe como queixa inicial frequentes ataques de pânico. Esses ataques foram observados ao final do ano de 2016, momento em que se deslocou do interior para morar na capital, para cursar o ensino superior. Iniciou um tratamento psiquiátrico no início de 2017, com uso de ansiolíticos, e procurou o Núcleo de Psicologia Aplicada, pois precisava de um acompanhamento psicológico também.

Segundo a cliente, a rede de apoio à qual ela comumente recorre em momentos de crise é sua família (pai, mãe e uma irmã) e seu namorado, com o qual mantém um relacionamento há seis anos. Em seu discurso, afirma que não possui vínculos duradouros de amizades. Ao longo das sessões, outras questões que a incomodam vão se desdobrando, momentos que pudemos compreender o funcionamento psíquico de H.

A Síndrome do Pânico para Pessoa (2008), é um transtorno de ansiedade que se configura por crises abruptas, seguido de um intenso medo inexplicável de morrer, como uma sensação de morte imediata, aparentemente sem que haja algo que a justifique. Uma impressão aterradora de que algo muito ruim pode vir a acontecer no instante seguinte, trazendo sentimento de incapacidade ao indivíduo.

Os relatos de H. durante as sessões mostram que a experiência de viver um ataque de pânico é como ter um "nó" na garganta. Ela fala de uma grande angústia que se instala e um medo profundo que a aterroriza, o qual ela não consegue descrever, mas afirma ser "um medo de ter medo". Isso tudo vem acompanhado de diversos pensamentos de inferioridade. A cliente diz tentar fugir da crise, porém, não obtém sucesso.

Orientamos nesse momento que H. pudesse compreender as fases de sua crise. O que acontece quando ela começa? Como ela se sente? O que faz nesse momento? Após refletirmos juntas de que as crises vêm e vão em momentos específicos de sua vida, pedimos à H. que pudesse fazer uma correlação da crise com uma onda do mar.

Quando entramos no mar, podemos ver que as ondas estão se formando e virão em nossa direção, sabemos que elas irão se chocar conosco. Ondas pequenas, conseguimos pular, projetando o corpo para cima em um impulso, enquanto ondas muito grandes, mergulhamos, permitindo que ela passe por cima de nós. De uma forma ou de outra, ponderamos com a cliente que não existe a possibilidade de um ser humano parar em frente a uma onda e ficar fixo, estático, de alguma forma ele cairá ou sofrerá algum impacto. H. possuía três caminhos: ficar imobilizada e sentir o impacto, pular a onda e amenizar o impacto ou mergulhar no mar, "furando" a onda e deixando que ela passe, nos dois últimos casos, ponderamos que o dano é menor. H. se comprometeu a deixar que a crise viesse e que ela deixasse passar sem entrar em pânico, pois já sabe que uma crise não dura para sempre.

Pinheiro (2004, p. 10), baseado em sua experiência clínica, orienta que o caminho ideal para a pessoa que sofre de pânico é "aprender o funcionamento da crise de uma forma organísmica", compreendendo o que está acontecendo com o corpo, como uma ampliação da *awareness,* dando atenção às próprias sensações físicas para, a partir daí, encontrar equilíbrio e tranquilidade.

Ao longo de seus relatos percebe-se uma questão relacionada com a autoestima que traz diversos transtornos em sua vida e que perpassa a questão do pânico. Em sua fala, o sentimento de baixa autoestima emerge, trazendo-lhe a sensação de impotência e fragilidade diante de algumas situações em sua rotina, a saber: o corpo e a relação com a mãe. Relação essa que, por vezes, retirava seu direito de escolha e a fazia se sentir ainda mais frágil.

A cliente relata que se acha muito magra e que isso a faz se sentir inferior às outras pessoas, passando uma aparência infantil e frágil. Revela não se achar bonita e não reconhece nenhum traço de seu corpo, ou mesmo de seu rosto, como belo. Essa questão se reflete como um incômodo frente as suas relações sociais, fazendo com que ela crie um alto nível de exigência para consigo mesma.

Carvalho (2007) define autoestima como sendo um valor que a pessoa dá a si mesma a partir de um autoconceito, que pode ser negativo ou positivo. No caso da cliente em questão, sua valoração é negativa, o que corrobora para que suas crises sejam mais intensas, tendo em vista que, no momento em que elas ocorrem, fortes sentimentos de inferioridade surgem.

H. relata, em alguns momentos, o surgimento de uma tristeza repentina e inexplicável, que a faz recolher-se para longe da presença de familiares e amigos, para chorar. Sinalizamos, para melhor observação, esses frequentes relatos como sendo um possível sintoma de depressão.

Foram utilizadas algumas técnicas para trazer à tona algumas dessas questões, como o auto desenho; algumas listas de atividades para desenvolver em casa e em sessão, tais como o Pentagrama de Ginger (Ginger e Ginger, 1995). Esses exercícios foram propostos com o intuito de que a cliente visualizasse o lugar daquela questão em sua vida, de forma a tomar ciência de si no mundo. Em quatro meses de acompanhamento, H. informou ter tido apenas duas crises de pânico, sendo que em ambas procurou observar suas reações e imaginar a crise como uma onda, deixando-a passar.

Com o intuito de mapear sua lida em sociedade, em família e consigo mesma, foi sugerido que a cliente preenchesse o exercício das cinco dimensões da atividade humana (Pentagrama de Ginger), com o intuito fazê-la observar o que possivelmente deveria ser melhor trabalhado em sua vida e onde ela estaria mostrando mudanças positivas desde o início da terapia.

O Pentagrama de Ginger é uma ferramenta criada pelos autores Serge e Anne Ginger, que representa o ser humano em sua interação com o mundo. A partir do pentagrama, uma estrela de cinco pontas, é possível realizar uma reflexão sobre as cinco dimensões da atividade humana: Física, Afetiva, Racional, Social e Espiritualidade (Ginger e Ginger, 1995). Na clínica, esse instrumento é comumente usado para investigar as relações interpessoais do cliente.

Durante o mês de agosto de 2017, por motivo das férias, a cliente retorna para sua casa, passando a frequentar as sessões a cada 15 dias. Ao fim do recesso, a mesma relatou ter passado por uma crise muito forte. Narrou que vivenciou frequentes pensamentos de morte e a sensação de morte iminente a tomava. Com isso, retornou com a ideia de desistir do curso e da vida na capital. Somado a isso, sentia-se fracassada por ter tido a crise, considerando um retrocesso no tratamento.

Diferentemente da ideação suicida, em que o indivíduo pensa com frequência em dar fim a própria vida e a qual é comumente ligada a sintomas depressivos, como falta de energia e humor deprimido (Botega, 2015), o pensamento de morte vem de forma menos frequente, porém tão intenso quanto a ideação. Isso fez com que fossem observadas com mais cuidado as falas da cliente com referência ao pensamento de morte, incentivando ainda a procura pelo contato com a psiquiatra de nossa cliente de forma a desenvolvermos a terapêutica em conjunto; tal como destacado por Fukumitsu (2014), no trabalho com pessoas que têm pensamento ou ideação suicida faz-se necessária a articulação com a família (caso ela não seja um fator de risco) e outros profissionais da saúde que tenham algum vínculo com o cliente.

H. relatou que foram dois dias de uma crise muito intensa, na qual a sensação de morte iminente era tão forte que a fez pensar em tirar a própria vida para acabar com a angústia. A ideia que reinava era a de que "morrer e acabar com a H. problemática seria a melhor solução". Nesse tempo, fez uso de 03 comprimidos de um dos medicamentos prescritos pela psiquiatra, de forma consecutiva (superdose), porém, afirmou que "o remédio acalma o corpo, mas não segura os pensamentos". Ela descreve ainda que os pensamentos de morte eram tão fortes que ela tinha medo de realizar o ato, no entanto, o que a impedia era "o medo de fazer a família sofrer e a desaprovação desse ato pela religião".

Conversamos sobre a frequência com que esse tipo de pensamento surgia, momento em que H. relatou que, antes de começar o tratamento psiquiátrico e a psicoterapia, eram mais frequentes sempre que surgiam as crises (até esse momento a cliente não compreendia que se tratavam de crises de pânico). Porém, afirmou que depois dos acompanhamentos com os dois profissionais de saúde, esses pensamentos não surgiram mais até o episódio nas férias, deixando-a muito assustada e frustrada.

Trabalhamos mais intensamente a ideia de que a vida é um processo, onde temos altos e baixos, portanto, ter uma crise durante o tratamento faz parte do processo de vida da cliente. Ponderamos com H. que foi apenas com essa experiência que ela passou a descobrir estratégias de enfrentamento para momentos como esse. Assim, foi feita uma reflexão acerca das situações que ela considerava positivas alcançadas desde o início da terapia, de forma a fazê-la perceber que um momento de crise não anula os êxitos alcançados. Acordamos também que, sempre que surgissem os pensamentos de morte, ela imediatamente informaria a terapeuta, a fim de mantermos um contato constante nesses momentos.

Alguns meses depois de começar a terapia era possível notar mudanças nos relatos da cliente. Sua queixa inicial já não é mais figura no setting terapêutico, tornando-se fundo durante o processo psicoterapêutico.

O corpo magro pôde retornar como questão a ser trabalhada, a partir do relato da dificuldade de colocar um biquíni para ir à praia. Para isso, propusemos que H. fizesse um auto desenho, procurando desenhar sua verdadeira aparência. O exercício tinha como intuito levar a cliente a ter uma visão mais gentil de si mesma através da observação crítica de seu auto desenho, a autorregulação organísmica a levaria a se olhar de forma diferente em algum momento da terapia. Assim, ela passou a se enxergar de forma menos rígida e estereotipada, ficando mais confiante e de bem consigo mesma. A partir desse momento, observamos que H. ampliou sua rede social, conseguindo construir amizades mais sólidas, além de ter cultivado novos hábitos de vida, como a prática de exercícios físicos regulares.

Ao longo da terapia, os relatos de tristeza profunda foram diminuindo, surgindo esporadicamente, algo que ela mesma denominou como "tristezinha", um momento breve de tristeza que a faz chorar de "saudades" da família, porém que "não me atropela com pensamentos de inferioridade, derrota e desistência dos meus planos". E quando surgem, ela tem buscado não estar só, recorrendo a companhia de amigos e familiares, bem como, buscando formas de se distrair sozinha.

Retomando o Pentagrama de Ginger, o ponto onde H. chamou atenção para maior mudança foi a dimensão física. A cliente afirmou que foi "a partir do trabalho com a questão da autoestima que as outras dimensões também foram afetadas, pois eu me tornei mais confiante comigo mesma".

Outras questões surgiram no decorrer do tratamento, como o grande valor que a cliente atribuía à opinião de outras pessoas sobre sua própria vida (sua mãe e seu namorado, principalmente). Trabalhamos como diferenciar aquilo que parte da sua vontade e aquilo que é da vontade do outro, momento que propiciou a H. fazer muitas escolhas sozinha, destacando a decisão de fazer uma tatuagem e buscar por apartamentos para morar. A dimensão social do Pentagrama de Ginger também sofreu uma modificação a partir do momento em que ela relatou: "tenho me sentido mais parte do núcleo de amigos da faculdade" e sinalizou melhoria na relação com seus familiares e namorado.

Com o andamento da psicoterapia, H. percebeu que havia uma resistência em entrar em contato com algumas situações da sua vida: "medo de ousar e se pôr em situações novas, como ficar sozinha um final de semana na capital". Portanto, o convite foi para que a cliente saísse da zona de conforto e experimentasse esse evento, comumente temido por ela.

Ao observar sua evolução na terapia, a cliente passou a sentir-se mais forte para enfrentar outros momentos de crises que poderiam acontecer. Buscou ampliar as situações nas quais ela se sentia viva e de bem com sua própria pessoa. Fukumitsu (2014) orienta, em relação ao papel do terapeuta no trato de pessoas com pensamento e ideação suicida, que a proposta não é evitar a morte, mas auxiliar o cliente a encontrar ocasiões em que perceba sua existência.

O vínculo de confiança estabelecido entre terapeuta e cliente é também um marco importante para o desenrolar da terapia, pois no momento em que é construída uma relação de confiança, ela se torna mais autêntica, fazendo com que a análise das questões possa ser melhor trabalhada e pensada. Esse encontro propicia condições para que o cliente possa ouvir, ver, compreender, aceitar e amar a si mesmo (Cardella, 1994).

É importante que o terapeuta dê abertura para a experiência do cliente, estando inteiramente presente para que o processo terapêutico aconteça, de forma a conduzir o indivíduo ao reconhecimento de suas próprias questões, explorando as vivências no "aqui-e-agora" (Hycner, 1995; Feldman, 2004; Perls, 2011, apud Costa; Lopes e Samaridi, 2017). A partir do estabelecimento desse vínculo de respeito e confiança que o trato sobre questões relacionadas aos pensamentos suicidas se dá de forma mais fluida.

Sabendo que a vida é um processo, com momentos positivos e negativos, e com a crença na autorregulação organísmica, acreditamos que essa cliente olhará as situações de sua vida de forma autêntica e mais confiante em si. Encerramos o acompanhamento psicoterapêutico com manifestações de que os objetivos da terapia, por ora, foram alcançados, tal como aponta Fukumitsu (2014, p. 273) ao fazer referência ao texto de Perls, Hefferline e Goodman

(1997): "O objetivo da terapia é superar a solidão, restaurar a autoestima e realizar a comunicação sintáxica."

Caso 2. Ideação suicida e dependência química, entre a negação e o aceitar-se

Esse atendimento foi, para nós, bastante desafiador. A cliente K., mulher cisgênera de 49 anos, de estatura baixa, cabelos curtos e tingidos na cor de chocolate, que possuía um sorriso fácil, corpo bronzeado e esguio, com humor extravagante, trouxe como queixa inicial conteúdos relativos a conflitos familiares, relacionamentos amorosos, questões de autoestima e habilidades sociais.

K. contou, durantes as sessões, que é proveniente de uma família com costumes muito conservadores. Sua mãe era religiosa e bastante rígida com ela, que se sentia reprimida desde muito jovem. Engravidou em sua primeira relação sexual, aos 16 anos e foi obrigada pela família a casar-se. Teve dois filhos com esse esposo, atual ex-marido, vindo a ter envolvimentos amorosos com outros homens. De um deles, engravidou novamente de seu terceiro filho, mas também não permanecem juntos. Viveu com esse parceiro, que era policial, um relacionamento abusivo, mas também carregado de paixão e afetos intensos. K. conta que quando estava numa gravidez já avançada, o pai de seu caçula apontou uma arma para ela como forma de impor autoridade, e, quando seu filho estava com apenas oito meses de idade, ele a deixou.

Ela relata ter se casado oito vezes, "não de papel passado, mas morando junto", e conta que começou a abusar de substâncias químicas, como remédios para emagrecer, após o pai de seu terceiro filho tê-la deixado. Ela atribui esse abandono, ao fato de estar acima do peso por conta da gravidez. Desde então, o uso de remédios se tornou algo compulsivo por oito anos, inclusive com ingestão concomitante de bebidas alcoólicas.

Após o falecimento repentino de um namorado, a quem ela considerava o amor de sua vida, K. entrou em depressão e procurou um cardiologista que receitou um "calmante". Afirmou que retornou ao médico informando que não se sentia bem com essa medicação. Foi então que ele recomendou que ela fumasse maconha, segundo ela relata. Desde então, ela passou a fumar a erva, concomitantemente com a ingestão de álcool e outras drogas, como cocaína, e posteriormente, crack (principalmente associado à maconha em forma de "fristo"). K. foi se envolvendo ao longo dos anos com amizades e parceiros sexuais que parecem ter contribuído para a manutenção do uso de substâncias e que dificultaram suas tentativas de parar.

Uma figura central na trama de K. era sua mãe, que estava convivendo com Alzheimer e que, quando iniciamos nosso percurso na clínica, estava sob seus cuidados, em sua casa, onde morava também com o filho mais novo. Em uma de nossas sessões, K. chegou com o semblante esmorecido e com a difícil notícia de que sua família (irmãos e irmãs), decidiu retirar sua mãe de sua casa e de seus cuidados, e levá-la para morar com uma de suas irmãs em um sítio, na zona rural do estado.

Essa separação de sua mãe acarretou um grande desequilíbrio em sua vida. Notamos que seu comportamento nas sessões ficou mais agressivo e evitativo, e, a partir disso, suas ideações suicidas vieram à tona. É interessante notar que a presença de sua mãe como alguém que dependia dela, mas que também fornecia à ela suporte emocional, foi importante para dar à cliente um sentido na vida. O fato de K. se reconhecer como essencial para a sobrevivência de sua mãe a mantinha mais distante dos pensamentos e comportamentos suicidas. Era como se ela precisasse sempre manter um certo grau de equilíbrio para poder dar suporte à mãe, que tinha a saúde ainda mais comprometida do que a dela. Mesmo que K. tivesse que lidar com a depressão, com um humor bastante flutuante e bipolar e com o uso abusivo de substâncias, a presença da mãe como uma figura ainda mais frágil, que demandava seus cuidados, a tornava mais presente e mais forte em sua própria vida.

Os irmãos descobriram que K. estava fumando maconha em casa e decidiram retirar a mãe de lá, o que fez com que a cliente perdesse um certo senso de utilidade que sentia sobre si mesma. Às vezes, ao falar dos cuidados com sua mãe, exibia orgulho por tê-la "consertado" (nas palavras dela), e encarava a saúde e o bem-estar da mãe quase como uma missão.

A partir dessa ruptura, não prevista e muito menos desejada por ela, começaram a aparecer os questionamentos em relação ao sentido de sua vida. Por vezes demonstrava sentimentos de inutilidade, de não ser amada pela sua família, pelos filhos, e de se sentir só. Ela dizia que a mãe, em seus "flashes" de lucidez, era a pessoa que mais a apoiava e amava, tal como ela mesma relatou: "o rosto sereno de minha mãe acalma e traz paz".

Tentamos resgatar com essa cliente algum sentido de valorização da vida. Desenvolvemos junto a K. a ideia de que não há nenhum ser como ela no mundo, nem como a terapeuta, nem como ninguém mais; que cada pessoa aqui, nesse planeta, é feita de uma combinação de fatores genéticos, ambientais, psicológicos, sociais, espirituais, de forma que cada ser seja único, e por isso, pode desempenhar um papel singular na existência. Cada um é insubstituível. Essa foi uma das reflexões que fizemos quando as ideações suicidas surgiram no *setting* terapêutico.

A cliente já havia apresentado também comportamentos suicidas em um passado mais distante, que surgiram como material no "aqui-e-agora" da psicoterapia. Em um desses episódios que ela relata, tentou pular da janela de seu apartamento, embriagada pelo álcool, na presença de seus dois filhos mais velhos. O primogênito conseguiu impedi-la. O filho do meio, chocado com sua atitude, decidiu se mudar para a casa do pai e da madrasta e não quis mais morar com ela. K. sentia muita culpa, mas as tentativas de suicídio e o desejo de morte apareciam como uma saída para o sofrimento imenso que sentia e com o qual não sabia lidar. Um sofrimento que a sufocava, do qual gostaria de se anestesiar a qualquer custo, inclusive fazendo uso abusivo de substâncias.

Ela relatou que a maior parte das vezes que tentou suicídio estava sob efeito de álcool ou outra droga psicoativa. "Não posso beber, o álcool me faz perder o controle", afirmava. Quando estava sob um estado alterado de consciência, essa coragem de passar ao ato suicida vinha à tona, entretanto, relatava que os pensamentos e sentimentos a atormentavam mesmo quando estava sóbria.

Inicialmente, nossos atendimentos trouxeram algum nível de melhora para a cliente. Tivemos a oportunidade de fazer importantes elaborações e pudemos proporcionar um espaço acolhedor e de reflexão sobre sua condição existencial. No entanto, o fato da cliente estar fazendo uso de substâncias psicoativas de maneira abusiva após a saída de sua mãe de seus cuidados, apresentando riscos para sua integridade física e mental, chegando a colocar a própria vida em risco, nos fez esbarrar em um certo limite para a nossa intervenção. Mesmo com as técnicas de meditação, com o diário de coisas positivas que aconteciam em sua vida, que pedimos que escrevesse como um dever de casa constante, com o controle respiratório e as dicas de presentificação, K. evitava entrar em contato com suas dores e permanecia presa ao que ela considerava "erros grosseiros do passado". Chegamos ao consenso de que o serviço de psicoterapia que poderíamos oferecer não seria suficiente para esse tipo de demanda trazida pela cliente e que era necessário que K. procurasse também um psiquiatra para acompanhamento mensal, além de um serviço especializado, onde ela pudesse perceber que existem outras pessoas que reconstruíram suas vidas e seguiram em frente.

Apesar de K. conseguir um emprego de cabeleireira (que foi um grande avanço em sua vida, tal como relatado por ela), observamos certa estagnação no seu tratamento. Decidimos, em comum acordo com a própria cliente, encaminhá-la ao Centro de Atenção Psicossocial Álcool e outras Drogas (CAPS-AD III), que é o serviço especializado mais próximo do território em que reside.

O CAPS-AD faz parte do Sistema Único de Saúde (SUS) e consiste em serviços específicos para o cuidado, atenção integral e continuada às pessoas com necessidades em decorrência do uso de álcool, crack e outras drogas, além do apoio a usuários e famílias na busca de independência e responsabilidade para com seu tratamento, através de uma equipe multiprofissional composta por médico psiquiatra, clínico geral, psicólogos, dentre outros (Brasil, 2011).

Discutimos sobre a relevância de reconhecer os limites de nossa própria atuação profissional, e de estarmos dispostos a fazer um encaminhamento a outro profissional ou serviço mais qualificado às demandas de cada cliente, como parte de uma postura ética que o psicólogo deve ter em sua atuação clínica. Agendamos um horário no CAPS e levamos K. a um encontro de grupo. K. retornou à mais duas sessões e relatou, apesar das dificuldades que continua enfrentando, ter se "encontrado" no serviço de apoio e estar esperançosa por dias mais alegres, com a proposição de novos sentidos para a sua vida.

DISCUSSÃO

Quando iniciamos os atendimentos clínicos com nossos primeiros clientes, enfrentamos momentos de tensão e desafio, em que pudemos entrar em contato com a prática profissional da psicóloga e do psicólogo. É interessante ressaltar que na clínica da Gestalt-Terapia existe uma infinidade de recursos ao alcance do terapeuta, envolvendo materiais artísticos, musicais, do teatro, do cinema, da literatura, e o que mais a criatividade do terapeuta permitir dentro do *setting*. Kiyan (2009) ilustra muito bem essa diversidade de técnicas que, longe de serem meras "receitas de bolo" prontas e acabadas, funcionam como boas sugestões que norteiam o trabalho do Gestalt-Terapeuta, que irá adaptar esses "experimentos" à realidade de cada cliente em sua singularidade.

Tanto K. quanto H., viviam uma "vida ausente" de suas experiências cotidianas, o que pode levar a pessoa à uma vida objetificada e à perda do sentido de vida, acarretando questões psíquicas ao indivíduo. Por isso, a Gestalt-Terapia trabalha com o intuito de fazer com que a pessoa volte a ter consciência de suas ações, não como uma experiência rasa, mas profunda e repleta de sentido.

Seguindo a orientação da Gestalt-Terapia da busca das sensações originárias do ser humano, o trabalho com essas clientes levou a uma conscientização de alguns acontecimentos de suas vidas, de forma a estarem *aware* de suas escolhas e de suas ações. Foi trazida a reflexão, de forma prática e falada, da possibilidade concreta de novos rumos para suas vidas, proporcionando experiências novas e fechando gestalten que não faziam mais sentido ficarem abertas, pois impediam que outros contatos fossem vivenciados por elas.

A fim de sensibilizar as clientes para suas questões, com o intuito de fazê-las retomarem o sentido da vida, foram utilizadas técnicas que a clínica da Gestalt nos permite criar e reproduzir, como no atendimento com a cliente H., em que se fez uso do auto desenho para trabalhar suas questões corporais, as quais tinham grande influência em sua vida, bem como o pentagrama de Ginger, que a fez perceber os pontos de mudanças e possibilidades de investimento, estabelecendo novos contratos de vida. Durante o acompanhamento também foram utilizadas outras técnicas para demandas pontuais que surgiam durante sessão, como, por exemplo, a técnica do "monodrama", onde ela pôde simular uma cena em que ela conversava consigo mesma, utilizando o abajur como seu *alter ego*, para que pudesse, com isso, elaborar melhor seus sentimentos em relação a seus conflitos internos.

Com a cliente K. foram trabalhadas técnicas de respiração, meditação e também foi proposto que fizesse um diário com as informações mais relevantes do seu dia, elaborações de suas questões, e o que mais quisesse escrever, colocando o foco nas experiências positivas do seu cotidiano.

Os exercícios de respiração e meditação eram feitos no início da sessão, logo que a cliente chegava, para que ela ficasse mais presente na hora de abordarmos suas questões em psicoterapia. Quando começamos a introduzir os exercícios nas sessões, a cliente conseguia desacelerar a fala e organizar seus pensamentos de forma mais clara, além de poder notar como seu corpo estava no momento, as sensações que percorriam seus órgãos e cada parte do corpo, e os pensamentos que passavam por sua cabeça. Isso também trouxe ganhos importantes para o trabalho terapêutico e possibilitou um maior estado de *awareness*.

O exercício do diário foi importante para que a cliente continuasse elaborando suas questões mesmo fora do *setting*, e também para que ela exercesse o autocuidado, uma dimensão que se encontrava prejudicada em sua vida, já que uma de suas principais atribuições quando o processo psicoterapêutico se iniciou, era cuidar de sua mãe com *Alzheimer*. Isso acabava ocasionando uma falta de cuidado para consigo mesma, o que foi resgatado no nosso percurso na clínica.

O diário foi um dispositivo de registro desses momentos de autocuidado, e também eram passados alguns "deveres de casa" que trabalhavam essa habilidade. Por exemplo, em um deles foi pedido que a cliente fizesse um "mimo" para si mesma em cada dia da semana e registrasse em seu diário qual tinha sido esse "mimo" e quais sentimentos isso evocava. Eram simples atitudes que, incorporadas como um hábito à sua rotina, faziam uma grande diferença na sua autoestima e saúde mental de modo geral.

Pode-se dizer que a liberdade que a Gestalt-Terapia proporciona no que diz respeito a essas variadas vivências dentro do *setting* e fora dele, permite que a relação terapeuta-cliente alcance resultados significativos e inventivos para proporcionar aos clientes uma vida mais plena e centrada no Aqui-e-Agora.

No que diz respeito às questões relacionadas ao suicídio, à vida e à morte, esses experimentos também permitiram interessantes elaborações. O desenho, por exemplo, que é ilustrado com o caso de H., pôde mediar a sua relação com seu próprio corpo de maneira bastante singular e através dele foi possível ressignificar sua autoimagem. Quando se trata de dar sentido à própria vida e de sua relação com a finitude, com a morte ou com que rumos dar a essa vida, há sempre algo do não dito, do não elaborado, que pode ter passagem através da arte, da escrita, da expressão corporal, e assim por diante.

Observamos nas duas clientes as tentativas de fuga de sua realidade, percebemos que elas evitam contato, no caso de K., com o uso de álcool e outras drogas, e no caso de H., com o uso de medicação controlada. H. achava que estava sempre no controle ao portar a medicação consigo durante 24h do dia. Porém, nos dois casos, as clientes verbalizam que essas fugas podem até anestesiar o corpo e refrear a ação física, no entanto, o pensamento e o desejo continuam vivos e pulsantes.

Foi de fundamental importância trabalhar com essas clientes a ideia do sentido da vida e das outras possibilidades que elas poderiam encontrar em sua existência. A Gestalt-Terapia tem como objetivo trazer a pessoa para a responsabilização de seus atos e para o desenvolvimento do seu autossuporte. Dessa forma, ao trabalharmos essas questões com as clientes, nós proporcionamos a abertura de novas experiências que contribuíram para que elas tivessem uma presença mais responsável e consciente em suas próprias existências.

Suas questões, apesar de diferentes, trazem as duas para um mesmo fim: a busca por uma nova forma de se ver, de perceber suas realizações e seus fracassos apenas como ciclos da vida e não como definidores de suas existências. As demandas iniciais que se desdobraram em outras, fizeram com que elas percebessem que o processo de vida é algo muito mais complexo, porém com grandes possibilidades de mudança a medida que nos tornarmos presentes em nossas escolhas.

A vida está a todo tempo se transformando, oscilando entre equilíbrios e desequilíbrios. Mas, uma atitude mais consciente e responsável em relação à vida, que pode ser proporcionada por um processo psicoterapêutico como este na clínica da Gestalt, de alguma forma, instrumentaliza o sujeito para que lide de maneira mais madura com as questões que podem surgir no decorrer de seus processos. Há fechamento de antigas *gestalten* e abertura de novas a todo momento.

CONSIDERAÇÕES FINAIS

A experiência da prática profissional em campo de estágio é de fundamental importância para a formação em Psicologia. A oportunidade de ir a campo, estar a sós e frente a frente com um cliente em um atendimento psicoterapêutico, foi muito interessante, e ao mesmo tempo desafiadora, para a nossa construção enquanto profissionais. A compreensão do amor na relação terapêutica, que transcende o livro e pode ser vivenciada na prática, proporciona um entendimento físico-emocional da relação existencial entre cliente e terapeuta, que é de difícil tarefa "academizar".

Essa etapa final foi como uma amarração dos diversos aprendizados percorridos ao longo do curso. Pudemos ver de perto como a prática do psicólogo é desafiadora e requer formação e dedicação constante. Engana-se aquele que pensa que a graduação encerra a preparação para a vida profissional, uma vez que sempre irão surgir novos desafios na nossa prática e sempre haverá situações que requerem estudo, preparação, empenho e dedicação da nossa parte. Nesse processo em trânsito, podemos constatar a beleza do ser humano na sua eterna incompletude, em sua abertura para o desconhecido, para um mar de possibilidades, como gostam de pensar os existencialistas.

Diferentemente de outras abordagens que tratam o consciente como "lugar" por onde perpassa o fluxo de ideias, para a Gestalt-terapia, ele é um estado de presença, de conscientizar-se dos acontecimentos ao seu redor, dos acontecimentos em sua vida, um conceito que anda de "mãos dadas" com a ideia de *Dasein* (Santos, 2012), *eu sou*, *eu estou* e é isso, nada mais. A função do profissional terapeuta será a de facilitador, para que o cliente se perceba e fique *aware* do que sente e pensa, do que faz consigo mesmo e de como é sua relação com o mundo, transformando as relações "eu-isso" em "eu-tu".

O contato terapêutico deve ser sentido e vivido, por isso o gestalt-terapeuta lida com o aqui-e-agora no *setting* terapêutico, trazendo esse modo de vida para o cliente. Para tanto, o passado e o futuro não se tornam o foco a ser trabalhado nas sessões, o foco está em como o cliente lida com suas questões, que podem envolver algum fato passado ou alguma projeção futura no tempo presente. O que nos importa é o conteúdo dos seus sentimentos no presente, como o cliente elabora e permite seu "vir à tona".

O fenômeno em si é apenas uma parte do cliente, o todo do "sistema-cliente", através de uma de suas partes, é a questão que se salienta. Sustentando a visão fenomenológica de que o todo é maior que a soma das partes, proposta por Husserl (Martins e Moreira, 2013), o Gestalt-terapeuta está atento ao seu próprio comportamento perante o cliente, pois o corpo, muitas vezes, fala mais do que pensamos no nível da consciência, o que pode ser percebido pelo cliente e ter algum tipo de impacto na sessão de terapia.

O Gestalt-terapeuta encontra-se na clínica com a função de facilitar que o sujeito torne-se *aware* de si, respeitando a individualidade do cliente e permitindo que este seja a figura na relação terapêutica. O terapeuta deve acompanhar o cliente em suas descobertas por novas possibilidades de existência, facilitando seu contato consigo mesmo e com o meio que o cerca. No caso dessas clientes com potencial suicida, aprendemos a respeitar, observar, tolerar e caminhar junto, observando e trabalhando nossas próprias frustrações e limitações com carinho, em respeito também a nós mesmos.

REFERÊNCIAS

ANDRADE, C. C. A vivência do cliente no processo psicoterapêutico: um estudo fenomenológico na Gestalt-terapia. Goiânia: Pontifícia Universidade Católica de Goiás, 2007. Dissertação de Mestrado em Ciências Humanas. Goiás: Pontifícia Universidade Católica de Goiás, Goiânia, 2007.

BOTEGA, N. J. *Crise suicida: Avaliação e manejo*. Porto Alegre: Artmed, 2015.

BRASIL. Ministério da Saúde. Portaria nº 3.088, de 23 de dezembro de 2011.

CARDELLA, B. H. P. *O amor na relação terapêutica: Uma visão gestáltica*. São Paulo: Summus, 1994.

CARPIGIANI, B. (Org.). *Teorias e técnicas de atendimento em consultório de psicologia*. São Paulo: Vetor, 2011.

CARVALHO, M. L. Compreendendo a autoestima no enfoque da Gestalt-terapia. 2007. Monografia (Conclusão de curso), Centro Universitário de Brasília, Brasília, 2007.

COSTA, V. E. S. M.; LOPES, M. R. P. R. e SAMARIDI, I. A vivência aqui-e--agora na relação terapêutica na abordagem gestáltica. *Fragmentos de cultura*. v. 27, n. 2, p. 303-312, 2017.

FRAZÃO, L. M. e FUKUMITSU, K. O. *A clínica, a relação psicoterapêutica e o manejo em Gestalt-Terapia*. São Paulo: Summus, 2015.

FUKUMITSU, K. O. O psicoterapeuta diante do comportamento suicida. **Psicologia USP**. v. 25, n. 3, p. 270-275, 2014.

GINGER, S. e GINGER A. *Gestalt: uma terapia do contato*. São Paulo: Summus, 1995.

KIYAN, A. M. M. *O gosto do experimento: possibilidades clínicas em Gestalt-terapia*. São Paulo: Altana, 2009.

MARTINS, M. A. G. e Moreira, L. A postura do Gestalt-Terapeuta. **Revista IGT na rede,** v. 10, n. 19, p. 321-327, 2013.

PENNA, A. *Introdução ao Gestaltismo.* Rio de Janeiro: Imago, 2000.

PESSOA, M. T. G. B. A terapia transpessoal no tratamento da síndrome do pânico, 2008. Dissertação (pós-graduação em terapia transpessoal), Instituto Superior de Ciências da Saúde, Salvador, 2008.

PINHEIROS, M. A clínica da síndrome do pânico. 2004. Disponível em :https://www.igt.psc.br/ArtigosIGT/A Clinica da Sindrome do Panico.htm Acesso em: 19 jul. 2017.

RIBEIRO, J. P. *Gestalt-Terapia: refazendo um caminho.* São Paulo: Summus, 1985.

RIBEIRO, J. P. *Gestalt-Terapia de curta duração.* São Paulo: Summus, 1999.

RODRIGUES, H. E. *Introdução à Gestalt-Terapia: conversando sobre os fundamentos da abordagem gestáltica.* Petrópolis: Vozes, 2000.

SANTOS, G. A. O. A espacialidade na compreensão do transtorno do pânico: uma análise existencial. **Revista da Abordagem Gestáltica**, v. 18, n. 2, p. 197-205, 2012.

YANO, L. P. A clínica em Gestalt-Terapia: A Gestalt dos atendimentos nos transtornos depressivos. *Revista do NUFEN,* v. 7, n. 1, p. 67-85, 2015.

POESIA

Desesperador...

Valdemar Augusto Angerami

Um grito de dor...
Perturbador, dilacerador, desesperador...
De vida combalida, caída, esvaída...
Dor alucinante, angustiante, extasiante...
De dor tão doída, sofrida de alma esmaecida...
Da busca da morte como certeza, leveza e destreza...
Do fim anunciado, decantado e sonhado...
Da alma sem sofrimento, tormento e aniquilamento...

Suicídio trazendo a sorte com o corte e porte da morte...
Alma constrita, retorcida e adormecida...
Do inferno com sua luz que seduz e conduz...
Do acolhimento ao tormento do sofrimento...
Suicídio do momento tenaz, perspicaz em busca de paz...
Labaredas de fogo incandescente, eloquente e dormente...
Da alma despida, sofrida em despedida...
Suicídio com o ranger dos dentes da alma sofrente...
Fim, simplesmente o fim...

Serra da Cantareira, numa manhã azul de Outono...

Capítulo 4

QUANDO A VIDA PEDE SENTIDO

Marilda de Oliveira Coelho

Acontecimentos como a tentativa de autoextermínio e o seu *êxito*, que denominamos suicídio, não combinam com explicações. Mesmo que explicações existissem, não seriam capazes de aplacar a dor que tais acontecimentos provocam. Nem sempre os postulados da razão cartesiana conseguem resolver as questões humanas. Saber como ocorrem é diferente de saber o porquê ocorrem. Saber o que fazer, quando se vive tais intercorrências, não sana nem preenche a dor e ou ausência sentida. O melhor a fazer é prevenir. A experiência clínica e a literatura têm mostrado que a prevenção é a iniciativa mais eficaz em se tratando de saúde. Predominantemente, não curamos o sofrimento, mas é possível cuidar. E essa é uma nobre tarefa.

Vivemos em um mundo onde não há lugar para a subjetividade. Sofremos de uma desorientação generalizada, falência de valores fundamentais, empobrecimento das leis e do saber. Necessário se faz contextualizar depressão e suicídio em tempos de mudanças radicais. Hipercapitalismo – entendido como força que sustenta a globalização financeira, hipertecnicização – embasando a difusão tecnológica, hiperindividualismo – promovendo a ideia de superioridade do indivíduo sobre o coletivo e hiperconsumo – visto como forma de busca incessante pelo prazer de comprar e possuir são variáveis que interferem diretamente na forma de vivenciar a vida e a morte. Esses fatores organizadores dominantes fizeram nascer uma cultura sem precedentes na história, geradora de um mal-estar prevalente na civilização, isso tem provocado o aumento significativo do adoecimento psicológico/ psiquiátrico, doenças psicossomáticas, uso de drogas e psicotrópicos, depressão e suicídio. Sem exageros, vivemos na miséria subjetiva. Isso eclode nas vivências cotidianas, de forma avassaladora.

Na infância e adolescência, os pais preocupam-se em oferecer aos filhos o melhor ensino acadêmico. Tenho observado, com certa tristeza, que poucos se ocupam em ensinar-lhes a arte da relação interpessoal e uma escala de valores morais. A educação tem sido terceirizada e/ou negligenciada, principalmente na cultura ocidental. As novas gerações têm pouco tempo e aptidão para ser pais, e o certo é que não se pode oferecer o que não se tem, essa questão é de ordem transgeracional. Clinicamente, tenho acompanhado um empobrecimento significativo da consistência, da coerência e da qualidade da ética e da relação entre direitos e deveres dos cidadãos. Gente precisa de gente para se tornar gente, costumo dizer aos pais que oriento.

A história humana não se desenrola apenas nos noticiários de violência urbana, nos atos de terrorismos ou corrupção governamental, ela se desenrola também nas famílias, nas escolas, em condomínios, nas redes sociais, nos cybers namoros ou no shopping center. A vida acontece a todo momento, entre uma atividade e outra do dia corrido, tudo é muito intenso. É comum não identificarmos o que sentimos, por isso sem sentido fica. É desses intervalos, vividos, mas não compreendidos, que surgem as dores que busco traduzir na minha escrita.

As condições socioculturais do momento fazem da psicologia uma ciência importante para a compreensão do comportamento humano. Detemos um patrimônio de conhecimentos preciosos para minimizar as dores da sociedade contemporânea. A medicina e os fármacos não dão conta do sofrimento humano e não oferecem o bem-estar e a felicidade prometida. Medicalizar, em regra, é pôr a culpa na pessoa pelo jeito que ela é e pelos problemas que ela vive, *é* tirar a responsabilidade do sistema político-social-econômico, além de enfraquecer as respostas coletivas. Entre as ações de tornar "tudo igual", de pregar um "comportamento único" está a medicalização. De acordo com a última contagem, nós, os humanos, alcançamos o incrível número de 7 bilhões de seres sobre o planeta Terra. No milênio da humanização e valorização da diversidade, 7 bilhões é uma diversidade espetacular. Basta imaginarmos que cada um é um indivíduo único, sem outro igual. Então, podemos dizer que há bilhões de subjetividades, isto é, diferentes jeitos de pensar, de sentir, de se comportar, de compreender e se relacionar – inspirando e respirando juntos e ao mesmo tempo, pensando e buscando sentido para a vida e seu ofício. Mesmo com todos os avanços tecnológicos, vivemos em uma sociedade em que a depressão é a segunda causa de morbidade, com previsão de ser a primeira até 2020.

Dolorosamente, descobrimos que a felicidade no estilo "express", obtida por pílulas, tecnologia da informação e bens de consumo, não existe. As pessoas sucumbem pela falta de sentido de vida e perdem a motivação para seguirem em frente. Essa mesma sociedade da apologia à felicidade "a qualquer custo" cobra do ser humano que seja bem-sucedido e realizado, de modo que qualquer resultado diferente disso é sentido como fracasso. No mundo organizacional, descobriu-se que mais importante que o quociente intelectual (QI) ou a expertise técnica do colaborador, é ter a inteligência emocional. Saber gerenciar suas emoções e lidar proativamente com as pessoas. A filósofa americana Dra. Dan Zohar, da Universidade de Oxford, agrega ainda a importância do QS-Inteligência Espiritual, e por aí vai.

Diante desses fenômenos socioculturais, a psicologia, surge como uma possibilidade especial de acolher as dores do ser humano e ressignificá-las, devolvendo, se possível, o propósito de vida. A psicologia está em todos os lugares em que o ser humano se defronta com a dor, o sofrimento e a morte. Necessário se faz, nos tempos atuais, uma atitude proativa da nossa categoria profissional. As pessoas têm se mostrado mais abertas a falarem sobre suas frustrações, anseios e crise existencial. A literatura aponta uma procura cada vez maior por ajuda terapêutica.

Pacientes com quadros depressivos significativos perguntam-nos: o que vou fazer agora que perdi o sentido da minha vida? Essa pergunta não encontra resposta pronta. Resolver essa contradição não é possível. O que podemos descobrir é a criatividade que a contradição nos traz. Fazer das "tripas coração" e reinventar outra vida. Se não nos foi dada a escolha de adentrar no sofrimento, podemos escolher permanecer nele ou sair, assim que possível.

Assumi como missão na vida, após três décadas de experiência clínica, decodificar os sentimentos que afligem o ser humano, transpondo-os para a escrita; seja no papel ou em e-books. A simples compreensão do vivido e sentido é um balsamo no sofrimento. Procuro usar de linguagem acessível para o leitor. Estamos na era monossilábica da tecnologia. O "psicologuês" não será fator dificultador do entendimento do conteúdo para o universo de pessoas que buscam respostas para suas "perebas". O processo da busca do autoconhecimento, por si só, apresenta embutido o sofrimento. O uso da linguagem coloquial é uma forma de favorecer essa tarefa pessoal, fundamental e intransferível.

A leitura provocativa gera uma compreensão reflexiva por identificação com o texto, isso conduz a uma Concepção Abstrata dos fatos da vida e desperta o desejo de Experimentar Ativamente o que foi compreendido, razão pela qual escolho ilustrar com casos clínicos.

"As palavras comovem, mas só os exemplos arrastam", frase de autor desconhecido, que eu gostaria muito de ter escrito, dispensa qualquer outra argumentação, é nela que tenho pautado minha prática profissional. A experiência clínica e as pesquisas na área da psicologia e da pedagogia apontam o exemplo como a maneira mais eficaz de passar um comportamento desejado ou indesejado.

1. NINHO VAZIO

O inverno chegou, e agora? Em determinado tempo, comecei a perceber queixas comuns em mulheres que buscavam atendimento psicológico. Casaram-se normalmente jovens, algumas abandonaram a profissão, outras não, mas em comum têm os anos dedicados à criação dos filhos, prioritariamente. Mesmo as que têm profissão descrevem como sendo mais importante a vida doméstica e as crias.

A maioria se encontra na maturidade, apresentam um quadro que vai da desesperança à depressão e vários sintomas psicossomáticos. Desenha-se assim a Síndrome do Ninho Vazio. Poderia ter sido descrita por mim, mas apenas a reconheci na publicação de um colega da área *Psi* em seguida, nas revistas populares, na mídia, nas conversas sociais. Os pesquisadores tentam traçar perfis, categorizar.

O fato é que dói, é triste, solitária e amarga essa etapa da vida, como bem ilustrado no caso de Ivone, 59 anos, casada, aposentada, voluntária em ações sociais, que foi encaminhada para atendimento psicológico após internação de 6 dias em estado comatoso por ter ingerido barbitúricos. Na história relatada pelo companheiro, após saída dos filhos, a mãe – sentindo-se abandonada – passou a apresentar irritabilidade, ansiedade, insônia, oscilações frequentes do humor, ideação de autoextermínio planejada e hiper-reatividade a estímulos banais.

Os filhos cresceram, como gente é feito para voar, chega o dia em que eles caem no mundo, seja para estudar, trabalhar, casar, ou tudo isto. Na casa, antes cheia de ruidosas conversas, solicitações, risos, música, telefonemas e até brigas, reina um silêncio desconfortável. Não há como evitar este ciclo da vida – "não é para isto que foram criados?" – diz autoconsolando-se uma mãe, em vão. Estão tristes, depressivas e só manifestam alguma luz no rosto quando falam dos filhos. Descrevo esse quadro como o luto pela perda da família cheia. Eles voltam, mas voltam diferentes, mais independentes, com outras preocupações, falando de pessoas que elas nem conhecem. As visitas, no início frequentes, vão se espaçando. Já não vêm juntos, cada um em uma data, até que fica determinado que, pelo menos nos aniversários e no Natal, todos aparecerão juntos, promessa nem sempre cumprida.

E assim, ficam com o ninho vazio. Têm pouca intimidade com o marido, caso haja, amigos distantes e parentes que já estão mais esperando apoio do que oferecendo. É o crepúsculo da vida. Nesse período, os dois extremos podem precisar de ajuda: os jovens e os idosos da família. Como se não bastasse a solidão, tristeza e desesperança, ainda precisam lidar com as cobranças diretas e as internas.

Solidão é a carência de si mesmo, assim entendo. Onde foi que estas mulheres se perderam? No cativeiro doméstico. Ser mãe, profissional de sucesso e esposa são tarefas que demandam muito esforço e dedicação. A supermulher moderna tem tentado responder a tudo isso com competência, de modo geral. Mas, centradas na prole, algumas cometem o pecado de se perderem de si mesmas. A identidade pessoal fica borrada por anos. Quando veem os filhos criados, descobrem-se anuladas não identificam nada de seu no mundo, exceto o desejo do outro. A doação é uma característica do gênero feminino, mas há de se ter um equilíbrio, para que a fonte mantenha jorrando vida em abundância.

A Síndrome do Ninho Vazio é identificada na literatura quando há separação do casal, morte do cônjuge ou de filhos ou a saída de casa dos últimos, por qualquer que seja o motivo. A literatura normalmente ressalta a Síndrome como o sofrimento das mães e, na melhor das hipóteses, do casal. No entanto, tenho identificado que ela atinge toda a família, pais e filhos, podendo provocar o adoecimento de todos os membros. No luto não elaborado do ninho vazio, as pessoas tendem a focar no ausente e esquecem dos que estão por perto.

Não raro, nesse momento, a dinâmica familiar é conturbada por conflitos entre direitos e deveres das partes envolvidas. Pais tentam se impor por autoritarismo, reverso da impotência que vivem, sentem medo do que pode acontecer com os filhos longe de sua proteção, ficam culpados diante de pequenos fracassos que estes possam ter. E os filhos ficam arredios, agressivos e tendem a afastar-se mais do que seria preciso do contato com os pais. O sentimento de culpa por achar que os abandonou e que são uns ingratos imobiliza-os, podendo impedir a produtividade profissional.

Tenho relatos de interferência nas relações interpessoais que os filhos estão construindo com amigos e parceiros. Este é um bom momento para que estes jovens saibam que ser independentes não significa estar sempre contra o estabelecido, "o poder", os pais. E os pais entenderem que fazer ou pensar diferente não significa que o filho está contra eles, ou que deixaram de amá-los ou respeitá-los. Não seriam as diferenças, o terreno fértil para se produzir novos ideais e fortalecimento dos vínculos afetivos das gerações? Digo: isto é amor ou uma guerra de poder? Existe distância para o coração? Família estática não seria aquela da foto, que não tem vida?

O diagnóstico da Síndrome do Ninho Vazio pode ser mascarado por sintomas psicossomáticos, tais como dificuldade respiratória, dermatites, colites, constipação intestinal, cefaleias, alterações endócrinas, ansiedade, sentimento de inutilidade, depressão, entre outros. O sofrimento emocional quando não administrado na Psique vai para o corpo em forma de sintomas. Quando sou procurada pelo paciente ou por familiares, estes relatam um longo percurso por vários especialistas. Como a dor não aparece em imagens, nem endoscopias ou exames laboratoriais, pode ser de difícil diagnóstico. Existe também a negação pelo paciente e familiares, por dificuldade em admitir sofrimentos de ordem psicológicos e psiquiátrico. Admitir a dor é como se tivessem fracassado em algo. Dizem: "O doutor não encontrou nada, mas eu sinto, preferiria que houvesse algo para ser tratado no meu corpo". Eu falo: "E há, temos muito o que fazer pelas suas emoções, elas estão te adoecendo". Na expressão do paciente, uma certa decepção. Transitar no terreno da subjetividade é também desconstruir o mito e o pré-conceito que ainda perpassa a doença emocional.

A intervenção psicológica é feita em abordagem familiar. Busco focar no que ambas as partes ganharam ou que possam vir a ganhar: netos, novos lugares para passear, outros amigos. É o inverso do que costumam fazer quando estão no auge da Síndrome, pois tendem a focar no que perderam e se tornam carregados de lamentações. Tenho tido excelentes resultados clínicos na formação de uma nova identidade familiar. Esta técnica terapêutica visa ampliar a consciência do "ser e estar no mundo" e da apropriação das vantagens desta etapa da vida.

Podemos dizer que a Síndrome é circunstancial, a princípio. Quando não diagnosticada e tratada devidamente, compromete a qualidade de vida, há casos em que pode evoluir para sintomas mórbidos, depressão e até suicídio. Se não podemos evitar que isso aconteça com medidas psicológicas preventivas, devemos informar que existe tratamento que possibilita fazer com que tais sintomas desapareçam.

Evidentemente que, como toda característica humana, ela é também multideterminada. Em alguns casos, pode haver uma base depressiva na estrutura anterior da pessoa e a síndrome do Ninho Vazio aparece como desencadeador. A duração do tratamento deve se estender até a inclusão de uma nova ordem familiar, caso contrário, estaremos evoluindo para um luto patológico, pela não elaboração da perda, e este poderá trazer outras complicações, inclusive o suicídio – como o caso de Ivone.

Se tivermos o olhar biopsicossocial para esse fato, identificaremos que esta síndrome se agrava em mulheres já maduras e na menopausa. Nos homens, a síndrome é descrita em menor número, na andropausa e com sintomas mais discretos. *É um período em que a pessoa* se sente envelhecida, sua função sexual, social e profissional pode estar em declínio. A autoestima abaixa. A pessoa desconhece sua imagem no espelho, os anos passaram, sente-se fragilizada e só. Essa sensação de envelhecimento é reforçada muitas vezes pelo culto aos jovens que prevalece na nossa sociedade.

Todas essas variáveis afetam diretamente a estrutura emocional destes pacientes. A abordagem eficaz, do ponto de vista psicoterapêutico, deve levar em conta todos estes aspectos. Ao lado do enlutado, precisamos inventar uma outra vida: inclusão social, profissional, regularizar as funções físicas e forjar uma nova estrutura emocional, ressignificando valores e criando novos objetivos de vida.

A estrutura da personalidade anterior interfere muito na elaboração do luto por perdas. Pessoas passionais e dramáticas costumam sofrer mais com tudo na vida. Entretanto, não são apenas essas pessoas acometidas pela Síndrome, pois – nesta nossa cultura do "ter" capitalista – nenhum de nós é preparado para perder. Mesmo que a saída dos filhos seja feita de forma programada, a emoção tem caminhos que desconhece a razão.

A intensidade do sentimento da perda depende ainda de outras variáveis. Quando a separação é consensual, seja do filho ou companheiro ou companheira, o processo de elaboração do luto costuma ser mais suave. Mas, quando a separação é dolorosa, com brigas, outras demandas ou até mesmo por morte, o luto costuma ser arrastado, tende a evoluir para patológico e exigir cuidados profissionais.

É possível ajudar o enlutado?

Sim. Em alguns casos, necessária se faz a inversão de papéis. A rede social de apoio – formada por filhos, irmãos, pais e amigos – precisa se aproximar para consolar o enlutado, mesmo que temporariamente. Escolha a presença de qualidade em lugar de presentes materiais. Não tenha reserva em demonstrar o afeto que possui. Ajuda muito nessas horas sentir-se amado simplesmente pelo que se é.

Caso haja pendências afetivas, tente esclarecer situações e fatos. Amar e relacionar, muitas vezes, é acumular rancores. Dê preferência mais do que nunca ao vínculo de honestidade: não prometa o que não irá cumprir. Na tentativa de suavizar o sofrimento, filhos, por exemplo, prometem o que não vão conseguir honrar: ligar todos os dias, vir todos os finais de semana. Essa atitude é desastrosa em todas as relações, mas para quem está vivenciando a *Síndrome do* Ninho Vazio pode significar uma evolução desfavorável ou até a tentativa de suicídio.

Com as separações, um ciclo da vida está sendo encerrado para que nasça outro. Nem melhor nem pior, mas diferente. Novos projetos serão bem-vindos, o momento requer uma nova organização e a busca de um outro equilíbrio.

Quando se trata do casal que fica a sós novamente, é preciso que haja uma ressignificação da vida, descobrir que a família não acabou, ela mudou, eles não perderam seus filhos. Mesmo *à* distância, os filhos continuam sendo filhos, agora são adultos. É desejável que assim seja, o contrário, a eterna dependência, é que seria um problema.

A vida conjugal deve ser programada pelos dois. O lazer evidentemente precisa ser prazeroso para ambos. Alerto às mulheres para que abandonem a fantasia de que irão viver um amor romântico, como no início. A situação pode ser diferente. O tempo transforma as relações, ambos se tornaram outras pessoas. O amor maduro tende a ter um colorido mais fraterno.

Velhas árvores

Olha estas velhas árvores, mais belas
Do que as árvores novas, mais amigas:
Tanto mais belas quanto mais antigas,
Vencedoras da idade e das procelas...
O homem, a fera, e o inseto, à sombra delas
Vivem, livres de fomes e fadigas;
E em seus galhos abrigam-se as cantigas
E os amores das aves tagarelas.
Não choremos, amigo, a mocidade!
Envelheçamos rindo! Envelheçamos
Como as árvores fortes envelhecem:
Na glória da alegria e da bondade,
Agasalhando os pássaros nos ramos,
Dando sombra e consolo aos que padecem!

OLAVO BILAC

2. NÃO HÁ LIRISMO NO SUICÍDIO: ADOLESCÊNCIA

Ilustração Clínica

Hortência, 15 anos, estudante, diabética desde os 5 anos, filha única de pais separados. Deu entrada no Hospital em estado comatoso por ter ingerido deliberadamente uma lata de leite condensado, após o rompimento do namoro. Na história pregressa, havia ameaçado se matar, outras vezes, quando se sentia frustrada. O diagnóstico diabético foi feito logo após a separação dos pais. Isto é relevante para identificar a não elaboração do luto pelo rompimento dos progenitores e a dificuldade que passou a apresentar na formação e rompimento de vínculos. A história sugere que houve ganho secundário com a fragilidade dos pais, a manipulação da situação de doença. O desfecho foi a morte de Hortência que parecia apenas pedir ajuda para o que era grande demais para ser administrado por seu psiquismo. Nessa ocasião, por ela, não havia mais o que fazer. Foram os pais, torturados pelo sentimento de culpa e pelo sofrimento intenso, que buscaram ajuda psicológica.

A adolescência representa um período crucial do desenvolvimento humano, que poderá ocorrer com maior ou menor risco, dependendo das condições ambientais nas quais os indivíduos estiverem inseridos. O término dessa fase somente se concretiza quando o jovem elabora o luto pelo corpo de criança, pela identidade infantil, pela relação anterior com os pais na infância, pela perda da bissexualidade infantil, pela consolidação progressiva da existência própria e pela consciência da morte. Até o século passado, a adolescência não existia enquanto período na história do desenvolvimento humano. Agora, além de estar se prolongando, essa fase da vida vai se tornado mais complexa.

Tenho convivido com muitas mães que, nesse período, perdem seus filhos para a morte. Escrever é oferecer o direito de fala, de entendimento aos que sufocam sua dor por não saberem o que dizer. A fala é um instrumento catártico, redentor. Quando comprometida com o afeto, o ato de falar e dar nome leva a pessoa a um estado de maior clareza interior. Sentimento de ser compreendido, portanto, de pertencer à condição de sofrimento humano. Podemos sair do isolamento e da sensação de inadequação. Isso é da técnica profissional, serve para as situações de tensão psicológica. Acredito no poder de mudar a vida a partir da reflexão, na cura pela palavra.

Eles passam como cometas pelas nossas vidas, com intensidade e rapidamente se vão, palavras de uma mãe. A partida pode ocorrer por comportamentos destemidos, comuns a alguns jovens nesta faixa etária, ou disfarçados, no cotidiano, por condutas que diretamente afetam a própria vida, colocando-a em perigo. Exemplificando, temos situações em que adolescentes diabéticos burlam deliberadamente a dieta, com risco de morte, adotam comportamento de direção perigosa, esportes radicais ou dependência química. Essas situações, em alguns casos, emocionalmente, são vistas como tentativas de autoextermínio. Há ainda as evidentes tentativas de suicídios explícitos. Com pistas, pré-avisos ou com pedidos de socorro. Em muitas situações surge a dúvida: é adolescência ou é tentativa de suicídio? Até onde é só uma fase do desenvolvimento? Onde começa o risco de morte? Quando e como impedir?

Em qualquer situação, os pais e familiares insistentemente se perguntam: *onde foi que erramos?* Convido-os a pensar: se conseguíssemos proteger os filhos de tudo e de todos, não seria isso a própria morte? Sim, ficariam frágeis, inválidos, dependentes eternamente da nossa proteção. O que seria lamentável. Como não sabemos até quando estaremos por aqui para cuidar deles, seria muito injusto, desleal cultivar tal dependência.

Paradoxal o equilíbrio entre prender e soltar. Como saber quando e quanto? Há de se ter muita sabedoria para discernir quando deve ser sim, não ou talvez, para cada escolha deles que acompanhamos. Mesmo com toda sabedoria e conhecimento dos iluminados, não evitaríamos que nossos filhos morressem abruptamente e de forma trágica. Viver é correr riscos.

Com grande sofrimento, predominantemente, achamos que morreram precocemente. Mas, existe hora para a morte? Ninguém passa por esta estrada impunemente. São tantos os casos de suicídios que poderíamos citar. Mas, fica também o desconforto de saber que, em geral, quando possível, a família faz opção pela não notificação da morte como sendo suicídio. Com isso, deixamos de tomar conhecimento de quanto é real e grave essa questão na saúde pública. Quando se desconhece, não se previne.

"Diante da perda de um filho ou filha, tudo se justifica e nada tem sentido". Disse uma mãe "tenho chorado por tudo: música alegre ou triste, comida boa, pôr do sol, criança suja na rua, notícia de jornal, abraço demorado de amigos, dor e sofrimento alheio. Como é bom chorar por tudo". É um sentimento de liberdade. A vida na pausa que a escuridão da morte impõe. Uma mãe enlutada pode tudo. Todos se compadecem e até choram juntos, pelas suas próprias perdas, é claro.

Cazuza disse: Só as mães são felizes, e partiu. Também como um cometa. Há quem diga que maior que o legado de sua arte, para os jovens, tenha sido sua forma de viver e morrer. Morreu como viveu: intensa e perigosamente, como um suicida, em potencial. Era um ídolo, como tal, influenciou gerações. A literatura nos mostra que existe um tropismo pelas pessoas em relação à morte. O suicídio causa um impacto no grupo social ao qual pertence à vítima. Existe uma tendência *à* imitação do ato. Surge o paradoxo: notificar ou não a morte por suicídio? Mas será que notificar é o mesmo que tornar público? Claro que não, o que vemos na subnotificação é a presença do Tabu que o tema evoca.

A cria sai das entranhas. Talvez, venha desse fato o sentimento diferenciado de posse que a mães *têm* em relação aos filhos. Mas não seria o parto (partida) a primeira perda? Aparta-se o filho que estava grudado na mãe e depois disso ocorrem sucessivas partidas, perdas. Necessário se faz desmamar, ensinar a andar, levar para escola, para festas infantis, baladas, viagens, intercâmbios, formaturas, casamento. Para cada situação citada existe muita dor, sofrimento, relutância, conflitos e felicidade.

O luto pela perda da criança de colo para o escolar é suave. Mas quando se anuncia a adolescência, a relação costuma "fritar" com a ambivalência entre a dependência versus a independência. Ambos os envolvidos reclamam: Os jovens querem ter todos os direitos dos adultos e da criança, que já foram. Por sua vez, pais e educadores querem que eles tenham todos os deveres de "gente grande", bem como a subordinação ou até subserviência de criança. Evidentemente que se estabelece um conflito entre as partes. Muitas vezes, educadores perdem a razão em nome dela. Muitas são as provocações das partes envolvidas. Surge um impasse de difícil equacionamento. O limite pode oscilar entre rígido e frágil. De modo geral é inconstante, inconsistente, com predominância da tirania dos filhos em relação aos pais. O que torna emocionalmente o adolescente ainda mais sofrido, ameaçado pelos próprios impulsos. É quando a tragédia se impõe como limite. Este é o pior cenário para ocorrer uma perda, pois são muitas as pendências. Vem o dolorimento do parto às avessas. Dor lancinante na estrutura de uma mãe, de uma família. Vi de perto, vi ao lado e vivi junto. É um sofrimento democrático, universal: lágrimas que não precisam de tradução, falam por si, aqui ou no Haiti.

Assim como o suicídio também funciona a morte. Diante da pergunta: por que comigo? que a mãe do suicida faz. Não seria razoável perguntar: por que não comigo? Pode acontecer com qualquer pessoa e em qualquer momento. O suicida, frequentemente, apresenta uma base psíquica doente. Para adoecer-se das emoções, basta ter cérebro. A literatura e a experiência clínica têm demonstrado que as tentativas de suicídio ocorrem, com maior frequência, na população jovem do sexo feminino, nas residências e com uso de medicamentos, o que demonstra a facilidade de acesso a essas substâncias. Temos como causas mais frequentes: as perdas, conflitos de identidade física, psíquica ou sexual, sentimento de tristeza, insegurança ou ansiedade típica da adolescência.

Precisamos deixar bem explícito que a depressão e o abuso de drogas foram identificados como os principais motivos das tentativas de suicídio, o que sugere a necessidade de diagnóstico e prevenção pela comunidade e pela rede de saúde. Existe, no momento, uma desconsideração pelas queixas que representam risco. Isso dificulta o diagnóstico dos conflitos que levam à tentativa de suicídio e da busca da prevenção. Sugerimos a importância da educação em saúde mental para cuidadores de adolescentes e jovens com conflitos emocionais e familiares. *Não falar no assunto não significa que ele não exista. A negação ainda é considerada uma barreira reforçada pelo tabu da morte.* Cada um sofre um tanto no seu canto, não me lembro o autor dessa frase. Mas, ela expressa com propriedade o que queremos dizer. Julgamentos de vidas em dor talvez sejam arrogâncias e precipitações de quem esconde a própria dor. Curiosidade sobre a tragédia alheia? Talvez seja tentativa de conhecer, para controlar o que controle não se tem. Portanto, desenvolve maior angústia. Sêneca disse: *Não tememos a morte, tememos sim o pensar sobre ela.*

As famílias enlutadas são vítimas de maledicências e julgamentos por parte de pessoas que especulam sobre as causas do ocorrido. Tais atitudes constituem fator agregador de sofrimento à situação de tragédia. Reforça o tabu e dificulta a notificação.

Adolescentes possuem como tarefa questionar o estabelecido, mudar o mundo, superar as figuras de poder (pais) e se afirmarem como pessoas de direito. A princípio, entre a família, os amigos (turma) e depois no mundo lá fora, mercado profissional e pares. Isso não é uma tarefa fácil. Ainda que tenham condições socioeconômica e cultural favoráveis. Eles se auto exigem com severidade. Quando não conseguem o que supõe seja a superação das figuras de poder, não aceitam o que seria o início de vida. Precisam começar com o padrão idealizado ou acima do oferecido pelos pais. O que nem sempre é fácil.

A morte física de um filho na adolescência parece ter uma sobrecarga de sofrimento maior que a ocorrida em outras fases da vida. Costuma vir carregada de culpa, tanto pelo que foi feito, quanto pelo que se deixou de fazer. O mundo fica de ponta cabeça para a família. *É* como se não houvesse mais sentido na vida e no viver.

No luto pela perda de um filho adolescente, é difícil conseguir cuidar, até mesmo, de outros filhos que ficaram. Será por que aquele já monopolizava as atenções familiares antes? Os que ficaram podem sentir culpa de estarem vivos? Ou se sentirem insignificantes para o afeto dos pais? Mesmo depois da morte, a atenção é direcionada para o que se foi, enquanto o que está aqui vive das sobras. Em muitos casos, o luto se estende por vidas inteiras, como se fosse proibido ser feliz depois que o "cometa" partiu. O prolongamento do luto pode afetar de forma patológica a dinâmica familiar, a ponto de rompimento de vínculos por um não suportar a dor do outro.

É surpreendente a simplicidade que tudo adquire quando a vida é reduzida a sua essência básica. Cada vez menos coisas importam, e as que realmente importam adquirem valor fenomenal. As grandes perdas trazem no seu bojo este sentimento. A ferida pode trazer uma sabedoria capaz de nos fazer viver melhor, permitindo que tenhamos uma visão mais verdadeira de nós mesmos e da vida. Ouvi isso de algumas dezenas de pacientes e familiares em processo de luto. Mas, para que assim seja, é preciso buscar cuidados que possam ajudar a cicatrização. Nietzsche diz, em *Além do Bem e do Mal*: "Quem deve enfrentar monstros deve acautelar-se para não se tornar um deles, pois, se olhares demasiado tempo para dentro do abismo o abismo acabará por olhar para dentro de ti..."

Vale lembrar: se a pessoa falecida pudesse emitir opinião sobre o sofrimento dos familiares, o que diria? Essa pergunta fica para reflexão. Há trabalhos na literatura demonstrando que ocorre diminuição de suicídio quando a população vulnerável presta apoio emocional aos parentes e amigos de vítimas.

Processo de elaboração do luto: cada grande perda exige que façamos uma nova opção pela vida. Para tanto, precisamos sofrer e lamentar. A dor que não é sofrida transforma-se numa barreira entre nós e a vida. Quando não sofremos a dor, uma parte nossa fica presa ao passado. Diferente do que partiu, nossa morte se torna lenta, morte em vida, a pior das mortes.

Sofrer a dor da perda e elaborar o luto não significa esquecer. É a maneira pela qual conseguiremos cuidar e recordar com amor e não com sofrimento o ser amado. É um processo, a escolha entre viver ou morrer de dor. Vamos soltando, um a um, os momentos do passado e chorando por eles. Vamo nos apossando das coisas que passarão a compor uma parte daquilo que somos e damos início a reconstrução de uma outra vida.

Quando a sombra da pessoa perdida não mais paira sobre o EGO, a energia libidinal, energia de vida, volta-se para outras coisas. É como se tivéssemos incorporado a essência do que foi nosso relacionamento com aquele ser querido. Provavelmente podemos estar mais inteiros para viver o que é primordial na vida. Olharmos para as pessoas que amamos, que estão aqui e desfrutar o toque de delicadeza que existe no mundo a nossa volta.

Bem sei que a resposta teórica não importa, não interessa porque não traz de volta quem perdemos. Não há conhecimento capaz de impedir o entristecimento da alma. Mas, há uma saída. Se não podemos impedir o início da tristeza, resta-nos administrar o período de sua permanência. Se há a hora da chegada deve ter a hora da partida: este é o movimento da vida.

Esta prosa me faz lembrar parte de um verso de Fernando Pessoa, em Tabacaria:

"Não sou nada. Nunca serei nada. Não posso querer ser nada. A parte isso, tenho em mim todos os sonhos do mundo".

Que o Deus venha

"Sou inquieta, áspera e desesperançada
Embora amor dentro de mim eu tenha
Só que eu não sei usar amor
Às vezes arranha feito farpa

Se tanto amor dentro de mim eu tenho
E no entanto eu continuo inquieta
É que eu preciso que o Deus venha
Antes que seja tarde demais
Corro perigo como toda pessoa que vive
E a única coisa que me espera é exatamente o inesperado
Mas eu sei que vou ter paz antes da morte
Que vou experimentar um dia o delicado da vida
Vou aprender como se come e se vive o gosto da comida".
(Clarice Lispector/Cazuza.)

3. LUTO DE FAMILIARES

Recebemos o encaminhamento de uma jovem órfã que manifestava comportamentos que imitavam o pai, que recentemente havia se suicidado.

Na situação em questão, o agropecuarista de meia idade apresentava um quadro clínico de depressão importante, estava em tratamento psiquiátrico. Moisés apresentou mudanças de comportamentos nos dias que antecederam sua morte. Apresentava estado de tristeza, isolamento, irritação com facilidade, agressividade, perda da esperança de viver e sentimento de ruína. Citava frases como: "se pudesse, eu dormia e não acordava", "minha vida não tem sentido", "eu sou um fardo", "morrer seria um alívio para mim", "tenho mais valor morto do que vivo" (dizia isso se referindo ao seguro de vida). Muitas mortes poderiam ser prevenidas se os sinais e sintomas de risco, associados ao ato suicida, fossem identificados e tratados adequadamente. Para um profissional um pouco mais atento, o quadro clínico anterior denuncia risco de suicídio. Familiares precisam ser alertados na forma de conduzir a situação. "Cão que ladra pode morder sim". Em casos como esse, tenho um termo padrão para os familiares assinarem sobre a ciência do risco que existe. A experiência clínica me mostrou ser essa uma forma eficaz de driblar o mecanismo de negação, habitual em familiares das vítimas. Vale lembrar que esse comportamento dos familiares é uma forma de aliviar o sentimento de culpa, comum em situações de doenças psiquiátricas ou psicológicas. *Onde foi que erramos?* É a pergunta que observamos no cerne da negação. Tentativa vã de ter controle do que controle não temos.

Amigos e parentes próximos são as pessoas que têm os primeiros contatos com as ideações suicidas. Estas ideias de morte denunciam que aquela pessoa sofre uma dor emocional muito grande, às vezes, já no limite suportável. Filha relata que ele passou a ter também comportamentos de risco na rodovia. Onde se permitia 90 km/hora, ele estava dirigindo a 180 km/hora. Registro da velocidade comprovada em multas.

Depressão é um estado de humor rebaixado, aversão às atividades que possam afetar os pensamentos, comportamentos, sentimentos. As pessoas deprimidas podem sentir-se tristes, ansiosas, vazias, desesperadas, preocupadas, impotentes, inúteis, culpadas, irritadas, magoadas, ou inquietas, ou tudo isso ao mesmo tempo. Elas podem perder o interesse em atividades que antes eram prazerosas, podem perder o apetite ou comer demais, apresentam problemas de concentração, para lembrar detalhes ou tomar decisões. Problemas de insônia, sono excessivo, fadiga, perda de energia, sofrimento, dores ou problemas digestivos resistentes a tratamento também podem estar presentes. Nesse cenário, podem contemplar ou tentar o suicídio.

A depressão acompanha a humanidade ao longo de sua história e nem mesmo o criador da psicanálise, Freud, escapou. A depressão, como a morte, é democrática: não escolhe etnia, idade, nível socioeconômico ou cultural. Parece ter em comum apenas o comprometimento do afeto, representado, neste caso, por uma dor e angústia primitivas que denotam um desejo de privação do sujeito da sua subjetividade e das figuras singulares que o animam.

O fantasma da depressão assombra o mundo. É registrado um aumento alarmante das estatísticas. A Organização Mundial de Saúde (OMS) estima que os distúrbios do humor afetem cerca de 20% da população – e a cada ano são registrados dois milhões de novos casos. Em 2020, será o principal transtorno mental a atingir pessoas de países em desenvolvimento, como o Brasil. Silencioso e soturno, o fantasma da depressão assombra o planeta. É importante considerar que hoje dispomos de um conhecimento maior para fazer diagnósticos. Em um passado recente, provavelmente pessoas já padeciam desse mal e não eram devidamente diagnosticadas e tratadas. Hoje ainda são estigmatizadas e rotuladas, por exemplo, como preguiçosas, dentre outros adjetivos negativos.

Em adultos: isolamento social, tristeza alteração no humor, alteração no sono, alteração significativa do apetite, do peso, perda de libido. Tenho observado na prática clínica tentativas não explícitas de autoextermínio como diabéticos que burlam a dieta drasticamente ou usam erradamente a insulina e entram em coma. Hipertenso abusando do sal. Direção imprudente e exposição deliberada à violência urbana.

A bioquímica do cérebro tem sido identificada como fator importante para desencadear a depressão principalmente com relação aos neurotransmissores (substâncias que transmitem os impulsos nervosos entre as células): serotonina, noradrenalina e em menor escala a dopamina. O estresse pode precipitar ou manter a depressão em pessoas com predisposição.

A modernidade e as contradições da revolução industrial nos trouxeram benefícios que nos roubaram o prazer de fazer tarefas simples do cotidiano, como, por exemplo, preparar a própria comida. Vivemos em um mundo descartável. Deixamos de obter os ganhos neurobiológicos e psíquicos da execução, o conforto material nos trouxe o desconforto psíquico. Os benefícios das comodidades da vida moderna são inegáveis, mas estudos mostram que o conforto exagerado também priva nosso cérebro das recompensas obtidas nas tarefas comuns. Tudo é tão fácil que até deprime. Evidente que a variável do estilo de vida colabora para aumentar os índices da doença.

As queixas são diversas. O deprimido caminha no vazio da angústia, mergulha na solidão e relata dores inomináveis. A vida e o viver perdem o sentido. As pessoas relatam experiências de sentimentos de inutilidade, ideia de ruína, abandono dos hábitos de higiene, desejo de isolamento, sensação de estranheza e pena de si mesmo, letargia, sentimentos de menos valia, culpa acentuada por achar que tem tudo para estar bem e não consegue. A cobrança do meio ambiente costuma acentuar a culpa. Observamos ainda: alterações de humor, alterações do apetite, alterações do sono, em casos mais graves, risco de autoextermínio.

Algumas falas de pessoas com depressão que podem ilustrar o quanto esta doença afeta a condição humana:

> *A vida não vale a pena ser vivida; ninguém consegue imaginar o que sinto, quero sumir.*
>
> *Sinto-me culpado porque tenho tudo e não gosto de nada; as pessoas acham que devo me esforçar e eu não consigo.*
>
> *Sinto-me culpado quando me cobram, tenho medo de não mais ficar bem, não gosto de ver pessoas, mesmo sendo da minha família, quero distância dos meus filhos.*
>
> *Me aborreço com qualquer novidade, seja lugar, comida ou horário; não consigo escolher roupa para me vestir, mesmo sendo para ir ao médico.*
>
> *Tenho medo de ficar só, fico com raiva do canto dos passarinhos, acho-o triste, odeio dia de sol, mas também não gosto da chuva.*
>
> *Choro vendo filmes ou novelas, não consigo ler nem escrever; não gosto de ouvir músicas.*
>
> *Sinto desprezo por pessoa alegrinha, quero dormir e não mais acordar; pela manhã é difícil sair da cama; sinto náuseas diante da comida.*
>
> *Deixo tudo fora do lugar no meu quarto, não gosto de tomar banho, nem escovar os dentes; visto sempre a mesma roupa; não sei porque estou neste mundo.*

Sou uma fraude, tenho certeza de que não vou melhorar, sei que o mundo é como eu sinto; odeio quando me dão receita do que fazer; quero sumir. Tenho inveja de quem morre, tenho muito medo de ficar pobre ou perder meus bens, odeio aniversário meu e do outro, não entendo o que se tem para comemorar.

Não tolero estar com pessoas queixosas, a vida é um fardo insuportável, vivo por um triz; idosos ou deficientes me dão repulsa.

Pensei em me matar, jogar o carro em um penhasco ou pular do 10º andar, enforcar-me e tomar todos os venenos que existem na casa, inclusive as medicações. Tenho planejado me matar, mas estou sem energia para isso, dá muito trabalho.

Não me mato porque acho que posso acabar com a vida dos meus filhos.

Em uma sociedade capitalista como a nossa, na qual prevalece, o tempo todo, o ter, sem espaço para o ser, em que perder é algo inconcebível, somos programados para adquirir, competir, ser o melhor sempre. Paradoxalmente, a única certeza que o viver nos traz é a perda.

Estarei detalhando, um pouco mais, a fala de um paciente, que resume muito bem o mal-estar que percebo em pessoas depressivas, de modo geral. Quase um ano de tratamento psicofarmacológico, Gustavo, ainda com aspecto abatido, pela primeira vez fala em forma de desabafo:

Nascemos perdendo, perdemos o conforto do útero para um mundo hostil, onde respirar dói, adaptar o corpo ao alimento provoca perturbações intestinais; somos expostos a barulhos desconfortantes, alterações de temperatura e somos colocados indefesos aos cuidados de pessoas, que podem nunca ter visto um bebê. Mas, é só o início. Oferecem-nos chupeta e depois nos tomam. Temos de largar o peito, depois de tanto esforço para aprender a mamar, agora nos oferecem comida, temos que comer bastante, depois nos exigem dieta. Para explorar o mundo, temos que abrir mão do colo, caminhar com as próprias pernas. Depois de adaptados à rotina da casa, temos que ir para a escola. Apaixonamos pela professora, mas, no ano seguinte, será outra. Amigos mudam. Pensamos que os pais são só nossos, aí, eles inventam um irmãozinho, bastardo, sem dentes, que chora e faz cocô o tempo todo, fica no colo da 'minha mãe, mamando', toda visita dá presente e diz que é lindo. E eu? Falavam que havia me tornado um garotinho. A vida é assim mesmo, de perda em perda, logo preciso deixar também de ser o garotinho, o corpo muda rápido, me torno um adolescente. Precisei escolher uma profissão, mesmo estando confuso com tudo. Me tornar importante como, ou mais que meu pai. Apaixonei-me e perdi a namorada. Casei-me com uma moça que era linda e boazinha, depois tornou-se mandona e feia. Os filhos vieram e se foram. Os intangíveis sonhos deixam de existir, a sensação de juventude e proteção murcham ou acabam de vez. Mas, quando dou por fé, estou com 70 anos, posso aposentar-me. E agora o que fazer? Sinto-me fraco, frágil. Vou ao médico e começo a olhar aqueles exames semestrais que dizem que já não tenho boa saúde. Entendo que tudo que nos pertence está apenas emprestado, não são realmente nossos. A realidade na terra não é permanente. Tudo é temporário. A permanência é uma ilusão, não existe. Todos os bens que possuo não trazem de volta o tempo da juventude, a saúde, os sonhos e as oportunidades. Só tenho uma triste conclusão: fui enganado ou me deixei enganar? A vida passou, nada tem mais importância do que o que deixei de fazer.

Essas sãos expressões que bem definem a experiências limite da doença. A depressão é insidiosa e multideterminada. Portanto, deve ser tratada por equipe de profissionais. Evidentemente que o especialista estará melhor capacitado para administrar o tratamento com êxito. Tenho observado, na prática clínica, que muitos pacientes são medicados por profissionais de outras áreas médicas, quase sempre por preconceito da família ou do paciente de procurar um psiquiatra. Não basta oferecer psicofármacos de última geração, sabemos da importância da psicoterapia para a compreensão do sentido que a tristeza possui e para descobrir formas de administrar os sofrimentos inerentes à condição humana. Não podemos abrir mão dos exercícios físicos no tratamento, nem das terapias complementares.

A família do paciente precisa ser assistida e ter subsídios para lidar com a situação. Nas primeiras semanas, o medicamento pode melhorar a volição e a parte motora, para alguns pacientes, mas ainda não consegue melhorar o humor. Este período é descrito como sendo o de maior índice de suicídio. Tendo essa informação, o familiar poderá oferecer um suporte diferenciado para o risco de autoextermínio. No caso clínico em questão, o paciente não respondeu à medicação prescrita pelo psiquiatra. Necessário se faz equalizar dosagem e o antidepressivo a que o paciente responde.

CONSIDERAÇÕES FINAIS

É surpreendente a simplicidade que tudo adquire quando a vida é reduzida a sua essência básica. Cada vez menos coisas importam, e as que realmente importam adquirem uma dimensão muito maior.

Mesmo sendo precárias as condições de subjetivação da humanidade, percebemos o potencial que a espécie humana tem para resistir e transformar adversidades, podemos emprestar da física o termo resiliência, ele é que melhor traduz o que digo. É desse lugar de ouvinte que apostamos na singularidade, na necessidade de superação de si mesmo que Nietzsche chamava de "vontade de poder". É da ordem da vida, do universo, que se dê a volta por cima e crie-se outra cultura que possa reverter o hedonismo prevalente. É também o meu ofício apostar em gente.

Da matéria retalhada, sutil ou declarada, vida sem vida, obscura, injustiçada, o ofício de viver não pode ser uma traição à própria vida. Considero-me afortunada por transformar o que chamam de trabalho em compromisso. Dar voz aos que sofrem, sejam eles crianças, jovens, mães, famílias inteiras e até instituições. Grupos institucionais, claro, também adoecem, pois são formados por pessoas em interação.

Entendo que o conhecimento precisa ser compartilhado para que se propague, pois é patrimônio da humanidade. Circunstancialmente o descobrimos. Ele já existia ao nosso redor, apenas o nomeamos. Então escrevo. Faço isso, também, quando há um transbordamento interior. No papel, coloco uma ordem no caos interno.

Costumo dizer que a dor nos joga na parede e nos retira o chão, saímos da zona de conforto e de segurança. Há acontecimentos que nos fazem mergulhar no absurdo da existência: total ausência de sentido de vida. A alma se sente transpassada por uma dor lancinante capaz de nos desestruturar como gente. É o chamado sentimento de destruição e aniquilamento do Ego. Mas, são nesses momentos de desespero que experimentamos, realmente, a nossa humanidade.

Quando não fugimos dos absurdos da vida, que nos sãos impostos, edificamos uma estrutura interna mais forte e consistente com a realidade contemporânea.

Na lida com pessoas, trajetória de décadas, venho inventando formas de atingir o meu objetivo maior: dar sentido às dores e amores da condição humana. Sim, também aos amores porque a felicidade pode ser um sentimento insuportável para alguns.

As pessoas fazem psicoterapia para nomearem as vivências não compreendidas e que produzem sofrimento. Falar do sofrimento que sentimos é essencial para superarmos uma dificuldade ou um trauma. Ao fazermos isso, somos capazes de nos reorganizar emocionalmente, dando outro sentido *à*s questões vivenciadas.

A literatura é muito clara quando comprova que a conversa pode produzir efeitos reorganizadores na mente de uma pessoa. Apenas a necessidade de traduzirmos o que estamos a sentir em palavras dá-nos, por vezes, uma outra perspectiva que de outra forma não teríamos. A escrita, como forma terapêutica, é uma outra conversa interessante, deixaremos para ocasião oportuna.

"...escrever é uma forma de arte,
e a arte existe, porque a vida não basta."
(Ferreira Gullar)

Na experiência clínica observo que existe uma expansão da consciência, quando o paciente começa a responder ao tratamento. A arte de modo geral promove a expansão dos horizontes.

Os nomes e dados pessoais dos casos clínicos, aqui abordados, foram trocados, preservando o conteúdo e garantindo o anonimato dos colaboradores. Nessa oportunidade, gostaria de manifestar a enorme gratidão que sinto por todos: pacientes, familiares e equipe profissional, sem os quais, não teríamos nada a dizer.

Dedico esse capitulo a todos que ajudaram a esculpir os sentimentos aqui revelados em forma de escrita. Seja pelo amor, seja pela dor, meu eterno respeito.

Capítulo 5

SUICÍDIO NA ADOLESCÊNCIA: PANORAMA, CUIDADOS E ESCUTA

André Faro
Luana Cristina Silva Santos

> *"Na minha opinião, existem dois tipos de morte. Se tiver sorte, tem uma vida longa e um dia seu corpo para de trabalhar e acabou. Mas se você não tem sorte, você morre um pouco de novo e de novo, até que perceba que é tarde demais"*[1].

Na série *13 Reasons Why*, Hannah Backer é uma adolescente que planeja e comete suicídio, tendo deixado gravadas em 13 fitas-cassete as razões que a levaram a tal ato. Dentre essas estavam o *bullying*, a ausência de suporte social, a carência de manutenção de vínculos afetivos saudáveis, além de sentimentos de desesperança e baixa autoestima. Apesar de ser uma ficção, a série trouxe à tona discussões sobre o tema que, segundo a Organização Mundial da Saúde (OMS), foi a 17ª principal causa de morte em 2015.

Uma atualização da OMS, em 2018, mostrou que, anualmente, cerca de 800.000 pessoas cometem suicídio, sendo globalmente a segunda principal causa de morte de jovens entre 15 e 29 anos de idade. Isso significa que até essa parte da leitura é provável que uma pessoa tenha cometido suicídio (ocorre um a cada 40 segundos conforme relato da OMS) e muitas outras idealizaram ou tentaram; adolescentes e jovens adultos, principalmente. Tais estatísticas são altas, comprovam que o suicídio é um fenômeno global e que requer intervenções eficazes.

Como podemos compreender a morte de um adolescente? Essa é uma pergunta de inquietante resposta, ainda mais quando isso ocorre por

[1] Trecho da série 13 *Reasons Why*, exibida no ano 2017 no site *Netflix*.

suicídio. Independentemente da existência de laços afetivos com o indivíduo que comete o ato, buscamos respostas sobre os motivos e como isto poderia ter sido evitado. Como explicar que no Brasil, apenas em 2014, foram documentados quase dois mil suicídios de pessoas entre 15 e 24 anos? (OMS, 2017). Mais crítico ainda é pensar que tal montante está grandemente subestimado em virtude do subregistro, do preconceito e do silêncio atrelado ao fenômeno, além das próprias nuanças socioculturais relativas à documentação, ou não, de casos de suicídio.

Diante dessas perguntas, este capítulo está organizado de modo a explanar sobre a problemática do suicídio na adolescência, procurando caracterizar o perfil do adolescente que o comete, bem como os principais fatores sociodemográficos e psicológicos associados ao ato suicida. Em seguida será discutida a importância do reconhecimento de sinais e mudanças comportamentais usualmente relacionadas ao comportamento suicida. Partindo-se da análise desses aspectos, logo após será apresentada uma proposta de escuta clínica na temática do suicídio, mediante a qual se busca fornecer orientações gerais ao profissional de Psicologia, cujo intento didático será evidenciar o que "buscar ouvir" no desenvolvimento do processo de acompanhamento psicológico. No subtópico seguinte, será analisado como seria possível uma eventual ação preventiva com base em ações psicoterápicas voltadas ao adolescente e sua rede social proximal (família e amigos). Por fim, como se trata de um problema emergente e complexo, porém observável e passível de intervenção enquanto ainda se caracteriza como ideação suicida ou tentativa de suicídio, serão brevemente apresentadas algumas estratégias de prevenção.

QUEM É O ADOLESCENTE QUE TENTA OU COMETE SUICÍDIO?

Suicídio será aqui tratado como uma ação autoinfligida com intenção letal (Rosenberg, 1988), sendo essa letalidade inferida a partir das circunstâncias e antecedentes comportamentais (Wagner, 2009). Porém, também se tem como parâmetro a definição da OMS (2002), que entende o suicídio como um ato intencional para acabar com a própria vida. Partindo-se desse esclarecimento, sabe-se que adolescentes constituem um grupo com alta taxa de suicídio (OMS, 2018), considerado a 3ª causa de morte na faixa etária dos 15 aos 34 anos e 2ª dentre os jovens de 15 a 19 anos em Portugal (Santos et al., 2013), por exemplo, mundialmente tendo taxas mais elevadas no leste da Europa (Nock et al., 2008). Porém, dentro dessa faixa etária, quais são os grupos mais prováveis de engajar-se em comportamentos suicidas?

FATORES SOCIODEMOGRÁFICOS

O suicídio é hoje a segunda principal causa de morte de jovens entre 15 e 29 anos de idade, com maior prevalência para o sexo masculino (OMS, 2018). O Brasil segue a tendência mundial. Em 2014 ocorreram 10.631 casos de suicídio, sendo que 79% (8398) dos casos cometidos por homens e 16% (1.729) por pessoas na faixa etária dos 15 aos 24 anos. Nesse valor, foram 78,5% (1358) de meninos (Tabela 1).

Tabela 1 – Número de mortes por suicídio no Brasil em 2014 por faixa etária e sexo

Idade (anos)	5 – 14	15 – 24	25 – 34	35 – 54	55 – 74	75 ou mais	Todas as idades
Masculino	84	1358	1982	3050	1534	390	8398
Feminino	62	371	457	871	389	83	2233
Ambos os sexos	146	1729	2439	3921	1923	473	10631

Fonte: OMS, 2017.

Dados do Ministério da Saúde (2017) revelaram que, no período de 2011 a 2015, houve um total de 55.649 óbitos causados por suicídio no Brasil. O risco foi quatro vezes maior para meninos que para meninas, em média 8,7 por 100 mil habitantes e 2,4/100 mil habitantes, respectivamente. Os Estados com maiores taxas de óbitos por suicídio no período relatado foram Rio Grande do Sul (10,3/100 mil habitantes), Santa Catarina (8,8/100 mil habitantes) e Mato Grosso do Sul (8,5/100 mil habitantes).

Waiselfisz (2014) observou que entre 2002 e 2012, a taxa de suicídio de homens jovens aumentou de 5,7/100 mil habitantes para 8,9/100 mil habitantes, ou seja, 54,1% maior em 2012, tendo um aumento global de 33,6% (de 7.726 casos em 2002, para 10.321 em 2012), maior que o crescimento populacional na mesma época (11,1%). Em contrapartida, as mulheres tendem mais a cometer atos deliberados de condutas autolesivas (Hawton, 2000), enquanto suas taxas de suicídio tendem a ser mais baixas se comparadas às dos homens (Waiselfisz, 2014). Na adolescência isso talvez se configure numa tentativa de sinalização social ou modificação de comportamentos de outros, sem intenção suicida. Entretanto, a autolesão tem se mostrado um comportamento fortemente associado à causa de morte em adolescentes de ambos os sexos (Hawton, Saunders, e

O'Connor, 2012), principalmente considerada sua faceta antecessora ao suicídio (Schlösser, Rosa, More, 2014).

Outro fator sociodemográfico aparentemente associado às taxas de suicídio é o *status* socioeconômico, constatado em nível global, pois países subdesenvolvidos, em desenvolvimento ou em crise demonstram maiores índices (Branas et al., 2015; OMS, 2014). Analisando retrospectivamente dados públicos acerca do suicídio e da economia mundial entre 2000 e 2011, Nordt, Warnke, Seifritz e Kawohl (2015) selecionaram 63 países e observaram que o desemprego apresentou nove vezes mais associação ao suicídio que a crise econômica. Tais achados reforçam a necessidade de estratégias de prevenção focadas no *status* socioeconômico em geral, seja em uma época de economia estável, em virtude do desemprego, seja em um período de instabilidade econômica, em que os problemas se acentuam.

A orientação sexual é outra variável interessante, as mortes autoinfligidas de Lésbicas, *Gays*, Bissexuais, Transexuais e Travestis (LGBTT), ainda que a literatura aponte tais indivíduos como grupo de risco (Centre for suicide Prevention, 2012; Grzanka e Mann, 2014; Meyer, Teylan, e Schwartz, 2014), geralmente não estão presentes nas estatísticas de suicídio. De qualquer modo, os relatórios oficiais desses tipos de dados, a exemplo da OMS e da Organização para a Cooperação e Desenvolvimento Econômico (OECD, *Organization for Economic Cooperation and Development,* em inglês), não fazem especificação desse grupo, pela ausência de notação específica nos atestados de óbito, diluindo-os em categorias generalistas como idade e sexo (Ferreira Junior, 2015), o que constitui, na realidade, um problema na identificação de vulnerabilidades relativas à comunidade LGBTT.

EVENTOS NEGATIVOS DE VIDA E ADVERSIDADES FAMILIARES

Evidências apoiam a relevância de fatores familiares no comportamento suicida, tanto via transmissão genética de desordens psicológicas e psiquiátricas associadas a um maior risco de suicídio (por exemplo, esquizofrenia), como por fatores ambientais (morte ou divórcio parental, por exemplo) e adversidades (Brent e Mann, 2003; Moreira e Bastos, 2015). Além disso, tem-se discutido que o histórico familiar de suicídio também é um importante fator associado ao comportamento suicida, considerando a importância do meio familiar como primário agente socializador, por expor a criança ou o adolescente a um modelo passível de imitação (Brent e Mann, 2003; Romero, Edwards, Bauman, e Ritter, 2014; Wagner, 2009). Ainda sobre o contexto familiar, a OMS (2002) evidenciou que ter sofrido agressão física ou sexual também eleva a frequência do comportamento suicida no início da adolescência.

Apesar dos fatores relacionados à relações familiares instáveis ou com facetas instáveis, o âmbito familiar saudável constitui uma importante fonte de suporte para a criança, a qual, na adolescência, se consolidará na cultura dos pares, tanto no sentido de fator de risco, quanto de proteção, assim como se percebe no meio familiar (Nock, 2010). As relações sociais entre pares têm implicações no bem-estar emocional do adolescente, aqueles cuja relação com os pais é tensas e que se sentem não amados ou não aceitos podem necessitar do apoio dos pares e, inclusive, migrar para redes que podem levá-los a comportamentos não saudáveis somente para se sentirem aceitos no grupo (Wagner, 2009). Nesse âmbito, um dos contextos associados ao suicídio é o *bullying*, prevalente principalmente na adolescência, no qual as vítimas têm sido relacionadas à ideação, tentativa e ao suicídio de fato (Barbosa, Brasileiro, Bezerra, e Maranhão, 2016; Kuczynski, 2014).

Comportamentos autolesivos também têm sido relacionados à tentativa e ideação suicida, podendo também ser enquadrados nos fatores clínicos. Relata-se que a presença e a frequência desse tipo de comportamentos estão mais fortemente associadas ao suicídio que sintomas depressivos, de desesperança e sintomas de Transtorno de Personalidade Borderline (Andover e Gibb, 2010). Para Arcoverde e Soares (2012), o indivíduo que se autolesiona imitaria uma tentativa de suicídio como forma de sinalização social, chamando dramaticamente – em sentido comunicativo – a atenção para si. Entretanto, ao se tornar hábito, o comportamento perde sua eficácia tanto de sinalização como de proporcionar alívio, podendo culminar em um ato suicida (Hawton et al., 2012; Schlösser et al., 2014).

FATORES PSIQUIÁTRICOS E PSICOLÓGICOS

Os principais fatores clínicos de risco para o comportamento suicida são a tentativa prévia, os pensamentos e a ideação suicida (King, Foster, e Rogalski, 2013; Lezine e Brent, 2008). Sobre isso, estima-se que tais situações ocorram 20 vezes mais que os suicídios de fato (Ferreira Junior, 2015). Estima-se ainda que as tentativas ocorram a cada 2 segundos aproximadamente e, consequentemente, com maior frequência acontecem as ideações e planos (OMS, 2018). Segundo o Ministério da Saúde (2007), além do histórico de tentativas, outro importante fator de risco para o suicídio é a presença de transtornos mentais como a depressão, o transtorno bipolar, o transtorno do estresse pós-traumático, a ansiedade, os transtornos alimentares e a esquizofrenia.

Bertolote e Fleischmann (2002) revisaram 31 artigos sobre suicídio publicados entre 1959 e 2001 mundialmente, somando um total de 15.629 casos, subdivididos em pacientes psiquiátricos (47,5%, 7.424 casos), que eram os que já tinham sido admitidos ao menos uma vez em hospital psiquiátrico, e população geral (52,5%, 8.205 casos). De todos os casos, os autores encontraram que 98% (15.316) tinham um transtorno mental diagnosticável, como depressão ou ansiedade, por exemplo, além de transtorno bipolar e esquizofrenia.

Um terceiro aspecto relatado na literatura é o uso de álcool e substâncias psicoativas, característico principalmente de populações jovens, associado não somente ao suicídio, mas também a outros comportamentos não-saudáveis (comportamento sexual de risco e violência doméstica, por exemplo) e acidentes no trânsito (King et al., 2013; Ministério da Saúde, 2017; Romero et al., 2014). O álcool e as substâncias psicoativas tendem a aumentar a impulsividade, que por sua vez também aumenta o risco de comportamentos suicidas (Ministério da Saúde, 2017).

FATORES INTERPESSOAIS

Fatores interpessoais como pensamentos ruminativos e depressivos, baixa autoestima, desesperança, perfeccionismo e baixa percepção de suporte social tendem a estar associados ao engajamento em comportamentos de risco à saúde, incluindo aqueles que envolvem facetas suicidas (Braga e Dell'Aglio, 2013; Hesketh e Castro, 1978; Ministério da Saúde, 2017; Piteira, 2016; Prieto e Tavares, 2003). Lezine e Brent (2008) relatam alguns desses fatores a partir da própria experiência de Lezine[2], em um capítulo intitulado *Dentro da mente suicida*[3].

Para Lezine e Brent (2008), há uma espécie de 'escurecimento' dos pensamentos, antecessor às facetas suicidas, marcado por diminuição da autoconfiança, aumento da desesperança e falta de sentido de vida, além de isolamento social. Isso culminaria na diminuição das habilidades de resolução de problemas, a ponto de o indivíduo crer que a única saída seria tirar a própria

[2] Hoje pesquisador do Centro de Estudos e Prevenção do Suicídio da Universidade de Rochester, Nova York.

[3] Tradução livre de *Inside the suicidal mind*. Referência: Lezine, D. A., Brent, D. (2008). *Eight stories up: An adolescent chooses hope over suicide*. New York: Oxford University Press.

vida. Tais pensamentos estariam relacionados a três tipos de causas: internas (quando há uma visão negativa de si mesmo, pode ocorrer a autoatribuição de culpa frente a algum evento adverso), globais (existe uma crença do mundo como um lugar negativo em geral, então parece fazer sentido pensar que tudo irá mal) e estáveis (acredita-se que o futuro parece ruim, logo também se acredita que eventos negativos continuarão a acontecer). Somado a isso, o indivíduo experimentaria solidão e, quando em convívio social, não confia em ninguém, caracterizando uma desregulação emocional intensa.

QUAIS SÃO OS SINAIS DE ALERTA?

Pessoas com ideação suicida tendem a comunicar suas intenções, diretamente ou indiretamente, por meio de sinais. Com frequência, fazem comentários sobre ser melhor morrer ou sentirem-se inúteis e sem valor e outras afirmações de mesmo sentido que denotam. Segundo o Ministério da Saúde (2017), a regra dos 4 D's que se pode apreender de tais casos seriam os quatro sentimentos inerentes a esses indivíduos e por trás de suas constantes afirmações: Depressão, Desesperança, Desamparo e Desespero.

Ainda segundo o Ministério da Saúde (2017), três características tendem a estar presentes nas pessoas em risco de suicídio. A primeira é a ambivalência, na qual, ao mesmo tempo em que querem morrer com vistas a acabar com o sofrimento, tais pessoas também desejam viver. Outra característica é a impulsividade, principalmente relacionada a eventos adversos cotidianos desencadeadores de crises que, somados ao traço impulsivo, culminam em suicídio. Por fim, existe uma espécie de estado cognitivo de ruminação e constrição em indivíduos com risco suicida, ou seja, pensam constantemente sobre suicídio como a única solução, sem serem capazes de perceber alternativas.

Lezine e Brent (2008) relatam outras características além das citadas, como mudanças repentinas de humor, agitação e ansiedade, emoções que ativam o eixo HPA (Hipotálamo-Pituitária-Adrenal) do corpo, que o prepara para uma ação imediata, que, por sua vez, pode ser autodestrutiva. Além disso, falta de propósito para viver e falta de objetivos específicos de vida, sensação de estar preso podem levar a sensações de desespero e desesperança, este último talvez o principal sinal de alerta, visto que todos os outros soam menos perigosos quando o indivíduo ainda possui esperança. Em suma, é preferível buscar a morte a enfrentar uma vida de dor.

Haveria também comportamentos mais sutis que podem ser importantes indicadores de que algo está acontecendo, como mudança repentina e extrema de repertório musical para algo obviamente depressivo (sempre letras que falem de tristeza, desesperança, solidão etc.), assim como mudança também repentina de vestuário para peças mais escuras e fechadas, quando a pessoa claramente não possuía tal estilo. Tais comportamentos podem ser associados posteriormente a um isolamento social progressivo e à desesperança (Lezine e Brent, 2008; Wagner, 2009). Lezine e Brent (2008) fazem uma interessante analogia relacionada ao suicídio, a de um furacão que é sempre precedido por um momento de extrema calmaria. Também o suicídio seria precedido de uma aparente paz marcada por um momento de "pseudolucidez" sobre o ato como sendo realmente o mais coerente e eficaz para lidar com todo o sofrimento. Nesse momento, muitos indivíduos usam o que estiver ao alcance e concretizam o ato, porém, muitos fazem um planejamento cuidadoso que envolve se despedir dos entes queridos, o que se configura um importante sinal de alerta.

Além disso, é importante ressaltar que mortes por suicídio são apenas uma parcela do problema, a maior parte constitui-se daqueles que sobrevivem após atentarem contra a própria vida, o que requer acolhimento e acompanhamento especializado imediato. O adolescente, em geral, não pede ajuda explicitamente e, quando ofertada, tende a recusá-la (Lezine e Brent, 2008; Ministério da Saúde, 2017). Consequentemente, observar os principais sinais de alerta é passo importante para o encaminhamento para o cuidado profissional mais adequado.

ESCUTA PSICOTERÁPICA: UMA PROPOSTA DIDÁTICA[4]

Em geral, os pacientes que chegam ao atendimento psicológico são encaminhados pelos hospitais, muitas vezes aqueles que possuem urgências psiquiátricas, com uma minoria ocorrendo por demanda própria ou familiar. Embora profissionais com experiência clínica tenham noção de como abordar esses pacientes em entrevistas iniciais ou mesmo na assistência psicológica de longo prazo, parte dos profissionais ainda possui dificuldade em lidar com a temática do suicídio e, consequentemente, conduzir o acompanhamento.

A estrutura das entrevistas iniciais em casos de tentativa de suicídio por vezes surpreende e assusta profissionais menos experientes, principalmente dado o fato de que há certa escassez de protocolos ou sistematizações que

[4] Este tópico foi fundamentado principalmente na Conferência ministrada por André Faro no XI Congresso Brasileiro de Psicologia Hospitalar e Existencial, em Campinas, em 2012. Referência: Faro, A. (2012). 'O 'desejo' pela finitude na fala dos pacientes: Como ouvir além das palavras?'. In: *XI Congresso Brasileiro de Psicologia Hospitalar e Existencial*, Campinas, SP: TvMed.

orientem o atendimento psicológico inicial em casos que envolvem facetas suicidas. Como, então, é possível trabalhar com essa demanda? Mais especificamente, o que o profissional pode buscar no discurso da pessoa que tentou suicídio e busca atendimento? As respostas a tais questionamentos tendem a estar em torno das perguntas que o profissional pode elaborar em sua ação psicoterápica, no intuito de explorar características básicas do funcionamento desses pacientes (Faro, 2012).

O desejo pela finitude na fala: como o profissional pode ouvir além das palavras?

Caso se parta de uma linguagem figurativa na clínica psicológica, o discurso do paciente que chega ao consultório desejoso de, ou após, uma tentativa de suicídio frustrada parece girar em torno da expressão: '*Eu quero tirar a minha vida*'. Como princípio da atitude profissional, recomenda-se que a primeira ponderação a ser feita seja o questionamento dessa afirmação, ou seja, refletir sobre o que a motiva (eventuais gatilhos ou contextos propiciadores, por exemplo) e de que modo ela se apresenta (intenso emocionalmente, embotado afetivamente, desesperançoso, desamparado, etc.).

No cotidiano da clínica, ou mesmo da assistência hospitalar, um princípio básico é a necessidade de se tentar ouvir além da fala – ao que aqui denominamos como escuta clínica, isto é, passar da expressão literal à investigação da dinâmica atual e anterior ao desejo de suicídio. Devemos, na perspectiva do paciente, procurar entender a complexidade de resolução de um problema (ou de uma teia de problemas), cuja fantasia da solução está atrelada ao extermínio da própria vida; noutras palavras, à fala: '*Eu quero tirar a minha vida*' (Faro, 2012). Um passo inicial pertinente é sensibilizar o paciente que chega com a demanda expressa ou implícita de querer tirar a própria vida, não a aceitando como verdade absoluta e trazendo à pauta a complexa teia de fatores envolvidos na situação. A ideia é que, por meio de uma escuta específica, possamos desvendar como uma mensagem está sendo passada e, a partir dela, elaborar questionamentos clínicos que visem a ressignificação da demanda (Berman, Jobes e Silverman, 2006; Lezine e Brent, 2008; Wagner, 2009).

Tentar o suicídio pode ser, ou foi, uma alternativa assumida pela pessoa que se percebia em uma situação de plena angustia, frente a qual, manter-se vivo era/é visto como prejudicial e causador de sofrimento maior a despeito da saída ser a própria morte. Com isso, a importância de ouvir além da expressão inicial e, sobretudo, buscar o entendimento dos fatores envolvidos na decisão de expressar-se dessa forma ('*Eu quero tirar a minha vida*') pode ser entendida como uma síntese de questões anteriores, cujo ato em si é a transmissão de um complexo *background* que foi homogeneizado no ato suicida.

É justamente o enredo do ato suicida que necessita ser trabalhado pelo profissional, de modo a explorar a rede de significados que o constituem ou sustentam. Em tal cenário, a principal ferramenta de trabalho é a escuta clínica, que se bem conduzida antes do momento de uma nova crise de sofrimento, ajudará a diluir ansiedade e a angústia, trabalhar questões pessoais, conflitos e sofrimentos associados ao desejo suicida. Tal escuta teria a expectativa de alterar o curso de vida a partir daquele momento específico do contato psicoterápico, mudando, dali em diante, também o curso precipitado do fim da vida.

A relação de escuta da qual se faz aqui menção não trata de questões exclusivamente voltadas à vida como algo a ser perdido. Para minimizar a chance de que tal perda ocorra, o intento principal da escuta se baseia no desvelamento dos significados associados a tal perda, cuja dinâmica levou/leva o indivíduo a colocar a morte como único desfecho possível. Esse desfecho, mesmo sendo um ato, nem sempre é deliberado pelo indivíduo, que pode ter agido por impulso ou cogitado a situação exclusivamente quando se encontrava em um sofrimento severo. Assim, lançar mão uma possibilidade de solução como o ato suicida não se configura, necessariamente, produto de um processo decisório. Ainda venha a ser efetiva, a ação que pode vir a levar ao desfecho – o óbito, uma vez realizada não permite reavaliação de motivações ou mesmo a reconsideração do ato. Com isso, não se julga pertinente assumi-la no papel de uma estratégia de enfrentamento das adversidades. É, para além do sofrimento, uma ação sem nexo causal entre o motivo de desejar a própria morte e a eventual solução que surgirá a partir daí.

O suicídio é, singularmente, uma forma de comunicação. É uma mensagem transmitida num ato que se quer fazer terminativo e completo, pois, quando as palavras não são capazes de expressar o que se deseja, o corpo se torna a via de execução (Lezine e Brent, 2008; Wagner, 2009). Dessa forma, vem à tona a necessidade de uma escuta sensível às peculiaridades da comunicação, bem como também há a premência pelo desmembramento da gama de significados embutidos na justaposição de palavras.

A NECESSIDADE DE REORGANIZAÇÃO DA FALA PARA O DESVELAMENTO DA ESCUTA CLÍNICA

Ao se ouvir: "*Eu quero tirar a minha vida*", é possível apreender essa expressão de outra forma que não um mero contínuo verbal/textual. Ela é, sobretudo, uma sentença repleta de espaços que precisam ser compreendidos no contexto da escuta. Para tanto, didaticamente poderíamos compor tal sentença num formato distinto, no qual se aglutinam palavras e reticências, e não apenas palavras. Seriam palavras e espaços a serem traduzidos no contato psicoterápico. Como ilustrado a seguir, seriam 6 palavras (expressão simbólico-figurativa) e, pelo menos a priori, 7 lacunas de compreensão; isto é, demandas de escuta (representadas pelos colchetes e reticências sequencialmente).

[...][1] *Eu* [...][2] *quero* [...][3] *tirar* [...][4] *a* [...][5] *minha* [...][6] *vida* [...][7]

Para esse "ouvir para além das palavras", propõe-se recorrer à própria estruturação da Língua Portuguesa, que pode nos trazer uma perspectiva didática bem mais ampla que a justaposição. No intuito de ilustrar como essa escuta poderia ser conduzida, podemos fazer uso de duas estruturas lógicas básicas da linguagem: a sintaxe e a semântica. A sintaxe é entendida como a área da gramática que estuda a disposição das palavras num texto. A semântica, por sua vez, é o estudo do significado das palavras e os demais elementos textuais (Bechara, 2009). Através da transposição dessa noção básica de linguagem ao processo de escuta clínica, pensamos ser possível destrinchar melhor o que pode vir a ser entendido a partir da mensagem de querer tirar a própria vida.

Inicialmente, é possível considerar a presença de um Sujeito e de um Predicado nessa sentença, cuja ligação aqui se faz com uma lacuna (reticências 2). O Sujeito "Eu" é o termo da oração do qual se enuncia algo. É ele que nos diz de quem falamos e para quem buscamos entender algo. O Predicado "quero tirar a minha vida" é o elemento da oração que declara algo sobre o Sujeito (Bechara, 2009). Logo, com o predicado está posta a demanda inicial, a questão subjetiva em forma de declaração objetiva. Nas reticências 2, então, cabe considerar que haverá mais coisas entre o Sujeito e o Predicado do que a mera assunção de relação entre o Eu e a transcrição do seu desejo.

A localização das reticências de número 3, entre o "Eu" e o "querer", sugere que há inúmeras significações que podem criar essa ponte entre o Eu/indivíduo que fala e a manifestação de sua vontade. Se o querer se refere a algo, é em torno desse Eu que fala, em torno de suas experiências. "Querer" pode ser tanto um verbo intransitivo (Eu quero.), refletindo uma vontade firme e decidida, como pode estar no papel de um verbo transitivo (quem quer, quer algo ou alguma coisa), o que requer uma explicação adicional (Bechara, 2009). Neste contexto de atendimento psicoterápico, é esperado que o profissional assuma o verbo como transitivo e procure fazer isso junto ao indivíduo, pois será a partir dessa possibilidade de transição de sentido que serão construídos os desfechos alternativos ao suicídio consumado. Como se pode constatar, o "Querer" transitivo, por si só, não determina, direta ou indiretamente, seu objeto. Há de se investigar o que o complementa na declaração e esse parece ser um papel profissional: ir à busca da compreensão do objeto de querer.

Nas reticências de número 4 há o "tirar" e o "a", que se localizam no espaço que conecta a presença do verbo "Querer" ao restante da sentença. O verbo "tirar" pode ser entendido tanto como "mudar de lugar", quanto "eliminar ou suprimir" (Holanda, 2010). Com isso, podemos apreender o "Tirar" como um verbo de movimento, cuja comunicação determina algo que requer mudança, seja como transição, seja como extinção. O "a" é o elemento que complementa algo, determinando-o, sendo o adjunto à demanda expressa no verbo anterior. O "a" não é algo indefinido. É um apontamento, um artigo definido e, nessa leitura, uma direção para a compreensão.

O espaço 5 se interconecta diretamente a essa especificação. É algo ligado ao próprio indivíduo ("a minha"), algo sobre o qual se supõe autonomia (real ou imaginária) e, em alguma medida, posse (a "minha", não uma qualquer, não uma coisa aleatória). Em termos da escuta, esse "minha" levanta o questionamento quanto ao que efetivamente essa palavra traz. Será como dizer ao indivíduo: o que é seu em questão? Do que falamos quando você determina que esse algo é seu?

O espaço 6, entre "minha" e "vida", revela o principal objeto do qual se fala. Conceitualmente, Vida é definida de modo amplo e diverso, sobretudo subjetivo. A definição vai tanto do caráter biológico (período compreendido entre nascimento e morte), ao cultural (modo de viver ou conjunto de hábitos), bem como do coletivo (conjunto de seres vivos classificados do ponto de vista de em uma espécie) ao figurativo individual (motivação que anima a existência de um ser vivo, alma) (Holanda, 2010). Assim, com "vida" passamos a ter uma noção complexa do que se trata em questão de Querer. Passamos, com essa leitura, a trazer à pauta não o tema morte, mas falamos daquilo que se quer mudar; a vida. Não qualquer uma vida, mas "a minha" vida, que nesse caso também pode ser entendida como existência, experiência.

Finalmente, com os espaços 1 e 7 chegamos às mais extensas reticências em questão. Com o 7 sugerimos uma substituição ortográfica. Ao invés do eventual "ponto final" para terminar a sentença, a assunção das reticências no término da expressão supõe a existência de mais do que a "tirada" da vida. Passamos a ler mais no sentido de uma 're'tirada ou um movimento em que se pressupõe continuidade (noutras palavras, reticências). Tendo em vista o suicídio, o desfecho morte pouco admitiria tal continuidade, pois faz oposição, neste caso, à vida daquele que declara o desejo. Considerando, então, que o significado de vida aqui assumido como mais apropriado extrapola a perspectiva biológica, a sua extinção impede que outras facetas sejam contempladas. A exemplo disso, no contexto da clínica psicológica, é provável que a vida a qual o indivíduo se refere tenha um caráter mais experiencial, mais social, mais coletivo e figurativo-individual que biológico. Assim, o objeto do qual se fala e deseja mudança é perpassado pela acepção subjetiva e é nesse domínio que devem ser investidas as buscas por significação. Enfim, o que se espera – enquanto cuidado da escuta – é a mudança da vida em vida, não necessariamente ocasionada pela perda deliberada da mesma.

As reticências de número 1, embora apareçam primeiramente na sentença, devem ser avaliadas no espectro final das demais reticências. Elas tratam de uma menção à historicidade, às experiências e aos contextos que levaram o indivíduo a se comunicar de tal modo, que o levaram a expressar que quer tirar a própria vida como alternativa para o enfrentamento do sofrimento. Na combinação do potencial existente entre as reticências 1 e 7, é como se disséssemos que há elementos anteriores ao Eu e posteriores ao Vida em questão. Consequentemente, sem a consideração do que houve antes e como isso repercute no agora, é pouco provável que consigamos fazer com que ao invés de ponto final, tenhamos reticências após Vida; ou seja, continuidade.

Com a sentença completa, vê-se que entre o "Eu" e o "Querer", entre o "Tirar" e a "Vida", povoam significações sociais, econômicas, culturais, personológicas, relacionais, situacionais, históricas e afins. É como se a cada expressão pudéssemos abstrair significações com função gramatical de Aposto[5], amplificando a compreensão e a profundidade de cada palavra. Enquanto psicoterapeutas nesse cenário, seria como se figurássemos como um Vocativo[6]. Por definição, o Vocativo serve para chamar atenção, trazer à fala um personagem, sujeito ou ouvinte. Assim sendo, a escuta clínica se insere como um elemento deflagrador de questões que não estão claramente expostas na fala/sentença, entrando em cena na tentativa de revelar ao próprio indivíduo que traz a mensagem o que mais pode haver em sua oração.

Como visto, não há uma relação lógica simples entre a expressão do indivíduo que deseja morrer e o que se fazer com o que ele traz para o *setting* clínico. Há, certamente, a escuta de um enredo de significados atribuídos e construídos em torno do desejo de suicídio, sintetizados na Figura 1. Para além

[5] Aposto: Elemento gramatical que se adiciona à expressão (frase, oração ou período) para explicar algo com mais profundidade (Bechara, 2009).

[6] Vocativo: **é um termo que não pertence ao sujeito ou ao predicado**, a partir do qual se chama ou põe em evidência a pessoa ou coisa a qual se dirige a fala (Bechara, 2009).

do ouvir, portanto, escutar. Enfim, da mesma forma que haverá mais do que aquilo que está sendo expressamente dito, existe algo dentre e entre, antes e depois da própria mensagem daquela pessoa que nos declara algo tão peculiar e profundo como o "*Eu quero tirar a minha vida*".

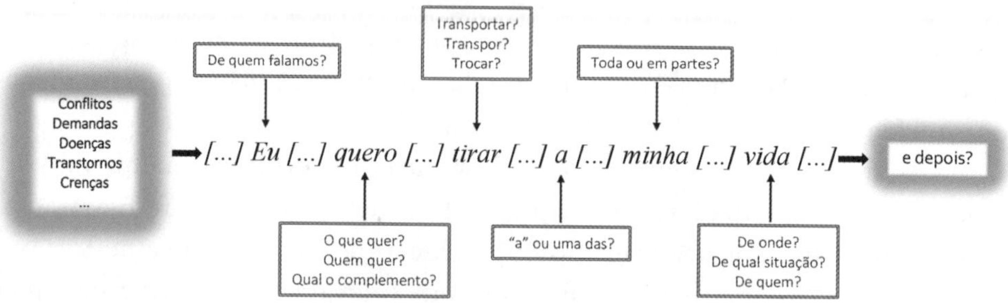

Figura 1 – Proposta estrutural da escuta em um contexto de tentativa de suicídio.

PROCESSO TERAPÊUTICO

O primeiro momento do processo terapêutico é crucial, visto que é nele que o indivíduo vai decidir se retornará ou não. Daí a importância de entender as nuances de sua fala, acolhê-lo e fazer os questionamentos apropriados (Lezine e Brent, 2008). Questionar, de modo sensato e franco, aumenta o vínculo com o paciente, que se sente acolhido por um profissional que entende a extensão do seu sofrimento, ao invés de julgá-lo (Ministério da Saúde, 2017).

Segundo King e Apter (2003), fatores importantes na avaliação de adolescentes que tentaram suicídio ou se autolesionaram, com vistas a orientar o atendimento, são: a extensão da intenção suicida, o risco de suicídio ou autolesão, as razões pessoais, sociais e/ou psiquiátricas que levaram a tal comportamento, a cronicidade dos problemas a seres resolvidos em sua vida, que tipo de auxílio é mais eficaz no caso e qual o paciente está disposto a aceitar, quais os pontos fortes no paciente e em sua rede social de suporte, importantes ferramentas de ajuda nesses casos.

Para o Ministério da Saúde (2017), o atendimento deve levar em consideração a complexidade do risco de suicídio. Assim, indivíduos classificados como baixo risco são os que tiveram pensamentos suicidas sem terem planejado o ato. Eles necessitam de suporte emocional capaz de orientá-los a falar sobre as circunstâncias que os levaram a tais pensamentos, trabalhando os sentimentos relacionados ao suicídio de forma reflexiva, enfatizando os aspectos pessoais positivos a partir do relato de possíveis resoluções de problemas anteriores que não envolveram ideação suicida, assegurando-os que são capazes de lidar com o sofrimento.

Pacientes de médio risco são os que têm ideação e planos, porém tais planos não são imediatos. Além de o atendimento focar os aspectos já relacionados ao baixo risco, deve-se focalizar os sentimentos de ambivalência, provavelmente marcante em pacientes classificados nessa faixa de risco. O objetivo é fortalecer o desejo de viver e, consequentemente, enfraquecer o desejo pela morte. A partir do vínculo terapêutico, é importante estabelecer um acordo de que o paciente não irá cometer suicídio até o próximo encontro e, caso mude de ideia, deve entrar, de imediato, em contato antes com o profissional. Com a ciência do paciente, o profissional deve orientar amigos e familiares sobre medidas de prevenção ao suicídio.

Pacientes classificados como em alto risco para o suicídio têm um plano definido, os meios necessários para executá-lo e planejam fazê-lo imediatamente, já tendo tomado medidas necessárias para isto, como despedir-se de pessoas queridas por exemplo. É indispensável que, se detectado tal risco, a pessoa não seja deixada sozinha, principalmente em locais ou circunstâncias em que teria como concretizar seus planos. Além de suporte social imediato, os passos anteriores devem ser utilizados de forma a convencer o indivíduo a não cometer o ato em um curto prazo, literalmente ganhando tempo para que medidas cabíveis possam ser tomadas. Mesmo de acordo em não se matar, o indivíduo precisa de contínuo acompanhamento psicoterápico e avaliação psiquiátrica, até que se identifique que não há mais o risco iminente.

Em geral, percebe-se que há uma mistificação em torno da ideia de psicoterapia relacionada a, entre outras coisas, ideia de conversa. É de suma importância que o indivíduo tenha consciência que o processo psicoterapêutico, ainda que focado na fala, não se trata apenas de uma conversa. A psicoterapia ou acompanhamento psicológico é uma importante oportunidade de aprender diferentes e adaptativas formas de lidar com situações potencialmente estressoras, perceber e lidar com emoções adversas e melhorar relacionamento interpessoal com outros.

ENGAJAMENTO DE FAMILIARES E AMIGOS NO PROCESSO TERAPÊUTICO

Além do indivíduo que tenta ou comete suicídio, existe uma rede social proximal que tanto sofre as consequências do ato como pode ser importante fator de suporte (Lezine e Brent, 2008). O acompanhamento de indivíduos que tentam suicídio, ainda que intensivo pelos profissionais de saúde, dá-se apenas em um período, mas são os familiares e amigos membros da rede social proximal que interagem por mais tempo com a pessoa. Em casos de alto risco, esses são aqueles que podem limitar o acesso aos meios para o suicídio, escondendo armas, facas, cordas medicamentos etc., até que o indivíduo possa recuperar o controle (Ministério da Saúde, 2017). A literatura aponta ainda que as atitudes das pessoas que compõem essa rede social próxima ao indivíduo com ideação suicida têm importante influência nos resultados dos tratamentos (King e Apter, 2003).

Enfatiza-se, ainda, a importância de relações colaborativas entre profissionais, pais, familiares e pessoas próximas ao indivíduo. Tais parcerias podem auxiliar na compreensão de risco e sua avaliação e monitoramento, além de ser fator motivador de aderência ao tratamento, visto que o indivíduo se sente acolhido e, portanto, com maior probabilidade de motivar-se a desenvolver uma relação cooperativa em que o foco é a própria ajuda. Familiares podem, inclusive, ser inseridos em terapia familiar (King e Apter, 2003; Lezine e Brent, 2008; Wagner, 2009).

PREVENÇÃO

O fator de prevenção mais óbvio em casos de suicídio é o predomínio do desejo de viver sobre o de morrer (Wagner, 2009), ou seja, através de acompanhamento e/ou suporte social que auxilie no enfrentamento das situações que estão causando intenso sofrimento, é provável que o desejo de viver aumente. A capacitação das equipes de saúde também se constitui fator importante, pois são elas que devem lidar com o momento mais agudo das crises e a manutenção do acompanhamento (Ministério da Saúde, 2017).

Uma das medidas legais adotadas no Brasil com vistas à prevenção do suicídio foi a publicação da Portaria nº 1.876, de 14 de agosto de 2006. Esse documento instituiu as diretrizes nacionais para prevenção do suicídio, marcando a Estratégia Nacional de Prevenção do Suicídio, que incluiu também a elaboração de um manual para profissionais de saúde. A Portaria nº 1.876 permitiu:

> I – desenvolver estratégias de promoção de qualidade de vida, de educação, de proteção e de recuperação da saúde e de prevenção de danos;
>
> II – desenvolver estratégias de informação, de comunicação e de sensibilização da sociedade de que o suicídio é um problema de saúde pública que pode ser prevenido;

> III – organizar linhas de cuidados integrais (promoção, prevenção, tratamento e recuperação) em todos os níveis de atenção, garantindo o acesso às diferentes modalidades terapêuticas;
>
> IV – identificar a prevalência dos determinantes e condicionantes do suicídio e tentativas, assim como os fatores protetores e o desenvolvimento de ações intersetoriais de responsabilidade pública, sem excluir a responsabilidade de toda a sociedade;
>
> V – fomentar e executar projetos estratégicos fundamentados em estudos de custo-efetividade, eficácia e qualidade, bem como em processos de organização da rede de atenção e intervenções nos casos de tentativas de suicídio;
>
> VI – contribuir para o desenvolvimento de métodos de coleta e análise de dados, permitindo a qualificação da gestão, a disseminação das informações e dos conhecimentos;
>
> VII – promover intercâmbio entre o Sistema de Informações do SUS e outros sistemas de informações setoriais afins, implementando e aperfeiçoando permanentemente a produção de dados e garantindo a democratização das informações;
>
> VIII – promover a educação permanente dos profissionais de saúde das unidades de atenção básica, inclusive do Programa Saúde da Família, dos serviços de saúde mental, das unidades de urgência e emergência, de acordo com os princípios da integralidade e da humanização (Brasil, 2006).

Vale à pena ressaltar que Lemos (2015) destaca que embora tenha sido reconhecido como um problema de saúde pública no Brasil e que medidas legais tenham sido tomadas para sua prevenção, tais ações ainda são insuficientes. Assim, cabe destacar o exemplo de Portugal, que tem um Plano Nacional de Prevenção ao Suicídio interessante, construído entre os anos 2013 e 2017, baseado nos valores e princípios da acessibilidade, equidade, multiculturalidade, multidisciplinariedade, proximidade, sustentabilidade e evidências científicas: o Programa Nacional para a Saúde Mental (PNSM), 2017. Tal plano foi dividido em duas fases, uma de operacionalização de conceitos e metas, assim como avaliação, e outra de ações propriamente ditas em diversos níveis: população em geral, profissionais de saúde, adolescentes, idosos, população prisional, forças de segurança, grupos de Lésbicas, *Gays*, Bissexuais e Transexuais/Transgêneros (LGBT), pessoas com deficiência intelectual e a nível individual.

Especificamente para os adolescentes, as estratégias do PNSM envolvem campanhas de prevenção nas escolas incluindo todos os constituintes do âmbito escolar (alunos, profissionais e familiares) através da informação e sensibilização sobre saúde mental, fatores de risco e protetores, transtornos mentais comuns e associados ao suicídio, comportamentos autolesivos e uso de substâncias psicoativas, além da criação de parcerias entre escola, família, serviços de saúde e comunidade (PNSM, 2017; Wagner, 2009).

A proposta do PNSM, portanto, pode ser adotada no Brasil como um exemplo robusto de ações e preocupações pertinentes à temática do suicídio, tanto em termos de proposição do sistema de saúde nacional, como políticas governamentais estaduais e municipais. Ainda que em dimensões maiores a implementação de um plano com esse caráter demande um significativo volume de recursos, ações pontuais, mas bem planejadas, requerem investimentos mais facilmente ajustáveis ao orçamento público. Certamente, se conduzidas de modo consistente e embasado teórica-empiricamente pelo que se sabe a respeito do suicídio e sua dinâmica, as estratégias de cuidado revelarão sucesso por meio da redução da quantidade de vidas perdidas pela falta ou insuficiente assistência às pessoas em sofrimento.

CONSIDERAÇÕES FINAIS

Se fosse classificado como doença, seria possível dizer que o suicídio mata mais que o câncer. É um problema de saúde pública sobre o qual, mesmo que grave, pouco se sabe, mostrando-se uma demanda cotidiana de atenção. Ainda que emergente e complexo, o tema é passível de observação e intervenção, principalmente se priorizados os fatores precipitadores, visto que o comportamento de fato é apenas o desfecho. Há poucos mapeamentos sistemáticos das tentativas de suicídio, embora elas sejam o principal fator de risco para o comportamento. Consequentemente, como não se conhece de modo amplo e profundo o perfil dessas pessoas, torna-se mais difícil elaborar intervenções para esse público. Assim, ações mais generalistas tendem a não alcançar peculiaridades de como ocorre e se distribui a tentativa de suicídio na população.

Além de trazer alguns achados da literatura sobre o provável perfil de adolescentes que tentam ou cometem suicídio, este capítulo também trouxe a importância de entender o discurso por trás da vontade de morrer. Não há soluções simples e os profissionais que atendem casos relacionados às facetas suicidas devem buscar sempre o aprimoramento do seu saber-fazer, para que assim possam desenvolver os questionamentos e intervenções adequados.

No âmbito da saúde pública, ações podem ser realizadas, tais como a elaboração de estratégias em âmbito nacional e local de prevenção, a disseminação de informação, a detecção e tratamento precoce de transtornos associados, o controle de meios letais e treinamento de equipes de saúde para melhor acolhimento dessa demanda, por exemplo. As tentativas devem ser encaradas com seriedade e são, portanto, indicador da probabilidade de concretização do suicídio.

REFERÊNCIAS

ANDOVER, M. S.; GIBB, B. E. Non-suicidal self-injury, attempted suicide, and suicidal intent among psychiatric inpatients. *Psychiatry Research*, v. *178*, p. 101-105, 2010.

ARCOVERDE, R. L.; SOARES, L. S. L. C. Funções neuropsicológicas associadas a condutas autolesivas: Revisão integrativa da literatura. *Psicologia, Reflexão e Crítica*, v. *25*, p. 293-300, 2012.

BARBOSA, A. K. L.; BRASILEIRO, T. D. L. P.; BEZERRA, M. M. M. MARANHÃO, T. C. G. Bullying e sua relação com o suicídio na adolescência. *Id on Line Revista Multidisciplinar e de Psicologia, v. 10*, p. 202-220, 2016.

BECHARA, E. *Moderna Gramática Portuguesa*. Rio de Janeiro: Editora Nova Fronteira, 2009.

BERMAN, A. L.; JOBES, D. A.; SILVERMAN, M. M. *Adolescent suicide: Assessment and intervention*. Washington, DC: American Psychological Association, 2006.

BERTOLOTE, J. M.; FLEISCHMANN, A. A global perspective in the epidemiology of suicide. *Suicidology*, v. *7*, p. 6-8, 2002.

BRAGA, L. L.; DELL'AGLIO, D. D. Suicídio na adolescência: Fatores de risco, depressão e gênero. *Contextos Clínicos*, v. *6, p.* 2-14, 2013.

BRANAS, C. C. *et al.* The impact of economic austerity and prosperity events on suicide in Greece: A 30-year interrupted time-series analysis. *BMJ Open*, v. *5*, p. 1-10, 2015. doi: 10.1136/bmjopen-2014-005619

BRASIL. *Portaria nº 1.876, de 14 de agosto de 2006*. Recuperado de www. bvsms. saude.gov.br/bvs/saudelegis/gm/2006/prt1876_14_08_2006.html

BRENT, D. A.; MANN, J. J. Familial factors in adolescent suicidal behavior. In: KING, R. A.; APTER, A. (Ed.). *Suicide in children and adolescents*. New York: Cambridge University Press, p. 86-117, 2013.

CENTRE FOR SUICIDE PREVENTION. *Gay e suicidal: Sexual and gender minorities and suicide*. Alberta: Centre for Suicide Prevention, 2012.

FARO, A. O 'desejo' pela finitude na fala dos pacientes: Como ouvir além das palavras? In *XI Congresso Brasileiro de Psicologia Hospitalar e Existencial*, Campinas, SP: TvMed, 2012. Recuperado de www.webplayes.tvmed.com.br/landindpage/videos/7365/xi-congresso-bras--de-psicologia-hospitalar

FERREIRA JR., A. O comportamento suicida no Brasil e no mundo. *Revista Brasileira de Psicologia*, v. 2, p. 15-28, 2015.

GRZANKA, P. R.; MANN, E. S. Queer youth suicide and the psychopolitics of "It gets better". *Sexualities*, v. *17*, p. 369-393, 2014.

HAWTON, K. Sex and suicide: Gender differences in suicidal behavior. *The British Journal of Psychiatry*, v. *177*, p. 484-485, 2000.

HAWTON, K.; SAUNDERS, K. E.; O'CONNOR, R. C. Self-harm and suicide in adolescents. *Lancet*, v. *379*, p. 2373-2382, 2012.

HESKETH, J. L.; CASTRO, A. G. Fatores correlacionados com a tentativa de suicídio. *Revista de Saúde Pública*, v. *12*, p. 138-146, 1978.

HOLANDA, A. B. *Mini Aurélio: O dicionário da língua portuguesa.* 8. ed. Curitiba: Editora Positivo, 2010.

KING, R. A.; APTER, A. *Suicide in children and adolescents.* United Kingdom: Cambridge University Press, 2003.

KING, C. A.; FOSTER, C. E.; ROGALSKI, K. M. *Suicide risk: A practioner guide to screening, assessment, and management.* New York: The Guilford Press, 2013.

KUCZYNSKI, E. Suicídio na infância e adolescência. *Psicologia USP*, v. *25*, p. 246-252, 2014.

LEMOS, M. F. L. Algumas reflexões em torno do suicídio de crianças. *Revista de Psicologia da UNESP*, v. *14*, p. 38-42, 2015.

LEZINE, D. A.; BRENT, D. *Eight stories up: An adolescent chooses hope over suicide.* New York: Oxford University Press, 2008.

MEYER, I. H., TEYLAN, M., SCHWARTZ, S. The role of help-seeking in prevent suicide attempts among lesbians, gay men, and bisexuals. *Suicide e Life-Threatening Behavior*, p. 1-12, 2014.

MINISTÉRIO DA SAÚDE. *Prevenção do suicídio: Manual dirigido a profissionais das equipes de saúde mental.* Unicamp, Campinas: Autor, 2007.

MINISTÉRIO DA SAÚDE. *Perfil epidemiológico das tentativas e óbitos por suicídio no Brasil e a rede de atenção à saúde*, 2017 Recuperado de http://portalarquivos2.saude.gov.br/images/pdf/2017/setembro/21/2017-025-Perfil-epidemiologicodas-tentativas-e-Zbitos-por-suicidio-no-Brasil-e-a-rede-de-atencao-a-saude.pdf

MOREIRA, L. C. O.; BASTOS, P. R. H. O. Prevalência de fatores associados à ideação suicida na adolescência: Revisão de literatura. *Revista Quadrimestral da Associação Brasileira de Psicologia Escolar e Educacional*, v. *19*, p. 445-453, 2015

NATIONAL ASSOCIATION OF SCHOOL PSYCHOLOGISTS. *Bullying prevention and intervention in schools.* Bethesda, MD: Author, 2012. Recuperado de www.nasponline.org/about_nasp/ positionpapers/BullyingPrevention.pdf

NOCK, M. K. *et al.* Suicide and suicidal behavior. *Epidemiologic Review*, v. *30*, p. 133-154, 2008.

NORDT, C., WARNKE, I., SEIFRITZ, E., e KAWOHL, W. Modeling suicide and unemployment: A longitudinal analysis covering 63 countries, 2000- 11. *The Lancet – Psychiatry*, v. *2*, p. 239-245, 2015.

ORGANIZAÇÃO MUNDIAL DA SAÚDE. *Relatório mundial sobre violência e saúde*. Genebra: OMS, 2002.

ORGANIZAÇÃO MUNDIAL DA SAÚDE. *Preventing suicide: A global imperative*. Genebra: OMS, 2014.

ORGANIZAÇÃO MUNDIAL DA SAÚDE. *Brazil*. 2017. Recuperado de www.who.int/mental_health/suicide-prevention/country-profiles/BRA.pdf?ua=1

ORGANIZAÇÃO MUNDIAL DA SAÚDE. *Suicide rates (per 100 000 population)*. 2018. Recuperado de www.who.int/gho/mental_health/suicide_rates/en/

PITEIRA, M. M. C. *Necessidades interpessoais e o risco de suicídio numa amostra clínica de idosos* (Dissertação de Mestrado). Universidade de Évora, Portugal, 2016.

PRIETO, D.; TAVARES, M. Fatores de risco para suicídio e tentativa de suicídio: Incidência, eventos estressores e transtornos mentais. *Jornal Brasileiro de Psiquiatria*, v. *54*, p. 146-154, 2005.

ROMERO, A. J.; EDWARDS, L. M., BAUMAN, S., RITTER, M. K. *Preventing adolescent depression and suicide among latinas: resilience research and theory*. New York: Springer, 2014.

ROSENBERG, M. L. *et al.* Operational criteria for the determination of suicide. *Journal of Forensic Sciences*, v. *33*, p. 1445-1456, 1988.

SANTOS, J. C. (Rel.); CARVALHO, A. *et al.* *Plano nacional de prevenção do suicídio 2013/2017*. Direção-Geral da Saúde. Programa Nacional para a Saúde Mental. 2013.

SCHLÖSSER, A.; ROSA, G. F. C.; MORE, C. L. O. O. Revisão: Comportamento suicida ao longo do ciclo vital. *Temas em Psicologia*, v. *22*, p. 134-145, 2014.

WAGNER, B. M. *Suicidal behavior in children adolescents*. London: Yale University Press, 2009.

WAISELFISZ, J. J. *Mapa da violência 2014: Os jovens do Brasil*. Rio de Janeiro: FLACSO Brasil, 2014.

Capítulo 6

AMOR, MITO E SUICÍDIO. CONSIDERAÇÕES HERMENÊUTICAS PARA UM APORTE EXISTENCIAL

Luiz José Veríssimo

O AMOR MÍTICO NA ATMOSFERA GREGA

Quando falamos, imaginamos ou pensamos em amor, logo nos ocorre uma atmosfera de romantismo. A exaltação dos sentimentos, a idealização da pessoa amada, a saudade, o desejo, o embate, distensão e conciliação entre amor e paixão são temas românticos.

Antes fossem só temas, nós os vivemos, ou, ao menos, muitos de nós os experimentamos viva e repetidamente. Nós, é isso que o amor envolve: laços e nós. É uma trama urdida por um poderoso deus, Eros. A etimologia de *Eros* provém do verbo grego *érasthai*, que indica não só amor, como o estar inflamado de amor. O significado de Eros apresenta noções psicológicas bastante familiares: o desejo, os sentidos, o amor. Eros significa, literalmente, o *desejo incoercível dos sentidos*. Quem sabe, é por isso que ele dilacera os membros e transtorna o juízo dos deuses e dos homens? (Brandão, 1991, p. 356).

Se as mulheres e os homens parecem tão suscetíveis e seduzidos por ele, os deuses não ficam atrás. Nas estórias envolvendo Afrodite, Zeus, Hera, Apolo, e tantos outros, são fartos os episódios amorosos, passionais, o ciúme, o desejo indomado.

O sentido de amor unifica a filosofia com a mitologia. Eros aparece nos filósofos que perscrutaram a *physis* (força genésica que origina e sustenta tudo o que nasce, cresce, desenvolve-se, torna-se o que é) como o princípio que unifica e mantém coeso o universo. A malha do universo é sustentada pelo Amor como potência cósmica. Nessa interface entre os "físicos" (ou pré-socráticos), o mito do universo é uma eterna, incriada e poderosa força genésica, formada por dois princípios: dissolução e união. A mitologia e a filosofia em sua aurora cifraram tais princípios como, respectivamente, Caos e Cosmos (Eros).

Interessante que o Amor (Eros) nasceu do Caos. Dissolução, o ainda não realizado, o que se encontra ainda em potência, o cadinho das possibilidades, eis alguns significados para o Caos. Eros foi o primeiro princípio saído do Caos. "Minha vida amorosa se transformou num caos!", falam, com ênfase, algumas pessoas na clínica psicoterápica. Mal sabem elas que o Amor foi gerado, justamente, do Caos.

Aqui, ousamos fazer uma analogia dos princípios cosmogônicos com o trato da existência na filosofia de Sartre. Pois, de início, isto é, originariamente, somos caos, no sentido de que *somos as nossas possibilidades*. Por nossas escolhas, damos corpo às possibilidades. Eros, a afetividade, entra em nossa existência como uma modalidade fundamental de nosso *ser-Para-outro*, vale dizer, de nossas relações, ele integra o campo da consciência relacional que somos (Veríssimo e Erthal, 2015).

Junito Brandão trabalha os sentidos míticos de Eros. A certa altura, a propósito de considerá-lo como uma força de união e de relação, resvala numa interpretação moral: o amor é uma fonte de afirmação da existência, na medida em que ele "é efetivamente *união* e não *apropriação. Pervertido*, Eros, em vez de se tornar o centro unificador, converte-se em princípio de divisão e morte" (Brandão, 1991a, p. 358). De fato, se pensarmos no *dever ser* do amor, admitimos que amor deve ser uma fonte de vida, na medida em que convida à relação interpessoal, à conexão entre natureza e ser humano, entre corpo e alma, e até, para quem acredita, entre a pessoa e o divino. O amor, ao menos em seu aspecto idealizado, ou, por que não, efetivamente ético, solicita-nos a uma abertura ao *outro*. "O amor é endereçamento ao outro. O amor é um existencial, por assim dizer, pois, a existência é um endereçamento perpétuo ao mundo. A alteridade compõe a essência de nosso existir no mundo" (Veríssimo, 2016, p. 22).

Continuemos um pouco mais com Junito Brandão. Com a sua leitura, podemos nos dar conta que quando o amor se reverte em distensão, discussão, violência, ele pode se converter em um arauto da intolerância e até da morte.

> Essa *perversão* consiste sobretudo em destruir o *valor do outro*, na tentativa de servir-se do mesmo egoisticamente, ao invés de enriquecer-se a si próprio e ao parceiro com uma entrega total, um dom recíproco e generoso, que fará com que cada um seja *mais*, ao mesmo tempo em que ambos se tornam *eles* mesmos. O erro capital do amor se consuma quando uma das partes se considera o todo (Brandão, 1991a, p. 358).

Navegando com Hesíodo, via Junito Brandão, lemos que "no princípio era o *Caos* (vazio primordial, vale profundo, espaço incomensurável), matéria eterna, informe, rudimentar, mas dotada de energia prolífica; depois surgiram Géia (Terra), Tártaro (habitação profunda) e *Eros* (Amor), a força do desejo" (Brandão, 1996, p. 153). Hesíodo revela que Eros é o mais belo entre deuses imortais (*Teogonia*, 1992, p. 111). O Caos, por sua vez, deu origem a Érebo (escuridão profunda, uma espécie de antecâmara do Tártaro e território do que é morto) e à Nix (noite). E, entre os vários filhos que gerou ela própria por partenogênese, Nix gerou Tânatos, a morte. Apesar de, Tânatos simbolizar "o aspecto perecível e destruidor da vida" (Brandão, 1986, p. 227), devemos não esquecer que morrer no mito grego não é deixar de existir, e sim, cobrir-se de sombras. A psique ao deixar o corpo, na morte, transformava-se num *eídolon*, numa pálida imagem, sem desejo e sem consciência (*nous*), a jazer no Hades, reino dos mortos, o destino final das almas.

Há uma proximidade entre Amor (Eros) e Morte (Tânatos) no tablado grego.

> Na prática, o fim trazido pela morte chegava docemente, ajudando o agonizante, ao menos na poesia grega... Fechava-lhe os olhos e distendia-lhe os membros, como se fora um ato de amor. Diga-se, de caminho, que a Morte e o Amor são dois aspectos de um mesmo poder, como no mito [...] de Helena e de Perséfone (Brandão, 1991b, p. 399).

Podemos nos arriscar a fazer mais uma aproximação entre o amor e a morte. O orgasmo, para alguns, parece um tipo de morte. Não falo de um êxtase mecânico e "para aliviar" alguma carência qualquer. E sim, de um êxtase amoroso. Após o êxtase, tem-se a impressão de uma *petite mort*, uma pequena morte. Não se trata apenas de uma exaustão física. Pode-se sentir um desfalecimento, quase um desmaio, um grande e profundo sono. Não é demais lembrar que Morte é irmão de Hipno, o sono. O filósofo Georges Bataille considera: "toda a operação do erotismo tem por fim atingir o ser no mais íntimo, no ponto em que o coração desfalece" (Bataille, 2014, p. 41).

O amor parece nos encher de vitalidade, fervor, balança as nossas tentativas de nos mantermos continente, instiga o desejo a pulsar incontido e descabido dos padrões costumeiros de nossas rotinas. O amor nos leva a sonhar, eleva-nos a devaneios poéticos, pode suscitar abrir mão da individualidade acomodada e confortável em nome de um compartilhar uma convivência íntima de modo a desejar formar uma estória significante. Mas, é também quem anuncia a angustiante perda do Paraíso, o desespero, a dor, a dilaceração do coração, e pode "levar-nos" a desejar a morte, levar-nos entre aspas porque é mais fácil objetivar o amor como uma "experiência" "boa" ou "ruim" do que assumi-lo em nosso modo de ser. A sensação que pode nos trazer um amor frustrado é o odor da morte. Como se o mundo que edificamos e sonhamos se cobrisse de escuridão. Como se uma estranha noite, se achegasse, sem estrelas para contar. Como se o nosso mundo ficasse em ruínas. E, dessa forma, poderemos pensar na morte, ou mais do que isso, desejar a morte. A morte dos nossos sonhos, do que foi um dia nossos sonhos, pode atiçar a ideia de nossa própria morte. Nesse caso, Eros deseja encontrar repouso no sono da morte. E, então acreditamos que "descansarei sob a lápide epitáfio do que um dia mundo foi"[1].

Se Eros for admitido como um princípio cooriginário junto com Caos, Geia e Tártaro, Tânatos, sendo filho da Noite (que foi gerada por Caos), é seu sobrinho-neto, Eros é seu tio-avô. São irmãos de Tânatos e filhos de *Nix* (noite) princípios divinos que tangenciam intimamente com a experiência amorosa: Momo, o escárnio; as Moiras, o destino; Éris, a deusa da discórdia. *Nix* (a Noite) gerou, sozinha, essas (e outras) divindades que mostram um aspecto do sagrado, o *tremendum*, inspirador na alma de um tremor que pode chegar ao terror. Tais potências estão ligadas à dissolução, suscitam no ser uma proximidade impetuosa com o nada. Para Torrano, a "Noite, [...] procria por cissiparidade [autoprocriação] as forças da debilitação, da penúria, da dor, do esquecimento, do enfraquecimento, da aniquilação, da desordem, do tormento, do engano, da desaparição e da morte – em suma, tudo o que tem a marca do Não-Ser" (Torrano, 1992, p. 44).

A divindade Momo é a expressão do escárnio, da zombaria. Mas, sobretudo, tem no cenário mítico grego um sentido de *des-honra*. É o que nos desonra por ser aquilo que nos expõe ao ridículo, ao risível, à quebra da imagem cultivada, às chamadas *feridas narcísicas*, abalos na nossa autoestima e autoimagem. Sentimentos de humilhação são comuns nos enlaçamentos amorosos. Sentir-se traído pelo companheiro, pela companheira, sentir-se enganado, passado para trás, manipulado, usado, exposto na intimidade e nos segredos aos outros. Uma relação nem sempre se mantém no quarto, ou mesmo na sala. Muitos relacionamentos são expostos no espaço público das famílias dos parceiros, do círculo de amizades e convivência. Tal situação pode suscitar um temor ou incômodo sobre o que falam, ou podem falar, a respeito do casal.

No âmbito grego, a desonra é expor-se negativamente em público. Nada mais atual, quando contemplamos o que ocorre hoje nas redes sociais, onde o Rei Momo governa. O Rei Momo é o rei do Carnaval. O carnaval zomba das

[1] Final de uma poesia feita com duas pessoas amigas.

normas sociais e morais. No carnaval, dizem os historiadores, os antropólogos, os sociólogos, alguns interditos sociais são postos de lado. Nas redes sociais temos um desfile de intimidades jamais visto. Uma inversão, uma implosão do espaço privado no espaço público, um verdadeiro carnaval, como se diz, "tudo junto e misturado". Algumas pessoas, podem se sentir ofendidas, consternadas, humilhadas, nas mãos de Momo, ao perceberem a extensão *inimaginada* de sua intimidade. E, de má-fé, agem como se o inferno fossem os outros, ou seja, agem como se fossem inocentes acerca de seu descuido de si, ao aderirem freneticamente às redes sociais.

A Moira é uma divindade que simboliza o destino. A trama do destino que enlaça a todos no universo de forma inexorável. Toda a nossa vida, nesse cenário, é o nosso destino. Ele já foi traçado, já foi cerzido por Cloto, Láquesis e Átropos que costuram e tramam o fio de cada vida, de cada ser. Cada um de nós é um fio na trança do grande destino cósmico. O amor suscita, em não pouca gente, a sensação de um encontro não casual, mas pelas mãos de um destino. "Encontrei minha cara metade", podem acreditar alguns. No encantamento amoroso, o destino parece nos sorrir, estar ao nosso lado. Se esse encanto se perde em decepção, fúria ou violência, o destino parece brincar de nos enganar. Novamente, nesse caso, estamos no tema da má-fé, pois aderimos magicamente ao destino como justificativa de nossas próprias escolhas. É menos angustiante culpar o destino do que a nós mesmos pelas escolhas feitas. Essa forma de tratar o destino pode receber várias roupagens: de divindades do mal, de Deus, dos astros, das cartas do tarô ("ela disse que eu ia conhecer um cara que ia ser feliz e depois sofrer..."), da própria ciência, com seu afã de diagnosticar e prognosticar a vida, entabulá-la e controlá-la através de métodos e técnicas.

Nêmesis, cuja etimologia a aproxima da Moira, uma vez que está ligada à ideia de distribuir, partilhar, repartir, é uma deusa ligada à noção de zeladora da justiça. Ela pune as injustiças praticadas. Pune os desregramentos, pune um dos piores "pecados" gregos: perder a noção da sua própria medida e querer se mais do que se é, mais do que todos os outros, igualar-se aos deuses (ou superá-los), especialmente, pelo orgulho, tirania, ambição.

Ai daquele que se arrogar transgredir a sua medida e medir-se com os deuses. Ai daquele, diríamos, que se arrogar a querer ser mais feliz no amor do que a sua medida lhe permite. Esse vai sentir o peso da Nêmesis: é possível que sofra muito. Em termos psicológicos, perder a própria medida é não ter noção de si mesmo. Buscar o outro como um deus que irá protegê-lo da solidão e do trágico. Ou o seu revés, nutrir o projeto de tomar o lugar de Deus, e ser tudo para o outro, podendo chegar ao ponto de anulá-lo ou se anular por e para isso. Essa medida não se sustenta.

Nossa medida não é mais concebida, numa via existencial, como dada pelos deuses, pelo destino, por Deus, mas sim, dada no e pelo existir. Descobrimos a nossa medida a cada passo do caminho, a cada interlocução com o outro, assim como descobrimos a medida do outro, mesmo que não queiramos admiti-la.

As Queres, também filhas da Noite, mostram-se pavorosas, verdadeiros monstros alados, com a veste negra, as unhas enormes e vergadas, como as das bruxas. Com as vestes cheias de sangue, costumam aparecer em cenas que envolvem luta e muita violência, como nos campos de batalha. Elas arrastam os cadáveres pelo calcanhar após a contenda para devorá-los. Na *Ilíada*, Pátroclo, suplica ao amante Aquiles que o sepulte o mais rapidamente possível, "diz algo muito sinistro acerca desses monstros devoradores: "*pois que a abominável Quere, a que me obteve por sorte ao nascer, abriu as fauces* [goela] *para devorar-me*"" (BRANDÃO, 1991b, p. 352). As Queres são, portanto, agentes da morte, abrem a suas medonhas goelas para engolir os mortos, "como o terrível *stómion*, a pavorosa *garganta* do inferno platônico, que rugia, quando uma psique impura tentava escapar" (BRANDÃO, 1991b, p. 352).

A deusa Éris, também filha da Noite, é conhecida como uma deusa ligada à discórdia. Ela é a contenda, a rivalidade, a luta, a discórdia, a disputa, a querela. Sua etimologia nos deixa muito próximos aos percalços cotidianos da experiência amorosa. Éris poderia provir do verbo *eréthein*, cujo significado é provocar, excitar, irritar. Os estudos de Junito Brandão (1991a, p. 355) nos mostram uma etimologia sânscrita, *ári, arí*, "inimigo". Do indo-europeu, uma etimologia sinaliza a ideia de "perseguir, acossar". A deusa da discórdia se afina com Ares, o deus da guerra, amante de Afrodite.

Ora, frequentam o grande espectro do amor, a distensão, a discórdia, a rivalidade, a provocação, o irritar o outro, o irritar-se com o outro, a impaciência, o perseguir e acossar o outro com acusações insistentes. A Éris pode sustentar aqueles debates intermináveis de discussão da relação, sem que se chegue a uma conclusão profícua. E o que pode começar com um enlaçamento paradisíaco, pode terminar numa sensação de estar com um inimigo dormindo ao seu lado. Se o campo de embate perde a medida de um mínimo de respeito e contenção, poderão ser soltas as terríveis Queres. O sangue ferve e pode explodir em crueldade e violência.

Numa espécie de evolução, por assim dizer, de seu simbolismo, as Queres tornam-se assimiladas à ideia de destino, tornam-se o destino de cada pessoa, indicando, inclusive, o seu estilo e tipo de vida. Confundem-se, portanto com as Moiras. Há uma passagem em Platão, onde a alma do herói Her está observando o mundo pós-existência encarnada. A certa altura, depara-se com uma cena.

Ele vê as Moiras ou as Queres sentadas em seus tronos, com vestidos brancos e grinaldas na cabeça, cantando ao som da melodia das sereias. Ao chegarem nesse local, as almas se veem diante de Láquesis, a que sorteia os destinos das almas[2]. Desta feita, diferente do mito arcaico, as sortes são *escolhidas* pelas almas. Estamos querendo dizer que *o destino é concebido como uma escolha*, e não mais algo rigorosamente impessoal e transcendente, apesar de que, nesse momento, o texto platônico parece se situar na interface entre a filosofia e o mito. Pelo que entendemos até aqui, as almas escolhem sua porção de vida, sua sorte, as condições de sua vida.

No existencialismo, vamos chamar de *facticidade da existência* as condições em que nos vemos lançados na existência. Diferente da concepção de Platão (e de algumas concepções religiosas que admitem a tese da reencarnação), não há escolha dessas condições numa existência factual. Mas, o que está em jogo na cena platônica é que a escolha das condições exteriores de uma vida, já é uma decisão que solicita prudência e sabedoria. Pois, o rico pode usar a sua riqueza para roubar, pode gastar e perder a sua fortuna por imprudência e luxúria, e o pobre pode usar a sua pobreza para se justificar moralmente. Uma pessoa de constituição inata vigorosa pode adoecer por negligência, assim como o doente pode ser igualmente negligente com seus problemas de saúde, assim como pode cuidar-se e ainda tentar ajudar os outros. Assim por diante, nossas condições de vida serão o cenário a partir do qual agiremos e escolheremos. Surge a figura de um profeta que anuncia:

> Declaração da virgem Láquesis, filha da Necessidade. Almas efêmeras, vai começar outro período portador da morte para a raça humana. [...] A virtude não tem senhor; cada um a terá em maior ou menor grau, conforme a honrar ou a desonrar. A responsabilidade é de quem escolhe. O deus é isento de culpa (Platão, 2001, p. 490).

A indicação trazida por essas ricas imagens platônicas é sugestiva para pensar o amor. A virtude e a busca da felicidade por cada um não residem no outro e, muito menos, no cálculo das condições materiais, prazeres ou mimos que ela ou ele possa prometer. O outro não deve ser o eleito para o inferno ou para o céu. O enlaçamento amoroso envolve-nos em determinadas condições de vida. Nesse cenário, escolhemos, ganhamo-nos ou nos perdemos de nós próprios.

Somemos a seguinte consideração: nossa facticidade, isto é, as condições de nossa vida, o nosso *ser-em-situação,* num enlace amoroso, passa a ser, de alguma

[2] Na imagem arcaica das Moiras, Cloto tece o fio, Láquesis sorteia o nome de quem vai morrer e Átropos corta o fio da vida.

forma, compartilhado. Ou melhor, de saída, como aponta Heidegger, na obra *Ser e tempo*, a existência é, *a princípio*, compartilhada: somos ontologicamente um *ser-com*. Entramos numa relação com o nosso ser-compartilhado. Entramos com o nosso círculo de relações, que se depara com o círculo relacional do outro. Por mais que um casal, por ventura, queira blindar-se de condicionamentos precedentes, não é possível, tão facilmente, ao menos, livrar-se da cultura, da educação, da moral, das crenças e dos valores arraigados que são constituídos nos círculos de convivência familiar e cotidiana, que antecederam a relação conjugal e não apenas acercam-na, como penetram nela de alguma forma ou de várias. Desse modo, o casal terá que enfrentar o cerzimento da sua trama, que não tem necessariamente um final feliz, como nos contos infantis ou novelas de TV, ou um final devastador, como nas tragédias encenadas no teatro, estampadas na literatura e ilustradas em certos filmes. É uma trama a se fazer.

Nesse ponto, não é o amor que é o culpado de nossa felicidade ou infelicidade, mas nossa postura em relação ao enlace amoroso. Se nos perdemos em nossas escolhas, navegando no enlace amoroso com a consciência em má-fé ou nos sentindo sem rumo, e isso não é pouco comum, podemos cair na simbologia dos deuses míticos em seu aspecto tremendo. E, no extremo do desespero, podemos vivenciar uma aproximação entre o amor e a morte, num dos seus modos mais trágicos, o suicídio, assim como podemos, por outro lado, matar "por amor". Na verdade, esse gesto não parece ser um amor genuíno, e sim, expressa a tempestade passional em que uma pessoa, naufragando em seus sentimentos, leva, de roldão ou premeditadamente, a vida de outra.

O mito relatado por Hesíodo nos sugere que o amor é também luminoso. Da união amorosa entre a Noite (Nix) e Érebo nasceram o Dia e o Éter (Hesíodo, 2002, p. 111). Segundo Brandão, "Éter é a camada superior do cosmo, posicionado entre Úrano (Céu) e o ar e, por isso mesmo, personifica o céu superior, onde a luz é mais pura que na camada mais próxima da Terra, dominada pelo *ar*" (Brandão, 1991a, p. 400). Ao amarmos, podemos nos sentir mais pessoa, mais gente. Podemos cair num grande egotismo, mas, por outro lado, podemos gostar mais da humanidade, e de nós também. As cores da vida, da mesma vida de sempre, parecem mudar, a rotina se desfaz é anuviada por sonhos e sentimentos enlevados. Nosso imaginário é irrigado por esperança e confiança no encantamento amoroso. Dá vontade de fazer poesia, de cantar, de dançar, pode dar até fome, fome de comida, de amor, de deleite, de carícias, enfim, fome de vida.

O amor é morte e vida, fascinante e tremendo. Temos, aí, uma aproximação do amor com a fenomenologia do sagrado apresentada pelo grande estudioso das religiões Rudolf Otto. Ao abrirmos a obra de Otto, *O sagrado*, aprendemos que o seu aspecto *fascinante* convive, lado a lado, com o aspecto *tremendo.* O fascinante é o aspecto que atrai, que, como o próprio nome sugere, fascina, seduz. Revela-se em figuras divinas em seu aspecto cândido, protetor, sereno, benevolente, misericordioso, inspira compaixão. Já o tremendo é o aspecto assustador, tenebroso, que produz na alma um tremor que não se compara a nada parecido no âmbito humano. O medo que uma pessoa possa sentir não se compara ao terror suscitado pela feição tremenda do sagrado. O *tremendum* pode suscitar o desejo de recuar, de sair correndo, de fugir. Pode ser algo que paralisa. Os soldados estão em plena batalha, uns para conquistar, outros para defender Troia. De repente, Apolo balança a égide (escudo) e solta um penetrante e longo grito. Enquanto Apolo mantinha a égide imóvel nas mãos, os homens se batiam de ambos os lados, com fúria e fervor. Quando Apolo entra em cena, mostra para eles o escudo sagrado e lança seu grito "no peito daqueles guerreiros o coração é atingido pelo sortilégio; e eles esquecem seu valor ardoroso, sem coragem para prosseguir a luta: Apolo semeara o pânico entre eles" (HOMERO, apud. CHEVALIER E GHEERBRANT, 1991, p. 357).

Ora, o amor é, a um só tempo, experimentado como fascinante e tremendo. Causa fascínio, atração "fatal", irresistível, ilumina a alma de vitalidade e vigor, a põe em movimento, ao mesmo tempo em que é terrível, provoca tremor e temor, pode ser experimentado como o que paralisa. Sem esquecer que tempestades podem se irromper sem aviso. O amor é uma força tremenda e, para alguns, assustadora, que dá a impressão, de como Eros, domar a alma, que perturba e transtorna não só o juízo até dos mais contidos e serenos seres humanos como o dos deuses. "Eros: o mais belo entre Deuses imortais, [...] ele doma no peito o espírito e a prudente vontade[3]" (HESÍODO, 1992, p. 111).

O aspecto tremendo do amor aparece no veio mítico, ilustrado por essas figuras assustadoras e tremendas, como Tânatos e seus irmãos, alguns deles aqui descritos, os filhos da Noite. A Noite é o escuro, é não evidente, o mistério do ser, o ser em seu aspecto recluso, a interioridade mais íntima, os segredos ocultos, o recuo do ser, o seu velamento. O Dia e o Éter, também filhos da Noite são como o calor e a claridade. O que se revela, portanto. O que vem à luz, o fenômeno em seu mostrar-se.

O amor, Eros, é ambivalente. Luminoso e obscuro. Diurno e noturno. Diurno é o aparecer, a imagem que se tenta passar, a tatuagem que cada um quer fazer. O que se mostra às claras, ou tem o intento de parecer assim o fazer. O noturno é o que se oculta. É a intimidade no amor. É o íntimo dos

[3] A *prudência* (*phronesis*), na filosofia será uma virtude ética por excelência.

parceiros e o íntimo de cada um. E esse velamento pode se tornar o recluso, o fechado. Hoje, muitos trâmites da intimidade estão pulverizados por uma exposição sem precedentes nas malhas da internet. O amor deseja o íntimo e a veleidade com que ele se vê banalizado diminui e quase apaga a sua chama.

No amor, a intimidade chama a um *des-velamento*, por mais que se queira esconder-se do outro e de si mesmo. Desvelamento é o próprio mostrar-se enquanto *quem* somos. Quanto mais íntimo vai se tornando a relação, mais nos revelamos a nós e ao outro, e, simultaneamente, mais nos deparamos com o mistério que é a pessoa.

> Cada pessoa é um mistério. Podemos conhecê-la através de um longo convívio, pela intimidade do amor ou pelas abordagens das ciências e das várias tradições da humanidade. Mesmo assim, ninguém poderá decifrar e definir quem é Maristela, Márcia, José Américo ou Fernando ou quem quer que seja. A pessoa emerge para si mesmo e para os outros um mistério desafiador. Somente sabemos o que cada um revela de si mesmo ao largo da vida [...]. Mas, apesar de toda a diligência, cada um permanece um mistério vivo e pessoal (Boff, 1994, p. 14).

O universo de cada pessoa apresenta-se no jogo velamento-desvelamento. No planeta das relações, o colorido de Eros apresenta inúmeros pares de opostos: dia e noite, claro e escuro, revelação e segredo, velamento e desvelamento, fascinante e tremendo, atração e repulsão, sedução e temor, júbilo e dor, paz e desespero, o sublime e o trágico, contentamento e ressentimento, busca e fuga, candura e violência, vida e morte.

O MITO EROS E PSIQUE

O mito Eros e Psique está referendado pela sua época histórica. Ele é narrado por Lucio Apuleio, filósofo místico (nasceu em torno de 125 na nossa era e faleceu em torno de 170 d. C.). Sua obra mais famosa é *Metamorfoses* ou *O asno de Ouro* (Brandão, 1987, p. 209). Sobre a origem do relato Eros e Psique, a melhor informação que obtivemos foi essa, do próprio narrador: "Da Grécia veio essa estória. Atenção leitor: ela vai te alegrar" (Apuleio, 1963, p. 17).

Apesar de reconhecermos ser o mito Eros e Psique pagão, e, portanto, inserido num contexto em que, grosso modo, os deuses ditam o destino dos homens, não acreditamos que as raízes históricas do mito desautorizem uma interpretação que se inspire na mitologia para pensar a condição humana. Se o mito não tematiza conceitualmente a existência, ele não dá o pensar conceitual, mas, não por isso, deixa de dar *a pensar*, ou seja, provoca-nos a pensar e a compreender a existência, através do seu aspecto simbólico, o que nos sugere Paul Ricoeur, quando estima que o símbolo não dá o pensar, mas convida a pensar (1978, p. 243).

O mito *Eros e Psique*, apesar de seu final feliz, aproxima o amor da morte, através das tentativas de suicídio de Psique. Eros, nesse momento, aparece não mais como um princípio cósmico primordial, mas como filho de Afrodite, uma deusa associada à sedução e à paixão. A Eros nós já fomos apresentados. Psique é a personificação da alma. Sua etimologia a define como sopro vital. Trata-se, portanto de uma estória de enamoramento entre o amor e a alma.

A formosura de Psique cativa Eros. O deus que encarna o amor se apaixona perdidamente por ela. Psique é lindíssima. Suas duas irmãs são muito belas, mas, a beleza de Psique parece superar todas as medidas concebíveis. Ela é conduzida delicadamente pelo vento Zéfiro ao palácio de Eros. Só que ela não pode vê-lo. Seu amante sumia durante o dia e reaparecia todas as noites. "Eros, sem se deixar ver, fez de Psiqué[4] sua mulher, mas, antes do nascer do sol, desapareceu rápida e misteriosamente. Isso se repetia todas as noites e a princesa acabou por se acostumar à sua nova existência" (Brandão, 1987, p. 211). Psique se sente só, apesar de estar acompanhada, em sua nova morada, um palácio maravilhoso, por misteriosas Vozes, que lhe serviam com total solicitude "e atendiam até mesmo os desejos não formulados" (Brandão, 1987 p. 211). Ela pede ao companheiro para chamar as irmãs para que lhe fizessem companhia. Eros pressentiu o perigo de abrir o palácio às irmãs, e advertiu a sua amada que elas poderiam ser uma ameaça à felicidade do casal. Psique, inicialmente, acata as recomendações do marido, mas, com muitas carícias e súplicas, acaba deixando de lado a *phrónesis*, a prudência, e consegue do marido permissão para vê-las. Quando as irmãs veem o resplandecente palácio onde passa a morar Psique, ficam loucas de inveja. E começam a zumbir nos ouvidos de Psique, questionando por que o marido não podia se revelar a ela. Quem sabe, diziam, ele não é, na verdade, um terrível monstro?

Numa cena anterior, o pai de Psique, temendo a ira divina pelo esquecimento do culto a Afrodite por parte dos homens, em favor do maravilhamento com a beleza da sua filha, vai ao Oráculo de Apolo. A resposta divina expressa o aspecto *tremendum* do sagrado. "A jovem, coberta com uma indumentária fúnebre, deveria ser conduzida ao alto de um rochedo, onde um monstro

[4] Junito Brandão segue fielmente a literalidade grega, psique, em grego, escreve-se, adaptando ao português, *psiqué*. No entanto, permitimo-nos uma licença poética, por assim dizer, e estamos escrevendo psique como o faz o senso comum e a tradução do grego para o português.

horrível com ela se uniria" (Brandão, 1987, p. 210). Ora, não vimos que o amor pode ser, a um só tempo, fascinante e tremendo? Eros, que era "o monstro" pressagiado pelo oráculo, através do vento Zéfiro, a conduziu delicadamente ao seu palácio.

Psique hesita em aquiescer às maledicências das irmãs, mas, acaba ficando insegura. Testemunhemos esse momento junto com Brandão.

> Psiqué se agita e parece decidida a perpetrar o crime, mas eis que subitamente hesita, depois resolve; vacila outra vez, desconfia das irmãs, se enfurece, lembra-se dos ternos abraços do esposo... Seria ele, realmente, uma serpente imunda? Numa palavra: *Psiqué num mesmo corpo odeia o monstro e ama o marido...* (1987, p. 213).

Bem sugestivo esse trecho quanto à natureza do amor. A sua ambivalência está aqui patente. Um palácio dos sonhos, deslumbrante, com as Vozes atendendo às menores solicitações da heroína. Ao mesmo tempo, um cárcere de solidão envolve Psique. No mundo amoroso, podemos nos sentir plenos, mas, por outro lado, e ao mesmo tempo, sentir-nos ausentes de nós próprios, exilados de uma vida própria, de um espaço próprio, como se fôssemos levados para longe pelo vento da paixão. Notemos mais uma ambivalência: o amado e o monstro. O outro, pode nos aparecer como terno, mas, também pode aparecer como ameaçador, como mistério que assusta e, ao mesmo tempo, atrai irresistivelmente. E não só aparecer, como, efetivamente, se comportar dessa forma. Quando isso acontece, o palácio que brilha como ouro pode se transformar num cárcere, em alguns casos, até numa masmorra. Dependendo do humor do casal, o palácio pode se metamorfosear em câmara de torturas. Todavia, de uma ora para outra, as paredes do cativeiro parecem evanescer, e o sol, o Dia (Dia é também filho da Noite e de Érebo) irradia na relação, e tudo parece bem novamente.

Lembremos esses estranhos personagens, as Vozes. Elas não são gente, são apenas vozes. E, como tal, podemos fazer uma analogia delas com nossos pensamentos. Nossos pensamentos parecem cândidos e solícitos, mas são igualmente inseguros e podem roer nossas esperanças e projetos na menor vacilação da nossa confiança. Numa relação amorosa, muitas vezes evitamos expressar à parceira, ou ao parceiro, o que sentimos. Desse modo, dispensamos o diálogo e permanecemos calados, envolvidos em monólogos intermináveis, como se andássemos em círculo. São as vozes.

Pressentindo ou percebendo claramente as ambiguidades do amor, algumas pessoas hesitam em experimentar plenamente o encontro com alguém, trancando-se diante da alteridade. Em trabalho anterior (Veríssimo, 2010), já havíamos desconfiado que o outro pode aparecer como familiar ou como estranho. Donde podemos desenvolver defesas psicológicas em nossas condutas para conseguir lidar com ele, seja afastando-o, mantendo-o a uma segura distância, seja acatando, por má-fé, conselhos ou maledicências de terceiros ao invés de assumirmos a responsabilidade de encarar o diálogo na perigosa travessia que nos envolve com a pessoa amada.

Psique finalmente resolve quebrar o pacto feito com o marido e vê-lo. À noite, com um candeeiro e um punhal (a luz e a sombra), ela se aproxima dele. Ao vislumbrá-lo, ela fica encantada. Eros é de uma transcendente beleza, ela fica paralisada frente ao que deleita e emociona os seus olhos. E, nesse momento, temos a sua primeira tentação ao suicídio. Mas, eis que ela se vê mais e mais enredada nas tramas do amor.

> A jovem empalidece, treme, cai de joelhos. Olhando-o, contempla-o embevecida e "especulando-o" [observando-o detalhadamente], Psiqué, como Narciso, não mais pôde tirar os olhos dele. Quis matar-se, mas o punhal se lhe resvalou da mão. Percebendo ao lado do leito a aljava e as flechas do deus, ao tocá-las, acabou ainda por ferir-se com uma delas. Agora, mais que nunca, sua paixão seria eterna (Brandão, 1987, p. 213-214).

Psique começa a beijar alucinadamente Eros. Ao inclinar-se em sua direção, uma gota do óleo fervente do candeeiro cai em cima do amado, despertando-o. E ele sai voando. Descendo do céu, mas, mantendo distância, diz: "Quantas vezes não te admoestei do perigo iminente, quantas vezes não te repreendi delicadamente. Tuas ilustres conselheiras serão castigadas em breve, por suas pérfidas lições; quanto a ti, teu castigo será minha ausência" (Brandão, 1987, p. 214).

Interessante que Eros fez de Psique uma mulher plena em sua sexualidade. No entanto, Psique perde a sua inocência definitivamente no momento em que seu amado partiu. A antecena desse acontecimento se dá quando Psique desnuda Eros. Talvez a perda da inocência tenha se iniciado até antes, quando ela se feriu como se fosse sem querer. Lendo o próprio texto consta que após admirar as armas do marido, Psique tirou uma flecha da aljava e forçou, levemente, seu polegar, com um dedinho trêmulo na ponta de uma das flechas de Eros, "picou-se apenas o bastante para que algumas gotinhas de sangue rosado perolassem a superfície da pele. Foi assim, que, sem saber, Psiquê se tomou ela própria de amor pelo Amor" (Apuleio, 1963, p. 100).

Quando o marido bate em retirada, e ela tenta segurá-lo em vão; quando as suas maquinações se mostram um fracasso frente ao universo dos possíveis, ela se reconhece plenamente amando. Não pouca gente só se rende para o estar amando quando Eros se esvoaça, quando o amado ou a amada partem. É uma dolorosa perda da inocência. Na inocência, estamos com a angústia adormecida, escreve o filósofo Kierkegaard através de seu personagem Vigilius Haufniensis (2010). A perda da inocência é o despertar para angústia. É quando experimentamos a possibilidade de escolher.

Ser flechado pelo Amor, aparentemente não permite escolha. Você foi fulminado pelo amor, como se fosse possuído por um deus. No entanto, essa fórmula pode não se manter tão simples assim. Pois, Psique teve a escolha de escutar ou não Eros, de confiar nele ou não. Talvez, a culpa, somada à perda da inocência com a sua iniciação na angústia, tenha sido para ela uma descoberta de tal forma descomedida, que tenha pensado em se matar.

Nesse momento, ela se sente completamente só e desastrada. Quebrou um elo de confiança e perdeu a "pessoa" amada. Interessante que ela perdeu o amor (Eros), mas não o seu amor por Eros. Claro que o seu apaixonar-se não se deveu exclusivamente a ela ter se ferido deliberada e levemente com a flecha de Eros. Ela já estava encantada nos seus encontros amorosos com Eros, só que, ao mesmo tempo, muito assustada em sua inocência. Mas, o grande susto é descobrir-se no Amor, o *des-cobrir-se* do amor em nossa existência, quando não temos mais como negar para nós mesmos que estamos amando.

Desesperada pela imprudência e falta de confiança, pela perda do amado, ela deseja acabar novamente com a sua vida. "Fora de si, a princesa, desejando morrer, lançou-se às correntezas de um rio próximo, mas as próprias águas, numa corcova, repuseram-na na terra" (Brandão, 1987, p. 214).

Psique, portanto, continua a viver, continua em seu *ter-de-ser*[5]. Que tortura consiste a vida para quem sente as mais dilacerantes dores da perda do ser amado. Aqui, entramos no reino dos tenebrosos deuses: Nêmesis, a justiça divina, ou seja, o sentimento de culpa que parece nos punir pela imprudência, pelas atitudes irrefletidas, intempestivas, algumas que avaliávamos sem maiores consequências, cometidas ao longo da relação; o trançado da Moira: parece, num momento de desespero, ser nosso destino sofrer, ficar só, ser abandonado; Momo, o medo do que vão dizer, pois, afinal, "nosso casamento parecia tão feliz, tão normal...". Alguns creditam a desdita à Éris, em outros termos, à contenda, à discórdia. Pode-se acreditar que a relação se rompeu por se dizer aquilo que não deveria ter sido dito, que foi isso que fez o amado sair esvoaçando. O punhal de Psique nos remete às Queres, de vestes sombrias, que se rejubilam

[5] Para Heidegger (*Ser e tempo*) e Sartre (*O ser e o nada*), a existência é um ter-de-ser. O hífen marca que não é uma necessidade de ser desta ou daquela maneira, e sim um não ter como saltar para fora da existência, donde a angústia é existencial.

com o sangue dos cadáveres mutilados da batalha. Na desventura amorosa, não raro, sentimo-nos como se o que sobrou de nós fosse devorado pelo amargor do sofrimento. E por falar em cadáveres, resta ainda Tânatos. Quando nos sentimos desamparados no amor, especialmente quando Eros parece esvoaçar-se pelos ares, com o passar dos dias, parecemos estar cobertos de morte, cobertos pelo manto da morte. As cores de nossa vida, o cotidiano parecem pálidos, desinteressantes. Cada respiro, que são grandes suspiros, (é preciso lembrar que Psique é sopro) parece um peso. É comum se experimentar como um cadáver. "Estou morto". "Morto para ela, ou ele". A pior sensação de morte pode não ser, ainda, a morte de alguém amado, mas *a morte para* alguém amado.

Psique, resolve, então, ir procurar Eros pelo mundo. Eros volta para a sua mãe, Afrodite. A deusa passa a perseguir abertamente Psique.

Na verdade, Afrodite já estava enredada nessa trama. Por Psique apresentar uma beleza descomedida, os homens foram esquecendo o culto a Afrodite. Ao invés de pedirem Psique em casamento, passaram a adorá-la, e o culto à deusa da beleza e da sedução foi sendo deixado de lado. O esquecimento de um deus pelos mortais é um erro fatal, é a *hybris* (des-medida), a perda da medida divina e o atropelo dessa medida pela medida humana. Irada com tal descompostura dos homens em relação a ela, Afrodite convoca o seu filho. Queria que Eros fizesse Psique se apaixonar pelo mais horrendo dos homens. Só que quem acabou se apaixonando por Psique foi o próprio Eros. Eros aparece como um arqueiro, que lança flechas. Ao sermos flechados por Eros, nos apaixonamos. Eis a origem de nosso encantamento amoroso, segundo o mito grego. Pois bem, quem se viu flechado foi o próprio Eros.

Psique resolve, corajosamente, encontrar-se com Afrodite. Figuras psicológicas são anexadas às cenas do primeiro encontro entre a Alma e Afrodite. Antes mesmo de chegar no palácio de Afrodite, Psique é arrastada e puxada pelos cabelos por *Hábito*, uma das servas do seu palácio. Afrodite, por sua vez, após humilhá-la (exercer as funções de Momo, o escárnio, a zombaria, o malfalado), a entrega a duas outras servas: *Tristeza* e *Inquietação* para que a torturem. O ciúme dessa mãe parece não se aquietar. Após a pretendente a nora ser flagelada, e após novos insultos, a deusa arranca as vestes de Psique[6], e ela mesma a espanca, como uma digna representante das primitivas Queres. Amor e violência: uma combinação combustível ao que já pega fogo (nossas paixões: temor, paixão, êxtase, ódio, tristeza, mágoa, etc.). O amor *deveria* ser, para os seus idealistas,

[6] Despir-se das vestes, tê-las arrancadas são imagens comuns no universo mítico e religioso. Entre várias possibilidades de significação, são símbolos que expressam ritos de passagem, em que o iniciante se transforma radicalmente.

amor, união, conciliação. Mas, pervertido, segundo Brandão (1991a, p. 355), pode-se transformar na ira, ciúmes que chega à violência concreta.

A furiosa mãe de Eros passa para Psique tarefas quase impossíveis, senão, impossíveis, que a heroína teria que realizar para encontrar o seu amado. Diante do incomensurável das tarefas, sem ver chance de se reencontrar com o seu amado, tendo perdido a sua companhia, tendo rompido o selo de confiança entre os dois, mesmo auxiliada por seres como as formigas, Psique resolve tirar, pela terceira vez, nas nossas contas, a sua vida, tentando, novamente, se jogar num rio. Foi salva por um personagem que aparece como simples e humilde, um caniço verde, que a aconselha sobre como ser bem-sucedida em uma das terríveis tarefas.

O último trabalho de Afrodite para Psique consistiu em requisitar que ela descesse ao Hades, ao reino dos mortos. A tarefa seria pegar uma caixa com Perséfone, esposa do próprio Hades (que dá o nome ao local onde jazem as almas dos mortos). A caixa conteria um pouco da beleza imortal. Afrodite alegara a Psique que tinha consumido a sua cuidando de Eros ferido pela própria Psique. O ferimento teria sido devido à gota do óleo quente que caiu sobre ele quando Psique se lançou apaixonada sobre ele. Mas, na verdade, Eros também estava ferido em amor. E ferido "mortalmente" pela ausência da amada.

Psique entendeu, com essa última e quarta solicitação, que estava sendo enviada para a morte. É então que tenta, uma vez mais, o suicídio, dessa vez, subindo numa alta torre, para, de lá, precipitar-se no abismo. A torre se manifesta amigavelmente à Psique, ajuda-a a orientar-se no reino dos mortos. Triunfante, ao sair de lá carregando a caixa com a beleza imortal, Psique se vê tentada a pegar um pouco para ela, "sou mesmo uma tola", diz para si. "Trago comigo a beleza divina e até agora não peguei um pouquinho para mim, a fim de conquistar meu lindíssimo amante" (Brandão, 1987, p. 218). E, ao abrir a caixa... ao invés da beleza imortal é apoderada por um sono letárgico que sai da caixa. Cai desfalecida, no meio do caminho, imóvel como um cadáver.

A essa altura, Eros está curado da sua ferida. "morto de saudades e adivinhando o que se passava, escapou pela janela do quarto que lhe servia de cárcere e, num voo rápido e nervoso, aproximou de Psiqué. Recolocou cuidadosamente na caixinha o sono letárgico e despertou sua *Bela Adormecida* com um eleve toque de uma de suas flechas" (Brandão, 1987, p. 219).

Eros pede ajuda a Zeus para que a acolha e celebre as suas núpcias com Psique. Dessa vez, aquieta-se Afrodite. Zeus, com a aprovação de todos os deuses imortais, "ordenou a Hermes que a raptasse da Terra para o céu. Tão logo a jovem chegou à mansão dos deuses, Zeus foi-lhe ao encontro com uma taça de ambrosia, a bebida da imortalidade" (Brandão, 1987, p. 219). Da união entre Psique e Eros nasce Volúpia, que significa "o *prazer*, a *bem-aventurança*" (Brandão, 1987, p. 220).

Aqui, chegamos à volúpia, ao prazer, ao êxtase amoroso. Se experimentado de forma indiscriminada, portanto, banalizado, o prazer é vivenciado no imediatismo, numa passionalidade que pode fazer a alma descarrilhar, pode fazê-la enredar-se numa ansiedade que pode se tornar compulsiva, e que se torna cada vez mais obnubilada pela sua própria voracidade. Nesse ponto, imaginamos Eros à feição do Cupido como um menino travesso que se diverte atirando suas flechas de encantamento e paixão a esmo. Em algumas imagens, ele aparece com uma venda nos olhos. Numa interpretação quase infantil, podemos dizer que é por isso que a gente vive se apaixonando pela pessoa "errada". De outro modo, quando o prazer é urdido ao amor fecundo, o êxtase se insere numa história significativa para os parceiros, e não se torna refém do mero esteticismo sensual e sensorial. Trata-se de, no amor, um encontro de almas e não apenas de um consórcio de sensações sexuais.

TENTATIVAS DE SUICÍDIO DE PSIQUE

Já perdemos as contas das tentativas de suicídio de Psique. Na busca da Alma pelo Amor, quando sucumbida pela decepção consigo própria e com o distanciamento e partida de Eros, ela tenta se matar. E quantas vezes! A morte é companheira frequente do amor, o que pode ser identificado, sem dificuldade, nos mitos e contos de fada, na filosofia, na literatura, na psicanálise[7]. A angústia da finitude presentifica-se de forma nítida numa relação amorosa. A intimidade entre amor, angústia e morte aparece de muitas formas. Nesse momento, ocorrem-nos algumas. A angústia pela possibilidade de término de uma relação. Uma separação permeada pela sensação de abandono pelo amado que deixa feridas profundas, difíceis de cicatrizar. O sentir-se nulo, ou mesmo morto para alguém especial, quando tudo em volta se veste de uma mortalha. A ideia, o desejo ou mesmo tentativa efetiva de aniquilar a própria vida quando não se consegue lidar com os percalços da vida amorosa.

Uma primeira tentativa de suicídio surge quando Psique vislumbra Eros pela primeira vez tal como ele é, o mais belo de todos os imortais. Ela se sente culpada por ter desconfiado do marido, por não ter seguido suas doces e preocupadas advertências, perturbada e insuflada pelas irmãs. Uma

[7] É de conhecimento geral que os princípios fundantes do desejo em Freud são a pulsão de vida (Eros) e a pulsão de morte (Tânatos). Veja Freud, *Mal-Estar na Civilização*.

interpretação plausível, mas um tanto óbvia. Na verdade, ela se encontra face a face com o mostrar-se do Amor, sem meio-termo, sem mediações, sem a máscara da noite, sem velamentos. Geralmente, os deuses aparecem disfarçados em seus contatos com os mortais. Quando um mortal vislumbra um deus em toda a sua epifania, ou seja, em sua natureza *tal como ele é*, isso pode conferir à cena um caráter de *hybris*, de desmedida humana. Psique não suporta a visão plena e desnuda do Amor. É demais para ela. Ela se depara com o numinoso, com o sagrado: sua energia, seu mostrar-se é totalmente fora das medidas humanas.

No ambiente sartriano, poderíamos arriscar uma interpretação. Psique é um Para-si ou consciência. Ela se depara com o ser-Em-si, Eros. O Em-si é o ser em seu aspecto acabado, substancial, uma essência fora da história. Ora, o Para-si (ser humano) não é como o Em-si. Pois, o Para-si é, justamente, histórico, escolhedor, angústia. Psique quis verificar, afinal, *quem* era "o cara" com que ela dormia. E, deparou-se, surpreendentemente, com o Amor *em-si*. Ela jamais poderá, enquanto mortal, e portanto, finita, ou seja, enquanto um existente, se unir ao Amor Em-si. Pois, o ser humano ou consciência jamais terá a mesma natureza estável e perene de um ente Em-si mesmo, tal como são configurados os deuses mitológicos. Sartre acredita que, como existentes, somos faltantes, somos, não o ser Em-si, mas, antes, desejo, mais especificamente, *desejo de ser*, por isso, somos *liberdade*. O seu desejo, ao ver a nudez de Eros, ou seja, ao contemplar o deus por inteiro, é matar-se, é desejo de aniquilar-se como existente diante do próprio ser Em-si, o deus Amor. Como se percebesse, mas de forma não clara e pensada, que tal união é impossível, ela intempestivamente apela para a ideia de se matar. Mas, nem isso vai conseguir.

Lembremos que o punhal cai da sua mão. Agora, numa interpretação à luz de Kierkegaard, diríamos que ela não vai conseguir tirar a sua própria vida, visto que Psique, na condição humana nesse momento da estória, não é imortal, como sabemos, mas, igualmente não é apenas mortal, finita, como prescreveria uma lógica sartriana. Kierkegaard não entende o ser humano encerrado no finito, mas sim, como síntese do finito e do infinito. Essa síntese constitui o nosso próprio eu. No entanto, o desespero do eu é a sua oscilação nos opostos da síntese, sem conseguir realizá-la. A realização dessa síntese consiste na atitude mais desafiadora da existência, o salto da fé. Psique, ao desconfiar do seu amado, não consegue realizar a síntese entre o finito e o infinito, amarra-se ao finito, ou seja, deixa que as desconfianças fomentadas pelas invejosas irmãs ganhem peso numa consciência hesitante, permite que a curiosidade se torne quase insuportável. Desse modo, ela não se arrisca, ou seja, não se rende plenamente ao Amor. Isso seria, de fato, um absurdo. Absurdo para quem?

Absurdo para os padrões costumeiros da moral: "imagine, você se deitar com um desconhecido!", diriam e disseram.

Psique não tem fé no seu amor, mal acredita em Eros, não segue as suas recomendações, mal sabe o que sente. Não se entrega, por isso, não realiza o salto da fé. Esse é o seu desespero humano. Através do personagem Anti-Climacus, quem assina o escrito *O desespero até a morte* (ou *O desespero humano*), Kierkegaard mostra a inoperância de manipular a morte no desespero. "Quem desespera não pode morrer; assim com um punhal não serve para matar pensamentos, assim também o desespero, verme imortal, fogo inextinguível, não devora a eternidade do eu, que é o seu próprio sustentáculo" (Kierkegaard, 1979, p. 199).

Por duas vezes, Psique tenta se jogar num rio. Na primeira, encontra-se desesperada e desiludida de encontrar seu amado. Na segunda, vê-se impotente diante das tarefas impostas por Afrodite. Aqui, entendemos o desespero da desesperança. O nosso sentir-se sem horizontes, sem saída, e acompanhado de uma grande e insuportável dor. Junte-se à falta de enxergar perspectivas, a falta de fé na existência, a abolição de qualquer futuro que não a morte. O desespero, nesse momento, consiste em se abandonar na crença num destino funesto. Não se experimenta nesse contexto histórico a perspectiva de algo como se entregar à providência, como diria Haufniensis, personagem de Kierkegaard (2010). Poderíamos interpretar tal atitude como uma entrega incondicional ao advir da existência.[8] No cenário mítico grego, observamos um destino fechando, cada vez mais, o cerco de sua determinação inapelável em torno do personagem, quando, não raro, ele se sente esmagado em suas possibilidades.

Psique fracassa nas suas tentativas de se aniquilar. É salva por elementos da natureza, o rio, um caniço, as formigas. O rio não aceita a sua morte. No mito, a natureza age como sua parceira. Há personagens tão belos que encantam a própria natureza, entre eles, Psique e Orfeu.

Psique ao tentar o suicídio, lançando-se no rio, está fugindo da angústia de assumir a sua escolha de romper o trato com Eros, que prescrevia que ela não procurasse conhecer a figura do amado. Está fugindo da angústia e da dor pela perda do seu amado. Está fugindo da culpa por essa perda. Está, enfim, tentando evadir-se da existência, pois, tenta escapar de si mesma. Ora, o ser humano, para Sartre (2001), é fuga de si mesmo em direção a uma essência que jamais irá realizar, mas sempre perseguida, desejada, alvejada, projetada. Essa essência, nesse momento, para Psique, diante do debacle do amor, é a morte. Como não conseguiu se unir ao Amor, ele refugou-a e fugiu esvoaçando, ela

[8] Para Kierkegaard, esse é o ponto que diferencia o cristianismo do mito grego: a ausência, especialmente na estética homérica, da perspectiva da fé como salto para as possibilidades próprias.

não quer mais assinar a sua vida. Ao morrer, ela se transformará numa coisa. O mesmo que uma pedra, que, como se diz no existencialismo, é, mas não existe, ou seja, não tem qualquer escolha.[9] No máximo, Psique, com a morte, transformar-se-á numa lembrança, um objeto a ser apropriado por outros. É uma solução mágica para o sofrimento e a dor, diante do trágico da existência. O trágico é a dor, a dilaceração da alma, estendida até o limite. O trágico é, finalmente, a suspensão do sentido, o assalto do nada, da angústia. O "e agora, o que será de mim?".

O desejo de se matar, para alguns, pode ser a tentativa de pôr termo a angústia. De escapar *definitivamente* de si mesmo. De se evadir da condição de existente para a condição de objeto-lembrança, ou, até de objeto-esquecido. Vejamos o que diz Anti-Climacus (aquele personagem de Kierkegaard já citado) quanto à perda de um amor. Desesperar pela perda de uma coisa ainda é bem pouco, é só o começo do desespero. Afinal, eis o autêntico desespero: desespera-se de si próprio.

> Olhai a rapariga desesperada de amor, isto é, da perda do seu amado, morto ou inconstante. Tal perda não é desespero declarado, mas é dela própria que ela desespera. Aquele eu, do qual ela se teria despojado, que teria perdido deliciada se ele [o seu eu] se tivesse tornado o bem do "outro", esse "eu" provoca agora a sua tristeza, porque tem de ser um "eu" sem o "outro" (Kierkegaard, 1979, p. 200).

Psique encontra-se não só no desespero como na angústia. Quando a heroína desperta para si, para a vida, ao *des-cobrir* Eros, sai da inocência e cai direto nas goelas de um profundo abismo: ela cai na angústia. Continuemos com Anti-Climacus, a propósito da jovem que perdeu o seu amor, e tem que ficar consigo própria, tem que se ver, novamente, com o seu próprio eu.

> Esse eu que tem sido o seu tesouro, é-lhe agora um abominável vazio, morto o "outro", ou como que uma repugnância, pois provoca o abandono. Tentai dizer-lhe "Estás a matar-te, minha filha", logo vereis como

[9] Para Heidegger (e também Sartre), a existência é o que particulariza o ser humano. Existir não é da mesma ordem do verbo "existir", que designa a simples presença em algum lugar de um objeto, animal, pessoa, ideia, etc. O existir pertence ao ser do humano como um ser que se constitui junto ao mundo em que interage e convive, significa, interpreta a si e ao mundo através do desvelamento de si nas suas possibilidades. É apenas nesse sentido muito específico que podemos afirmar que "Somente o homem existe. O rochedo é, mas não existe. A árvore é, mas não existe. O anjo é, mas não existe. Deus é, mas não existe". Heidegger ainda esclarece: "A frase "Somente o homem existe" de nenhum modo significa apenas que o homem é um ente real, e que todos os entes restantes são irreais e apenas [são] uma aparência ou a mera representação do homem" (Heidegger, 1989, p. 59).

ela responde: "Ai de mim! Não, a minha pena, precisamente, é não o conseguir" (Kierkegaard, 1979, p. 200).

Mais uma tentativa de suicídio de Psique notamos quando ela se depara com a tarefa de separar uma quantidade incomensurável de grãos de vários vegetais, a maioria fonte de alimento, todos misturados, tarefa acima de qualquer mortal.

Os grãos, a imensidão de grãos: trigo, cevada, milho, grão de bico, sementes de papoula, lentilhas e fava. E tudo tem que ser discriminado e arrumado numa única noite! Parece uma montanha de entulhos. Essa limpeza sugerida por Afrodite nos lembra o juntar e limpar os próprios cacos quando nosso coração é atravessado por uma separação dolorosa. Podemos imaginar os grãos como o que sobrou de nós, um monte de grãos. É comum, inclusive, acharmos que não sobrou nada. No entanto, mal percebemos que nesse trabalho catártico de separar os joios, há uma abertura de possibilidades. Pois, trata-se de sementes, de potências da terra, de germes para alimentar a vida.

Separar os grãos, descriminando os germes de plantas daninhas do trigo que nutre e sustenta, é como o começar de novo. Essa tarefa, celebrada nos ritos mítico-cíclicos, para alguns, pode ser um fardo excessivo, especialmente, para quem perde as apostas na vida, e pensa ou tenta acabar com ela.

MULTIFACES DO AMOR

A ideia de fardo enviou-nos ao niilismo. Não se precisa chegar ao suicídio para bater o ponto do niilismo. A atitude niilista consiste na negação da vida, na não aceitação do que nos traz a existência. Observamos nessa postura uma recusa da existência em seus matizes concretos e um desejo de que ela não tivesse ficado assim, do jeito que está. Valorizam-se as frustrações da existência e não a vida. O foco da pessoa fica apontado para o que não é mais, o que não vai ser, o que não mais vai acontecer, o que foi, e, como dizem pencas de músicas, o que não vai voltar. O foco fica no nunca mais, *o sonho acabou*, como disse John Lennon em seu primeiro álbum solo após a separação dos Beatles.

A assinatura do *nunca mais* pode suscitar em alguém ávido por amor, sequioso por um olhar a si dirigido, por um afeto a si dirigido ou retribuído, uma dor no estilo daquela sentida pela Psique mítica. Para alguns, é uma dor mortal; sentem-se, mais do que mortos pelo luto da ausência do amado, seduzidos pela morte. Em tintas não tão dramáticas, há quem em dor, desespero e sofrimento, idealize a sua história de amor, e repita o dito popular: ruim com ele, pior sem ele. Nesse caso, a pessoa acredita que é preferível o ruim, mas conhecido, ao desconhecido, ao salto nas possibilidades. Há quem se ressinta de modo a remoer indefinidamente o termo da relação. Preferia ter se mantido em pactos relacionais mórbidos, mantido modos de relação padecidos, continuar fingido que não era consigo, que não "era tão sério", que "não era nada demais"[10], a encarar-se, a encarar a incerteza e o futuro.

Há casos extremos de relações insalubres, situações relacionais que envolvem tirania sistemática, assédio moral, sexual, violência moral e física, ameaças constantes, tortura psicológica e efetiva. São formas destrutivas de relação que, infelizmente, apesar de parecerem exceções às nossas idealizações da natureza corrente do amor, são mais comuns do que se acredita. Ocorrem, em geral, sob o auspício simbólico da noite, ou seja, às escuras, fora do domínio público, fora de uma visibilidade que poderia oferecer alguma proteção às vítimas dessas violências. Essas experiências, para quem as sofre, podem levar a relação para o terreno que é espelhado pelos deuses mais terríveis e temíveis: Éris, as Queres, a sua proximidade com as Fúrias, e, finalmente, Tânatos, o cobertor da morte. Essas divindades são símbolos de um desarrazoado teor de terror e clamor de reparação, que parecem desmontar a ponderação e a serenidade.

Uma carta de "amor" revela a devastação psíquica de quem sucumbiu perante a sua própria passionalidade, a ponto de desejar acabar com a vida da suposta pessoa amada.

> [...] O suicida desfechou um tiro que atingiu a mão direita de Zélia. Vendo-se ferida, correu gritando por socorro. Horácio, então, tentou novamente alvejá-la. Como a arma tivesse falhado e vendo que não conseguia seu desejo, sentou-se em um canteiro do jardim, concertou a arma, encostou-a sobre o peito, desfechando um tiro, caindo quase que imediatamente, morto. [...] Nos bolsos das vestes do morto encontrei uma carta em que Horácio diz ter verdadeira paixão por Zélia e que não poderia jamais viver sem ela; por isso resolvera matá-la e em seguida suicidar-se. O comissário do dia (Arquivo Nacional do Rio de Janeiro, citado por Catelão, 2013, p. 25).

Tais casos não são tão raros quanto gostaríamos. Wilhelm e Tonet (2007) ratificam que o relacionamento conjugal que é tonificado pela violência do parceiro contra a mulher agredida, pode redundar em graves consequências para a vida dela, entre elas, ideações suicidas, quando não, o suicídio. Some-se

[10] Mais uma vez, cabe uma inserção de Heidegger:"Quando a angústia passa, diz-se, costumeiramente: propriamente não foi nada" (Heidegger, Ser e Tempo, §40). Heidegger nos convidou a pensar, a interrogar: Será mesmo? Será que a angústia dá e passa?

à lista a possibilidade de desenvolver depressão, de desmoronar de vez a autoestima e a autoimagem, de carecer de perspectivas de futuro, o risco de abuso de drogas ou álcool, de surgirem distúrbios psicossomáticos. Tais condições de relacionamento podem gerar "consequências emocionais devastadoras, muitas vezes irreparáveis e impactos graves sobre a saúde sexual e reprodutiva da mulher" (Wilhelm e Tonet, 2007, p. 403).

O que se acreditava como amor, pode revelar uma face rude. O outro pode ser reduzido a condição de mero objeto. A liberdade do amante torna-se cativa de uma insegurança que quer controlar a liberdade do amado. Para quem se consome em ciúmes, pode ser insuportável o escoar da própria liberdade na direção do outro[11]. Acompanhemos esta descrição de um marido para com o seu objeto-esposa, mas pode ser admitida, igualmente, para certas mulheres com relação aos *seus* "amados".

> O marido desconfia de todas as ações da esposa no exercício da sexualidade. Reduz a esposa ao corpo e esse corpo só tem uma única dimensão, ou seja, apto para o exercício do sexo a toda hora, com qualquer um e em qualquer situação. O cônjuge é perturbado por esse dispositivo e com isso vive uma vida ilusória, fantasmagórica em que foca todo o relacionamento na infidelidade da esposa. São vários anos de tortura mental e física em que há uma tentativa de disciplinamento do corpo e da mente do outro, que é dado na iminência da prática "devassa" da sexualidade. Toda a intimidade do outro deve ser devastada em busca de uma possível traição. A sexualidade se faz presente como um dispositivo, pois está na roupa, no batom, no perfume, no conteúdo das conversas, nos relacionamentos com outros familiares (Fanini, Santos, e Gnoato, 2017, p. 144-145).

A violência contra uma mulher por parte de um homem que diz "amá-la" expõe o lado B do amor. É frequente tomar o amor como sinônimo apenas do bem, do belo e da felicidade. O problema da afetividade humana se simplifica se compartimentarmos e isolarmos o amor de seus supostos contrários – a violência, o ódio, a paixão, a morte. Se pensarmos para além do bem e do mal, ou seja, se nos afastarmos de uma moral tradicional inclinada ao senso comum acerca do amor, podemos entender que o amor concerne ao *pathos*, ou seja, ao território vastíssimo e complexo da *afetividade humana*, sobre a qual filósofos, psicanalistas e psicólogos não se entendem até hoje, não por incompetência, mas pela riqueza de matizes que implica a nossa afetividade.

[11] Estamos sob a inspiração de Sartre em *O ser e o nada* em suas análises sobre o ser-para-outro.

E é de impactar como o mito é sensível a tal ambivalência, ao retratar Eros como princípio cósmico e garoto travesso, belo e monstro, feridor e ferido. Afrodite ou Vênus, mãe de Eros (ou Cupido) é a deusa grega que encarna o imaginário das paixões. Em termos psicológicos ela é um espelhamento das paixões humanas. Suas atitudes iradas e passionais, quando contrariadas, mostram a face menos glamorosa do amor em termos morais. Tem ciúme do filho. Tem inveja raivosa de Psique. Como pode uma toda-poderosa deusa com inveja de uma simples mortal? O que aqui fica patente é um temor insuportável da deusa de sucumbir de seu status, de ser relegada ao esquecimento, desespero que trai um espelhamento preciso da condição humana.

Percebemos, portanto, o quanto o amor é complexo, uma vez que aglutina opostos – amor e ódio, alegria e ressentimento, perdão e vingança, vida e morte. Tal conjunção de opostos nada mais é do que a *totalidade* humana. Desse modo, o amor não é apenas o que nós gostaríamos que ele fosse. Até porque não somos apenas quem gostaríamos de ser, mas quem efetivamente somos e, acrescente-se o paradoxo, ao mesmo tempo, somos o que não somos, uma vez que somos falta, desejo de ser[12]. Donde deve repercutir até hoje a máxima socrática, especialmente para quem ama, *Conheça a ti mesmo* (conheça a tua alma, a tua psique).

DE VOLTA AO MITO

Voltemos à estória envolvendo Eros e Psique. Estávamos na parte em que Psique tem a tarefa de separar uma infinidade de grãos. Separar os grãos é discriminar o joio do trigo. Na avaliação íntima de uma relação amorosa, após um balanço sincero, pode-se concluir que nem tudo foi ruim, que algo valeu a pena, que a experiência da relação em seu todo, apesar das sementes de joio, dos arbustos espinhosos da dor e do sofrer, do se sentir humilhado, abandonado ou não reconhecido pelo amado, pode, por outro lado, revelar os brotos para um amadurecimento pessoal. A experiência amorosa pode dar condições para mudanças importantes de atitude, visão de mundo, expectativas, pode oportunizar melhores condições, tanto de relacionar-se quanto de admitir e aceitar as diferenças, como para se aceitar. Nisso se encontra a difícil pesagem da responsabilidade própria pelas ações e escolhas feitas: não se pode acusar o outro pelo que é da alçada de nossa responsabilidade, assim como não se pode

[12] Para Sartre, o ser humano ou para-si não é aquilo que é e é aquilo que não é (veja *O ser e o nada*, várias passagens).

pretender assumir toda a culpa e fracasso por uma relação. O separar os grãos diz respeito a um balanço que, sem má-fé, não quer se manter como vítima, nem como o sacrificado, nem como o carrasco, nem como o sempre errado, nem um projeto de gente condenado ao fracasso.

O trabalho catártico com os grãos nos remete, também, à volta à rotina. Após um passeio na transcendência do amor, após um *tour* pelo infinito, é chegada a hora e a vez do retorno ao finito; do labor do dia a dia, sem glamour, sem chão ornado com pétalas de rosas. Por vezes, abandonamo-nos à relação amorosa a ponto de desvalorizar as nossas próprias atividades e os projetos que antes estimávamos. A entrada do outro em nosso horizonte pode nos fazer esquecer de nós próprios. Ou melhor, podemos escolher o esquecimento de si mesmo com a entrada do outro na nossa existência. Férias. Férias existenciais, férias da angústia. Se essa má-fé (usar o outro, via relação, como desculpa para se desligar de si) se tornar crônica, o resultado é uma pilha gigante de acumulados, de autodívidas, de pendências. Para algumas pessoas, a reentrada na atmosfera da vida individual após o rompimento de uma relação pode vir acompanhada de mais uma má-fé: "estou velha, ou velho, demais para retomar a minha vida".

Mais uma tentativa de suicídio de Psique, lembremos, consistiu em decidir atirar-se de uma torre altíssima. A torre foi sua amiga e conselheira. A torre é um símbolo ambivalente, aliás, como todo símbolo. Expressa ascensão e busca de sentido, e, ao mesmo tempo, pode indicar ou prenunciar queda e decadência, como podemos vivenciar, especialmente na cultura Ocidental, no mito da Torre de Babel.

A torre pode expressar a ambição dos homens de tornarem-se deuses. Pode espelhar, portanto, uma das pluriformas da *hybris*, da perda da medida humana. Uma das punições para os mortais por Deus ao se meterem na empreitada de tentar construir uma torre para o céu, foi a diversidade de línguas. Punição ou benção disfarçada? Afinal, a diversidade de línguas criou uma grande confusão e dispersão, assim como a diversidade cria possibilidades; é o próprio criativo em ação. O mesmo vale interrogar quanto à internet: benção ou maldição? Ela gerou uma diversidade que parece não ter limites, ou, ao menos, mostra-se refratária a eles. Ali, expressam-se as mais variadas línguas: vozes e pensamentos, ideias e conceitos, conhecimento intelectual e senso comum, arte e consumismo, imagens e palavras, o sagrado e o profano, religiões e ciência, controle e liberdade, política e culinária, casa e comida, tudo de uma vez só. Ao mesmo tempo, via internet, formam-se grupos homogêneos com arraigada e férrea moral e ideologia, de tal forma a recusarem a diferença, e mesmo acusá-la quando não a atacar violenta e abertamente. Será a internet, um raio de Deus, um presente do divino, um presente às avessas do tipo caixa de Pandora? Qual seria a torre fulminada com a criação da internet? As instituições como as conhecemos? A história? A verdade? O que?

No aspecto edificante, a torre é um símbolo de transcendência, ou melhor, do desejo de transcendência. Ir mais alto é ir adiante, além. Tem a ver com o desejo de superação, com busca de sentido, com ver de cima, onde se tem um panorama de todo o conjunto. Mas, com um importante detalhe: sem desatar os pés da Terra, da Grande Mãe. Não à toa, podemos aproximar o simbolismo da torre com o da montanha, da árvore, do caduceu, todos eixos que conectam a terra ao céu. Em última análise, a torre unifica a imanência (o que experimentamos como a vida concreta e material) com a transcendência (a busca de sentido para a vida, as utopias, o imaginário, a vivência de um valor sagrado). Adverte a Torre à Psique que uma vez separado o corpo do seu espírito ela irá ao fundo do Tártaro. E pergunta ternamente a Psique: "Por que desgraçada criança, procurar a tua destruição, atirando-te daqui? Para que, nesta derradeira prova e neste derradeiro trabalho, desistires de tudo, sem motivo?" (Apuleio, 1963, p. 113-114). Quem lê inadvertidamente pode, perfeitamente, protestar: "Ela tinha motivos, e como!". Mas, aqui, o que se mostra é que a Torre simboliza a perspectiva do futuro, a dimensão das possibilidades, por isso a Torre pode ser associada à esperança e, por que não, à própria fé. Quando tomados pelo fumo da morte, quando em dor e sofrimento tenaz, a dimensão do futuro é obnubilada pelo peso de culpas, erros, fracassos, abandonos, violências sofridas do passado e do presente.

Ora, se para Psique, no momento em que escala a torre, pareceu carecer um sentido que sustentasse uma aposta na vida, a torre se transforma, nesse caso, numa escada para a morte. Sem um sentido para a existência, o hálito de Tânatos pode se aproximar. Quando perdemos a convivência com a pessoa amada, pode surgir a sensação de perder o chão e a sensação de iminente queda. A tristeza ou o vazio existencial pode nos consumir a ponto de nos seduzir a uma queda planejada ou intempestiva. A queda não apenas mutila o corpo, como o arrebenta, o despedaça. A queda deixa a sua marca estendida no solo. Para quem ama a pessoa caída, sua vida será, por algum tempo, ou para sempre, como uma torre fulminada, atingida por um raio trágico.

Agora, apoiamo-nos em Camus para dizer que talvez Psique não tenha, exatamente, perdido o sentido de vida, mas diante dela emergiu um sentido: o próprio absurdo como sentido e sentimento existencial. Sua existência parecia ter desembocado num grande nada, um completo absurdo.

> Qual é, pois, esse sentimento incalculável que priva o espírito do sono necessário à vida? Um mundo que se pode explicar, inclusive, com más

> razões, é um mundo familiar. Mas, ao contrário, em um universo privado repentinamente de ilusões e de luzes, o homem se sente estranho.[13] É um exílio sem recurso, pois, está privado das recordações de uma pátria perdida ou da esperança de uma terra prometida. Tal o divórcio entre o ser humano e sua vida, entre o artista e sua decoração, é propriamente o sentimento do absurdo (CAMUS, 1985, p. 8).

Psique toma um susto. Ela ganha Eros, apropriando-se calorosamente e apaixonadamente de seu corpo, e logo o perde. Êxtase inominável, incomensurável seguido de perda e abandono. Não é, justamente isso, que muitos temem quanto ao amor? Não suportar o jogo da felicidade com a iminência do trágico?

No sentimento do absurdo, ao que parece até agora, o sentido da vida está suspenso. O que se vivia, com ou sem certo esforço, o que se acreditava, mesmo com tímida convicção, aquilo em que se tinha fé, mesmo sem ritos, o que se pensava, mesmo sem perceber abertamente, tudo é varrido, seguido de uma sensação de devastação. As relações amorosas, quando escorregam para o absurdo, reduzem o existir no e por amor a um mote sem-sentido. Não é à toa que Camus nota que para alguns, "o suicídio é uma solução para o absurdo" (1985, p. 8). Existem incontáveis formas com que elaboramos a suspensão de sentido em nosso existir. Uma delas pode passar pela tentativa de cometer suicídio.

Parece que podemos concluir, agora, que o suicídio tem relação com a perda do sentido da existência, ou literalmente, perda do sentido da vida. Embaralhando, novamente, as cartas, adverte-nos Camus (1985, p. 9): há pessoas que tentam suicídio ou que efetivamente se matam que têm um firme sentido para a sua existência, para a vida, para a morte. E somos ainda mais provocados por Angerami que reclama a nossa atenção à extensão da questão do suicídio ao constatar que quem recorre ao suicídio pode não estar buscando, exatamente, a morte.

> [...] a busca de suicídio é muito mais uma tentativa de resolver determinados conflitos bem como o emaranhado de sofrimentos em que a existência muitas vezes se encontra. A morte surge como sequência e não busca deliberada. Ouvimos inúmeros relatos de pacientes que manifestaram que aquilo que menos desejavam era morrer, mas o

[13] Tal passagem de Camus lembrou-nos uma pessoa narrada por Angerami. Diante de um sofrimento arrasador, ela passou a ver na morte o seu projeto. "Eliane em seu sofrimento mostra-se como uma cidade vazia" (ANGERAMI-CAMON, 1997, p. 53).

suicídio era, por outro lado, a única alternativa cabível em suas vidas (ANGERAMI-CAMON, 1997, p. 24).

Assim como o suicídio pode ser a resposta de alguns para o absurdo inerente à existência, podemos pensar de forma inversa e complementar: a elaboração de sentido para a vida pode ser uma resposta para o absurdo existencial. Sabemos como psicólogos que Viktor Frankl é um autor renomado na temática do sentido da vida. Aquele trabalho de formiguinha, que acompanhamos através da interpretação da personagem Psique, configura a tarefa de tirar o pó e juntar os pedaços, separar o joio do trigo, tudo isso é costura do sentido. Refazimento da trama da existência. Uma retomada da existência. Um trabalho árduo como escalar uma montanha bem alta, com risco a qualquer momento de queda. Aliás, cada trabalho de Psique funciona como uma autêntica iniciação. Aprendemos na alegria e no júbilo, mas, também no sofrimento, na perda e na dor. Há gente que só acredita que se aprende na dor ou nos desafios que a vida nos traz.

Não se pode levianamente prometer uma feliz existência para alguém sofrido e carcomido pelo trágico, nem pensar que ele está condenado a ser um infeliz e o seu inferno já é aqui. No entanto, a busca de sentido como a descoberta e afirmação de um sentido fundamental para a vida confere resiliência e abertura de possibilidades para os enfrentamentos e confrontos inevitáveis de nosso existir.

Frankl nos mostrou que, mesmo quando se tem toda a aparente justificativa para se deixar morrer, pode-se querer prosseguir e viver aceitando a não gratuidade de um sentido existencial, pode-se manter o desejo de realizar projetos. Sem ao menos saber como será o dia seguinte, se será possível sobreviver hoje, pode-se prosseguir tomando a vida como *valor*. Frankl admite que o homem é atravessado por constituições psíquicas. Mas, percebe que o sentido da existência aponta o homem na direção da sua liberdade. Separamos um trecho de seu pensar que nos tocou particularmente:

> Não preciso de que ninguém me chame a atenção para a condicionalidade do homem: – afinal de contas, eu sou especialista em duas matérias, neurologia e psiquiatria, e nessa qualidade sei muito bem da condicionalidade biopsicológica do homem; acontece, porém que não sou apenas especialista em duas matérias, sou também sobrevivente de quatro campos de concentração, e por isso também sei perfeitamente até onde vai a liberdade do homem, que é capaz de se elevar acima de toda a condicionalidade e de resistir às mais rigorosas e duras condições e circunstâncias escorando-se naquela força que costumo denominar o poder de resistência do espírito (FRANKL, 1973, p. 41).

SOBRE O FINAL DA ESTÓRIA

O final do mito é um triunfo do amor. Psique e Eros, finalmente se encontram. Não mais somente à noite, sem que Eros se revele à Psique; sem a ameaça de um monstro; sem a ameaça de intrigas de pessoas que Psique supôs que podia confiar (as suas irmãs); sem a ira e as perseguições implacáveis de Afrodite; não mais Psique fica cativa do amor, habitando um palácio nababesco, com paredes de ouro, com solícitas servas, mas cercada de solidão.

Ocorrem-nos algumas interpretações para o *The End* da estória.

Inicialmente, recorremos novamente a Sartre para nos inspirar em nossa caminhada hermenêutica. Quando Psique é aceita pelos olímpicos, ela perdeu a sua condição mortal. Ao beber ambrosia, fecha-se o selo da transcendência metafísica. Ela deixa de ser um ser-Para-si e se torna um Em-si, uma imortal. A metamorfose de Psique num ser-Em-si, numa imortal, expressa o desejo humano, revela o que Sartre designa como a principal estrutura do desejo: *o desejo de ser Deus*. Ou seja, o desejo de estar protegido da contingência (das possibilidades de mudança indesejadas, do imprevisível devir da vida) e da incompletude. Somos uma falta originária que deseja se completar, realizar-se. No casamento de Psique com Eros podemos desvelar o espelhamento do desejo humano, demasiado humano, de amor, de ser amado, de uma vitória triunfante sobre o trágico, a dor, o sofrimento, a morte através do amor.

A *anábase* (ascese) de Psique nos leva a pensar num salto do mito para a filosofia. No campo da filosofia, especialmente a partir de Sócrates, a psique é reconhecida como uma essência metafísica. O se tornar unida ao divino expressa a metamorfose da imagem de psique num genuíno arquétipo, que vai reinar por muitos séculos, inclusive milênios, aliás, até hoje, como hipóstase da *interioridade humana*. Para não poucos psicólogos, analistas junguianos, psicanalistas, filósofos, a psique é a morada do desejo e das paixões, não só eróticas propriamente ditas, mas também, todo o espectro das paixões humanas (alegria, tristeza, raiva, compaixão, temor, preocupação etc.).

EPÍLOGO

O que seria de nossa existência sem Eros? Como pode a existência prescindir desse arquétipo, Eros? Como pode a alma querer viver sem amor, sem a perspectiva do amor em sua paisagem? Mais que algum dado ou conceito psicológico, Eros é *relação*. A condição *extática* do ser humano, ou seja, a de um ser que se constitui como uma consciência que se dirige a um outro, trata da malha relacional que abraça a existência de ponta a ponta.

O suicídio (aqui pudemos abordar um pouco o suicídio ligado às relações amorosas, eróticas, passionais) é uma tentativa de cortar o laço com a vida. Na hermenêutica que se esforça por compreender a relação entre dois fenômenos complexos, a saber, o suicídio e o amor, nem poderíamos afirmar peremptoriamente que *em todos os casos* o suicídio, por questões afetivas, seria um corte de laços. Porque alguém pode estar desesperadamente tentando deixar uma marca no outro, no mundo, através de sua própria tragédia exposta. Tentativas ou ideações de suicídio podem se tornar graúdas face a um não se sentir visto, escutado, cuidado, olhado, numa só palavra, amado. Face a uma grande cegueira e surdez em torno de si, de um sentir-se invisível e sem voz, grita-se com o gesto de suicídio, que pode acabar, de fato, num ato mortal.

O mito Eros e Psique sugere que o amor pode aparecer como um belo castelo de conto de fadas e confundir-se com a busca pela felicidade. E, ao mesmo tempo, pode ser temido como um monstro: pode deixar um rastro de dor, destruição e desilusão. Como se suporta viver e se equilibrar no fio da navalha que é o amor? Buscamos abrigo no coração do outro, prazer, encantamento, felicidade, companhia ou tantas outras coisas, que damos vários nomes: amor, paixão, sentimento, afeto, loucura, fissura. No entanto, fica sempre a sombra da aproximação genealógica entre Eros, Tânatos e seus irmãos tenebrosos. A morte, a dor e o trágico convivem no mesmo cenário que o cuidado, o bem-querer, a compaixão, a devoção, o vínculo profundo. Além disso, é preciso não esquecer que Eros é irmão da Noite, ou seja, do mistério do ser.

Ficamos por aqui, sem antes deixar de pontuar mais uma inspiração em Sartre para pensar o amor. O amor do existente é experimentado como busca *e* fuga. Pois, o Para-si, nós próprios, somos fuga do ser, e, ao mesmo tempo, busca pelo ser. Perseguidos pelo olhar do outro sobre nós, que parece, tal como a mítica Medusa, nos petrificar numa determinação essencial, que parece nos solicitar e inundar por todos os lados, experimentamos a angústia do escoamento de nossa liberdade na direção da pessoa amada. Ao mesmo tempo, e de forma ambivalente, seduzimo-nos por buscar uma identidade e uma justificativa para o sentido de nosso ser através da relação com quem amamos, especialmente, do seu olhar.

O amor enquanto Eros mítico, encaixa-se no que Sartre consideraria o ser-Em-si. Pelo lado da existência, como ser-Para-si, somos desejo de ser. Quanto ao amor, somos desejo, uma consciência que se experimenta antes de qualquer reflexão como paixão, sentimento, vivência, corpo. Nossa vida – incluindo a nossa vida amorosa – é cheia de sentido e, ao mesmo tempo, é absurda. De quem gostamos, como gostamos, não raro, não é o que exatamente idealizamos na inocência de nossa Psique antes de encontrar efetivamente Eros. E quando isso ocorre, podemos passar por verdadeiras provas iniciáticas, tal como ocorreu com a heroína Psique.

Poderá haver alguém que suspire ao ler ou ouvir a última cena do relato do mito de Eros e Psique. Dois seres finalmente se encontram. O selo de sua união é sacramentado por Zeus. "Estendendo-lhe um copo de ambrosia: "Tomai, Psiquê", disse-lhe, "e sê imortal. Jamais cupido [Eros] se desembaraçará dos laços que o ligam a ti. As vossas núpcias são perpétuas" (Apuleio, 1963, p. 117). A partir da nova condição imortal de Psique, ela se torna também um ser-Em-si, e deixa para trás a condição humana. Por serem Em-si e não existentes, Eros e Psique podem ser felizes. Felizes para sempre.

REFERÊNCIAS

ANGERAMI, V. A. *Suicídio. Uma alternativa à vida. Fragmentos de Psicoterapia Existencial.* Belo Horizonte: Artesã Editora, 2017.

APULEIO. *O asno de ouro.* Tradução: Ruth Guimarães. São Paulo: Cultrix, 1963.

BATAILLE, G. *O Erotismo. Trad. apres. e Org. de Fernando Scheibe.* Belo Horizonte: Autêntica, 2014.

BOFF, L.; FREI BETTO. *Mística e Espiritualidade.* Rio de Janeiro: Rocco, 1994.

BRANDÃO, J. de S. *Mitologia Grega. Vol. I.* Petrópolis: Vozes, 1986.

BRANDÃO, J. de S.*Mitologia Grega. Vol. II.* Petrópolis: Vozes, 1987.

BRANDÃO, J. de S. *Dicionário Mítico-Etimológico da Mitologia Grega Vol. I.* Petrópolis: Vozes, 1991a.

BRANDÃO, J. de S. *Dicionário Mítico-Etimológico da Mitologia Grega Vol. II.* Petrópolis: Vozes, 1991b.

CAMUS, A. *El mito de Sísifo.* Traducción de Luis Echávarri. Madrid: Alianza Editorial, 1985. Disponible en Web: www.alfinliebre.blogspot.com. Acessado em 24 de janeiro de 2018.

CATELÃO, E. de M. A Argumentação em cartas de suicídio: análise textual/ discursiva e retórica sobre o amor como motivo para o suicídio. *Diálogo das Letras.* Pau dos Ferros, v. 02, n. 01, p. 24 – 52, jan./jun. 2013.

CHEVALER, J.; GHEERBRANT, A. *Dicionário de Símbolos. Mitos, sonhos, costumes, gestos, formas, figuras, cores, números.* Vera da Costa e Silva *et al.* 4. ed. Rio de Janeiro: José Olympio, 1991.

FANINI, Â. M. R.; SANTOS, M. L. dos; GNOATO, G. Cultura da violência, dispositivo do amor-paixão, sexualidade e machismo: uma análise do discurso feminino em relacionamentos conturbados. *Revista Internacional Interdisciplinar INTERthesis – PPGICH.* UFSC. Florianópolis, v.14, n.2, p.132-151 mai.-ago. 2017.

FREUD, S. O mal-estar na civilização [1930]. In *O mal-estar na civilização, novas conferência introdutórias à psicanálise e outros textos* [1930-1936]. Tradução de Paulo César de Souza. São Paulo: Companhia das Letras, (Obras completas, vol. 18), 2010.

FRANKL, V. *Psicoterapia e Sentido da Vida. Fundamentos da Logoterapia e análise existencial.* Tradução de Alípio Maia de Castro. São Paulo: Quadrante, 1973.

HEIDEGGER, M. *Que é metafísica?* Tradução de Ernildo Stein. São Paulo: Nova Cultural, 1989 (Os Pensadores).

HEIDEGGER, M. *Ensaios e conferências.* Tradução de Marcia Sá Cavalcante Schuback. Petrópolis: Vozes, 2002.

HEIDEGGER, M. *Ser e tempo.* Tradução de Márcia Sá Cavalcante Schuback. Petrópolis: Vozes; Bragança Paulista: Editora Universitária São Francisco, 2012.

HESIÓDO. *Teogonia. A origem dos deuses.* Estudo e tradução de J. A. A. Torrano. 2. ed. São Paulo: Iluminuras, 1992.

KIERKEGAARD, S. *O desespero humano.* Tradução de Adolfo Casais Monteiro. São Paulo: Abril Cultural, 1979.

KIERKEGAARD, S. *O Conceito de angústia. Uma simples reflexão psicológico-demonstrativa direcionada ao problema dogmático do pecado hereditário de Vigilius Haufniensis.* Tradução e Posfácio de Álvaro Liz Montenegro Valls. Petrópolis: Vozes, 2010.

OTTO, R. *O Sagrado.* Tradução de João Gama. Lisboa: Edições 70, 1992.

PLATÃO. *A República.* Tradução de Maria Helena da R. Pereira. 9. ed. Lisboa: Fundação Calouste Gulbenkian, 2001.

RICOEUR, P. *Conflito das interpretações. Ensaios de hermenêutica.* Tradução de Hilton Japiassu. Rio de Janeiro: Imago, p. 243, 1978.

SARTRE, J.-P. *O ser e o nada. Ensaio de ontologia fenomenológica.* Tradução de Paulo Perdigão. Petrópolis: Vozes, 2001.

TORRANO, J. A. A. O Mundo como Função das Musas. *In* HESIÓDO. *Teogonia. A origem dos deuses.* Estudo e tradducão de Jaa Torrano. 2. ed. São Paulo: Iluminuras, 1992.

VERÍSSIMO, L. J. *Ética da Reciprocidade. Diálogo com Martin Buber.* Rio de Janeiro: Uapê, 2010.

VERÍSSIMO, L. Considerações sobre as obras do amor a partir da leitura de Kierkegaard. Ítaca. *Revista dos Alunos de Pós-Graduação em Filosofia IFCS-UFRJ.* Rio de Janeiro, n. 30, p. 19 – 39, 2016.

VERÍSSIMO, L. J.; ERTHAL, T. C. S. *Sobre o amor, a paixão, o olhar e as relações humanas. Diálogo com Sartre e com o Humanismo.* Curitiba: Appris, 2015.

VERNANT, J. P. e VIDAL-NAQUET, P. *Mito e tragédia na Grécia Antiga.* Vários tradutores. São Paulo: Perspectiva, 1999.

WILHELM, F A. e TONET, J. Percepção sobre a violência doméstica na perspectiva de mulheres vitimadas. *Psicologia Argumento.* Curitiba, v. 25, n. 51, p. 401-412, out.-dez. 2007.

Capítulo 7

DROGADIÇÃO E AUTODESTRUIÇÃO: DESAFIOS DE UMA CLÍNICA DO SUJEITO

Silvana Carneiro Maciel
Cleide Pereira Monteiro

INTRODUÇÃO - DE QUE LUGAR FALAMOS?

> Nos autodestruímos para deliberadamente estancar um sofrimento emocional que se torna insuportável. (ANGERAMI, 2014, p. 42).

Este texto tem como principal objetivo abordar a temática da drogadição na perspectiva psicanalítica, tentando encontrar elucidações sobre as causas da autodestruição pelo homem, sobretudo, quando está diretamente ligada às drogas. Traçamos, então, algumas reflexões acerca destas temáticas: por que o homem busca a morte, a destruição, quando ele é em essência um ser biófilo? Por que o homem se torna dependente de uma droga a ponto de deixar que ela devore sua vida? Por que o uso de drogas, que inicialmente era fonte de prazer, passa a ser fonte de sofrimento e de dor? Por que a drogadição pode levar à autodestruição? O que pode o psicoterapeuta diante da autodestruição provocada pelas drogas? Estas e muitas outras questões permeiam nossas mentes e nos inquietam na busca de respostas satisfatórias para as temáticas: drogadição, autodestruição e psicoterapia. Mas será que existem respostas que satisfaçam plenamente nossas inquietações e que nos ajudem a compreender melhor o fenômeno da drogadição e da autodestruição? Independente da(s) respostas a estas questões sabemos que o ser humano é complexo e, assim, também devem ser os caminhos para sua compreensão, entendendo que não temos um único caminho nem uma única resposta para cada um destes questionamentos. O ser humano é plural, é subjetivo, é multifacetado e exige um espectro de intervenções e de arcabouço teórico para sua compreensão e para seu tratamento. Escolhemos entre esta variedade caleidoscópica de teorias e técnicas a Psicanálise, mas com isso não estamos descartando as demais, nem mesmo exaltando esta em detrimento das outras; estamos apenas mostrando um caminho possível na clínica com os toxicômanos, na busca da compreensão da autodestruição com o auxílio das drogas e no resgate, quem sabe, do seu desejo pela vida.

DROGAS E DROGADIÇÃO: DESVELANDO CONCEITOS E ARTICULANDO SABERES

> "*ela... a poderosa. Igual uma mulher maravilhosa, que seduz, nos torna dependentes e depois não quer mais...*" (Relato de dependente de cocaína em tratamento)[1]

Inicialmente, para entendermos a drogadição precisamos conceituar drogas, sendo estas compreendidas, segundo a definição da Organização Mundial da Saúde (OMS, 1993), como qualquer substância não produzida pelo organismo, que tem a propriedade de atuar sobre um ou mais de seus sistemas, produzindo alterações em seu funcionamento. Gonçalves (1988, p.9) afirma que "esta é uma definição muito ampla e de pouca utilidade, constituindo seu mérito maior o fato de destacar que somos todos, sem exceção, consumidores de drogas em maior ou menor grau". Destaca, restringindo este amplo universo de substâncias, um grupo químico denominado psicotrópicos, que provocam alterações no Sistema Nervoso Central (SNC) e suas funções, induzindo temporariamente a sensações de prazer, euforia, alívio, medo, dor, frustrações, angústias, de forma que "o homem faz uso, há milênios, de substâncias que sedam, embriagam e produzem alucinações". Oliveira (1988) destaca que as drogas psicotrópicas atuam em outros órgãos do corpo que não o cérebro, mas que atuam principalmente no SNC; daí a utilização da palavra psicotrópica, que vem de tropismo ou atração pela mente, sendo que Drogas Psicotrópicas é o nome dado a todo o tipo de substância natural ou sintética, lícita ou ilícita, que, ao ser introduzida no organismo, atua no SNC provocando mudanças físicas, psíquicas e/ou comportamentais.

Diversas definições de drogas podem ser encontradas na literatura associada à ciência, sejam estas definições farmacológicas, médicas, socioculturais,

[1] As falas aqui colocadas ao longo deste texto são recortes de falas obtidas na clínica ou em pesquisas realizadas com dependentes (homens e mulheres em tratamento), são apenas ilustrativas e estão todas descaracterizadas, sem nenhum dado que possa identificar o sujeito em questão.

jurídicas ou outras quaisquer. Contudo, e apesar dessa diversidade de perspectivas, existe um acordo no que se refere às drogas, sendo consensual que o seu uso acompanha a evolução histórica dos povos desde os tempos mais remotos, dizendo-se no senso comum: "desde que o mundo é mundo que existem drogas".

De fato, o uso das drogas não é exclusivo do nosso século, visto que a história da humanidade fornece registros do uso de substâncias entorpecentes desde os primórdios da civilização (Toscano Jr., 2001; Cruz, 2011). Contudo, destacam Maciel e Roque (2016), a droga nem sempre foi problema social, sendo na Antiguidade até incentivada para suas múltiplas funções como econômicas, religiosas, sociais, medicinais, estando integrada às atividades culturais da época, só se tornando problema social, de saúde pública, no final do século XIX e início do século XX. De forma que uma droga não é por si só boa ou má, podendo uma mesma droga ser utilizada para fins medicinais, curativos e benéficos, ou para fins maléficos e abusivos, ou seja, um *phármakon,* considerando o sentido ambíguo do termo grego *phármakon,* que quer dizer tanto remédio quanto veneno (Santiago, 2001). O que vai ser determinante para isso é a relação que o sujeito estabelece com a droga, e para Carneiro (2008) o uso de drogas evoca significados mais profundos do que simplesmente um hedonismo químico ou um uso terapêutico, pois remete à subjetividade humana e a sua plasticidade na busca de alterações de suas funções psíquicas.

Nos últimos anos, o consumo de drogas e seus abusos tem se transformado em um tema de grande relevância e interesse nas sociedades, desafiando os saberes e as práticas acerca desta questão. Diversos estudos epidemiológicos comprovam a crescente expansão do consumo de drogas e a "mídia" em geral publica, constantemente, não só o aumento do consumo, mas também o aumento do tráfico de drogas ilícitas, que vem crescendo independentemente da aplicação de leis repressivas. A partir de tais dados, a sociedade tem empreendido ações para compreender e enfrentar o fenômeno, sendo que essas iniciativas têm sido centradas em prevenções ao consumo, através de campanhas, com o enfoque "diga não às drogas", tratamento dos usuários e repressão ao tráfico com o auxílio de leis; contudo, constata-se que todas essas medidas resultam ineficazes ou pouco eficazes.

Nas últimas décadas, no mundo, ocorreu um aumento considerável no consumo de drogas, e de forma precoce, sendo registrado um aumento de usuários na faixa etária de 12 a 64 anos, com consequências nos âmbitos social e da saúde pública (degennhardt et al., 2013; Lynskey e Strang, 2013; Whiteford et al., 2013; United Nations Office on Drugs and Crime, World

Drug Report; 2016). Entende-se que o consumo de substâncias psicotrópicas ocorre em todos os grupos sociais: mulheres, homens, adolescentes e até mesmo crianças em idade precoce, não existindo, dessa forma, a ocorrência desse fenômeno em um único grupo social ou em faixa etária exclusiva, apontando para uma possível heterogeneidade social e cultural dos sujeitos usuários de drogas (Medeiros, Maciel, Sousa e Vieira, 2015; Spricigo, Carraro, Cartana e Reibnitzm, 2004).

No II Levantamento Nacional de Álcool e Drogas (LENAD), realizado em 2012, o Brasil foi considerado o segundo maior mercado de cocaína do mundo, quando se trata de números absolutos de usuários, representando 20% do consumo mundial e é também o maior mercado de *crack* do mundo (Laranjeira, Madruga, Pisnky, Caetano, Ribeiro e Mitsuhiro, 2013). Segundo a Pesquisa Nacional de Saúde do Escolar (2015), que investigou escolares de 13 a 17 anos no país, observou-se que ocorreu o aumento do acesso precoce à bebidas alcoólicas e à drogas ilícitas (maconha, cocaína, *crack*, *ecstasy* e inalantes), entre os alunos do 9° ano (entre 14 e 17 anos); os dados mostraram que 9% dos escolares do 9° ano do ensino fundamental já usaram alguma dessas drogas.

Fica claro que a eliminação das drogas da sociedade é algo almejado por muitos, contudo, é algo utópico, como nos faz lembrar Bucher (1991, p. 46) quando afirma: “Não se elimina o consumo de drogas, nem os seus abusos. Elas estão aí, oferecem-se a quem quiser, e recorrer a elas corresponde a uma possibilidade humana pela qual cada um pode optar, mas pela qual cada um tem que aprender a se responsabilizar”.

Complexo é o fenômeno das drogas na atualidade, seus tipos, seus usos e seus abusos, sendo complexa a sua definição e a escolha do termo mais adequado para se falar de dependência. A propósito, qual o termo mais correto para se referir ao sujeito que abusa de drogas? Dependente? Toxicômano? Drogadito? Em função das diversas correntes teóricas que escolhem uma ou outra terminologia, não podemos escolher apenas um termo como sendo o correto, portanto, nos ateremos a expor alguns dos diversos termos e seus usos na atualidade.

Drogadição ou toxicodependência são termos genéricos utilizados para falar sobre a relação de dependência do sujeito com a droga/tóxico. O termo *drogadição* significa adição à(s) droga(s), sua etimologia tem as seguintes explicações: “adicto, do latim *addictu,* adjetivo significa, segundo o dicionário Aurélio (séc. XXI), 1, afeiçoado, dedicado, apegado; 2. adjunto, adstrito, dependente; 3, em medicina é quem não consegue abandonar um hábito nocivo, mormente de álcool e drogas...”. O termo *toxicomania* vem do grego *toxicon*, veneno + mania = loucura; a palavra tóxico significa o que envenena, o que tem a propriedade de envenenar, o veneno, a droga, o entorpecente, já a mania é caracterizada pelo repetido, e a toxicomania, vício/mania de intoxicar-se ou drogar-se com entorpecentes. (Bueno Dicionário). A OMS (1993) caracteriza a toxicomania como "um estado de intoxicação periódico ou crônico, nocivo ao indivíduo e à sociedade, pelo consumo repetido de uma droga (natural ou sintética)".

Na atualidade o DSM5 (Manual De Diagnóstico e Estatística dos Transtornos Mentais, 5.ª edição) aborda a questão das drogas no capítulo denominado *Transtornos Relacionados a Substâncias* e *Transtornos Aditivos*, mas ressalta que

> A palavra adição não é aplicada como termo diagnóstico nesta classificação, embora seja de uso comum em vários países para descrever problemas graves relacionados ao uso compulsivo e habitual de substâncias. O termo mais neutro, transtorno por uso de substância, é utilizado para descrever a ampla gama do transtorno, desde uma forma leve até um estado grave de recaídas crônicas de consumo compulsivo de drogas. Alguns clínicos podem preferir usar a palavra adição para descrever apresentações mais extremas, mas ela é omitida da terminologia diagnóstica dos transtornos por uso de substâncias do DSM-5, em razão de sua definição vaga e de sua conotação potencialmente negativa (DSM-5, p.525).

Já a Classificação Internacional de Doenças na sua décima edição (CID-10), ainda em vigor, conceitua a dependência de drogas como:

> Um conjunto de fenômenos fisiológicos, comportamentais e cognitivos, no qual o uso de uma substância ou uma classe de substâncias alcança uma prioridade muito maior para um determinado indivíduo que outros comportamentos que antes tinham maior valor. Uma característica descritiva central da síndrome de dependência é o desejo (frequentemente forte, algumas vezes irresistível) de consumir drogas psicoativas (as quais podem ou não terem sido medicamente prescritas).

Diante da diversidade terminológica optamos por utilizar neste trabalho os termos drogadição ou toxicomania de maneira equivalente, levando em consideração a relação do sujeito com a substância de abuso, droga/tóxico, compreendendo que o drogadito ou o toxicômano diz respeito ao indivíduo que já ultrapassou a linha divisória do uso experimental ou recreativo para o uso compulsivo, tornando-se dependente da droga. Em consonância com Angerami (2017, p.31), ao buscar compreendermos o sujeito drogadito estamos confrontando o academicismo e a cientificidade como tentativa de enquadramento em nosografias e dados empíricos, posto que o sofrimento e a dor humana que envolvem o sujeito dependente não podem ser mensurados nem enquadrados nos moldes predeterminados pela ciência, ressaltando que "toda e qualquer abordagem que não considere o que temos de mais humano, que é nossa subjetivação, está fadada ao fracasso".

Existe uma heterogeneidade não apenas sociocultural e conceitual sobre as drogas e seu consumo, o modo como cada indivíduo se relaciona com ela também é heterogêneo e singular, é único, e por isso não podemos falar de drogadição, de dependência das drogas, de maneira uniforme para todos os que fazem uso delas. Ao usar a droga uns se tornarão dependentes, outros não; uns serão apenas usuários, outros serão toxicômanos. Mas o que determina esta divisão? Quando o sujeito romperá a linha tênue do uso para a dependência? Portanto, para falarmos mais apropriadamente sobre o uso/abuso de drogas, sobre a toxicomania, é necessário lembrarmos de Olievenstein (1985), quando destaca o tripé da determinação da toxicomania: o sujeito, as drogas e o social:

> A toxicomania não é via de único acesso onde não são só os fatores sociais, incluindo a relação familiar, que desempenham papel relevante, mas também o tipo de droga utilizada, doses e frequência do uso, e fatores de personalidade do usuário. Onde a toxicomania é causada pela soma de diversos fatores, o que torna difícil tanto sua compreensão quanto o seu controle (Olienstein, 1985, p. 34).

Santiago (2001) assegura que a relação droga e dependência está conectada às particularidades do sujeito, mas é importante pontuar, também, que os impactos sociais e de saúde causados por este problema se apresentam distintos para cada sociedade, a depender, dentre outros aspectos, das representações e dos significados atribuídos ao uso de drogas e, em consequência, às pessoas usuárias (Oliveira, Nascimento e Paiva, 2007; Farias e Barros, 2011).

Quinderé (et al. 2013), destacando a questão social, afirma que a sociedade contemporânea se caracteriza pelo prazer imediato, o prazer que se esvai rapidamente, intenso e efêmero, um prazer procurado para um alívio imediato das tensões, um prazer sem limites, o aqui e agora. No dizer de Bauman (2005) um mundo onde tudo é líquido e se desmancha com facilidade, um mundo que se caracteriza pelo consumismo, pela não permanência dos produtos, onde tudo nasce com data marcada para morrer, é dispensável; e isso tem implicações na vida das pessoas e na forma como elas se relacionam com os objetos, inclusive o objeto droga.

Quanto aos outros dois pilares apontados por Olievenstein na questão da toxicomania, a droga e o sujeito, devemos recordar a complexidade e a variedade dos produtos, desde as lícitas até as ilícitas, passando pelas depressoras, alucinógenas ou estimulantes, podendo ser em forma de comprimidos, inalantes, pó, injetáveis, podendo até ter sabor diferente. Este espectro das drogas também leva a um espectro de sensações, de alterações comportamentais, de impacto no SNC, sendo a sua fórmula responsável pela determinação do poder de dependência da droga (física e/ou psíquica). Mas é claro que a droga sozinha não pode e não deve ser responsabilizada na determinação da toxicomania, esta também recebe forte parcela do sujeito, juntamente com suas características de personalidade, fragilidades e vulnerabilidades.

Gurfinkel (2001) ressalta que a droga tem uma função diferente e específica de acordo com o tipo de organização psíquica na qual ela incide (neurótico, perverso ou psicótico), o que significa que devemos afastar uma visão generalista e reducionista da droga com um poder único, uniforme e independente do sujeito, como se a droga tivesse uma força maior e sobrenatural de controle das pessoas, independentemente de qualquer coisa.

Diante destas questões, há uma necessidade de nos aprofundarmos um pouco mais no complexo universo da drogadição, tomando como fio condutor as contribuições da psicanálise na articulação da autodestruição, pulsão de morte e uso abusivo de drogas.

DROGADIÇÃO E AUTODESTRUIÇÃO: UMA PERSPECTIVA PSICANALÍTICA

> Quantos seres sou eu para buscar sempre do outro ser que me habita as realidades das contradições? Quantas alegrias e dores meu corpo, se abrindo como uma gigantesca couve-flor, ofereceu ao outro ser que está secreto dentro de meu eu? Dentro de minha barriga mora um pássaro, dentro do meu peito, um leão. Esse passeia pra lá e pra cá incessantemente. A ave grasna, esperneia e é sacrificada. O ovo continua a envolvê-la, como mortalha, mas já é o começo do outro pássaro que nasce imediatamente após a morte. Nem chega a haver intervalo. É o festim da vida e da morte entrelaçadas (Clark, Lígia *apud* Rolnik, 1996).

Freud (1930, 1976), no texto *O mal-estar na civilização*, introduz o problema de saber por que é tão difícil para o homem ser feliz, chegando mesmo a afirmar que "ficamos inclinados a dizer que a intenção de que o homem seja 'feliz' não se acha incluída no plano da 'Criação'" (p. 95). Com a constatação de que a infelicidade é mais próxima da condição humana, Freud destaca como obstáculos à felicidade três fontes de sofrimento: o corpo, condenado à decadência e à dissolução; a natureza, que pode se voltar contra os homens com sua força esmagadora; e os relacionamentos mútuos entre os seres humanos.

Frente a essas possibilidades de sofrimento, os homens podem tomar caminhos e métodos diferentes para conseguir felicidade e afastar o sofrimento, sendo que "o mais grosseiro, embora também o mais eficaz, desses métodos de influência é o químico: a intoxicação" (FREUD, 1930/1976, p. 96), atribuindo ao "veículo intoxicante" o papel de "amortecedor de preocupações", pois, através da substância tóxica, é possível a produção imediata de prazer e o afastamento das tensões da vida. Se de um lado a droga pode ser um refúgio, Freud sinaliza outro aspecto fundamental da droga: a capacidade de causar danos e desperdiçar uma quota considerável de energia não utilizada em prol dos fins mais em consonância com a vida.

Este aspecto de prejuízo que o tóxico pode promover na vida de um sujeito leva a um outro tipo de satisfação que não considera o prazer e a homeostase do aparelho psíquico, mas o que está "além do princípio do prazer" e que diz respeito às manifestações de uma compulsão à repetição, que atuam em oposição ao princípio do prazer e são da ordem da pulsão, e "dão a aparência de alguma força demoníaca em ação" (FREUD, 1920/1976, p. 52).

O caráter "demoníaco", de tendência destrutiva, encontrado em algumas experiências de origem inconsciente, que levam o sujeito a repetir ações dolorosas, conduz Freud a construir o conceito de *pulsão de morte*, que vem em contraposição ao que chamou de pulsão de vida. Diferentemente desta última, a pulsão de morte é uma tendência propensa ao desligamento, à destruição e ao aniquilamento, o que leva Freud a afirmar que "o objetivo de toda vida é a morte" (FREUD, 1920, 1976, p. 56).

O caminho apontado por Freud, no qual a droga perde sua função de amortecedor e passa a vincular-se ao aniquilamento do sujeito, ajuda-nos a pensar numa possível articulação entre drogadição e autodestruição, o que nos leva a afirmar que a parceria com a droga é a atualização da pulsão de morte, força destrutiva que vem romper a relação do sujeito com a vida. Laurent (2011, p. 65) adverte: "O desvelamento do mais além do princípio do prazer nesse projeto mortal que é a droga, porém, vale para todos, um por um e, no momento que vivemos, temos uma relação com esse objeto terrível que se revela em toda a sua potência".

Jacques Lacan, ao trazer a noção de gozo[2] a partir da satisfação da pulsão, que está mais além do princípio do prazer, avança no debate em torno dessa delicada relação que o sujeito pode estabelecer com o pulsional, quando aí se

[2] Lacan nomeia de gozo o que Freud traz como a satisfação da pulsão, que tem a ver com o que está para além do princípio do prazer e que se encontra naquelas experiências que causam excesso de dor, sofrimento e levam o sujeito a repetir de forma compulsiva.

introduz uma exacerbação da satisfação, que vai ao encontro da pulsão de morte. Na relação do sujeito com o pulsional estão incluídos as manifestações de dor e sofrimento e os fenômenos de repetição, em que o gozo está vinculado à pulsão de morte não sendo sinônimo de prazer, mas de um excesso insuportável que se dirige contra a vida e impele ao sofrimento. O princípio regulador do aparelho psíquico de buscar o prazer e evitar o desprazer está ameaçado, deixando o sujeito à mercê de uma satisfação mortífera advinda das exigências do pulsional. O dito de Lacan (1969,1970., 992, p. 68) esclarece:

> Não iremos falar do gozo assim. Já disse sobre ele o suficiente para que saibam que o gozo é o tonel das Danaides[3], e que uma vez que ali se entra não se sabe aonde isso vai dar. Começa com as cócegas e termina com a labareda de gasolina.

Tarrab (2015), referindo-se a esta citação de Lacan, considera que, visto ser o gozo o Tonel das Danaides (o que quer dizer que é um tonel sem fundo), não há como ficar tranquilo quando ali se entra. Ele retoma a advertência de Lacan para usá-la da perspectiva da clínica das toxicomanias, acrescentando que não há como considerar só o valor intoxicante da substância, mas, sobretudo, que há algo de incalculável na relação do sujeito com o gozo que a intoxicação potencializa. Meter-se com o gozo potencializado pela droga não é sem consequências, pois uma vez que se entra, não se sabe onde se vai; afinal como sugere Tarrab, das cócegas à labareda da fogueira, o sujeito se oferece à devoração; assim é sua relação com a droga quando esta atinge uma satisfação que excede as sensações prazerosas e leva ao excesso que conduz ao pior, à inversão de lugares onde o sujeito passa a ser aquele que é devorado, consumido pela droga. Sem dúvida, inicia-se com as cócegas, com o prazer, mas que depois alcança algo maior, a labareda da fogueira que passa a queimar o sujeito, causar dor e consumir o sujeito que se torna toxicômano.

O acesso que a droga dá ao gozo, que se realiza na própria devoração, é a preço de obstruir o caminho do desejo e a abertura ao Outro, estando em estreita relação com o pulsional, diríamos mais, a droga realiza um verdadeiro curto-circuito sem mediação simbólica, anulando o Outro e fazendo o sujeito romper sua parceria com o campo fálico. Para Lacan (1975, 2016, p.21), "não

[3] Lacan recorre à mitologia grega do chamado tonel das Danaides, que se trata da história das 50 filhas do rei Dánao que casaram com os 50 filhos varões do seu irmão Egipto. Dánao aconselhou que suas filhas, na noite de núpcias, matassem seus respectivos maridos, mas uma delas se apaixonou pelo marido e descumpriu o prometido, gerando assim o castigo de que as Danaides passassem a encher com água um tonel sem fundos.

há nenhuma outra definição da droga senão esta: é o que permite romper o casamento com o pequeno-pipi".

> A primeira consequência, então, da pequena frase de Lacan, é a ruptura com o Nome-do-Pai fora da psicose. A segunda consequência que se pode extrair é de uma ruptura com as particularidades da fantasia. Ruptura com isso que a fantasia supõe o objeto de gozo na medida em que ela inclui a castração. É por isso que podemos sustentar com muita segurança que o toxicômano não é um perverso. Não é um perverso porque a perversão supõe o uso da fantasia. Ela supõe um uso muito específico da fantasia. Enquanto a toxicomania é um uso do gozo fora da fantasia: ela não toma os caminhos complicados da fantasia. É um curto-circuito. A ruptura com o "pequeno-pipi", como diz Lacan, tem como consequência que se possa gozar sem a fantasia (Laurent, 2017, p. 23).

A droga como recurso que permite ao sujeito ascender a um gozo sem passar pela fantasia, gozo precário onde a palavra não incide, inscreve-se no campo do autoerotismo. Lacan, no Seminário 11, inspirado em Freud, traz o exemplo da boca que se beijaria a si mesma como uma metáfora luminosa para entendermos o autoerotismo. Interroga:

> Será que, na pulsão, essa boca não é o que se poderia chamar de uma boca flechada? – uma boca cosida, em que vemos, na análise, apontar ao máximo em certos silêncios, a instância pura da pulsão oral, fechando-se sobre sua satisfação.

Conforme vem anunciar Santiago (2017), é necessária uma distinção entre o gozo autoerótico masturbatório ao qual o cínico se vincula e o apego do sujeito à satisfação tóxica. Para o cínico, a exemplo de Diógenes, que não tinha pudor em se masturbar em praça pública, o que está em questão é o casamento com o falo, enquanto que para o toxicômano, há uma ruptura entre gozo e falo.

"Nada na droga nos introduz a outra coisa que não seja um modo de ruptura com o gozo fálico. Não é uma formação de compromisso, mas uma formação de ruptura" (Laurent, 2017, p. 22). Santiago (2017) segue nessa direção e admite que a toxicomania é exemplar para se conceber o que vem a ser o sintoma nos tempos atuais; ela é o sintoma da rejeição generalizada da castração advinda da aliança do discurso capitalista com a ciência.

Nesta lógica, os objetos são ofertados pelo mercado e promovem um empuxo às adições, sendo a toxicomania um sintoma da civilização atual, em cujo horizonte se encontra um gozo autista e mortífero. Diante disso afirmamos que a falta de objeto, condição do desejo, é tamponada por objetos de consumo que não dizem do sujeito do inconsciente, o que não é nada parecido com a época de Freud, em que o sintoma era expressão de um conflito inconsciente e portava uma mensagem simbólica.

É preciso considerar, com Miller (2016), que o sujeito dito toxicômano é aquele que se define e simplifica a partir da relação com a droga: "Desde então, a droga aparece como um objeto que concerne menos ao sujeito da palavra que ao sujeito do gozo, na medida em que ela permite obter, sem passar pelo Outro, um gozo" (Miller, p. 27). Não sendo a droga um objeto causa de desejo, antes uma solução que rompe com o desejo e o endereçamento ao Outro, o sujeito se torna refratário ao próprio tratamento, sobretudo quando o analista ou psicoterapeuta se imiscui na parceria do sujeito com a droga. É preciso considerar que a questão não é a droga em si, mas a relação que o sujeito tem com a vida que faz com que a droga se interponha. Nunca é demais repetir que o fundamental é localizar a função da droga na vida daquele sujeito.

Gurfinkel (2001) nos lembra que adição está relacionada à ação, um ato do sujeito de caráter impulsivo e irrefreável, perdendo a liberdade de escolha entre usar ou não usar a droga, caracterizando o que chama de clínica do "*acting out*", uma passagem ao ato, de alguma representação recalcada, com uma repetição que impede a recordação, dados estes encontrados nos discursos dos dependentes:

> "Me excluí da sociedade, eu fiquei à margem dela, virei um marginal, ela me tomou minha liberdade, a consequência do crack foi me tomar minha liberdade" (relato de um usuário de *crack,* em tratamento).
>
> "Entendo que o crack é uma maldição na vida do ser humano, porque a partir do momento que você conhece ele, você deixa de existir. Assim, você perde sua dignidade, você perde sua capacidade, você se sente uma pessoa perdida, você se sente uma pessoa escravizada pela substância crack" (relato de uma usuária de *crack,* em tratamento).

Diante disso, Gurfinkel (2001) destaca que o psicoterapeuta deve orientar sua atenção prioritariamente para a ação aditiva e secundariamente para o objeto da adição, posto que o que caracteriza a toxicomania não é droga em si, mas a relação que o sujeito estabelece com a droga, ocorrendo na toxicomania uma fixação exacerbada em um objeto como única forma de encontrar satisfação (como um fetiche) e uma transposição do nível do desejo para o nível do necessário, fato este presente nas seguintes falas de dependentes de *crack*:

> "... durante cinco minutos, e a vontade depois é de procurar mais, só dá vontade de a pessoa querer mais, de querer mais e mais e usar" (dependente de *crack,* em tratamento).

> "... Eu não comia, eu não tomava banho direito, passava quatro, cinco dias sem dormir, acordada feito um zumbi, vivendo feito um bicho pelo meio da rua, virando dia e madrugada, sol e chuva" (dependente de *crack*, em tratamento).

Falar da clínica da toxicomania também nos impulsiona a olhar o sujeito que se droga e sua pulsão de morte, a destrutividade, a autodestruição, o suicídio indireto. Na toxicomania é conhecido o risco de morte, interpretado como um traço suicida, que fica claro na roleta russa do drogar-se, podendo ter uma overdose a qualquer momento por nunca conseguir precisar a dose correta para obter o prazer necessário para mais uma "viagem", pois a impureza das drogas é fato, associado à tolerância e à debilidade orgânica sempre presentes.

Angerami (2014) afirma que o suicídio é trazido à tona, nas reflexões contemporâneas, como uma situação-limite em que a existência humana se vê diante do vazio que a vida apresenta. É o ponto maior das ponderações sobre a busca de sentido e significado da condição humana. A autodestrutividade é algo que faz da condição humana ímpar em relação a outras espécies, não relacionada à destrutividade tão somente, mas à consciência dos seus atos e sua relação com o outro e com a destruição em si.

> A autodestrutividade presente na condição humana é, talvez, um dos maiores indícios da turbulência interior a partir do sofrimento legado pela angústia. As diversas facetas da autodestrutividade mostram de maneira explícita aquilo que talvez a própria pessoa insista em negar e, até mesmo, em configurar com novo significado (Angerami, 2014, p. 41).

Mas o risco de morte e a destrutividade também se fazem presentes na total falta de cuidado de si mesmo, de um desinvestimento total de si, sendo comum relatos de toxicômanos que abriram mão dos cuidados mais básicos, como tomar banho e comer, em prol das drogas.

> "Eu não me olhava no espelho, eu não me olhava, queria me matar se botasse um espelho na minha frente, na maioria das vezes eu tomava banho de roupa porque não aguentava ver minhas ossadas. Eu cheguei num estágio que eu só tinha pele mesmo colada no osso, um no outro, não tinha carne nenhuma, só a pele colada no osso, só destruição, destruição total, destruição total" (usuária de *crack*).

> "É ruim, não faz bem não, vê a hora de você morrer, porque o coração acelera, tinha medo de overdose, mas sempre pedi a Deus para me proteger. Porque quando eu fumava, meu coração acelerava muito, eu ficava sem ar por conta da pedra. Eu via muitas coisas, escutava vozes, escutava

> vozes... Eu pensava eu mesma tirar minha vida, por causa do sofrimento, de minha família, isso para mim era pior que a morte" (usuária de *crack*).
>
> "Eu tive três princípios de overdose com o crack, já passei uma semana na UTI com parada cardíaca e respiratória" (usuária de *crack*).

Maciel e Barros (2014) destacam que a droga ocupa o lugar da fala e da falta, evita-se a angústia com o preenchimento da droga, como se suprimisse a elaboração psíquica. Contudo, podemos acrescentar que esse preenchimento e essa "medida paliativa" da angústia, como chamou. Freud são apenas temporários, o toxicômano não apenas faz uso da droga, ele se fusiona com ela, a ponto de não mais poder escolher sua vida, mas se deixar absorver pelo que pede o seu organismo para funcionar: a droga. Essa relação fusional com a droga remete a uma outra relação que foi fusional um dia, na qual o sujeito já dependeu de maneira igualmente forte: a relação materna. Mas seria a droga um substituto dessa relação? Seria o consumo de drogas um retorno à vivência simbiótica com a mãe, sem a figura do pai para introdução da castração como condição do desejo? Como disse um toxicômano, cuja mãe morreu em seu parto: "nunca vou querer de parar de usar drogas, pois droga para mim é igual carinho de mãe" (usuário em tratamento).

Mas a droga é incapaz de ocupar plenamente esse lugar materno, assim, como na vida, um sujeito é incapaz de vivenciar o desejo pleno sem a castração, pois esta se faz presente de alguma forma e surge em função das regras e das normas sociais e em função do próprio corpo, mas, o toxicômano desafia diariamente as regras sociais e os limites do corpo, o limite da morte, buscando o gozo mortífero, devorador na overdose.

É importante, pois, buscar um caminho possível para amenizar tamanha dor, tamanho sofrimento e dar a esse sujeito uma nova oportunidade de redimensionar a sua vida, de romper o seu estado fusional com a droga, de resgatar a sua liberdade, sua autonomia, empoderar-se enquanto sujeito da sua vida, da sua história, caminho este que pode ser traçado com o auxílio da relação terapêutica.

CAMINHOS POSSÍVEIS NA CLÍNICA DA TOXICOMANIA

> O profissional que trabalha com a dor humana é convidado a humanizar-se, ou seja, perceber de perto que no instante da dor, seja ela física ou psíquica todo mundo é igual, todos sabem, à sua maneira, o que é amar, odiar, desesperar-se, maravilhar-se, ser enganado, enganar-se e mudar sua relação consigo, com os outros e com as coisas mediante tal

vivência, é algo esperado que ocorra, ninguém sai ileso quando se lança (Rosolen, 2014, p. 122).

Teceremos algumas considerações acerca do processo psicoterápico com o toxicômano, levando também em consideração a questão do suicídio, seja este advindo de forma indireta, por uma conduta autodestrutiva contínua ou imediata, através da overdose. Mesmo escolhendo a perspectiva da Psicanálise para falar dessa desafiante clínica da toxicomania, ressaltamos que o trabalho com o toxicômano tem que ser multidisciplinar e deve abarcar uma visão polimórfica do tema com auxílio social, antropológico, médico, jurídico ou outros, que se proponham a lançar esclarecimentos à temática. Qualquer tentativa de abordá-la de um único ponto de vista corre o sério risco de ser empobrecedora e reducionista; por isso temos a clareza de que a perspectiva aqui escolhida é uma dentre tantas possíveis no tratamento do toxicômano.

Gurfinkel (2001) traz uma reflexão sobre o imaginário social existente no que se refere à droga, informando que é comum a droga ser vista como uma coisa, um objeto poderoso, maligno e enigmático, sendo visto como algo exterior, ameaçador e perigoso e que a única solução é a sua eliminação completa da sociedade. Tal questão também foi encontrada em estudo conduzido por Romanini e Roso (2012), em que se verificou que a droga, especificamente o *crack*, é veiculado na mídia como um ser, como algo que tem vida própria e que invade os lares para destruir as famílias, sendo o sujeito das ações e o usuário seu objeto.

Várias são as expressões apresentadas ao longo das matérias: "a droga que escraviza em segundos, que zomba das esperanças de recuperação, que corrói famílias, que mata mais do que qualquer outra droga e que afunda dependentes na degradação moral e no crime" (Romanini e Roso, 2012, p. 86), representações estas, presentes não apenas no imaginário social, mas também no dos próprios dependentes, como pode ser visto no seguinte discurso:

> "Isso (o crack) para mim é o demônio, é o inimigo, é o diabo, eu acho que essa droga veio só para matar" (usuário de *crack,* em tratamento).
>
> "O crack é o satanás para mim, é o demônio, na minha vida e na vida de qualquer um" (usuário de *crack,* em tratamento).
>
> "Eu considero o crack o demônio em forma de droga" (usuário de *crack,* em tratamento).
>
> "É uma droga que destrói a pessoa fisicamente e moralmente. Destrói o lar, destrói tudo... pra mim, o crack é simplesmente destruição de maneira fácil e rápida" (usuário de *crack,* em tratamento).

Como indica Gurfinkel (2001), o psicoterapeuta/psicanalista deve passar de uma concepção concentrada no poder enigmático e maligno da droga para uma outra, que se preocupe em compreender e trabalhar com o fenômeno da adição, com todas as suas nuances. Dizemos de antemão que isso não é tarefa fácil, mas, certamente, possível. Diante do sofrimento do toxicômano, cabe ao psicoterapeuta, inicialmente, acolher a dor e o sofrimento do paciente, formar a aliança terapêutica, conquistar a confiança, para só depois poder atuar de forma a fazer com que as reflexões e relações venham à tona, implicando o sujeito no seu processo psicoterápico e fazendo com que ele possa responsabilizar-se pelas suas escolhas, a partir de sua condição de sujeito desejante e não o devorado pela droga.

Compartilhamos o pensamento de Chaves (2006), quando destaca que a prática clínica com toxicômanos tem muitas particularidades que podem ser obstáculos ao tratamento. Podemos afirmar que o fato de os toxicômanos virem ao tratamento, muitas vezes trazidos ou encaminhados por outros, poderá ser um complicador no seu processo, posto que o psicoterapeuta deve considerar o sujeito e não a toxicomania. Assim, a psicoterapia só terá sucesso se o toxicômano desejar ser cuidado e, consequentemente, abrir uma brecha, permitindo que o terapeuta entre e quebre a simbiose do sujeito com a droga, fazendo com que se abra uma nova possibilidade para uma efetiva mudança na relação sujeito-droga e uma nova configuração na vida do toxicômano. E ressaltamos que isso só ocorrerá quando a "lua de mel" do sujeito com a droga estiver ameaçada, ou seja, quando o sofrimento pelo uso se sobrepuser à estranha satisfação obtida no uso da droga. Esta ruptura fusional com a droga, permitindo o adentrar do outro, muitas vezes, só ocorre quando o sujeito passa por situações limítrofes, que o levam a ter um "choque de realidade", fazendo-o redimensionar a sua relação com a vida.

A questão fundamental para iniciar uma psicoterapia é o despertar no sujeito da vontade, do desejo de mudar algo na sua vida e não de atender à necessidade de mudança almejada apenas pelos familiares, pela sociedade e pelos profissionais. O anseio do sujeito em compreender o seu sofrimento, a fonte dos seus males, é algo comum à psicoterapia, mas deve ir além da ressignificação do sofrimento e do favorecimento da expressão do sofrer; o paciente deve alcançar um projeto que lhe faça sentido, de forma a não apenas expressar o desejo de mudança, mas ele deve modificar a sua maneira de viver e de se relacionar com as coisas e com as pessoas, exigindo tempo, esforço, disciplina, renúncia e abertura para mudanças (Rosolen, 2014). Contudo, alguns pacientes, destaca Cox (2012), buscam a psicoterapia para acabar com seu sofrimento de forma cirúrgica, mudando apenas pequenas partes, sem alterar o todo, sem mudar o contexto que torna possível o sintoma ser como é.

Por isso, o psicoterapeuta tem uma função fundamental no processo e facilita, por meio da escuta, tocar em questões que envolvam o sofrimento, onde muitas vezes a droga vem se alojar, deixando que o paciente fale do que o faz sofrer e, também, do que supostamente causa "prazer". Como podemos atuar na toxicomania que vive um paradoxo marcado pelo sofrer, mas também pelo "prazer"?

Angerami (2014) destaca que, ao procurar a psicoterapia. o sujeito o faça pelo nível de sofrimento a que está exposto e pelas manifestações somáticas que se apresentam, de forma que a psicoterapia surge como o processo capaz de desentranhar o emaranhado de sofrimento em que o sujeito se acha envolto, surgindo como um espaço no qual ele possa buscar o reequilíbrio das suas condições vitais.

Angerami-Camon (2003) diz que o princípio das drogas é o prazer, a "viagem" que elas provocam, que a morte surge como acidente, como algo que, embora previsto, não era conscientemente levado em consideração pelo toxicômano. Podemos afirmar que, de fato, a busca da morte através da droga não está clara na mente do usuário, mesmo a morte estando presente a cada uso de droga. Desafiando os limites do corpo com o desconhecido, através da droga que ora está mais pura ora menos pura, o usuário nunca sabe ao certo qual a quantidade de droga que lhe satisfará, sendo cada uso uma roleta russa, um estopim que poderá explodir a qualquer dose, levando sua vida.

É tarefa árdua para o psicoterapeuta entrar nessa relação simbiótica do sujeito com a droga, somente entrando pela brecha da dor, da falha da solução dada pela droga. Cabe ao psicoterapeuta a difícil tarefa de se conectar ao sujeito e lançar luz sobre suas questões inconscientes. Aos praticantes que trabalham nesta clínica, Tarrab (2015) reconhece que ser condescendente com o gozo mortífero, desavisadamente, fazendo uso da caridade e da boa intenção, pode ser um contragolpe feroz, pois no tonel do gozo encontra-se uma dimensão do sintoma onde o sentido se perde. É categórico ao afirmar que qualquer sentido, como no tonel sem fundo, fugirá irremediavelmente; não há lugar abrigado, nem solução universal, mas apostas singulares que são inventadas para além dos impasses fálicos.

> A prática não só nos ensina a limitação de nosso ato, senão que nos mostra também, como se pode, sem otimismo vão, encontrar para alguém o artifício do significante justo, a nomeação precisa ou um arranjo mais pacífico com o gozo. Artifício, nomeação ou arranjo... sempre com algo de provisório, de precário, porém que às vezes funciona e que põe o sujeito em seu lugar (Tarrab, 2015, p. 14).

Certamente, não podemos pensar em soluções definitivas; há que se levar em conta os desafios e efeitos da droga na vida de um sujeito em sua especificidade própria. Também é importante considerar a estrutura clínica, pois a forma como o objeto droga se inscreve na neurose não é a mesma que se dá na psicose ou na perversão. Escutar o sujeito em sua singularidade e na particularidade da estrutura e tipo clínicos, tentando, no um-a-um do caso, reintroduzir a dimensão subjetiva, até então excluída na parceria do sujeito com a droga, pode funcionar como norte ético para o avanço dos impasses clínicos colocados por aqueles que trabalham com a toxicomania. Manejar com o gozo não acalentado pelo desejo é sempre um grande desafio que se coloca ao analista. Miller (2016) evoca Olievenstein e sinaliza: "No fundo, o analista deveria ser um *dealer* da droga da palavra". E acrescenta: "Em todos os casos, a possibilidade da análise passa pelo esforço para desfazer a identificação bruta ao 'sou toxicômano'", apostando no efeito sujeito como resposta do real.

Laurent (2011) indica que, no quesito drogas, é preciso pensar uma política de civilização mais além da obscenidade de uma lei cega proibidora ou de uma liberalização desenfreada, que não considera a multiplicidade das drogas e a especificidade dos sujeitos. Afinal, "o fracasso dos tratamentos autoritários das drogas nos revela que a droga não é um produto solucionável, nem na guerra, nem na economia liberalizada, nem nos ideais e nem nos protocolos universais" (Laurent, 2001, p. 60). Laurent segue este raciocínio, ponderando que "a droga nos confronta com os limites do paradigma problema-solução [...] é um produto paradigmático para se introduzir a passagem a certa humildade" (Laurent, 2001, p. 61). É preciso, pois, uma modéstia ativa dos que estão envolvidos nas políticas de cuidados para abordar esta questão em todas as suas facetas.

Cabe, então, o desafio de apostar que "é o discurso o que, para além da censura, tenta manter o sujeito na via do desejo, única via que pode dar limite ao gozo" (Laurent, 2017, p. 24). Nesse acesso do sujeito ao desejo, é fundamental o trabalho de transferência para discernir o que é da parceria fusional do sujeito com a droga, que podemos dizer tratar-se da dimensão do gozo autístico.

A clínica com toxicômanos evidencia os limites de uma prática sob transferência, pois há o rechaço do saber. Certamente que o laço com o analista não será feito pela via da suposição do saber a ele dirigido, pois não estamos no campo do inconsciente transferencial, mas naquele do inconsciente real, sem o alcance do sentido. A presença do analista, para além da posição de intérprete, redefine a transferência orientada por uma tática que considere a escassez dos recursos simbólicos, tempos do sintoma mudo. Miller (2017) indica um caminho: o que faz existir o inconsciente como saber é o amor. Lacan, desde o Seminário 10, deu o fio de prumo de uma clínica à altura dos tempos de declínio do simbólico: "só o amor permite ao gozo condescender ao desejo" (Lacan, 1962-1963/2005, p. 197).

Sobre a relação transferencial entre psicoterapeuta na clínica com toxicômanos, Birman (1997, p. 26) afirma que "a presença viva do analista é necessária para que ele possa acolher o impacto das forças pulsionais, se constituindo assim como esse Outro, através do qual a libidinização torna-se possível". Este acolhimento com uma postura de cuidado, paciência, atenção e escuta sem julgamento, sem desprezo, é parte essencial do tratamento, posto que o psicoterapeuta precisa ser convidado pelo toxicômano para entrar na relação sujeito-droga, fazendo a ruptura fusional, o que, para tanto, deve haver, inicialmente, um processo transferencial positivo, em que os sentimentos vindos do usuário para o psicoterapeuta sejam baseados na confiança, para a criação do vínculo, da aliança terapêutica, que aos poucos tomará espaço na antiga parceria do sujeito com a droga. Mas, formar esta relação transferencial não é fácil, por isso o psicoterapeuta deverá facilitar este processo se colocando de forma mais ativa, mais flexível e inventivo, buscando os meios apropriados para estabelecer a relação terapêutica favorável ao engajamento do toxicômano ao processo.

No trabalho clínico com o toxicômano, há que se considerar o que Maciel e Barros (2014) expõem sobre o drogadito/toxicômano, quando afirmam que este é caracterizado pela perda da liberdade em relação às drogas, revelando um comportamento compulsivo e incondicional, havendo subversão entre sujeito e objeto, onde o estatuto do objeto (droga) se torna sujeito. Ressaltamos que o trabalho psicoterápico com o toxicômano deverá ser conduzido de modo que o sujeito possa redimensionar o significado da sua vida e sua condição de objeto nessa relação de parceria mortífera com a droga. Certamente que esta reformulação subjetiva e posicional em relação às drogas nem sempre é fácil, mas sempre é possível.

CONSIDERAÇÕES FINAIS

> ...Coragem antes de tudo tem a lagarta. Coragem sem remover o medo. Um medo que se mostra tão forte. Que adquire consistência de casulo. Lá dentro ninguém sabe... (talvez nem ela mesma). Tudo o que se passa em tamanha escuridão. O que podemos saber é que após a reclusão ela vem linda, colorida e esplendorosa para a luz do sol. Ainda fragilizada, caminha devagar e cambaleante. Mas quando aprende a abrir asas... Que voo sensato pela incerteza! Nem se machuca muito mais: sabe da sua fraqueza. Descobriu sua natureza. (Poesia: A borboleta que renasce. André Roberto Ribeiro Torres. In: Angerami, 2014, p. 241)

Conforme vimos, a partir das contribuições da psicanálise, a parceria do sujeito com a droga promove a ruptura do sujeito com as questões da vida que exigem o lidar com o que é da dimensão da perda (castração) a partir de fontes geradoras de mal-estar ou sofrimento, desalojando o sujeito de sua inscrição no campo do Outro em sua condição desejante. A inserção que se dá pela via da "solução" toxicômana, como vem demonstrar a expressão tão recorrente "sou toxicômano", não tem valor de significação, mas, de expressão de um modo de existir de acordo com os comandos da satisfação pulsional.

Assim, em uma clínica do sujeito toxicômano, como nos propusemos a pensar ao longo deste trabalho, o analista ou o psicoterapeuta terá que manejar com os limites da significação e levar em consideração o que é a dimensão da toxidade do gozo potencializado pelas drogas, tentando, assim, trincar o laço fusional entre o sujeito e a droga, o que não se dá sem a oferta de um outro laço, ancorado no processo transferencial com o psicoterapeuta. É, pois, fundamental apostar no vínculo estabelecido no processo analítico e saber esperar o momento em que o sujeito esteja preparado para prescindir da droga e ampliar outras possibilidades de parceria com o desejo, que possa lidar com a dor de existir e o mal-estar inerente à condição humana.

Nesta clínica que ora propomos, não podemos esquecer que o toxicômano é complexo e plural e não se deixa abarcar por propostas específicas nem pontuais, o que nos convoca a compreender sua dinâmica, incluindo os vários fatores: a droga e sua composição, o contexto sociocultural amplo, incluindo a família, e o sujeito com a droga articulado à sua história. Mas, se no trabalho com a toxicomania são igualmente importantes estes três fatores imbricados, então, por que, normalmente, se exalta apenas um destes? O sujeito não é partido, não é fragmentado e por isso não podemos cindir a causalidade da toxicomania, pois ao fazer isso, cindimos também o sujeito e restringimos as suas possibilidades de mudança, de reflexão e possibilidade de caminhar de forma diferente. Se olharmos apenas um ângulo do sujeito, não teremos como compreender a busca de autodestruição do sujeito toxicômano. Se quisermos, enquanto psicoterapeutas, ajudar a "lagarta" a se tornar borboleta, precisamos olhar e cuidar do sujeito de forma plural, precisamos acolhê-lo como um casulo, para que possa descobrir sua "natureza", e, mesmo reconhecendo sua fraqueza, abrir suas asas e poder alçar voo.

REFERÊNCIAS

ANGERAMI-CAMON, V. A. *A psicoterapia diante da drogadição: a vida nos drogados.* São Paulo: Pioneira Thomson Learning, 2013.

ANGERAMI, V. A. *Desespero e flagelo humano: parêmias da cracolândia.* Belo Horizonte: Artesã, 2017.

ANGERAMI, V. A. Paradoxo, angústia e psicoterapia. *In: Angústia e Psicoterapia: uma visão multiteórica, ANGERAMI,* V. A. (Org.). São Paulo: Casa do Psicólogo, p. 15-63, 2014.

BIRMAN, J. Le corpus et l'affect en psychanalyse: une lecture critique du discours freudien. *Che Vuoi? Revue de Psychanalyse, nº 7. Logiques du corps*. Paris, L'Harmattan, p. 13- 27, 1997.

BUCHER, R. *Prevenção ao uso indevido de drogas (Vol. 1)*. Brasília: UNB, 1991.

BUENO, S. Minidicionário da Língua Portuguesa. São Paulo: FTD, 1996.

CARNEIRO, H. Autonomia e heteronomia nos estados alterados de consciência. In: LABATE, B.; GOULART, S.; FIORE, M.; MACRAE, E. CARNEIRO, H. (Org.). *Drogas e cultura: novas perspectivas*. Salvador: EDUFBA, p. 65-90, 2008.

CLARK, L. Carta a Mario Pedrosa, In: ROLNIK, S. (Org.*). Lygia Clark e o híbrido arte/clínica*. São Paulo, 1996. Recuperado de: <http://caosmose.net/suelyrolnik/pdf/Artecli.pdf>.

CHAVES, E. Toxicomania e transferência. Dissertação de Mestrado em Psicologia Clínica, Universidade Católica de Pernambuco. Recife, 2006.

CLASSIFICAÇÃO DE TRANSTORNOS MENTAIS E DE COMPORTAMENTO DA CÍD-10 (1993): Descrições Clínicas e Diretrizes Diagnósticas – Coord. Organização Mundial da Saúde. Tradução de Dorgival Caetano. – Porto Alegre: Artmed 1993.

COX, G. *Como ser existencialista*. São Paulo: Alaúde, 2012.

CRUZ, M. S. Estratégias de redução de danos para pessoas com problemas com drogas na interface dos campos de atuação da justiça e da saúde. *In*. ANDRADE, A. G. (Coord.), *Integração de competências no desempenho da atividade judiciária com usuários e dependentes de drogas*. Brasília: Ministério da Justiça, p. 271-306, 2011.

DEGENHARDT, L. *et al*. Global burden of disease attributable to illicit drug use and dependence: findings from the Global Burden of Disease Study 2010. *The Lancet*, v. 382, p. 1564-1574, 2013.

EDWARDS, G., Marshall, E. J. e Cook, C. C. H. *O Tratamento do alcoolismo: um guia para profissionais da saúde*. 4. ed. Porto Alegre: Artmed, 2005.

FARIAS, A. A. C.; Barros, V. A. Tráfico de drogas: uma opção entre escolhas escassas. *Psicologia e Sociedade*, v. *23*, p. 536-544, 2011.

FERREIRA, A. B. H. *Novo Aurélio Século XXI: o dicionário da língua portuguesa. 3. ed. Totalmente revista e ampliada*. Rio de Janeiro: Nova Fronteira; 1999.

FORTNEY, J. MUKHERJEE, S.; CURRAN, G.; FORTNEY, S.; HAN, X.; BOOTH, B.M. *Factors associated with perceived stigma for alcohol use and treatment among at-risk drinkers. The Journal of Behavioral Health Services e Research, v.* 31, p. 418-429, 2004.

FREUD, S. Mal-estar na civilização. In: *Obras completas*. Imago, Rio de Janeiro, 1930/ 1976.

FREUD, S. O mal-estar na civilização. In: *Edição Standard Brasileira das Obras Completas de Sigmund Freud*, vol. XXI. Rio de Janeiro: Imago, 1976.

FREUD, S. (1920). Além do Princípio de Prazer. In: FREUD, S. *Edição Standard Brasileira das Obras Completas de Sigmund Freud*, vol. XVIII. Rio de Janeiro: Imago, 1976.

GONÇALVES, E. C. Alguns conceitos referentes à toxicomania. In: *As drogas e a vida,* BUCHER, R. (Org.). São Paulo: EPU, p. 9-14, 1988.

GURFINKEL, D. *Do sonho ao trauma: psicossoma e adicções*. São Paulo: Casa do Psicólogo, 2001.

LACAN, J. *O Seminário, Livro 10: A Angústia*. Rio de Janeiro: Jorge Zahar Editor, 1962-1963, 2005.

LACAN, J. *O seminário, livro 11: Os quatro conceitos fundamentais da psicanálise*. Rio de Janeiro: Jorge Zahar Ed, 1964, 1985.

LACAN, J. *O seminário, livro 17: O avesso da psicanálise*. Rio de Janeiro: Jorge Zahar, 1969-1970, 1992.

LACAN, J. *Encerramento das Jornadas de Estudos de Cartéis da Escola Freudiana*. Pharmakon digital, n. 2., 1975, 2016. Publicação da Rede de Toxicomania e Alcoolismo do Campo Freudiano. Disponível em: http://pharmakondigital.com/ed002/conferencias/pt/jacques_lacan_pt.html

LARANJEIRA, R.; MADRUGA, C. S.; PINSKY, I.; CAETANO, R.; RIBEIRO, M.; MITSUHIRO, S. *II Levantamento Nacional de Álcool e Drogas - Consumo de Álcool no Brasil: Tendências entre 2006/2012*. São Paulo: INPAD; [acesso em 31 maio 2013]. Disponível em: http://inpad.org.br/lenad/cocaina-ecrack/resultados-preliminares/

LAURENT, É. Post-war on drugs: Como a psicanálise pode contribuir para o debate político sobre as drogas. In: LAURENT, É. *Loucuras, sintomas e fantasias na vida cotidiana*. Belo Horizonte: Scriptum, 2011.

LUCENA, M. A. S. e BEZERRA, A. F. B. Reflexões sobre a gestão de processos de desinstitucionalização. *Ciênc. saúde coletiva*, Rio de Janeiro, v. 7, 2012.

LYNSKEY, M. T.; STRANG, J. The global burden of drug use and mental disorders. *The Lancet, v.* 382, p. 1540-1542, 2013.

MACIEL, S. C.; ROQUE, L. Desafios e cuidados na clínica da toxicomania. In: MACIEL, S. (Org.). *Redes de Assistência em Saúde Mental e Dependência Química.* João Pessoa: Ideia, p. 137-156, 2016.

MACIEL, S.C.; BARROS, C. M. D. L. Psicoterapia, angústia e dependência química: articulações sobre o tema na contemporaneidade. In: ANGERAMI, V. A. (Org.). *Angústia e Psicoterapia: uma visão multiteórica.* São Paulo: Casa do Psicólogo, p. 208-222, 2014.

MEDEIRO, K. T.; MACIEL, S. C.; SOUSA, P. F.; VIEIRA, G. L. S. Vivências e representações sobre o crack: um estudo com mulheres usuárias. Psico-USF, Bragança Paulista, v. 20, n. 3, p. 517-528, set./dez. 2015. doi. org/10.1590/1413-82712015200313.

MILLER. J-A. Uma fantasia. *Revista Brasileira Internacional de Psicanálise*. Opção Lacaniana, n. 42, 2005.

OLIVEIRA, E. M. L. P. Drogas e seus efeitos. In: BUCHER, R. (Org.). *As drogas e a vida*. São Paulo: EPU, p. 15-24, 1988.

OLIVEIRA, J. F., NASCIMENTO, E. R., e PAIVA, M. S. Heterogeneidade de usuários(as) de drogas. *Esc Anna Nery. Rev Enferm*, v. 11, 2007.

OLIEVENSTEIN, C. *Destino do Toxicômano*. São Paulo, Almed, 1985.

PESQUISA NACIONAL DE SAÚDE DO ESCOLAR: / IBGE, Coordenação de População e Indicadores Sociais. – Rio de Janeiro: IBGE, p. 132, 2016.

QUINDERÉ, P.H.; PAULA, M.L., COSTA, L.S.P.; RUIZ, E.M.; JORGE, M.S.B. Sentidos e significados da relação de uso do crack na experiência dos usuários: o efêmero efeito. In: JORGE, M. S. B., TRAD, L.A.B.; QUINDERÉ, P.H.D. e LIMA, L. L (Org.). *Olhares plurais sobre o fenômeno do Crack*. Fortaleza: Ed. UECE, p. 231-257, 2013

RONZANI, T. M.; NOTO, A. R.; SILVEIRA, P. S. *Reduzindo o estigma entre usuários de drogas*. Guia para profissionais e gestores. Juiz de Fora: Editora UFJF, 2014.

ROSOLEN, D. E. Uma reflexão sobre a angústia do psicoterapeuta no processo psicoterápico. In: ANGERAMI, V.A. (Org.). *Angústia e Psicoterapia: uma visão multiteórica*. São Paulo: Casa do Psicólogo, p. 91-123, 2014.

SANTIAGO, J. Droga, ruptura fálica e psicose ordinária. *Pharmakon digital,* n. 3, Publicação da Rede de Toxicomania e Alcoolismo do Campo Freudiano, 2017. Disponível em:http://pharmakondigital.com/ed003/conferencias/pt/jesus_santago_pt.html

SANTIAGO, J. *A droga do toxicômano: uma parceria cínica na era da ciência*. Rio de Janeiro: Jorge Zahar, 2001.

SPRICIGO, J. S.; CARRARO, T. E.; CARTANA, M. H. F.; REIBNITZ, K. S. *Atenção ao usuário de drogas: um espaço para o enfermeiro. Texto & Contexto Enferm*, v. 13, p. 296-302, 2004.

TARRAB, M. A época e o Tonel das Danaides. *Pharmakon digital, Revista da Rede TyA do Campo Freudiano,* 2015. Disponível em: http://www.pharmakondigital.com/ed001/conferencias/pt/a_epoca_e_o_tonel_das_danaides_pt.html

TOROSSIAN, S. D. De qual cura falamos? Relendo conceitos. Tóxico e Manias. *Revista da Associação Psicanalítica de Porto Alegre*, n. 26, 2004.

TOSCANO JR., A. Um breve histórico sobre o uso de drogas. In: SEIBEL S. D.; TOSCANO JR., A. (Org.), *Dependência de drogas*. São Paulo: Atheneu, p. 7-23, 2001.

UNITED NATIONS OFFICE ON DRUGS AND CRIME, WORLD DRUG REPORT. New York: *United Nations publication,* p. 174, 2016.

WHITEFORD, H. A. *et al.* Global burden of disease attributable to mental and substance use disorders: findings from the Global Burden of Disease Study 2010. *The Lancet*, v. 382, p. 1575-1586, 2013.

Mormorena, simplesmente...

Valdemar Augusto Angerami

Para a Mormorena mais graciosa dessa vida...

Amanhece
O amor nas entrelinhas
A leveza das nuvens
As borboletas brancas e azuis
Da algazarra matinal dos pássaros
Da Mormorena e do olorar dos craveiros...

Vida, mistério, segredos...
Da neblina acolchoando as montanhas
Alma viajando na florada do Flamboyant,
Cássia Imperial, Ipê Rosa, Pau Ferro...
Verão em sua florada exuberante
De uma doce bruxinha Mormorena...

Anoitece
Da Constelação de Orion
Verão brilhando no firmamento
De Maceió sonhos, paixão, ilusão...
Tão delicadinha a Mormorena...

Do fogo da lareira dourando a pele da
Mormorena... Mormorena...
Da música de Debussy emoldurando
o ambiente, preenchendo vazios...
En Bateau deificando a própria vida...
"Eu sou o Verão", diz a flauta...
E os violinos respondem:
"Nós trazemos a graciosidade da Mormorena nas harmonias"...
Mormorena, simplesmente...

Serra da Cantareira, numa manhã azul de Verão...

Capítulo 8

SOBRE O DESESPERO

Bruno Gonçalves

Eu tenho o meu caminho. Você tem o seu caminho.
Portanto, quanto ao caminho direito, o caminho correto,
e o único caminho, isso não existe.

(Friedrich Nietzsche)

INTRODUÇÃO

O fenômeno do suicídio é comum desde o início da história da humanidade e desperta interesse nas diversas culturas de todo o mundo. Atualmente, trata-se de um importante problema de saúde pública, ao passo que, para entender melhor esse problema e criar estratégias para uma prevenção efetiva, o emprego de investigações e análise científica são cruciais, entretanto as pesquisas com base em dados empíricos, registros populacionais e considerações teóricas esbarram nas dificuldades de uma população não homogênea e na diversidade de processos que podem levar ao suicídio. Apesar de inúmeras tentativas de compreender o fenômeno do suicídio através de vários pontos de vista, as únicas conclusões unânimes a qual podemos chegar até o momento é que se trata de um tema assumidamente difícil de ser abordado, de modo que é interessante e controverso ao mesmo tempo, mas está longe de ser totalmente compreendido.

Apesar de ser um fenômeno no qual é impossível determinar sua gênese histórica, a primeira definição de suicídio foi proposta pelo sociólogo Émile Durkheim no final do século XIX, segundo ele o suicídio é todo caso de morte que é um resultado direto ou indireto de um ato ou omissão manifestado por uma vítima consciente dos efeitos de suas ações.

Durkheim também argumenta que o suicídio é um fenômeno social, no entanto, sua própria definição para o suicídio, na qual enfatiza a importância da "*Intenção*" na privação da vida como condição prévia para o reconhecimento da morte suicida, aponta para o caráter individual do suicídio. Porém, quanto ao fato de ser um ato social, não podemos refutar, o suicídio acontece em todas as classes e culturas, tanto entre os ricos ociosos como entre os artistas e mais do que isso, acontece diariamente. Karl Marx (2016) corrobora com Durkheim, observando ainda que o número de suicídios cresce em épocas de paralisações e crises da indústria, em temporadas de encarecimento dos meios de vida e de invernos rigorosos; diz que nessas circunstâncias o sintoma do suicídio é sempre mais evidente e assume um caráter epidêmico.

Marx (2016) vai dizer que o suicídio é um sintoma da organização deficiente de nossa sociedade, mas também dirá, acerca do caráter individual e subjetivo do ato suicida, que o "sangue não corre do mesmo modo nas veias de gente desesperada e nas veias dos seres frios" e mesmo para aqueles que defendem que o suicídio é de algo antinatural ou desumano, Marx (2016), vai dizer que "é um absurdo considerar antinatural um comportamento que se consuma com tanta frequência", pois, se fosse contra a natureza não seriamos testemunhas diárias de tal tragédia. Entendemos que a lógica do suicídio, que é definida como o atentado intencional contra própria vida, pode ser tão complexa quanto a própria vida. De modo que não queremos buscar as causas do comportamento suicida no meio social ou cultural, tampouco traçar um perfil de personalidade suicida ou mesmo categorizar os diferentes tipos de suicídio com relação a sua possível motivação. Acreditamos que um levantamento de dados, com objetivo de categorizar diferentes formas e motivações para o suicídio, pode ser muito útil ao apontar para fatores de riscos em relação ao ato suicida, mas também incorre no viés de rotular e estigmatizar as vítimas. "Não devemos nos esquecer que as causas das ações humanas são, de hábito, incomensuravelmente mais complexas e variadas do que as subsequentes explicações que delas damos" (Dostoiévski, 2004).

Entendemos que o processo específico que leva ao suicídio, é impulsionado por diferentes motivações e o próprio comportamento suicida consiste em um fenômeno multifatorial. As formas de morrer são tão diversas quanto os significados das mortes. Há aqueles que se matam em atos terroristas, outros impulsionados pela *loucura* e outros que se sacrificam pelas religiões, contudo, esses, como mencionados por Camus (2010), "'que fazem matar pelas ideias ou as ilusões que lhes proporcionam uma razão de viver, esses são aqueles que enxergam um propósito no "sacrifício" e se matam por um "bem maior'; não serão incluídos nessa tentativa de compreensão, nos concentraremos em uma série de questões fundamentalmente importantes acerca do indivíduo que comete, tenta ou cogita o suicídio como forma de abreviar o sofrimento da vida, mas que estão em seu arbítrio e conservam o estado de razão para se suicidarem.

A temática do suicídio traz consigo ardentes debates e carrega um sentido ao mesmo tempo pejorativo e romanceado no imaginário popular, sobre ela, muitos dirão se tratar de um ato de coragem, enquanto muitos outros apontarão, dizendo ser um ato de covardia. No entanto, devemos lembrar que o suicídio não é apenas um caso de aniquilação trágica, podemos supor que se trata de um processo que pode levar semanas inteiras, meses ou até anos, e também há uma sequência de pensamentos e ações interconectadas que são empreendidas até o desenvolvimento de um projeto suicida. Portanto, "não se trata de ato de coragem e tampouco de covardia, mas sempre um ato de Desespero" (Angerami, 2017). Angerami, importante teórico e pesquisador do assunto, relata que, excluindo os suicídios religiosos e aqueles motivados por idealismos radicais, sempre encontramos um indivíduo acometido pelo desespero.

Entendemos que o suicídio só pode ser compreendido de forma indissociável da relação que cada homem possui com a morte e, consequentemente, com o significado da vida. Assim, pretendemos refletir, da forma mais precisa e compreensiva possível, sobre o *pathos* psíquico que se manifesta nos indivíduos desesperados, pois a desesperança, antes de ser o sentimento que move o indivíduo para a ação suicida, é algo inerente à condição humana. Utilizaremos de subsídios da Psicologia e da experiência clínica para explorar a dinâmica da esperança no sofrimento suicida e examinar com minucioso cuidado as palavras e as últimas ações dos indivíduos, os quais o desespero ou o desgosto da vida arrastaram à morte voluntária. Portanto, em face da dificuldade de encontrar as causas ou as possíveis motivações para um ato suicida, empenhamos em buscar a etiologia e as possíveis causas para o Desespero.

O desespero além de ser tema recorrente em Filosofia e Literatura, está presente no cotidiano das pessoas de todas as culturas, assim, as ideias deste texto são na maioria tiradas de exemplos da literatura ou de reflexões filosóficas, e outras tantas provêm, em grande parte, de observações clínicas e inferências decorrentes do trabalho terapêutico.

Em suma, pretende-se circunscrever a experiência do desespero em sua própria temporalidade, considerando o fato de que ele se desenvolve de modo particular em cada indivíduo, e, consequentemente, suas reações dependerão de um grande número de fatores, entre os quais a constituição biológica, o temperamento e a idiossincrasia. Explorar as conexões entre o desespero e o ato suicida não se mostra algo pioneiro e nem mesmo novo, mas longe da pretensão de reduzir os fenômenos, ou mesmo submetê-los, à exclusividade de uma explicação simplista, busca-se proporcionar conhecimentos que possam contribuir com tais temáticas, pois como já escreveu o grande poeta Johann Goethe "O suicídio é um evento de natureza humana sobre o qual, independentemente do quanto foi dito e escrito, em todas as épocas você tem que lidar com isso de novo".

O DESESPERO NO ATO SUICIDA

O Homem parece um mistério para o Homem;
sabe-se apenas censurá-lo, mas não se o conhece.

(Karl Marx)

Ao longo da história da humanidade, milhares de pessoas chegaram a enfrentar o mais importante dilema: "ser ou não ser", existir ou não existir, muitas dessas pessoas acabaram por decidir pela morte dando fim a própria vida. Albert Camus (2010) diria que esta é a questão fundamental da filosofia e também a única questão que realmente merece seriedade, a questão do suicídio, ou melhor, a questão de "julgar se a vida vale ou não vale a pena ser vivida". Camus argumenta que os seres humanos sempre irão se perguntar acerca do significado da existência, mas, uma vez que a própria existência não tem sentido, o homem está fadado a cair num vazio irresolúvel. A própria palavra suicídio origina-se da expressão latina *sui caedere*, que significa *cair pela própria mão* (Ferreira, 2018, assim, devemos supor que a pessoa que *morre pelas próprias mãos*, em algum momento, se deparou com a referida questão da vida e da morte, e, ao refletir, concluiu que a vida não vale a pena, que é preferível não viver.

A situação paradoxal entre o impulso de fazer perguntas sobre a existência e a impossibilidade de obter uma resposta adequada é o absurdo do qual menciona Camus, porém, parece ser um absurdo no qual é impossível escapar. O filósofo Frederich Nietzsche (2007) também explora as consequências decorrentes desse paradoxo da existência, em seu livro *A Origem da Tragédia* cita a lenda grega que narra a jornada do rei Midas, que perseguiu durante muito tempo o sábio Sileno, companheiro de Dionísio, a fim de lhe interrogar qual dentre as coisas era a melhor e a mais preferível para o homem. O sábio Sileno antes de proferir a resposta, alerta ao rei dizendo que seria para este mais salutar não ouvir essa verdade, porém, ao ver-se forçado, acaba por responder a questão, diz ele: "o melhor de tudo é para ti inteiramente inatingível: não ter nascido, não ser, nada ser. Depois disso, porém, o melhor para ti é logo morrer" (Nietzsche, 2007). Em outro livro, Nietzsche (2006) argumenta que, já que não estamos de posse da possibilidade de impedir o nascimento, "temos a 'oportunidade' de corrigir uma vez mais este erro, pois ele foi até aqui um erro, desse modo o homem que suprime a si mesmo faz a coisa mais digna de respeito". Mas não pense que Nietzsche faz com isso apologia ao suicídio; a recomendação de *suprimir* a si mesmo é direcionada somente aos denominados por ele de *pessimistas* e *decadentes,* ao passo que Nietzsche exalta o homem que, mesmo sentindo os temores e horrores do existir, encontra algum modo de viver.

O fato é que o homem é a única criatura capaz de autorreflexão e, assim como o rei Midas, todo indivíduo em algum momento tem consciência da limitação da sua existência. Mas, se todo homem se defronta em algum momento com a finitude, como se explica que, apesar de tantos anátemas, o homem se mate? Schopenhauer (2001) argumenta que, apesar de levar consigo a convicção abstrata da própria morte, tal convicção não o inquieta senão a intervalos, quando alguma circunstância lhe evoca à mente, porém, na maioria dos momentos da vida cotidiana, no homem, como no animal que não pensa, reina permanentemente uma certa segurança oriunda da consciência profunda de ser ele próprio a natureza e o mundo; o que impede que o sentimento de uma morte inevitável e sempre iminente o torture de modo demasiadamente vivaz, enquanto lhe permite levar avante tranquilamente a vida, como se esta nunca tivesse que cessar; isto chega a tal ponto, que se poderia afirmar que nenhum homem possui a convicção real e viva de que tem de morrer. Mas, se somente a reflexão acerca do dilema da existência e do horror da finitude não é capaz de incutir no homem as ideias mórbidas, então o que faz o indivíduo sair desse estado de segurança e quietismo para um estado onde cogita abreviar sua própria vida? A resposta pode ser das mais variadas possíveis, contudo suponho que têm a ver com as circunstâncias nas quais o homem se vê inserido, pois as ideias suicidas não ocorrem de modo persistente em todas as pessoas. Segundo Schopenhauer (2001), é aquele que, oprimido pelo peso da vida, e embora a amando e afirmando-a lhe teme as dores e, sobretudo, não quer suportar por mais tempo o triste destino que lhe toca, em vão espera encontrar a libertação na morte e salvar-se com o suicídio. O suicida, ao contrário da maioria das pessoas, percorreu todos os graus duma crescente angústia, quando, depois de ter lutado com todas as suas forças, está para abandonar-se ao desespero.

Martin Buber (apud. Farber, 1999) comentou certa vez que "o ato de suicídio é um alçapão que de repente se abre". Ao refletirmos sobre a frase do filósofo austríaco, temos que: "o alçapão que se abre" é uma metáfora para a possibilidade que emerge diante de situações extremas, de repente o suicídio aparece à consciência ao passo que a pessoa percebe a possibilidade da morte como solução para os problemas da vida. O "alçapão" permanece oculto na maior parte do tempo até que em um momento de dor ou sofrimento ele se abre como se fosse uma ideia que nos ocorre para solucionar um problema. O suicídio pode parecer um ato sem sentido para aqueles que desejam viver e a maioria das pessoas rejeitam os pensamentos suicidas assim que eles aparecem, para elas a simples consciência da possibilidade de que podemos nos matar, não os leva a adotar o suicídio. Mas, a morte como uma opção para os problemas faz sentido para algumas pessoas, elas percebem a morte como o fim das aflições porque estão presas ao que eu chamo de "estado de desespero", no qual a possibilidade de ser o autor de sua própria morte exerce um fascínio sedutor.

Se a opção ou possibilidade de suicídio se torna aparente quando a pessoa está desesperada, o Desespero torna-se a chave para a compreensão do ato de suicídio, tendo em vista que os pensamentos suicidas ocorrem com maior frequência quando uma pessoa sente que esgotou as possibilidades de soluções para os problemas, sente que seus problemas parecem indissolúveis, suas dores intoleráveis e seu sofrimento interminável. Tais situações podem decorrer de uma doença física ou mental que deteriora o corpo ou a mente ou mesmo de uma perda significativa. Observa-se nessas situações que as pessoas muitas vezes não podem contar com sua capacidade plena de julgamento e, não importa a situação que as faça contemplar a morte, há outra coisa que as pessoas suicidas compartilham em comum: elas não podem amar a vida no presente. Elas experimentaram uma quebra básica e abrangente em seus valores e autoestima, não conseguem dar sentido à vida e tampouco encontram um significado que restaure sua esperança. Porém, por mais que pareça, o suicídio não é uma doença mental, uma loucura, como sugere Bourdin (apud. Valle, 1881). O indivíduo que comete, tenta ou cogita o suicídio como forma de abreviar o sofrimento da vida, apesar de mostrar certo estreitamento de consciência, está em seu arbítrio e conserva o estado de razão para se suicidar. De fato, o estreitamento de consciência, a queda na autoestima e a incapacidade plena de julgamento são decorrentes de um estado de desespero.

Entretanto, se falarmos de doença como forma de sofrimento, aí sim podemos admitir que o suicida sofre por uma existência doente, e tal suposição deve ser considerada a fim de investigar a etiologia do suicídio e não somente as causas e as possíveis motivações para um ato suicida. Até hoje, as investigações empíricas se concentram em mostrar a dependência do ato à idade, gênero, origem social, educação, local de residência, estado civil, época, clima, dia da semana e até ciclo diário, tudo isso para se criar o "retrato" de um potencial suicida, mas a diversidade de causas parece apontar para a falta de sentido em buscar a motivação que leva um indivíduo a cometer suicídio. O suicídio não parece ser determinado por circunstâncias externas da mesma forma como procedem a maior parte das patologias. *Nietzsche* (1999) traz luz para a reflexão sobre o assunto ao dizer que: "O valor de todos os estados mórbidos consiste no fato de mostrarem, com uma lente de aumento, certas condições que, apesar de normais, são dificilmente visíveis no estado normal". Assim, se olharmos bem de perto, com a lente de aumento da qual menciona Nietzsche, observamos que os determinantes do ato suicida se relacionam menos às mudanças das condições externas, do que às mudanças do estado interno, ou seja, da disposição psíquica.

Os motivos para um suicídio podem ser os mais diversos possíveis: as falsas amizades, os amores traídos, os acessos de desânimo, os sofrimentos familiares, as rivalidades sufocantes, o desgosto de uma vida monótona, um entusiasmo frustrado e reprimido; só para citar alguns. Mas, se levarmos em conta que todos os motivos descritos acima são, ao mesmo tempo, imprevisíveis e frequentes, nos deparamos com o fato de que não se pode determinar se os motivos que levam o indivíduo a se matar é leviano ou coerente, pois não se pode pretender medir a sensibilidade dos homens usando-se uma única e mesma medida; não se pode concluir pela igualdade das sensações, tampouco pela igualdade dos carácteres e dos temperamentos; o mesmo acontecimento provoca um sentimento imperceptível em alguns e uma dor violenta em outros. Uma das poucas afirmações que se pode fazer é que a possibilidade do suicídio pertence à condição humana. Resta-nos, no lugar de buscar a motivação, compreender as situações em que pessoas que, mesmo não querendo morrer, recorrem ao suicídio como forma de escapar do sofrimento humano. Mais uma vez, queremos dizer que é impossível esgotar a compreensão acerca do sofrimento psíquico, então torna-se plausível compreender o fenômeno do suicídio no que diz respeito a um de seus aspectos constituintes, o "desespero", pois não importa quão severas as circunstâncias nos pareçam, as pessoas em desespero não conseguem achar significado na vida, em seu estado mental deteriorado.

Compreender o desespero é compreender especificidades do momento circundante ao suicídio, é olhar para o fenômeno "examinando as subversões da alma nesses momentos terríveis aos quais germes venenosos, causadores de dores tão profundas, podem ter se desenvolvido insensivelmente no caráter" (Marx, 2016). Os momentos em que o homem lentamente se perde em pensamentos de morte como a única solução para o sofrimento e os momentos em que a soma de frustrações, de sensações dolorosas e de conflitos constantes com o meio ambiente também levam a estes pensamentos, causam algo que podemos chamar de "atmosfera suicida", na qual o indivíduo perde a fé em sua própria força e na possibilidade real de dominar uma situação difícil.

Observamos que, durante o momento de admirável desespero que sucede à resolução de morrer, uma espécie de entusiasmo contagiante exala daquelas almas suicidas, uma espécie de véu pesado cobre os momentos finais de um alguém dominado pela dor psíquica ou moral, sob esse véu o homem lentamente se perde em pensamentos mórbidos.

CAMINHO DO DESESPERO

Compreender o suicídio a partir do desespero é dar ênfase à relação entre o pensamento individual e o suicídio, é reconhecer que o comportamento suicida é um fenômeno multifatorial que afeta um grupo heterogênio de pessoas, é tratar do assunto de outra forma, não mais como um fenômeno social, mas buscar entender como "tal gesto se prepara no silêncio do coração, da mesma forma que uma grande obra" (Camus, 2010), mesmo por que o suicídio é uma invenção do individualismo.

O desespero é tomado como ponto de partida na análise do comportamento suicida e torna-se a chave para determinar a sequência de reações que são liberadas no homem no momento em que ele decide pelo suicídio, pois, em contraste com a doença comum, que se instala e depois age de forma típica, independente do ser humano, o próprio homem desenha seu próprio desespero a cada momento em que ele está desesperado; o homem faz do desespero um ato pontual e único. A cada momento que o desespero torna-se relevante ao homem, a quantidade de possibilidades de se comportar em relação a ele e ao cenário é tão diversificada quanto o modo de agir de cada indivíduo. E, por se tratar de um fenômeno tão peculiar, há uma enorme dificuldade em estudar sua manifestação. Reduzir ou generalizar o fenômeno do desespero é quase impossível. Assim, além de utilizar observações de casos singulares e manifestações com grande incidência, é necessário utilizar conceitos e considerações de pensadores que se debruçaram na tentativa de compreender a existência humana. O primeiro deles é o filósofo e romancista Jean Paul Sartre.

Para Sartre (2012), o desespero surge da constatação de que cada um está só para decidir sobre sua vida, de modo que podemos contar apenas com o que depende de nossa vontade, ou com o conjunto das probabilidades que tornam possível nossa ação. Embora estejamos livres para construir nosso ser, o que torna uma ação possível ainda depende de um conjunto de possibilidades, como nunca temos absoluta certeza dos resultados de nossas ações, nos resta contar com as probabilidades. Sendo assim, a partir do momento em que as possibilidades que estou considerando não estão diretamente envolvidas em minha ação, pois sempre é possível que nossa intenção seja trocada por algo totalmente diferente do planejado, é preferível desinteressar-se delas, ou então, correr o risco de assumir um estado de "Desespero". O desespero é um estado emocional decorrente da percepção subjetiva e individual de que algo de extrema importância não será possível, por exemplo: muitos usam da palavra Desespero ao descrever o estado de um doente terminal, para o qual já foram esgotadas as possibilidades de tratamento ou cura. Nesse caso, o desespero implica na perda das possibilidades ou, simplesmente, na percepção de que não há nenhuma possibilidade de cura. O desespero também se relaciona com a percepção de ruptura extrema, na qual não se consegue imaginar o retorno à situação anterior. Alguém que perdeu todos os seus bens e não vê possibilidade de reavê-los, comumente se denominam como desesperados, isso aconteceu com muitas pessoas durante a "crise de 1929" na qual os jornais anunciavam centenas de desesperados caminhando pelas ruas de Nova York. Desesperar é perder a esperança que um dia tivemos, não ter confiança em conseguir o que queremos e julgar-se incompetente para alcançar alívio diante daquilo que nos aflige.

De um modo geral, o desespero pode se apresentar de dois modos: o desespero diante da vida e o desespero diante de uma situação extrema. No primeiro modo, o desespero é a resposta diante da absurdidade da vida; a pessoa reconhece, ainda que instintivamente, o caráter absurdo da vida, a ausência de qualquer razão profunda de viver, percebe a insensatez dessa agitação cotidiana e a inutilidade do sofrimento, alguns o chamam de desespero ontológico, Kierkegaard (2010) refere-se a esse desespero como enfermidade da individualidade. A propósito, o filósofo e teólogo dinamarquês dedica um de seus principais livros para tratar do Desespero, para ele o desespero é pior que qualquer doença ou sofrimento, pior até que a morte. A possibilidade de desespero surge, por assim dizer, por definição, da impossibilidade de ser. Apesar disso, a reflexão kierkegaardiana acerca do desespero é pouco utilizada fora do meio teológico por não abarcar o ser humano de um modo geral, mas somente referir-se ao "cristão". Kierkegaard diz que o desespero, surge da negativa do homem em ser ele mesmo, o homem não quer estar ele mesmo no poder que Deus o coloca. Assim, em desespero, ele sempre mergulha em rebelião contra a oferta de Deus nos momentos em que é tomado pelo desespero. Mas, se observarmos de perto as ideias de Kierkegaard, veremos que elas se aproximam em muito das de Sartre. Para Sartre (2012), o desespero resulta do confronto com a realidade e, devido ao fato de a realidade ir além, extrapolar os domínios de minha vontade e de minhas ações, o reino das possibilidades passa a evidenciar que minha ação deverá ocorrer sem qualquer esperança. O desespero é, portanto, o sentimento de que não há certezas e verdades prontas, é o sentimento de insegurança que fica impregnado na vontade e no agir, pelo fato de ambos serem confrontados com o reino das possibilidades e apontarem para o limite à liberdade de cada indivíduo. Sendo assim, o desespero nos coloca em contato brutal com nossos limites, especialmente os limites do poder que podemos exercer sobre as coisas e sobre as pessoas.

> Ah! eu conheci nobres que perderam a sua mais elevada esperança. E depois caluniaram todas as elevadas esperanças.
>
> Agora têm vivido abertamente com minguadas aspirações, e apenas planearam um fim de um dia para outro. (...) Noutro tempo pensavam fazer-se heróis; agora são folgazões. O herói é para ele aflição e espanto. Assim falava Zaratustra. (FRIEDRICH NIETZSCHE)

Desse modo, o desespero é descrito a partir da impressão pessoal de ter-se perdido toda esperança de sucesso em qualquer campo da vida, estamos falando de um desespero em relação ao projeto existencial. Sabemos muito bem que se sentir incapaz de realizar um projeto existencial é umas das formas mais avassaladores e abrangentes de desespero, tais casos, pode afetar todos os âmbitos da existência e levar à depressão, melancolia ou pensamentos suicidas. Ter a sensação de não poder superar as dificuldades, pode afetar toda a vida diária, bem como a vida social e a saúde mental. Nestes momentos, o desesperado relata não crer em nada e não ter nenhuma esperança, tudo aquilo que faz o charme da vida parece para ele vazio.

Erik Erikson (1987), importante psicólogo do século XX, tem no desespero um importante aspecto de sua teoria, segundo ele, o desespero é o oposto da integridade e ambos constituem um dilema a ser superado no último estágio do desenvolvimento psicossocial. As teorias de Erikson revelam que o desenvolvimento se dá através da superação de crises. O estágio de integridade contra o desespero começa quando o adulto idoso começa a abordar o problema da mortalidade. A crise é desencadeada por eventos importantes da vida, como aposentadoria, perda de um cônjuge, perda de amigos e conhecidos ou uma doença terminal. Ao refletir sobre sua vida, o indivíduo é levado a avaliar sua trajetória e decidir se levou uma vida significativa ou não, em caso negativo, o indivíduo entra num estado de desespero, ou seja, aqueles que falham durante esta fase terão a impressão de que suas vidas foram desperdiçadas e experimentarão muitos arrependimentos. O indivíduo ficará com sentimentos de amargura e culpa.

Em outro momento, o desespero não é decorrente da avaliação existencial, mas de um estado emocional relativo a uma determinada situação crucial; nunca encontraremos um desesperado em si; a ausência de qualquer esperança não é necessariamente um desespero. Existem vários exemplos reais mostrando como situações estressantes podem levar a um crescente de desespero, até o ponto em que a pessoa atormentada leva a cabo a ideia de por fim a própria vida, porém, é na arte cinematográfica que encontramos o mais sublime exemplo, trata-se do filme: *It's a Wonderful life* de Frank Capra, que conta a história do simpático George Bailey que, em pouquissimo tempo, vê seu mundo ruir diante de seus olhos. Sem meios de sustentar sua família e diante da iminente prisão, o personagem confessa seu desespero, dizendo que seria melhor se ele nunca tivesse existido. O estado de desespero, em geral, decorre de situações extremas: sofrer de uma doença incurável, a proximidade da morte, a ruína financeira, ver-se perante um ferido grave que depende de nós, um evento natural catastrófico e assim por diante. Em face ao desespero, alguns fogem do problema e outros se apressam para resolvê-lo, sem medir as consequências, como alguém que se joga no mar sem saber nadar para salvar o afogado ou aquele que corre na direção oposta à saída em um incêndio, porque o desespero o "cega". O desespero muitas vezes é acompanhado por diversas emoções: a tristeza, a raiva, a culpa, o desânimo, a fúria, só para citar algumas, e essas emoções nos remetem muitas vezes às experiências emocionais que são ou foram importantes para nós. Neste estado emocional em que o sujeito sente que não consegue encontrar uma saída para seus problemas, acaba tentando soluções muitas vezes imprudentes e inúteis, o que complica ainda mais a situação.

Portanto, há casos em que o desespero não decorre do enfrentamento da absurdidade da existência, mas de situações que, independentemente de sua vontade, colocam o indivíduo a refletir sobre sua existência, nesses casos, o desespero se parece mais como uma ruptura ou mesmo uma perda das esperanças, ocasionadas por um evento extremo, momentâneo e pontual, do que por um estado de completa desesperança. Mesmo que sempre inclua uma impressão de desamparo, o desespero é uma experiência diferente da falta de esperança. A falta de esperança que eu tenho de ficar milionário ou a falta de esperança em me tornar mundialmente famoso, não é de modo algum dramática para mim. Nada disso é central no meu sistema de valores e é por isso que não posso me desesperar sobre esses tópicos, é necessário que haja uma situação extrema de desestruturação do ser para que ocorra o desespero. "Instantes onde nada mais tem o menor significado e tudo cessa de existir, pois sentis elevar-se em vós chamas temíveis e vossa própria existência aparece-vos como única num mundo nascido para vos atormentar" (Cioran, 2008).

As situações assumem um papel fundamental na filosofia do psiquiatra alemão Karl Jaspers (1987), segundo ele o homem está sempre em situação e são nelas que o ser humano se coloca como existência em relação ao mundo, assim, o homem se move de uma para outra situação, ou seja, ele pode sair de situações individuais, mas no momento em que ele faz isso, ele está na próxima. A vida humana é necessariamente situacional. No entanto, existem outros tipos de situações, as quais Jaspers chama de "situações limites"; estas são situações as quais não se pode evitar e que o indivíduo não pode simplesmente ignorar e passar para próxima. Uma coisa é presenciar um acidente de trânsito enquanto se toma um café na padaria, outra, bem diferente, é se deparar com um acidente em que você ou alguém que ama está gravemente ferido, esta segunda é uma situação limite. Porém as situações limites não decorrem somente de acidentes, elas são abrangentes e poderíamos dar qualquer outro exemplo no qual o indivíduo experiencia uma situação de medo ou sofrimento extremo, culpa, morte ou insegurança. Situações limites abalam a paz da vida cotidiana e nos colocam defronte de nossa existência. Nessas situações, os seres humanos reagem através da superação ou por meio do desespero. Em situações limites, não reagimos significativamente por meio da razão ou de forma planejada, mas através de uma atividade muito diferente e de um modo amiúde imprevisível.

O fenômeno do desespero, seja ele decorrente da constatação da falta de sentido existencial, seja ele decorrente de uma situação aflitiva, empurra os indivíduos aos limites do sofrimento. Se no primeiro caso podemos dizer que se trata de um sofrimento crônico, diremos se tratar, no segundo caso, de um sofrimento agudo. Crônico ou agudo; "o desespero é o preço pago pela autoconsciência, diria Nietzsche" (Yalom, 2017). E há situações em que a agonia e a dor são tão grandes que indivíduos invocam seu "direito ao suicídio", mas devemos considerar que a pessoa em profundo sofrimento tem sua liberdade restringida e, mesmo que os atos pareçam deliberados, em última análise, são impulsionados pelo desespero. De acordo com Angerami (2017), "quando o indivíduo busca o suicídio como alternativa para os devaneios e sofrimentos existenciais, esse alguém padece emocionalmente em níveis nem sequer suportáveis". Tal sofrimento é muito bem descrito por Goethe em: Os sofrimentos do jovem Werther

> (...) Mas agora este coração está morto, já não brota dele nenhum encanto, os meus olhos estão secos e os meus sentidos, que já não são mais aliviados por lágrimas refrescantes, também estão secos e rasgam sulcos de medo em minha testa. Eu sofro muito, pois perdi tudo o que me causava delícia à vida, essa força divina, vital, com a qual criava mundos ao redor de mim. Ela passou... (Goethe, 2000)

O desespero é a "doença até a morte"; a doença mortal argumenta Kierkegaard (2010). O dinamarquês admite que todas as pessoas desesperam às vezes e que, sem a passagem pelo desespero, ninguém pode ser ele mesmo. Talvez Kierkegaard partilhasse da concepção hipocrática acerca da doença; Hipócrates dizia que "a doença é uma reação generalizada com intenção de cura. O organismo desenvolve uma doença para se curar" (*apud.* CANGUILHEM, 2009). A morte é o maior perigo que os homens buscam evitar, de modo que, agarram-se à vida com todas as forças; mas quando enxergam na vida um perigo ainda maior, cogitam a morte. Essa é a "lógica inversa" do desespero, a lógica que assola o suicida. O sofrimento é tamanho que a morte se torna esperança. Assim, a vontade de não mais existir revela-se como patologia da existência e não uma condição do ser.

Se o desespero é a enfermidade que consiste na perda da esperança, compreender tal condição nos coloca no caminho para entender como alguém ao invés de buscar pela vida, caminha para a morte. Goethe (2017) ao discorrer sobre a "natureza humana", diz que alguém pode suportar até certo ponto o sofrimento, a mágoa, a dor; mas passado deste ponto, ela sucumbe. A questão não é, pois, saber se um homem é fraco ou forte, mas se pode suportar o peso dos seus sofrimentos, quer eles sejam físicos ou morais, assim, para o poeta alemão, é espantoso que se chame de covarde ou de desgraçado àquele que se priva da vida, do mesmo modo que seria impertinente tachar de covarde ao que sucumbe a uma febre maligna."

A maioria dos suicídios ocorre durante uma crise de desespero. O suicida sente uma dor emocional que se torna insuportável, sente-se desesperado, ele acha que nada mudará no futuro, que não pode contar com ninguém para lhe dar apoio e, no final, ele vê a morte como única saída para o sofrimento. No entanto, essas pessoas não querem parar de viver; o que elas realmente querem é parar de sofrer, mas seu estado mental impede que pensem em outras soluções, impede o pensando reflexivo; a pessoa perde a capacidade de considerar as consequências de suas ações. Esse pensamento restritivo, ou estreitamento de consciência, é uma característica fundamental do estado de desespero. Os pensamentos mórbidos, aos quais chamamos de pensamentos "ruminativos", são um dos suplícios mais visíveis e relevantes do estado de desespero, eles se diferem de outros pensamentos como o imaginativo ou o pensamento dedutivo. Ruminar não tem nada de bom, é uma espécie de pensamento latejante que não nos abandona, porém, muitas vezes, passa despercebido aos nossos olhos, porque aparentemente não passam de puros pensamentos. Mas, a ruminação em nada se assemelha com a reflexão, é algo repetitivo, circular, sem significado e, por último, estéril. Tais pensamentos, muito raramente, são sobre o significado da vida ou sobre os valores individuais, mas se concentram nas dificuldades pessoais, são ideias depreciativas, geralmente acompanhadas de culpa, raiva depressão ou resignação. É o "pensar" descrito por Camus quando diz que começar a pensar é começar a ser minado. O filósofo argelino argumenta que é preciso procurar "pelo verme que se acha no coração do homem para compreender o jogo mortal que arrasta a lucidez em face da existência à evasão para fora da luz" (Camus, 2010).

Não só a capacidade de julgamento e reflexão encontram-se comprometidas na pessoa desesperada. Ao esmiuçar o estado de desespero para determinar a sequência de reações que são liberadas no indivíduo no momento em que este decide abandonar a vida, encontramos também certa distorção da percepção dos fatos. Os desesperados muitas vezes relatam um sentimento de que o mundo inteiro está contra eles. A percepção durante o estado de desespero não é confiável e tampouco condiz com a realidade; coisas pequenas, fatos cotidianos tornam-se muito maiores, uma simples discussão, uma contrariedade qualquer pode ser suficiente para que a pessoa mergulhada em profunda tristeza se desespere completamente. Sobre o suicídio: "Os jornais falam frequentemente de 'profundos desgostos' ou de 'doença incurável'. Essas explicações são válidas. Mas seria preciso saber se no mesmo dia um amigo do desesperado não lhe falou em tom indiferente" (Camus, 2010), ou seja, talvez a percepção distorcida de um pequeno fato possa desencadear uma crise. A sabedoria popular costuma usar a expressão "uma tempestade em um copo d'agua" para descrever uma reação extremamente desproporcional às causas pequenas ou insignificantes, porém, devemos lembrar que a significância ou não de algo é uma percepção subjetiva e individual.

Decorrente da distorção perceptiva e do comprometimento da capacidade de julgamento, identificamos outra característica marcante do estado de desespero: o declínio motivacional. Uma espécie de fraqueza, fadiga ou falta de forças para seguir em frente, em resumo, ausência de motivação. Alguém gravemente doente pode se ver dominado por pensamentos de que a medicina, após lhe haver infligido longos e inúteis tormentos, com progressos frustrantes, é incapaz de livrá-lo de seus males. Mas se este mesmo alguém, ainda assim, busca outras alternativas para o tratamento de sua doença, insiste ou retoma um projeto de vida a tempos "engavetado" ou se apega à religião na busca de ressignificar sua existência, dizemos que este alguém continua possuindo um "algo" para o qual viver. Caso contrário, quando o indivíduo não consegue encontrar um sentido pelo qual queira continuar a viver, cai em desespero. O desespero é justamente a percepção de ausência de alternativas expressadas no corpo, na fala e no modo de agir, como uma fadiga extrema.

A respeito da influência do desespero no suicídio, refletimos sobre a frase do teólogo Louis Bourdaloue (1632 – 1704): "o que condenou Judas não foi corretamente a traição que ele cometeu, mas o desespero em que ele se abandonou após sua traição". De fato, reconhecemos que dificilmente haverá uma situação mais difícil do que aquela que leva uma pessoa a decidir conscientemente a acabar com a própria vida, e essa situação pode ser encontrada nos estados de desespero. Ele afeta todo o indivíduo, seu estado físico e emocional, compromete sua percepção, seu julgamento e sua motivação, como já demonstramos. Para Cioran (2008), o desespero decorre de um desequilíbrio interno, orgânico, apresenta um paroxismo da individualização, uma interiorização dolorosa e singular, um "isolamento nos cumes". São estados que resultam de uma ruptura e que nos levam aos picos mais elevados de solidão e individualização. No entanto, não seria suficiente e tampouco esclarecedor se nos detivéssemos nos efeitos do desespero sobre o indivíduo, para entendermos sua influência no ato suicida, é necessário descrever as estruturas do desespero, desse fenômeno tão complexo e intrigante do qual é impossível esgotar as considerações.

As observações e percepções nos levaram a distinguir três aspectos fundamentais e constituintes do estado de desespero, certamente existem mais, porém considero esses três os mais relevantes, são eles: a vergonha moral, a impotência e o niilismo.

a) A impotência nos estados de desespero

Se, para Sartre, o desespero decorre da percepção de que só podemos contar com duas coisas: nossas próprias ações e as probabilidades, podemos supor que o desespero carrega consigo certa porção do sentimento de impotência. A impotência é um gatilho para o desespero, mas se não restringirmos a análise a pressupostos de causa e efeito, observamos que a impotência também é efeito do desespero. Quanto mais impotente diante da situação, mais desesperada a pessoa ficará, e quanto mais desesperada, maior é a probabilidade de sentir-se impotente, aí acontece uma espécie de ciclo retroalimentado de impotência e desespero.

A pessoa desesperada encontra-se num estado de deterioração progressiva, que restringe sua capacidade de julgamento acerca da situação, sua capacidade de perceber as reais possibilidades interpostas e produz uma limitação na capacidade de agir frente às dificuldades; assim, quando destacamos a sensação de impotência no estado de desespero, buscamos trazer à análise a interconexão destes três aspectos, em especial, o último, que destaca a restrição na capacidade de agir, ou seja, na limitação da motivação e, consequentemente, da ação. O desesperado não pode ou não quer agir. Não pode, por que é impossível reparar algo que ficou no passado, ou não quer, por que não tem mais esperanças de obter um melhor resultado de suas ações, é por isso que muitas vezes as únicas ações do indivíduo desesperado são no sentido de interromper o sofrimento através do suicídio. Isso revela que, diante da total impotência, o ato suicida é a única expressão de sua própria vontade; quando não se pode fazer mais nada, matar-se torna-se uma opção.

O ato de suicídio expressa então uma escolha deliberada de morrer, e, por mais estranho que pareça, o suicídio é uma maneira de reafirmar uma sensação de liberdade sobre as limitações impostas por alguma situação. Em resposta ao que quer que tenha destruído suas possibilidades, as pessoas suicidas estão essencialmente dizendo: "escolher morrer é a única possibilidade que ainda está sob meu controle".

"A ideia do suicídio é um potente meio de conforto: com ela superamos muitas noites más" (NIETZSCHE, 2007). Com esse aforisma, Nietzsche pretende expressar que o fato de ainda existir uma última "carta na manga" caso o sofrimento torne-se insuportável, acaba sendo uma ideia consoladora; no entanto, ela revela que o desejo de abreviar a existência não é o mesmo que o desejo de morrer, a vontade de viver sempre vai prevalecer, o homem sempre vai recuar diante da morte. "Rousseau, diz que todo o homem que finge encarar a morte sem medo, mente: todo o homem teme a morte; tal é a grande lei que domina os seres sensíveis" (*apud.* VALLE, 1881). Então, o homem invoca a morte somente quando se vê reduzido ao desespero, mas mal as condições melhorem, o homem abandona o desejo de morrer e vai querer a prolongação a vida.

Mas, se o homem não quer ser aniquilado, porque então opta pelo suicídio? A resposta não é tão simples e, para respondê-la, é imprescindível compreender que no estado de desespero, a sensação de impotência leva o indivíduo a agir de duas formas distintas. Na primeira, ele age impulsivamente na tentativa de desviar o foco da dor existencial e acaba optando por se autoflagelar. Schopenhauer (2001) argumenta que, sob o império de sofrimentos intelectuais extremos, procuramos os sofrimentos físicos como a única forma de distrair a nossa atenção daqueles para estes: vemos o homem dominado por violenta dor moral, arrancar os cabelos, bater no peito, arranhar o rosto, rolar por terra, meios violentos para distrair-se de algum pensamento tornado insuportável. No entanto, o autoflagelo, muitas vezes, não é suficiente para aplacar a dor existencial, assim, observamos que a pessoa em desespero tende a aumentar gradativamente a intensidade dos golpes desferidos contra si próprio. Isso é visível na garota que antes arrancava os cabelos e agora já se fere com cortes profundos na pele. A tendência do corpo é resistir, pois "no apego de um homem à vida há alguma coisa de mais forte que todas as misérias do mundo. O julgamento do corpo vale tanto quanto o do espírito e o corpo recua ante o aniquilamento" (CAMUS, 2010); deste modo, a pessoa acaba se sentindo ainda mais impotente, não pode sequer agir contra seu corpo para aliviar a dor existencial. As consequências disso acabam sendo catastróficas; ao desesperado só lhe resta agir impulsivamente, acaba optando por golpes mais fortes que eliminam as possibilidades do corpo se defender. Esse modo de agir faz referência às formas abruptas de suicídio; um salto para o abismo ou um tiro de arma de fogo.

A outra forma de agir decorrente da impotência não se relaciona com a impulsividade, mas justamente o seu contrário, trata-se da passividade, da anedonia, expressada na forma de um não querer agir ou na negação da vontade de viver. Assim, insiro outro aspecto constituinte do estado de desespero do qual chamamos de niilismo do desespero.

b) O niilismo como componente do desespero

O fascínio pelo nada, que move alguns à renúncia suprema, é aqui tratado como um dos componentes do desespero. O desespero abordado como um estado emocional pode se apresentar em diferentes facetas. Um aspecto marcante e frequentemente observado nos estados de desespero consiste na "vontade de nada" que aqui chamamos de niilismo ou "componente niilista do desespero". Certamente já nos deparamos com casos em que o principal componente do suicídio é o desespero niilista, são casos em que o indivíduo parece atraído pelo vazio. Esses, movidos por um impulso cego, jogam-se na água ou se precipitam no abismo.

Retomando o significado da palavra "Desespero", encontramos definições como: estados físicos ou mentais de profundo desânimo diante de dificuldades e de aflições, outras mencionam a incapacidade de ação e outras, a fraqueza para reagir às situações adversas. Quando se fala de Desespero, fala-se de um estado peculiar assumido pelo indivíduo, no qual ele não consegue desembaraçar-se de nada, não sabe acabar com o que quer que seja; não consegue repelir nada, então tudo o fere. Nessas circunstâncias, as vivências afetam-no com demasiada profundidade, o indivíduo acaba sendo "levado pela vida", fato que muitas vezes pode resultar na morte. Não quero com isso dizer que o desânimo se torna o combustível para a ação suicida, mas o contrário, nesses estados que chamo de niilistas, a pessoa não consegue dar vazão aos instintos e isso inclui seus instintos de sobrevivência, assim acaba morrendo por omissão. Nietzsche fala desses estados mórbidos, dizendo se tratar de um enfraquecimento do instinto de defesa e de combate; contra isso o filósofo diz existir apenas um grande "remédio", ao qual ele dá o nome de "fatalismo russo": aquele "fatalismo sem revolta, com que um soldado russo, para o qual é demasiado dura a campanha, se deita por fim na neve" (Nietzsche, 2005). Nesse estado, o homem assume a lógica de não mais reagir. Deitar-se na neve significa a morte voluntária, sem que seja necessário tomar uma ação para isso.

Nesse estado niilista, a pessoa se deixa morrer, deliberadamente, pela "não ação"; a pessoa, por exemplo, não desvia de uma colisão ou simplesmente recusa-se a ingerir alimentos, sua atitude se limita a dar de ombros, a frase que rege esta lógica é, justamente, "tanto faz"; de fato, para alguém desesperado, tanto faz viver ou morrer. O suicídio é sentido pela pessoa como única solução para a situação em que se encontra, pois nesse momento, as suas "defesas" encontram-se fragilizadas, tornando-a particularmente vulnerável. Há uma forte tendência para ações nas quais predomina a anedonia e o indivíduo delega ao acaso a condição de vivo ou morto.

Conclui-se que esse desesperado não deseja morrer, pois, no momento, o próprio desejo não faz mais parte de sua essência, mas ele se sente cansado e não reage; reagir significaria esgotar-se ainda mais depressa. Nietzsche (2005) explica que, nesses casos, o organismo tem sua capacidade de defesa e combate enfraquecidas, vê-se desprovido de seu instinto de cura, sendo assim, nas circunstâncias para ela mais perigosas, é acionado um mecanismo conservador da vida, uma espécie de vontade de hibernação, na qual ocorre a redução do metabolismo ou seu retardamento, mas que também pode resultar em morte.

O desespero é uma quebra em nosso sistema de significado, que leva a um estado profundo de negativismo, pessimismo, niilismo e vazio. A vontade de viver torna-se vontade de morrer. Para Emil Cioran (2008), existem experiências às quais não podemos sobreviver. Experiências que nos fazem enxergar que nada mais tem sentido. Após terem atingido os limites da vida, terem vivido com exasperação todo o potencial destes perigosos confins, os atos e gestos cotidianos perdem todo o charme, toda a sedução. À medida que o desespero se aprofunda, o que tinha significado para o indivíduo agora parece sem sentido; então, começa-se a encontrar significado no nada.

O "instinto de sobrevivência" costuma prevalecer em confronto com a vontade de não mais existir, é o mesmo que dizer que a Vontade de Potência, descrita por Nietzsche (1999), se sobrepõe a negação da vida, ou melhor, ao niilismo; porém, isso só ocorre em condições normais, em condições especificas, onde o desespero se apoderou do indivíduo, da vontade de não mais existir, alimentada pelo desespero; revela-se como o reconhecimento do fracasso existencial. Nietzsche (1999) diz que existem seres, que ele chama de "pregadores da morte", que *só veem* "um aspecto da sua existência", por estarem envolvidos em uma "densa melancolia, estão 'presos' à vida como uma palha, são ávidos por acidentes mortais e os esperam, cerrando os dentes".

Os acidentes ocorrem porque o indivíduo não se esquiva do perigo, na maioria das vezes o procura, porém, não se trata de alguém que gosta de viver fortes emoções ou é impulsionado pela adrenalina, no desespero niilista a adrenalina é quase zero. Certa vez conheci um homem desesperado, que me relatou suas desventuras ao volante, dizia que, por vezes, quando voltava sozinho de uma festa, sentia uma forte atração pelo canteiro central da rodovia, outras vezes, a atração pelos muros e postes que passavam em alta velocidade. Disse ainda que houve ocasiões em que se deixou "afundar" por alguns segundos no banco do carro, com os olhos fechados e o corpo totalmente inerte; por fim, queixou-se por não saber os motivos pelos quais ainda estava vivo.

Assim, podemos concluir que a presença do niilismo no estado de desespero toma forma de uma susceptibilidade mórbida, algo descrito como uma espécie de embriaguez que entorpece a consciência, impedindo uma reação adequada em face de um grande estressor. Nesses casos o indivíduo morre por não responder aos estímulos. A resposta não é adequada justamente porque o desespero tirou todas as esperanças de que qualquer coisa possa mudar a situação, nessa lógica de resignação, não há nada que o indivíduo possa fazer em prol de si. Tudo é igual, nada é pior, morrer é o mesmo que viver, ele pensa.

c) A dor moral do desesperado

Diferentemente da angústia que decorre da liberdade de ter que escolher e, consequentemente, arcar com os resultados de suas escolhas, no desespero o homem enfrenta uma dor muito maior, ele se vê sem escolhas porque todas as possibilidades foram esgotadas ou porque algo que aconteceu eliminou todas as suas opções de escolha. Isso nos faz lembrar que o homem existe a partir de suas realizações, seu modo de ser é construído a partir das decisões referentes ao seu agir. No entanto, por mais cauteloso ou ponderado que um indivíduo possa ser, ele sempre se arrependerá de algo que fez ou falou. Assim, o desespero também pode decorrer da culpa sobre algo que fizemos e não temos mais possibilidade de reparar.

Até o momento, enfatizamos o desespero que é resultado das imposições do mundo, por exemplo: alguém que perdeu tudo devido a um desastre natural, tem grandes chances de entrar em desespero. Porém, quando seu infortúnio foi resultado de suas próprias ações ou decisões, a sensação de desespero terá um componente muito maior do sentimento de culpa. A liberdade do homem implica inevitavelmente em culpa, porque nesta liberdade o homem tem que tomar decisões. No momento que você decide por um caminho você está rejeitando o outro. Mas, você não pode evitar a culpa não fazendo nada, porque, mesmo assim, você se sentiria culpado por omissão. Do ponto de vista fenomenológico, não interessa do que o sujeito se culpa, mas sim, como se culpa, enfatizam Teixeira e Branco (1989). O importante é como a culpa se dá na consciência, se o sentimento de pesar aparece relacionado com a impotência para desfazer o que já está feito. Desse modo, a referência temporal da culpa é o passado; culpa e passado formam uma equação inseparável, na qual aparecem, claramente na consciência acontecimentos do passado, que pesam com indignidade.

Se o homem pudesse voltar no tempo, certamente não se desesperaria. O desespero resulta do fato de não encontrar segurança nos resultados das ações presentes e, desse modo, acabar não tendo opções para o futuro. Se o homem tivesse a capacidade de voltar ao passado e modificar a sua história, corrigiria os erros ou mesmo enveredaria por outro caminho que não o atual e isso mudaria completamente a situação. Mas, porque cogitar algo impossível como voltar no tempo? A resposta segue a lógica de que, dessa forma, poderíamos compreender o desesperado, ele se sente culpado ou arrependido e não pode fazer nada para alterar o que já aconteceu. O problema do desespero é que ele é resultado de um querer para trás, de querer o impossível.

Certa vez conheci uma adolescente que tentou se matar por que havia sido humilhada diante de toda a escola. O fato ocorreu após ela ter sua intimidade "vazada" na internet e exposta aos colegas. Ela não queria morrer e nunca antes disso tinha sequer cogitado suicídio, mas, naquele momento, seu desespero era nítido. Ela dizia somente que não queria que aquilo tivesse acontecido, que queria voltar ao momento em que permitiu que filmassem sua intimidade e, principalmente, teria ficado atormentada pela ideia de que ela própria tinha permitido a ocorrência do fato.

Nietzsche (1999) alerta sobre o quão nocivo é o "querer para trás", pois essa forma a vontade "torna-se maléfica e vinga-se em tudo que é capaz de sofrer, de não poder voltar para trás". Para o filósofo alemão, a vontade não pode querer para trás, ela não pode aniquilar o tempo e essa é a sua mais solitária aflição. O fato, o "'Assim foi': eis como se chama o ranger de dentes e a mais solitária aflição da vontade" (Nietzsche,1999). O desespero concentra-se no fato do tempo não retroceder, de modo que o desesperado terá que lidar com a culpa, com a vergonha, com a desonra e com todo tipo de sentimento que a acompanha.

Resultado de uma falha na capacidade de julgamento de valores. A pessoa desesperada parece perder a habilidade de julgar adequadamente uma situação e seus próprios recursos para enfrentá-la. Com frequência ocorrem sentimentos de desvalia, de derrota e de baixa autoestima; mesmo a culpa e vergonha moral não são somente causas para o suicídio, como normalmente se costuma acreditar, elas são também componentes constituintes do desespero e, este sim, como já vimos, é um estado emocional que comumente culmina na tentativa de suicídio.

Num turbilhão de emoções, o indivíduo é atormentado por pensamentos abstratos e impõe a si próprio as piores torturas morais. Assim, outro componente emocional que move as ações de um desesperado é o medo, mas não qualquer medo, trata-se de um medo específico, o medo do vexame, o medo de quebrar uma imagem construída socialmente. Schopenhaeur (2001) conclui que os sofrimentos morais quando se mostram muito fortes, beiram o insuportável, nos tornam insensíveis aos sofrimentos físicos, ao ponto em que o suicídio se torna quase fácil ao homem desesperado.

O CUIDADO COM O DESESPERADO

Quando tudo está perdido
Sempre existe um caminho
Quando tudo está perdido
Sempre existe uma luz
Mas não me diga isso
Hoje a tristeza não é passageira
Hoje fiquei com febre a tarde inteira
(...)
Eu nem sei por que me sinto assim
Vem de repente, um anjo triste perto de mim
E essa febre que não passa
E meu sorriso sem graça
(...)
Não quero mais ser quem eu sou
Mas não me diga isso
Não me dê atenção
E obrigado por pensar em mim
(Renato Russo)

O amor à vida, o qual mencionamos com frequência é, na verdade, o amor a nós mesmos enquanto viventes, amor a nossa personalidade e, para resumir, amor a nossa existência. A vida é um conceito abstrato do qual não emana qualquer afeição. Se por um lado, o desesperado amaldiçoa a vida, não é o conceito, seja ele biológico ou social que está sendo maldito, mas sim sua condição de vida ou, mais especificamente, sua existência. Dissemos que o desespero é uma espécie de patologia da existência e esta pode levar o indivíduo a pôr fim a sua própria vida. Vida e Existência são "coisas" completamente distintas, os existencialistas sabem bem disso; Sartre diz que *a existência precede a essência*, querendo dizer que primeiro existimos, somos lançados no mundo, para, só depois, construirmos o que somos. A vida é um atributo que se pode ter ou não, enquanto a existência é construída a cada segundo. O próprio Sartre que já não vive, pois morreu em 1980, ainda existe, ou seja, sua existência ainda persiste e está sendo construída ao longo da história, pois, ainda hoje, estamos falando dele, debatendo suas ideias e construindo novos conceitos a partir delas. Já Heidegger (1988) vai dizer que a existência é um atributo exclusivamente humano, só o homem existe e tudo o resto é; a mesa é; o castor é, mas não existe. O castor, aquele animal que represa o rio, é vivo, enquanto assim estiver, ou seja, enquanto não morrer, mas o castor não tem uma existência, porque é completamente limitado em si, age e reage por instinto, ele é porque não pode deixar de *ser*, não pode deixar de represar o rio e decidir fazer ninhos em árvores. Entretanto, somente o homem é livre para construir o seu *ser*, seu modo de agir, sua maneira de se relacionar. Mas, vimos que o homem, por vezes, se vê limitado em suas ações; essas limitações são impostas pela vida, pelo mundo, pelos homens ou mesmo pelo tempo. Ao se deparar com a realidade de que o "sucesso" existencial depende das probabilidades decorrentes de suas ações, o sujeito pode se desesperar. O desespero é a sensação de que, embora sejamos livres, não podemos controlar todas as variáveis da vida, pois o outro também é livre.

Para viver necessitamos de comida, água e ar, mas para existir necessitamos de muito mais. As pessoas podem viver semanas sem comida, dias sem água, minutos sem oxigênio, mas quanto tempo alguém pode viver sem esperanças? Muitas pessoas levam suas vidas sem sequer refletir sobre sua existência, mas em algum momento da vida, uma hora ou um minuto é suficiente para as circunstâncias agirem e transformarem completamente essa existência. O desespero é uma experiência humana bastante comum, que nos coloca defronte da realidade. Todos nós sentimos desespero durante períodos críticos de nossas vidas. Podemos ocasionalmente desesperar sobre o nosso trabalho, casamento, vida amorosa, família, finanças, eventos sociais etc. Mas, normalmente, esse desespero se dissipa no tempo e a vida continua. No entanto, quando o desespero não se dissipa, mas pelo contrário, se aprofunda a ponto de prejudicar o funcionamento do indivíduo, impedindo-o de mover em direção a seus objetivos, sonhos e desejos, nesses casos, podemos dizer que o desespero tornou-se patológico. Esse é o desespero do qual mencionamos e conceituamos como uma profunda desesperança existencial, impotência, e pessimismo.

> A maioria das pessoas já teve momentos de desespero inexplicável, geralmente no meio da noite ou no início da manhã, antes de o despertador tocar. Se tais sensações duram dez minutos, são um estado de espírito estranho e rápido. Se duram dez horas, são uma febre perturbadora, e se duram dez anos, são uma doença mutiladora. (Andrew Solomon)

Tudo que é vivo morre, tudo que morre também sofre, nisso o homem não é diferente do animal, o que difere o homem dos animais é que os últimos não possuem a consciência de sua finitude, já o homem não só sabe da sua própria morte como tem a possibilidade de antecipá-la com o suicídio. O suicídio é uma invenção do individualismo, onde no animal o que conta é a espécie, no homem, que é infinitamente mais complexo, prioriza o indivíduo. Mas, quando o homem desiste de viver, significa que sua existência está tão doente a ponto que supera a vida, Nietzsche (2005) diria que, nesse caso, a consciência superou os instintos. Porém, deve-se ressaltar que a "luta" entre a vida e a existência não é nada fácil, quero dizer que a vontade de não mais existir não costuma prescindir por muito tempo quando em conflito com o "instinto de sobrevivência", na grande maioria das vezes a vida prevalece; o sangue ainda quer correr nas veias, as células ainda irão buscar oxigênio, o corpo irá encontrar uma maneira de expulsar o agente invasor e, como disse Camus (2010), "o julgamento do corpo vale tanto quanto o do espírito e o corpo recua ante o aniquilamento", isso é Vida, a existência só consegue suprimi-la quando em condições específicas, que chamamos de estado de desespero.

O desespero não é só mais uma doença; é a dor existencial, a dor da mente, da alma; é a mais terrível e mais mortal de todas as enfermidades. Quando o desespero beira o insuportável, viver torna-se um fardo pesado, nesses momentos o indivíduo só pensa em escapar do sofrimento, cogitando findá-lo com a morte. Kierkegaard (2010) argumenta que, na linguagem humana, a morte é o fim de tudo e, como é costume dizer, "enquanto há vida, há esperança". Mas, se invertermos a proposição kierkegaardiana, vemos que, quando não há mais esperança, a vida corre risco. Assim, podemos observar a realidade da pessoa em desespero que, por perder todas as esperanças, deduz que não vale mais a pena viver. A vontade de não mais existir apresenta-se diante da desesperança no futuro, diante da angústia de reviver o sofrimento do passado, isso explicaria a intenção de abreviar a vida. Assim, quem tenta o suicídio é aquele que está em profundo desânimo, perdeu a fé sobre a capacidade de encontrar significado, satisfação e felicidade para criar um futuro satisfatório para si. Pode-se dizer que o desespero é principalmente uma crise existencial de alguém que pensa ter fracassado no seu projeto de ser, de alguém para quem o passado tornou-se doloroso e o futuro desanimador.

As enfermidades da existência podem assumir inúmeras denominações, alguns chamam de melancolia, outros de depressão e outros ainda atribuem sintomas como fobias e limitações diversas. Mas devemos nos atentar que se trata de uma existência em sofrimento e é disso que devemos cuidar. Se, ao contrário disso, tratarmos o desespero como se fosse uma doença biológica, podemos correr o risco de agravar a situação. Por exemplo, quando um psiquiatra diagnostica o desespero do paciente como resultado da depressão clínica ou do transtorno bipolar, ele ou ela tem algum significado para o sofrimento e também vê esperanças na salvação psicofarmacológica. Infelizmente, isso muitas vezes acaba por ser uma esperança decepcionante, falsa ou fugaz, que tende a exacerbar e reforçar o já desapontador desespero clínico do paciente. O mesmo pode ser dito de psicoterapias, tanto a curto quanto a longo prazo, que oferecem aos pacientes a esperança talvez excessivamente otimista de aliviar seu desespero, porém os resultados não se efetivam na realidade. Com isso, não quero depreciar as técnicas terapêuticas, pelo contrário, devo dizer que elas se mostram efetivas diante dos sintomas do desespero, a exemplo dos ansiolíticos que diminuem a intensidade dos pensamentos ruminantes e dos antidepressivos, que melhoram o estado de humor e ajudam o indivíduo a sair de seu estado niilista e impotente. Em resumo, as medicações psiquiátricas e as técnicas terapêuticas costumam ajudar os desesperados a se levantar das profundezas do desespero, pelo menos o suficiente para convocar a motivação para fazer uso da psicoterapia e lidar com os problemas do cotidiano. Mas é imprescindível que o cuidado para com o desespero passe por uma reestruturação existencial.

No cuidado para com o desespero não há fórmulas mágicas, nem receitas prontas. O desespero deve ser encarado com extrema seriedade, pois a experiência clínica indica que, quando o desespero é totalmente evitado ou abortado prematuramente durante o tratamento por meios farmacológicos e ou psicológicos, não pode haver uma transformação verdadeira. Tragicamente, o paciente permanece preso num ciclo destrutivo e com o risco enorme de tentar sair desse ciclo através da morte. De fato, o desespero traz consigo diversos sintomas como: depressão, desesperança, ansiedade, apatia, anedonia, insônia ou hipersônia, irritabilidade, labilidade emocional e comprometimento cognitivo, mas devemos sempre lembrar que os sintomas aparecem após o homem se defrontar com o abismo da existência. Nietzsche (2007) diz que: "quando se olha muito tempo para um abismo, o abismo olha para você".

O existencialista Vicktor Frankl (1979) vê o desespero como o sofrimento que não possui significado, ele argumenta que, como uma espécie de primeiro apoio em tais casos, parece necessário mostrar aos indivíduos que o desespero deles a respeito de uma aparente falta de sentido da vida não é um motivo de vergonha, mas pelo contrário, motivo de orgulho. É uma descoberta humana, porque é um privilégio do homem não admitir a priori que a vida tenha um significado, mas antes de tudo, ousar questionar esse significado. Assim, a implicação clínica consiste em ajudar a pessoa a atribuir ou descobrir algum significado em seu sofrimento pessoal.

Antes de tudo, é necessário aprender a lidar com os momentos de desespero, aprender a detectar os sinais que indicam seu início. Deve-se ter em mente que os estados emocionais são constituídos por uma luta constante de forças internas (sentimentos, afetos, pensamentos e pulsões), mencionadas por Nietzsche mesmo antes de Freud. Então, no momento do desespero, normalmente algum impulso se sobrepõe aos outros, porém, temos que lembrar que se trata de um processo dinâmico e um sentimento não predomina por muito tempo, eles estão sempre em transformação; por exemplo, uma raiva que se sobrepõe num determinado momento pode parecer não ter fim, mas se analisarmos com cuidado veremos que ela não dura mais que 7 minutos, depois disso se transforma em outra coisa. Nesses momentos, é necessário evitar a ação impulsiva e postergar as decisões cruciais para depois deste estado. A impulsividade refere-se às dificuldades que uma pessoa experimenta ao se controlar, ela conduz regularmente a atos violentos, que podem, por sua vez, levar a consequências indesejáveis como o suicídio, por isso é tão importante entender que os impulsos são transitórios. Dialogar com um profissional capacitado ou com pessoas do círculo de confiança também pode ser uma alternativa para ajudar a manter a calma.

Muitas vezes, as pessoas que estão imersas nessa situação não permitem que os outros as ajudem. Comumente resistem às pessoas ao seu redor que tentam confortá-las. Em suas percepções distorcidas pelo desespero, tendem a acreditar que são um fardo para os outros ou que ninguém pode fazer nada para ajudá-los. O desesperado sente-se como se tivesse perdido a oportunidade de se "salvar", pensa que nada mais pode ser feito, pensam já ter tentado de tudo e esgotado as possibilidades, a única alternativa que enxergam é a morte, porém, esses são somente efeitos do estado niilista. Sartre (2012) recomenda que é preciso que o homem se reencontre e se convença de que nada pode salvá-lo dele próprio. Assim, a ajuda ao desesperado consiste em demonstrar que, quando uma pessoa cogita não mais existir, ou seja, tenta encontrar a solução para os seus problemas recorrendo a uma alternativa extremamente drástica como o suicídio, qualquer outra alternativa pode antes ser tentada, que formas diferentes de pensar, sentir ou agir valem a pena ser vivenciadas.

O desespero muitas vezes contém uma espécie de amargura, geralmente decorrente da culpa ou da raiva cronicamente reprimidas. Já vimos que a culpa decorre de uma situação que não se pode mais mudar, pois é impossível reparar ou alterar algo que ficou no passado, já a raiva é a expressão da impotência contra o fato que não pode ser mudado. De modo que, se o indivíduo se fixar nos erros que cometeu, fixar-se nos fatos ocorridos ou a situações que não podem ser alteradas, só lhe restará a possibilidade de se desesperar, nesses casos, relembrar o evento indefinidamente não trará nada de bom. O mesmo pode ser dito de terapias estruturadas exclusivamente no "regresso a situações passadas". É de vital importância que o indivíduo entre em contato com a raiva e com a culpa, mas apenas o suficiente para perceber a extensão do dano, a fim de que se assegure que evitará os mesmos erros no futuro. A forma como o indivíduo experimenta seu fracasso existencial justifica o que ele vai se tornar.

A possibilidade de entrar no mundo particular do indivíduo tem um papel fundamental no cuidado com o desesperado, somente dessa maneira é posssível ajudá-lo a entender sua filosofia de vida, quanto ela pode ser irracional e quanto ela pode limitar sua existência. Somente assim conseguimos ajudar a pessoa em desespero não só a entrar em contato com seus sentimentos, mas por vezes, colocá-los de lado, a fim de abrir espaço para racionalização. Se o desespero consiste num turbilhão de emoções, organizar essas emoções de modo que se possa enxergar os problemas de forma clara e objetiva mostra-se bastante eficaz. Com apoio emocional, é possível que a pessoa comece a suportar, tolerar e aceitar o desespero até que este se transforme em esperança.

Ajudar o indivíduo a encontrar alguma esperança é a melhor forma de sair do "inferno do desespero", pois, para adentrar no inferno, foi necessário deixar todas as esperanças do lado de fora, escreveu Dante Alighieri (2004) em sua Divina Comédia. Assim, é necessário ajudar o indivíduo a encontrar esperanças. Mas você pode se perguntar: esperança em quê? Para o filósofo existencialista Gabriel Marcel (2005), a esperança não pode ser confundida com otimismo ou mesmo crença, segundo Marcel, assim como o desespero, a esperança é uma exigência do ser, que surge somente quando a tentação do desespero está presente. A esperança é o estado mental em que o desejo de um resultado positivo na vida é direcionado para o futuro e se apoia em uma solução positiva para a dor psíquica, mais do que um desejo, a esperança consiste numa percepção ou intuição de que surgirão novas possibilidades de escapar do desespero. Dessa forma a esperança assume um papel importante na prevenção do suicídio.

A esperança se torna um antídoto para o desespero e uma variedade de coisas podem trazer esperança, mas todas elas envolvem uma perspectiva de futuro. Os indivíduos desesperados só conseguem enxergar o passado ou o presente, quando conseguimos fazê-los enxergar além da situação atual, muitas vezes se torna libertador para a pessoa. Um homem de meia idade que foi abandonado pela esposa, vivia há cinco anos em extremo sofrimento, até decidir pelo suicídio. Na primeira vez que o vi, logo percebi que não adiantaria fazê-lo refletir sobre os aspectos bons da vida, muito menos prometer que no futuro as coisas ficariam melhores. Optei por fazê-lo refletir sobre quais outras circunstâncias difíceis ele poderia passar no futuro; o homem tinha três filhos dos quais dois ficaram sob sua proteção, assim, ajudei-o a pensar em como seria difícil a entrada de sua filha na adolescência e como ele teria que encontrar maneiras de ajudá-la, também cogitei que futuramente seu filho mais velho poderia se envolver com drogas e como essa situação poderia ser angustiante. Por um momento, o homem esqueceu-se da dor de ter sido rejeitado e percebeu posteriormente que deveria superar o sofrimento atual a fim de esperar pelo sofrimento que estaria por vir. Nesse caso, a esperança veio da forma mais inusitada: no novo sofrimento. A preocupação com o outro mostrou-se um forte componente na luta contra o desespero.

> Nunca devemos nos esquecer de que o futuro não é nem totalmente nosso, nem totalmente não nosso, para não sermos obrigados a esperá-lo como se estivesse por vir com toda a certeza, nem nos desesperarmos como se não estivesse por vir jamais. (Epicuro, 1997))

Despertar a esperança no desesperado não quer dizer que se deva tomar os problemas do outro para si e tentar resolvê-los, mas estar disponível; ajudá-lo a construir um novo projeto de vida, ressignificar o passado, planejar o futuro e poder voltar a enxergar possibilidades de solução para seus problemas. Por fim ajudar na superação do desespero requer incentivar a pessoa a continuar a escolher avançar na vida, mesmo permitindo-se experimentar plenamente as profundezas de seu desespero. O cuidado para com o desespero basicamente consiste em retomar a capacidade de avançar apesar dele.

Na peça *As Moscas* (Sartre, 2005), Júpiter, o deus dos homens, alerta sobre o perigo de mostrar a esses homens que eles são livres, que sua existência é obscena e insípida, que nasceram e vivem por nada. Isso apenas proporcionaria solidão e vergonha segundo ele. Porém, Sartre, através de seu personagem Orestes, o herói da peça, ignora tais argumentos e "afirma que a vida humana começa do outro lado do desespero". Com isso, Sartre quer dizer que, se a pessoa não tem um projeto de si, ou se esse projeto mostrou-se fracassado, essa pessoa esqueceu seu ser, ela exerce sua liberdade de forma contraditória, ou seja, abdica de escolher, delega suas decisões aos outros ou age conforme o rebanho, assim, o desespero surge como algo necessário para mostrar ao homem sua liberdade de direcionar os caminhos de sua própria existência. Por fim Sartre diz que todo homem deve "inventar seu próprio caminho".

REFERÊNCIAS

ALIGHIERI, D. *A Divina Comédia – Inferno*. Rio de Janeiro: Record, 2004.

ANGERAMI, V. A. *Suicídio – Uma alternativa a Vida*. Belo Horizonte: Artesã, 2017.

BRANCO, A.; A. TEIXEIRA J. A. C. *Fenomenologia da dor moral*. Análise Psicológica. Lisboa: Instituto Superior de Psicologia Aplicada, 1989. In: Análise Psicológica://hdl.handle.net/10400.12/2173

CAMUS, A. *O Mito de Sísifo*. São Paulo: BestBolso, 2010.

CANGUILHEM, G. *O Normal e o Patológico*. Rio de Janeiro: Forense Universitária, 2009.

CIORAN, E. *Nos cumes do Desespero*. São Paulo: Hedra, 2008.

DOSTOIÉVSKi, F. *O Idiota*. São Paulo: Martin Claret, 2004.

EPICURO. *Carta a Meneceu*. São Paulo: UNESP, 1997.

FARBER, L. H. *Despair and The Life of Suicide*. Nova Iorque: Skidmore College, 1999. Disponível em: http://www.jstor.org/stable/40549158, 1999.

FERREIRA, R. *O Suicídio*. Coimbra: Faculdade de Economia - Universidade de Coimbra, 2008.

FRANKL, V. E. A Falta de Sentido da Vida: Um Desafio Para o Psicólogo. In: THEODORE, M. *Teorias da Psicopatologia e Personalidade*. Rio de Janeiro: Interamericana, 1979.

HEIDEGGER, M. *Ser e Tempo. Vol I*. Petrópolis: Vozes, 1988.

KIERKEGAARD, S. *O Desespero Humano*. São Paulo: Unesp, 2010.

MARCEL, G. *Homo Viator: Prolegómenos a una metafísica*. Salamanca: Ediciones Sígueme, 2005.

MARX, K. *Sobre o Suicídio*. São Paulo: Boitempo Editorial, 2006.

NIETZSCHE, F. *A Gaia Ciência*. São Paulo: Martin Claret, 2005

NIETZSCHE, F. W. *A Origem da Tragédia*. São Paulo: Companhia das Letras, 2007.

NIETZSCHE, F. W. *Assim Falava Zaratustra*. São Paulo: Martin Claret, 1999.

NIETZSCHE, F. W. *Crepúsculo dos Ídolos*. Porto Alegre: L&PM, 2009.

NIETZSCHE, F.W. *Ecce Homo: como se vem a ser o que se é*. São Paulo: Rideel, 2005.

NIETZSCHE, F.W. *Para Além do Bem e do Mal*. São Paulo: Martin Claret, 2007.

NIETZSCHE, F. W. *Vontade de Potência – Parte 2*. São Paulo: Escala, 1999.

SARTRE, J. P. *As Moscas*. Rio de Janeiro: Nova Fronteira, 2005.

SARTRE, J. P. *O Existencialismo é um Humanismo*. São Paulo: Vozes, 2012.

SOLOMON, A. *O demônio do meio dia: uma anatomia da depressão*. Rio de Janeiro: Objetiva, 2002.

SCHOPENHAUER, A. *O Mundo como Vontade e Representação*. Rio de Janeiro: Contraponto Editora, 2001.

VALLE, J. M. do. *O Suicídio*. Porto: Escola Medico Cirúrgica do Porto, 1881. Dissertação – Escola Medico Cirúrgica do Porto, 1881

YALOM, I. D. *Quando Nietzsche Chorou*. São Paulo: Haper Collins, 2017.

Capítulo 9

PARADOXOS DO USO DE DROGAS: DA BUSCA DO PRAZER OU ENCONTRO COM O SOFRIMENTO

Maria Aparecida Penso
Maria Inês Gandolfo Conceição

Este texto pretende discutir o uso de drogas como um processo de busca de alívio para situações extremas de sofrimento, mas que acaba por levar a um processo de autodestruição do sujeito, principalmente em contextos de exclusão e vulnerabilidade social. Inicialmente, apresenta um breve panorama sobre o uso de drogas no Brasil e no mundo, sendo este compreendido como um grave problema de saúde, segurança pública e direitos humanos. Em seguida, apresenta o posicionamento teórico das autoras sobre o início do uso de drogas na adolescência e suas representações para os adolescentes e suas famílias. São apresentadas algumas reflexões sobre o paradoxo gerado pelo contexto de exclusão, uma vez que este pode precipitar a iniciação nas drogas, que é impulsionada pela necessidade de encontrar alívio para dor provocada pelo alijamento social e passa a fazer parte de estratégia vital para o enfrentamento de sofrimentos e crises vivenciados no cotidiano. Por sua vez, o estigma e a exclusão social contra o usuário de drogas podem levá-lo à vivência de mais exclusão e sofrimento, podendo culminar com sua morte, o que pode acontecer como consequência do uso abusivo ou por envolvimento com o tráfico. Para finalizar, as autoras apresentam suas propostas de intervenção, acreditando na necessidade de intervenções de forma diferenciada para essa clientela.

DROGAS NO BRASIL E NO MUNDO

O uso de substâncias que alteram a consciência, seja aliviando a dor ou proporcionando prazer, é tão antigo quanto a própria humanidade.

Dados da United Nations Office on Druges and Crime (UNODC,2012) estimam que 230 milhões de pessoas, um em cada 20 adultos, 5% da população, usaram alguma droga ilícita uma vez em 2010, e o número de pessoas com problemas relacionados ao uso de drogas é de 27 milhões de pessoas com idade entre 15 e 64 anos, 0,6 % da população adulta mundial. De acordo com o último Relatório Mundial de Drogas divulgado pelo UNODC (http://www.unodc.org/wdr2017/), em 2015, aproximadamente um quarto de bilhão de pessoas usavam drogas. Destes, cerca de 29,5 milhões de pessoas. ou 0,6% da população adulta global. estavam envolvidas em uso problemático e sofreram de transtornos de uso de drogas, incluindo dependência.

Dentre os diferentes tipos de drogas existentes, o crack tem sido apontado como uma das que causam danos mais sérios, tanto em termos individuais, quanto sociais. Segundo o Instituto Nacional de Ciência e Tecnologia para Políticas Públicas do Álcool e Outras Drogas (INPAD, 2012), o Brasil é um dos principais mercados de crack do mundo, representando 20% do consumo mundial desta substância, o que significa que aproximadamente dois milhões de brasileiros já utilizaram crack/merla ou oxi (formas da cocaína fumada) pelo menos uma vez na vida

No entanto, o crack não é o único dos problemas com relação ao uso prejudicial de substâncias. O uso do álcool resulta na morte de 2,5 milhões de pessoas anualmente (Organização Mundial de Saúde [OMS], 2012). Segundo Ribeiro e Ferreira (2013) é inegável o crescimento do consumo de drogas a partir da segunda metade do século XX, sendo o álcool a droga que continua a ocupar lugar de destaque como a mais utilizada ao longo da vida. O uso abusivo de álcool e outras drogas é considerado grave problema de saúde pública em todo o mundo, em especial no que se refere à população economicamente ativa, acarretando o afastamento do trabalho de pessoas ainda muito jovens; mobilizando, por consequência, várias instituições governamentais e não governamentais para o desenvolvimento de ações e estudos com o objetivo de identificar alternativas para a prevenção e o tratamento (Aguena, 2006).

O INÍCIO DO USO DE DROGAS

Conforme mencionado anteriormente, o uso de substâncias capazes de alterar a consciência é muito antigo. Há registros arqueológicos de consumo de ópio e de *cannabis* que remontam 3.000 anos a.C. (Carvalho, 1997). No entanto, as motivações para o seu consumo parecem ter sofrido grandes transformações ao longo da história, uma vez constatado que o conhecimento acerca do consumo de drogas nas mais diversas sociedades humanas tem mostrado que, o que antes ocorria em eventos específicos – como rituais xamânicos – parece ocorrer atualmente de forma mais ampla e distribuída entre diferentes grupos etários e atividades sociais, ao mesmo tempo que adquire novos significados.

De um lado, tem-se que o uso de drogas é influenciado por características que são próprias da cultura ocidental, que sugerem priorizar a busca do prazer imediato. Por outro lado, seria uma análise simplista considerar que todo consumo de drogas, lícitas ou ilícitas, justifica-se por essa motivação. Especialmente entre os jovens, tal consumo pode representar uma estratégia de socialização, de aquisição de uma identidade de grupo, de ocupação do tempo livre e, até mesmo, alcance de estados psíquicos propícios ao pensamento produtivo e à criação artística. Seja como for, a compreensão das significações em torno da relação entre o jovem e as drogas no contexto atual exige adotar uma perspectiva sistêmica e crítica (Conceição; Oliveira, 2008).

Na ótica sistêmica, as drogas não são simplesmente um produto, mas um fenômeno social complexo, que não pode ser estudado e compreendido sem que se considere na análise todo o seu universo relacional, do qual extrai seu valor e significado (Penso; Sudbrack, 2004; Penso et al., 2004). Opondo-se às explicações do tipo causa e efeito, a abordagem sistêmica traz uma leitura mais ampla dos fatores que envolvem o fenômeno das drogas, procurando compreendê-los na sua complexidade: os efeitos físicos das drogas, as crenças do usuário no poder mágico do produto, a qualidade dos vínculos afetivos que ele mantém com família e amigos, a rede de favores que o consumo impõe em relação aos financiadores do produto e fornecedores são aspectos sem os quais a compreensão do significado da droga é parcial (Assim; Barreiro; Conceição, 2013).

Na perspectiva sistêmica, ainda, o uso de drogas é visto como um sintoma, algo que tem função estabilizadora, unindo o sistema e mantendo seu equilíbrio. Assim, a droga exerce duas funções paradoxais: a homeostática (mantenedora de equilíbrio) e a de denúncia, o que se dá por meio do sintoma (Sudbrack, 2006). A primeira pode ser exemplificada em casos tais como os de famílias em que o casal está a ponto de se separar e o filho adolescente passa a fazer uso abusivo de drogas. Tal comportamento aditivo do adolescente não passa despercebido e, ao se constituir um novo foco de atenção dos pais, contribui para que se unam em torno do problema do filho.

Ao mesmo tempo em que o uso da droga favorece a manutenção do equilíbrio, ou seja, a conservação do sistema, o comportamento de consumo abusivo de drogas aponta para a necessidade de mudança, denunciando que algo está disfuncional no sistema (Pereira; Sudbrack, 2008). A dinâmica entre mudança e constância os converte em fatores inseparáveis e complementares. Em outras palavras, se por um lado o consumo de drogas dá a impressão de independência, separação e crescente individuação por parte do adolescente, por outro, provoca justamente o contrário, isto é, sua reaproximação ao sistema, à medida que ele começa a ter dificuldades com os estudos, o trabalho, os relacionamentos. Trata-se, portanto, de uma pseudoindividuação, atribuindo uma dupla função ao consumo de drogas: distanciar-se da família e, ao mesmo tempo, tornar-se dependente dela em relação aos cuidados e ao sustento, por exemplo. Fora de uma abordagem sistêmica, a compreensão sobre o consumo de drogas fica limitada a uma relação linear de causa e efeito, negligenciando a complexidade das relações envolvidas no fenômeno. Busca-se atribuir a um dos elementos dessa relação (a droga, o usuário, a oferta ou a procura) a responsabilidade pela existência do problema (Santoucy; Conceição; Sudbrack, 2010).

O uso abusivo de substâncias psicoativas toma proporção de grave problema de saúde pública no nosso país, refletindo-se nos demais segmentos da sociedade. Suas consequências afetam nações do mundo inteiro, avançando por todas as sociedades e envolvendo homens e mulheres de diferentes grupos étnicos, independentemente de classe social e econômica, ou idade.

O olhar complexo sobre o fenômeno do uso abusivo de drogas nos remete igualmente a múltiplos e complexos olhares sobre as possíveis razões intrínsecas e extrínsecas ao padrão abusivo. Uma das possíveis, embora não única, explicação pode ser a tendência do padrão de enfrentamento autodestrutivo diante dos eventos da vida, embora esta não se restrinja a uma tendência exclusivamente individualizante. O uso de drogas, muitas vezes começa de forma recreativa, influenciado pelo contexto e pela busca de pertencimento, principalmente na adolescência, período do desenvolvimento humano no qual o grupo de pares assume uma importância muito grande e a busca pelo prazer é o foco (Penso; Sudbrack, 2009). Mas é preciso ter cuidado ao discutir tal perspectiva, porque em contextos de alta vulnerabilidade e exclusão, presentes em um país de extrema desigualdade como o Brasil, que penaliza grande parte da sua população, o uso de drogas pode ser compreendido como busca de alívio, face ao sofrimento psíquico fortemente instalado em suas vidas devido às carências psicossociais, que complicam ainda mais o processo natural de individuação presente na adolescência. Desta forma, muitos adolescentes excluídos da família e da sociedade, vivendo em condições sub-humanas, buscam no grupo de pares o contexto de pertencimento necessário para a sua construção identitária, pois ele encontra junto aos seus iguais companhia e identificação com relação aos problemas e atividades que realizam, fazendo-o sentir-se pertencente. O envolvimento do adolescente com a droga, segundo Sudbrack (1998), faz com que a sociedade e a própria família o excluam. O adolescente reage a essa atitude hostil com rebeldia; e assim, surge um ciclo de conflitos que se retroalimenta. No entanto, a relação com o grupo de pares se fortalece, pois nele o adolescente encontra companhia e se identifica com os membros que passam pelos mesmos problemas, realizam as mesmas atividades, se sentindo pertencente a algo. Podemos indicar, portanto, que o uso da droga se torna uma atividade que todos realizam juntos, facilitando a comunicação entre eles e contribuindo para a coesão e ainda mais união do grupo.

O PARADOXO DO USO DE DROGAS EM CONTEXTOS DE EXCLUSÃO E VULNERABILIDADE: BUSCAR ALÍVIO, ENCONTRAR A EXCLUSÃO, O SOFRIMENTO E A MORTE

Usar drogas em contextos de exclusão pode significar possibilidades de inclusão. No entanto, estamos nos referindo a processos de inclusão perversa (SAWAIA, 2001). Ou seja, contextos nos quais inclusão e exclusão se estabelecem dentro de uma relação de forças, onde aquele que se encontra excluído acaba por perder seu direito à cidadania, principalmente no que tange à efetividade de direitos, sejam eles políticos, civis e sociais, incluindo a equidade de gênero. Referimos aqui a processos de exclusão evidenciados por meio da ruptura social e desinserção, que podem ser iniciados pelos mais diversos eventos (GAULEJAC; TABOADA-LEONETTI, 1994). Deste modo, em situações de grande pobreza, desemprego, privações materiais, o peso do uso de drogas se torna ainda maior pela rejeição e menosprezo de que esses sujeitos se tornam objetos. Em um processo perverso, a mesma sociedade, que empurrou essas pessoas para a exclusão e o uso de drogas, as isola do contexto social, criando contextos "privados" onde essas pessoas devem ficar confinadas, como por exemplo, as "cracolândias" espalhadas pelo país. Nesses espaços estão aqueles sujeitos considerados sem utilidade social, seres sem qualidade nenhuma para a sociedade, totalmente descartáveis e que têm como única opção de sobrevivência o uso de drogas para aliviar a dor de sua condição.

Em outras palavras, quando o meio social invalida o sujeito, uma das formas de superar a inferiorização pode ser a negação da realidade, comumente feita por meio do uso de drogas. Ou seja, a dependência química vem, então, como uma resposta ao olhar social que posiciona o sujeito à margem. É uma via de fuga da realidade, quando o indivíduo não consegue lidar com a situação ou a percepção desse lugar de exclusão, e opta pelo esquecimento do sofrimento, recaindo no uso de substâncias químicas como forma de fuga. Em um processo dialético, tal comportamento faz, muitas vezes, com que o sujeito entre cada vez mais fundo na condição de isolamento e exclusão social (Gaulejac; Taboada-Leonetti, 1994).

Associado à condição de exclusão, em razão da dependência química, está a questão do tráfico, que prospera principalmente em contextos de pobreza, desemprego e vulnerabilidade social, gerando situações de violência que incluem a eliminação de muitos jovens. A esse respeito vale citar o mapa da violência de 2016, que teve como foco os homicídios por armas de fogo no Brasil, e que apontou que a maioria das mortes se concentra nas idades jovens, com pico nos 20 anos de idade, ao passo que os homicídios por arma de fogo atingem a impressionante marca de 67,4 mortes por 100 mil jovens. (Waiselfisz, 2016). No entanto, a escalada de violência começa aos 13 anos de idade, quando as taxas iniciam uma pesada espiral, passando de 1,1 aos 12 anos, para 4, aos 13 anos, quadruplicando a incidência da letalidade e crescendo de forma contínua até os 20 anos de idade. Em números absolutos, mais de 318 mil jovens foram assassinados no Brasil entre 2005 e 2015 e, apenas em 2015, foram 31.264 homicídios de pessoas com idade entre 15 e 29 anos, sendo que os homens continuam sendo as principais vítimas (IPEA, 2017). Mesmo não havendo dados específicos que apontem a porcentagem de jovens que morrem em decorrência do envolvimento com o tráfico de drogas, infere-se que grande parte morre por esse motivo.

Em suma, a tentativa de fugir da dura realidade a que são submetidos esses jovens, leva-os a um processo de degradação, que pode terminar na sua destruição. A morte pode vir como alternativa para vivências intensas de sofrimento ou como consequências de um uso cada vez mais intenso de drogas. Mas a morte também pode vir pelo envolvimento com o tráfico de drogas; de uma forma ou de outra, a morte acompanha estes jovens.

Vale ressaltar que embora casos extremos mereçam um olhar complexo e diferenciado, tendo em vista que a autodestruição traduz uma das facetas mais drásticas da dependência química, tais sujeitos não representam a relação mais comum que o usuário mantém com as drogas. No entanto, esse aspecto radical, embora raro, captura o imaginário social desproporcionalmente, fazendo-se acreditar haver uma verdadeira "epidemia de dependentes contumazes", levando-se à criação de um quadro de pânico moral, o que legitima a utilização indiscriminada de práticas autoritárias na forma de medidas extremas, como a internação compulsória (Rodrigues; Conceição; Iunes, 2015). Aqui reside o perigo em se generalizar a complexa relação droga-sujeito-contexto.

A RESPOSTA DE UMA CLÍNICA SOCIAL PARA A DEPENDÊNCIA QUÍMICA EM CONTEXTOS DE EXCLUSÃO

Nossa postura enquanto terapeutas de adolescentes e de famílias, que atuam em uma perspectiva sistêmica e psicodramática, é a de que não podemos nos paralisar frente a essas realidades de sofrimento extremo. Assim, temos trabalhado ao longo dos últimos 20 anos no desenvolvimento de metodologias de atendimento a essa população, que incluem o seu empoderamento frente a realidades adversas. Trabalhamos com uma postura que chamamos de socio-clínica, em que estamos atentas aos conflitos psíquicos, sem perder de vista o contexto social (Penso et al., 2012), utilizando recursos do psicodrama e da teoria sistêmica.

A grande maioria dos nossos trabalhos é realizada em grupos por compreendermos que o grupo sempre desempenha um papel fundamental no treino de novos papéis sociais e pessoais. Também permite refletir e (re)construir alternativas de ação em situações de fragilidade., buscando desenvolver aspectos biopsicossociais saudáveis do sujeito (Penso et al., 2012; Penso; Gusmão; Ramos, 2003).

Valendo-nos da nossa formação como psicodramatistas, os encontros em grupo baseiam-se na metodologia sociodramática de desenvolvimento de grupos, que se utiliza do criar, recriar e reviver experiências e fantasias, com o objetivo de refletir e (re)construir alternativas de ação (Moreno, 1992). A realização destes grupos segue as etapas do trabalho psicodramático: aquecimento, momento em que os participantes falam de si de suas dificuldades, de seus feitos, de suas apreensões, do sentido de estar ali, participando daquele grupo em especial; ação dramática, caracterizada pelo desenvolvimento de atividades lúdicas (jogos, brincadeiras, música, filmes, dinâmicas de grupo, encenações ou exercícios relacionais); discussão e elaboração sociopsicológica das situações ocorridas no encontro.

Nossa experiência em trabalhos com adolescentes em diferentes contextos nos leva a concluir que este modelo de desenvolvimento de atividades psicossociais se justifica por uma série de fatores; em primeiro lugar, pelo fato de que, na ação, o sujeito tem a possibilidade de reviver episódios de sua vida, experimentando os sentimentos e emoções implicados naquela situação; em segundo lugar, no sociodrama, os membros do grupo têm a chance de viver e modificar cenas, (re)avaliar as relações que mantém em sua vida, experimentar novos padrões de relação, identificar e avaliar o seu protagonismo e o tipo de comunicação e de relação que mantém com seus antagonistas; em terceiro lugar, a ação dramática implica o sujeito de tal forma que a ele se abrem possibilidades de percepção e construção de parâmetros que podem significar o resgate de valores que se perderam durante a vida ou a descoberta de outros novos; em quarto lugar, o grupo dá legitimidade ao tema que se está trabalhando e às pessoas que participam do trabalho, seja na ação – no contexto dramático – ou fora dela, no contexto grupal; por último, este modelo de trabalho de grupo busca desenvolver os temas no âmbito da exposição dos fatos, da avaliação quanto às relações interpessoais e psicossociais nele implicados, e da reflexão sobre as atitudes, causas e consequências às pessoas e aos grupos envolvidos.

A exposição, avaliação e reflexão são partes do processo psicossocial de grupos que, sequenciadas, proporcionam aos indivíduos possibilidades e habilidades para resolução de problemas, formulação de propostas essenciais ou complementares ao bem-estar social e dão lugar à possibilidade de descoberta e construção de novas formas de lidar com temas e situações concretas da vida, valorizando atitudes e comportamentos condizentes com os desejos e aspirações pessoais e sociais de cada um. À medida que utilizamos este mesmo modelo para realização de cada encontro, os participantes têm oportunidade de aproveitar, em sua essência e por inteiro, do trabalho com o tema desenvolvido na reunião. Isto faz com que mesmo o sujeito que participa de apenas uma reunião seja beneficiado no que diz respeito àquele tema em questão.

A drogadição, entendida como um investimento exclusivo do sujeito com o universo relacional mediado pela droga, o que caracteriza sua compulsão e adição, mostra que de fato há uma relação inversamente proporcional entre sua relação com a droga (e respectivos contextos) e as relações outras que ele possui com seu entorno social imediato. Parece que esse ciclo, literalmente vicioso, no qual as relações afetivas são pouco expressivas ou empobrecidas, remete o sujeito a uma busca de pertencimento, de preenchimento da falta de afeto e gratificação, fazendo com que o sujeito se afaste cada vez mais de suas redes de relações primárias em busca de alívio ou reciprocidade.

Embora a droga possa suprir provisoriamente essa falta, seus efeitos deletérios e residuais cobram um alto preço que remetem uma vez mais o sujeito ao seu lugar de isolamento, perpetuando a dor da falta e aumentando o abismo entre o sujeito e seu universo relacional. Paradoxalmente, os tratamentos que sugerem a internação do dependente químico como processo de cura, soam como verdadeiros castigos, tendo em vista que não fazem mais do que exacerbar a falta na sua mais elevada expressão: o sujeito é privado de suas relações afetivas e de suas relações com a droga, restando-lhe conviver com a dor do nada. Embora a abstinência seja uma possível saída para o dependente, ela só é possível quando as relações afetivas significativas ocupam seu lugar no universo relacional do sujeito, isso sem perder de vista o fato de nos sabermos humanos falhos, com grandes chances de recair.

Portanto, em lugar de o sujeito desejar sua autodestruição, é possível fazê-lo desejar sua reconstrução. Para isso, a radicalidade do encontro mediado por gente disposta a refazer as teias dos afetos é primordial.

Neste sentido concordamos com a proposta de Efren Milanese (2012) de que é preciso ampliar o escopo do tratamento ao usuário de drogas, principalmente quando envolve pessoas que vivem em contextos de alta vulnerabilidade. Este autor desenvolve um método que intitula de tratamento comunitário, onde o foco é não apenas o indivíduo, mas sim os grupos, as comunidades e as redes dos usuários em sofrimento social, onde a droga é apenas um dentre os muitos problemas enfrentados.

ÚLTIMAS PALAVRAS...

Viver e ser feliz é o desejo de todos os homens e mulheres. No entanto, muitos não conseguem isto. Não têm ao menos uma vida digna com a satisfação de suas condições mínimas de sobrevivência. Outros, mesmo vivendo em condições sociais razoáveis, enfrentam situações de depressão e ansiedade extremas. Em ambas as situações, as drogas e o álcool são utilizados para fugir da realidade e aliviar a dor. Na falta de outras alternativas para a existência, a droga vem como a grande "salvadora", permitindo alívio das dores, alguma inclusão social e pertencimento a alguns grupos de pares. É o espaço de inclusão dos excluídos.

Ninguém começa a usar drogas porque deseja morrer ou provocar sofrimento a si mesmo. Ao contrário, é uma busca incessante pelo prazer ou pelo menos uma tentativa de fugir das dores da existência. Para muitos, isto pode dar certo. Para outros, o prazer do uso de drogas pode durar algum tempo, mas passa a ser acompanhado da dependência física e psíquica; de quadros de abstinência; de envolvimento em situações de risco para conseguir a droga, como o tráfico; entre outras.

Muito sofrimento e convívio diário com a morte pode ser observado nas Cracolândias espalhadas pelo país, nas clínicas de internação, nos Centros de Atenção Psicossocial, nos hospitais gerais. Assim, cabe a nós, que estudamos a questão ou prestamos alguma assistência a estas pessoas, pensar formas de intervenção e de inclusão social em contextos menos perversos. Ajudar a construir alternativas ao uso de drogas para suportar a realidade é a nossa obrigação.

REFERÊNCIAS

AGUENA, C. A. A Dependência Química na Perspectiva da Psicologia Analítica. *Revista Jung & Corpo*. São Paulo, ano VI, nº 6, 2006.

ASSIS, J. T.; BARREIROS, G. B.; CONCEIÇÃO, M. I. G. A internação para usuários de drogas: diálogos com a reforma psiquiátrica. *Revista Latinoamericana de Psicopatologia Fundamental*. São Paulo, v. 16, p. 584-596, 2013.

CARVALHO, S. *A política criminal das drogas no Brasil: do discurso oficial às razões da descriminalização*. 2. ed. Rio de Janeiro: LUAM. 1997.

CONCEIÇÃO, M. I. G.; OLIVEIRA, M. C. S. L. de. A relação adolescente-drogas e as perspectivas da nova legislação sobre drogas. *Revista de Informação Legislativa, Brasília*, v. 45, p. 253-262, 2008.

GAULEJAC, V.; TABOADA-LEONETTI, I. *La lutte des places: insertion et désinsertion*. Paris: Desclée de Brouwer, 1994.

INPAD, Instituto Nacional de Ciência e Tecnologia para Políticas Públicas do Álcool e Outras Drogas – *LENAD II: Levantamento nacional de álcool e drogas: o consumo de cocaína e crack no Brasil,* 2012. Disponível em: http://www.inpad.org.br/images/stories/LENAD/press_release_cocaina05_09.pdf. Recuperado em 10 de fevereiro de 2014.

OMS, Organização Mundial de Saúde. *Management of substance abuse. World Drug Report,* 2012. Disponível em: http://www.who.int/substance_abuse/en/IPEA, Atlas da violência, 2017. Disponível em: http://ipea.gov.br/portal/index.php?option=com_content&view=article&id=30253. Acessado em 11 de março de 2018.

MILANESE, E. Tratamento Comunitário: manual de trabalho I, 2012

PENSO, M. A.; SUDBRACK, M. F. O. O Filho Parental. *Psicologia USP*. São Paulo, v. 15, p. 29-54, 2004.

PENSO, M. A.; GUSMÃO, M. M.; RAMOS, M. E. C. "Oficina de Ideias": Atenção Psicossocial a adolescentes em conflito com a lei identificados pela justiça como usuários de drogas. In SUDBRACK, M. F. O. *et al. Adolescentes e drogas no contexto da Justiça*. Brasília: Editora Plano, 2003.

PENSO, M. A., SUDBRACK, M. F. O. O filho fora do tempo: atos infracionais, uso de drogas e construção identitária. *Arquivos Brasileiros de Psicologia,* Rio de Janeiro, v. 61, n. 1, 2009.

PENSO, M. A., SUDBRACK, M. F. O, FERREIRA, G. F. S.; JACOBINA, O. M. P. Família e dependência de drogas: uma leitura Sistêmica. In: RIBEIRO, M. A. e COSTA, L.F. *Família e problemas da contemporaneidade*. Brasília: UNIVERSA, 2004.

PENSO, M. A.; CONCEIÇÃO, M. I. G; COSTA, L. F. e CARRETEIRO, T. C. O. C. *Jovens pedem socorro: o adolescente que praticou ato infracional e o adolescente que cometeu ofensa sexual*. Brasília: Universa/liber, 2012.

PEREIRA, S. E. F. N.; SUDBRACK, M. F. O. Drogadição e atos infracionais na voz do adolescente em conflito com a lei. Psicologia. *Teoria e Pesquisa*, Brasília, v. 24, p. 151-160, 2008.

RODRIGUES, D. R. S. R; CONCEIÇÃO, M. I. G.; IUNES, A. L. S. Representações Sociais do Crack na Mídia. Psicologia: *Teoria e Pesquisa.* UnB, Brasília, v. 31, p. 115-123, 2015.

SANTOUCY, L. B.; CONCEIÇÃO, M. I. G.; SUDBRACK, M. F. O. A compreensão dos operadores de direito do Distrito Federal sobre o usuário de drogas na vigência da nova lei. *Psicologia: Reflexão e Crítica* UFRGS. Porto Alegre, v. 23, p. 176-185, 2010.

SAWAIA, B. Exclusão ou inclusão perversa? In: SAWAIA, B. (Org.) *As artimanhas da exclusão: Análise psicossocial e ética da desigualdade social.* 2. ed Petrópolis: Editora Vozes, p. 7-13, 2001.

UNODC. United Nations office on Drugs and Crime. *Relatório Mundial sobre Drogas – (2012).* Disponível em: http://www.unodc.org/documents/data-and-analysis/WDR2012/WDR_2012_Spanish_web.pdf.

WAISELFISZ, J. J. (Coord.) Mapa de violência 2016: homicídios por arma de fogo no Brasil. FASCO/Brasil: Brasil, 2016. Disponível em https://www.mapadaviolencia.org.br/pdf2016/Mapa2016_armas_web.pdf. Acessado em 11 de março de 2018.

Capítulo 10

PESSOAS EM SITUAÇÃO DE RUA E A AUTODESTRUIÇÃO IMPOSTA PELA EXCLUSÃO SOCIAL

Sueli Guerreiro

Tudo o que tenho em dobro é o que falta ao outro.

(GHANDI)

INTRODUÇÃO

- *Agora vou parar de me vingar dos meus pais, porque já fiz muito mal para eles.*

Uma das últimas frases que ouvi de um paciente em situação de rua, usuário de crack. Um conhecedor e questionador de todas as políticas públicas que poderiam beneficiá-lo de algum modo. Passou por seis internações. O caso será descrito ao longo do texto através dos recortes do seu atendimento de aproximadamente três anos. Apresentou um comportamento destrutivo e afastava-se de tudo o que o fazia ligar-se a algo ou a alguém, não estabelecendo, assim, laços sociais significativos. Dormia, na maioria dos dias, nas ruas apesar de conhecer inúmeros albergues[1] da cidade.

Fez sentido escrever este capítulo e descrever a relação intensa com as pessoas em situação de rua quando percebi que teria liberdade para realmente traduzir esta intensidade. Foi uma preocupação em não submeter esta qualidade da descrição a um academismo e cientificismo. E encorajou-me a buscar uma linguagem que fosse próxima dos fatos a partir da leitura de Angerami (2014), que assevera: "...independente da área abordada, os

[1] Instituições, na sua grande maioria precárias, que abrigam moradores de rua, das quais este paciente reclamava muito.

trabalhos se enfeixam da mesma forma em uma linguagem distante e completamente disforme da realidade dos fatos".

Ao caminhar pela avenida Paulista, na cidade de São Paulo, assistindo às pessoas em situação de rua, deparo-me com um quadro grotesco, com uma mistura de cores: as da luta pela sobrevivência e as da autodestruição e vejo limites e contornos que me escapam. Indivíduos que, sem dúvida, mostram questões existenciais profundas, mas que na maioria das vezes, cegamente, se autodestroem. Ora se apresentam como heróis, ora como vítimas. Heróis, porque são questionadores, opositores contumazes de uma estrutura sociopolítica e econômica, que, na maioria das vezes, desconhecem e somente sentem seus efeitos, que os exclui e da qual se excluem. Vítimas, por se acharem heróis sem reconhecerem que há uma automutilação, que existe uma conduta autodestrutiva, em nome de uma oposição que quase nunca levam a cabo. Esta oposição, observo, transforma-se, sim, em autodestruição, na grande maioria das vezes. Manifestam uma oposição delirante a tudo. Um sentimento de culpa por sua inadequação, sua incapacidade, um sentimento de desencaixe, de desamparo e sem questionamentos, como o de que o que sentem poder ser fruto da exclusão social perversa da qual são vítimas.

RELAÇÃO ENTRE IGUAIS E O CUIDADO

Anos se passam e sempre ouço questionamentos da validade, intenção e fundamento do trabalho como psicólogo de rua. Pesou-me o estereótipo do cristão. Sendo assim a fraternidade, uma humana, reduzida a um comportamento esperado de um religioso. Nas palavras de Angerami (2014):

> Fraternidade praticamente se tornou tema religioso, evocado apenas em cultos e ofícios religiosos, sem lugar em nossa sociedade neoliberal...
>
> ...Falar de fraternidade, então, é evocar tema que há muito foi excluído da vivência interpessoal, e até mesmo social.

Schopenhauer (apud Mann, 1965) é referência sobre o estudo do conceito de vontade e por sua capacidade de exaurir aspectos da dor e miséria humana. Denuncia que:

> ...quando não aceitamos a dor do outro e nem a tomamos como nossa dor isso dever-se a um processo de individuação. O processo se daria na forma como trato o outro próximo ou afastado de mim. E neste caso quando a consciência se submete ao princípio da individuação não vejo o outro.

Explica que "essa individuação se deve ao conhecimento submetido ao princípio da razão". (Schopenhauer apud Mann, 1965). Ouço sempre: "As pessoas estão na rua porque querem. Imagina se vou me aproximar e ser confundido e tratado como um fazedor de caridade". Como se tivesse uma forma de *querer-viver* melhor e modelo e que não seria a desta pessoa em situação de rua. Schopenhauer (apud Mann, 1965) ressalta também que: "A qualidade do querer-viver destes é infinitamente mais valida do que a do outro".

Estar com não prescinde de cuidados, os mais simples, sem dúvida, mas sempre tendo como postura uma forma de atuar fundamentado numa visão de mundo na qual o outro verdadeiramente é reconhecido na sua condição de humanidade.

Angerami (2013) ao discorrer sobre a postura do profissional da saúde assevera que: "uma relação, para ser definida como humana, necessita inicialmente que eu me reconheça como humano e que igualmente identifique no outro essa condição de humano".

Nessas caminhadas diárias por essa avenida e isso já faço ao longo das últimas duas décadas, assisto a um movimento, um deslocamento destas pessoas. Alguns ficam por mais tempo, se instalam, em determinados pontos, outros fazem uso da avenida inteira. Há uma circularidade também na cidade inteira. Fazem uso de um galpão no centro velho da cidade e em vários lugares onde há um agrupamento de pessoas em situação de rua. Quando há alguma intervenção da prefeitura nestes pontos, com intuito de expulsá-los, se espalham. Há um refluxo do fluxo[2] da Cracolândia[3], por exemplo. Há como que uma pulverização dos grupos, se espalham pela cidade, indo até para bairros mais distantes, mais periféricos, mas reorganizam-se. Riem dos aparatos higienistas utilizados em projetos municipais, estaduais e federais. A maioria deles indiferente a esses aparatos higienistas destas intervenções, retornam, ou se espalham pela cidade, ou mudam de endereço. Mudar de endereço foi uma analogia com os que têm casa mesmo, que também mudam muitas vezes de endereço por motivos, de ordem financeira. Aqui há uma semelhança de motivos: Um sistema econômico neoliberalista que exclui sempre.

Na busca de um lugar de atuação como psicólogo de rua me deparo com questões sociopolítico econômicas, com questionamentos que são objetos de estudo de sociólogos, assistentes sociais, entre outros. A busca de um lugar de atuação, sim, fica enviesada. O modo de atuar aparece no fazer, mas o olhar

[2] "Fluxo" é a região central da Cracolândia, é o espaço em que transitam apenas as pessoas que vivem na Cracolândia, e, basicamente, só circula por lá quem eles permitem.

[3] Localizada na região central da capital paulista, onde circulam pessoas em situação de rua e usuários de crack, dentre outras drogas licitas ou ilícitas.

é carregado destas preocupações. Esse paciente está o tempo todo, e de forma literal, em lugar aberto, cheio de interferências. Ora sou solicitada para fazer um laudo para cirurgia de mudança de sexo de um, ora para ouvir suas reclamações sobre como as políticas públicas não os contemplam, na grande maioria das vezes. Portanto, o conteúdo e material, nos encontros, são de ordem individual e social.

CULPA E AUTODESTRUIÇÃO

Uma estrutura neoliberalista, sem dúvida, contribui para uma culpabilização do excluído, faz com que se sinta um fracassado.

Apesar da culpa ser da *condição humana* o indivíduo se sente culpado por sua situação e não consegue ter a *consciência*, a abertura para um novo modo de estar no mundo. Há uma resignação, uma aceitação sem questionamento, de sua condição inumana.

O paciente em situação de rua não tem a consciência que, sendo um fenômeno único, não precisaria reproduzir os modelos vigentes na sociedade. Sendo único, teria que ser autor da própria existência, na existência. Perceber que pode mudar sua condição não culpabilizando-se e sentindo-se impotente diante de sistemas opressores que o excluem.

Recentemente foram expulsos da região da Cracolândia, por projeto claramente higienista, como artifício de marketing para beneficiar candidatura política. Um paciente estava lá e disse que até apareceu num canal de televisão. Os moradores da região da Cracolândia correspondem a uma parcela ínfima das pessoas em situação de rua na cidade de São Paulo, isso sem comparar com a população em situação de rua no país inteiro. Foram e são expulsos no intuito, evidente, de culpabilizá-los por sua condição inumana. A consequência vira causa, a causa vira consequência, há uma inversão de entendimento. A principal causa, da sua situação de rua, que seria uma estrutura neoliberal perversa e excludente, não é veiculada. Sendo assim, a população em situação de rua deveria ser vista como consequência e não causa nessa estrutura. Quando os expulsão desvirtuam, confundem os expectadores; que se mantêm somente na defensiva, com a argumentação de que escolheram e são culpados. A marginalização, a exclusão se mantêm.

EXCLUSÃO E AUTODESTRUIÇÃO

Não há a questão da escolha, é o estado que não cuida.

Um estado que exclui pessoas. O estado que deveria cuidar não cuida. Políticas públicas insuficientes e que não contemplam minimamente a população, muito menos as que estão em situação de rua. O distanciamento entre o que seria ideal e o oferecido é abismal. Projetos cidadãos que se continuassem teriam êxito são abortados a cada nova gestão pública. No trajeto do *aeroporto de Havana* ao centro da cidade há um *outdoor* com o retrato de uma criança sorrindo e a *frase*: "Esta noite 200 milhões de crianças dormirão nas ruas do mundo. Nenhuma em Cuba". O trabalho do psicólogo de rua, desta forma, presta um desserviço para a população. Toda a sociedade brasileira precisaria ter a consciência de que sua situação deveria ser mudada. A maioria dos índices demonstram falência da estrutura vigente e isso torna-se evidente a cada dia. O problema das pessoas em situação de rua é similar ao do resto da sociedade. Estamos todos submetidos à mesma situação. Nossas vidas estão a mercê de uma competição desenfreada pelo sucesso financeiro a qualquer custo, o consumo pelo consumo. Castoriades (1982), pensador ateniense, ao argumentar que o problema do capitalismo não é só econômico, evidencia uma sociedade de *necessidades criadas*[4]. Esta ideia abre precedente para outras reflexões que não caberiam aqui. Como por exemplo, ter esta clareza nos levaria à consciência da falta de sentido do consumo pelo consumo. Ocorreu-me que uma das minhas preocupações foi a de argumentar, sempre, contra a redução da atuação, como psicólogo de rua, a um estereótipo de cunho religioso. Aqui ocorre-me a preocupação em argumentar contra o estereótipo partidário ou ideológico, no intuito de demarcar e vencer qualquer crítica ao lugar do psicólogo de rua. Psicólogo de rua porque está com pessoas em situação de rua, e que não estão morando na rua, não tem moradia na rua, como pontua Angerami (2017) sempre. Então, não caberia consultório de rua, consultório no sentido de um local, porque

[4] Trecho desta ideia:" *A economia no sentido mais amplo (da produção de consumo) passa pela expressão por excelência da racionalidade do capitalismo e das sociedades modernas. Mas é a economia que exibe da maneira mais surpreendente- precisamente porque se pretende integral e exaustivamente racional- a supremacia do imaginário em todos os* níveis.

É esse visivelmente o caso no que se refere à definição das necessidades que ela se supõe atender. Mais do que outra sociedade, o caráter "arbitrário", não natural, não funcional da definição social das necessidades aparece na sociedade moderna, precisamente,e devido ao seu desenvolvimento produtivo, a sua riqueza que lhe permite ir muito além das "necessidades elementares"(o que aliás, com frequência, como contrapartida não menos significativa do que a satisfação dessas necessidades elementares. são sacrificada a das necessidades "gratuitas". Mais que nenhuma outra, também, a sociedade permite a fabricação histórica das necessidades, que são manufaturadas todos os dias sob nossos olhos. A descrição deste estado de coisas foi feita desde há muitos anos; essas analises deveriam ser consideravelmente aprofundadas,... Lembremos somente o lugar gradualmente crescente que assumem nas despesas dos consumidores as compras de objetos correspondendo às necessidades "artificiais"; ou então a renovação, sem nenhuma razão "funcional" de objetos que podem ainda servir, simplesmente porque estão fora de moda ou não possuem tal "aperfeiçoamento", frequentemente ilusório."

a imprevisibilidade não permite ficar só em local. Fui convidada para ir em uma ocupação e lá nomearam-me como psicóloga de rua. Lá vi pessoas fortes lutando pela sobrevivência, sem o menor conhecimento de quem seria o seu principal algoz, a estrutura econômica neoliberalista. Vi muito consumo de drogas licitas e ilícitas, que, sim, são comportamentos autodestrutivos, apesar de serem usadas para que o indivíduo suporte sua condição social.

A conduta autodestrutiva se mostra na sociedade contemporânea, no excesso de consumo de tudo, um consumo que não acalenta em nada o sentimento da falta de sentido das coisas. Um sofrimento instaura-se por não conseguir adequar-se e não conseguir adaptar-se. A falta de sentido nas coisas da vida e na vida estão como causa do aumento do uso de drogas lícitas e ilícitas, dentre outros comportamentos nitidamente autodestrutivos. Disputa-se tudo uns com os outros e advém disso um sentimento de impotência, de incapacidade, de adequação. Um empresário precisa ser melhor que o outro, nem que para isso tenha que escravizar seus empregados. A competitividade dessa forma é destrutiva, é autodestrutiva.

TEORIA E TÉCNICAS

Atuar é transpor obstáculos é lidar com o imprevisto.

O trabalho do psicólogo de rua é também entender aspectos que circundam as pessoas em situação de rua. Descreveria as ruas, mas indico a leitura sobre o cotidiano de pessoas em situação de rua descrito sensivelmente por Angerami (2017).

Referente ao uso de técnicas, temos o estudo do Plantão Psicológico por Mahfoud (1987) que me norteou e foi fonte de pesquisas, no trabalho como psicólogo de rua, no início tinha só o modelo clínico. Nas palavras de Mahfoud (1987), o modelo de Plantão Psicológico: ... torna possível a sua inserção em diferentes contextos, como uma influência, uma possibilidade de sair do atendimento clínico.

No início a angústia era como estar diante de outro que era meu semelhante e esta relação não ser rotulada como de ajuda. Entendo relação de ajuda, no conceito popular de ajuda, como uma relação de poder, eu tenho algo que o outro não tem, e isso me colocaria em lugar privilegiado. Teria recursos financeiros para os ajudar ou algum contato privilegiado, e mesmo até algum sistema político me dando suporte, um sistema religioso ou uma ideologia.

A relação de ajuda teria, um sentido mais amplo, como o proposto por Morato (apud Rosenberg, 1987), nas suas palavras:

> *...ajuda significa "favorecer" ao outro as condições necessárias para seu desenvolvimento...*
>
> *... Acredito ser indispensável frisar que o sentido de processo de ajuda (o que ocorre dentro do indivíduo como uma condição inerente) e de relação de ajuda (o que na inter-relação com o outro) aos quais me refiro, diz respeito a compreender "ajuda" como desenvolvimento, crescimento. E nessa medida creio que agora mais facilmente de evidencie que nem todas relações interpessoais mantidas pelo indivíduo são consideradas relações de ajuda. Nem todas ajudam crescer.*

A figura do Conselheiro Popular descrita por Amatuzzi, também foi norteadora, fonte de inspiração técnica e teórica, descrita em um relato de experiência de atendimento numa feira, na rua. Em um trecho desta sua proposta fica evidente sua preocupação também com as formas de relação de ajuda quando atua como Conselheiro numa feira, na rua.

> *O propósito não foi entrevistar conselheiros populares ou pessoas que se aconselharam com eles, mas sim desempenhar esse papel, revivendo essa possibilidade social, de modo a que se pudesse comprovar sua fecundidade para produzir conhecimentos acerca das formas de relação de ajuda.*

Nas ruas, nos encontros, sempre me fazem um interrogatório inicial. Vencida esta etapa, nos nossos encontros ia de mãos vazias, pois nossa relação era única e entre iguais. Ia sem nada preparado, e a cada novo encontro, um encontro novo, lidaria com o imprevisível. Estar com eles, seria estar com eles e deveria me deixar conduzir. Mostravam-se intrigados na maioria das vezes, por certo já teriam respostas prontas para qualquer interrogatório, e dificilmente perguntava algo, limitava-se a escutar e *estar com*. Qualquer dúvida que me ocorria sobre estar no caminho certo, dissolvia logo nos primeiros encontros. Me deixava conduzir.

A postura fenomenológica existencial me conduziu, a abertura para o sensível, o inexplicável, o imprevisível, e que não estaria pronta para o encontro; lidaria com o imprevisível, sempre, sem nada *a priori*.

Estudos sobre condutas autodestrutivas foram feitos de forma magistral e cuidadosa por Angerami (2017) sobre suicídio. Para escrever algo sobre autodestruição se fez necessário pensar suas consequências tão evidentes que seriam as ligações próximas com o conceito de Suicídio. Ao discorrer sobre o tema suicídio nos alerta que

> Autodestruição pode ter sua definição atrelada ao conceito de suicídio, na maioria das vezes. Autodestruição como um projeto que pode culminar em morte ou da identidade ou física

Pontua nesta mesma obra o estudo do pensador francês Emile Durkein sobre o tema *suicídio a relevância da relação indivíduo sociedade que, indivíduo e sociedade formam um binômio indivisível* (Angerami, 2017). Ressalta ainda a citação de Durkein (2000): "*O suicídio é a trágica denuncia individual de uma crise coletiva*".

Na intenção de uma aproximação do entendimento do fenômeno da autodestrutividade, pareceu-me importante pontuar esta influência do momento social no indivíduo, porque pude identificar, sim, na relação com as pessoas em situação de rua. Os comportamentos destrutivos apresentavam, na maioria das vezes, algo de reativo. Seguindo este entendimento de que a autodestruição pode ter motivo individual e social, as variáveis para autodestruição podem ser sim de ordem sociais também.

Durkein. (2000) estudando o suicídio. abriu caminho para identificar questões sociais nos comportamentos individuais, identificou que nos momentos de crise econômica ou política, as taxas de suicídio elevam-se, fugindo dos padrões, por exemplo. Na contemporaneidade os comportamentos autodestrutivos se apresentam como reativos a crises sociais.

A relevância de descrever este caso seria por entender que qualquer projeto de política pública, que se auto nomeia psicológico, precisaria atentar-se à demanda do paciente. E por certo, orquestrado a várias mãos, um compartilhamento entre vários profissionais. E não é o que se tem observado. Na maioria das vezes, os projetos fazem uso de métodos higienistas e partidários e de interesses de empresários. Há anos li sobre um projeto municipal, dentre tantos outros, que tinham estes mesmos propósitos, apresentaram como uma de suas técnicas a internação compulsória (2002, de forma violenta e como primeira opção, que consistia em medir a vontade e categorizá-la; mais um projeto medíocre e, sem dúvida, de cunho higienista, partidário e de interesses de econômicos. O Conselho Regional de Psicologia (CRP), da região 06, se pronunciou contra.

Não há indignação das pessoas, pois, como elas poderiam não discriminar as pessoas em situação de rua, como poderiam se importar com pessoas tão insignificantes, sujas, que têm mau-caráter e são escoria. Dizem: Já se sabe que escolheram estar nesta condição. Já se sabe que são a escória, lixo da sociedade e marginais, porque são bandidos.

O preconceito, discriminação e estereotipias que as pessoas em situação de rua sofrem se fundamentam em determinadas ideias, tais como, já se sabe, quem mora na rua é um mau-caráter, vai te fazer mal gratuitamente, vai te tratar com usura, vai te roubar e rouba porque quer. Jaz um ser que já tem uma natureza de bandido, como se fora inerente, nasceu assim. Angerami (2017) nos ensina, nos apresentando uma reflexão de Sartre sobre a inexistência de uma natureza humana:

> Sartre não crê na Existência de uma natureza humana, embora não negue a condição, válida universalmente: Além disso, se é impossível achar em cada homem uma essência universal que seria a natureza humana, existe, contudo, uma universalidade humana de condição. Não é por acaso que pensadores de hoje falam mais facilmente da condição do homem que da sua natureza.

LIBERDADE, AUTODESTRUIÇÃO E QUIETISMO

A falta de conhecimento de si mesmo e dos mecanismos que o envolvem, faz acreditar que liberdade é não ter limites para se comportar. A liberdade estaria somente nesta oposição a tudo e a todos, cegamente. Na maioria das vezes observo uma conduta autodestrutiva como consequência de uma autoavaliação contaminada por sentimentos de autoincapacidade, de inadequação, de impotência ligados à autoestima baixa. Já que não tenho como reagir vou me destruir. Angustiam-se somente por estes sentimentos, sem nenhum questionamento para além destes.

O psicólogo de rua deveria atuar, também, neste lugar. Angerami nos ensina:

> Ao aceitarmos o paciente enquanto fenômeno único, alguém cujas especificidades igualmente são únicas e que tampouco se repetem, estaremos abrindo a nossa própria sensopercepção para o levarmos a horizontes muito mais amplos e promissores em sua vida. (Angerami 2003)

Carmo (2011)[5] mostra-nos também a partir do seu entendimento de Merleau-Ponty quando discorre sobre a liberdade que

> O filosofo define a existência como a possibilidade de superar a situação de fato, dando-lhe uma nova dimensão. O homem é capaz de revolucionar a cultura criada por ele mesmo, substituindo por outra.

Observo no dia a dia que a exclusão social é sentida, mas não questionada. Angerami (2017) mostra que a uma sociedade com regimes autoritários facilitam e estimulam muito o quietismo.[6]

[5] CARMO, P.S. *Merleau-Ponty Uma introdução.* São Paulo: EDUC, 2011.

[6] Regimes autoritários e muito das sociedades definidas como democracia e que, no entanto, impõe de modo cruel o neoliberalismo facilitam muito o quietismo, o imobilismo das pessoas. Dificilmente

Observa-se um quietismo, uma resignação, uma coragem para estar na ruas.

Muitos me convidavam para ir à igreja, aceitam como se fosse natural a sua situação a de que devem ser fortes, por que "Deus quis assim". Não me oponho a existência de uma espiritualidade, da possibilidade de encontrarem um sentido para suas vidas na espiritualidade, mas sim de atrelarem sua fraqueza e incapacidade a falta ou uso de uma religião. A idealização de uma força externa é enfraquecedora e pode ser um dos fatores para o não enfrentamento e resgate de sua condição humana.

O PACIENTE

O paciente foi usado como fio condutor na construção deste texto conhece as políticas públicas da cidade de São Paulo para orientar quem precisar, sua descrição sempre é altamente crítica. Mas sempre questionou somente a ajuda disponível em projetos públicos. Não acessava a razão por sua condição de excludência e muito menos ainda por sua condição humana, sendo assim aviltada, de ser, principalmente, consequência de uma estrutura econômica neoliberal perversa. Um dia quando, estava de plantão no vão do MASP, ele se aproximou. Convidou-me para ver seus pertences, estava com um colchão novo, limpo, com lençol limpo, seus objetos pessoais, muito organizados. Neste dia, conversamos longamente. Disse que queria muito me contar que conseguira sair do fluxo da Cracolândia. Falou de seu filho, de sua tatuagem, de sua ex-mulher, de sua mãe e irmã. Perguntei se gostaria de me acompanhar até meu consultório, que ficava a poucos metros dali. Era um dia de domingo e a rua estava interditada para passagem de carros. Caminhamos pelo meio da rua. A rua estava lotada de pessoas que vieram apreciar a avenida, por ser um dos cartões postais da cidade. Respondeu-me: "Você não se importa que te acompanhe. Olhe as pessoas vão olhar você comigo. Tem certeza disso?"

Recordo-me, com pesar, deste dia e de como a sensação forte de proximidade como ele, a partir da nossa humanidade, certa forma fora interrompida

as pessoas ousam dizer não, pois de maneira convincente são forjadas em suas mais profundas subjetividades a não confrontar a autoridade constituída por mais injusta e amoral que essa possa ser. E a vida passando, morrendo quieta. Principalmente as sociedades neoliberais, e que se apresentam com o verniz de democracias estimulam esse passar pela vida de forma resignada, aceitando soluções passivas. As pessoas sequer ousam pensar na possibilidade de que aquela situação infeliz possa ser transformada, que ela possa ter uma vida mais digna. Ao contrário, o que se vê é muito quietismo, resignação. Aquela eterna ideia de que a vida é assim mesmo. E até a mais dolorosa das formas de resignação *É vontade de Deus*.

por esta fala acima como se nossa semelhança enquanto humanos deixasse de ser semelhança, porque tínhamos aparências diferente; mas, no caminho senti que esta diferença diluiu-se. No caminho, decidiu me confidenciar e descrever suas experiências nas clínicas de internação, que foram muitas. Falou da existência de relação de poder dentro delas e da importância do lucro em detrimento do paciente.

Há alguns meses, encontrei-o no caminho para o consultório. Ele aparecia no meu caminho quando queria conversar. Neste encontro, depois de longos anos, ele resolvera falar sobre seus pais. Veio empolgado contando de sua intenção de comprar um carro, de catar papelão nas ruas. Perguntei se conhecia o projeto da prefeitura de empréstimos de carros. Respondeu que sabia e descreveu o projeto em detalhes, explicou o quanto o projeto era falho e que não contemplava suas necessidades. Exemplificou: "Emprestam, mas não tem seguro e se me roubarem como vou pagar?". Em seguida, disse que recebera uma proposta de emprego, no centro da cidade, de segurança numa loja de departamentos.

Não o vejo há meses.

Recebi a notícia de que seu pai falecera, um dos seus declarados algozes, e ele ainda não sabe. Pelo menos o algoz que decidiu eleger, dentre tantos outros que elencara na vida.

Há alguns dias encontrei um amigo dele, que sempre esteve com ele nas ruas. Contou-me: "*–Vi ele no centro. Está com o cabelo comprido, com um chapéu tipo...sabe aqueles tipo italianos e tá limpo. Pode ser que não voltou mais para o fluxo (região central da Cracolândia), porque tá muito limpo e arrumado*"

PARÊMIA O SANTO DEMÔNIO NA CRACOLÂNDIA I[7]

Valdemar Augusto Angerami

Lourdes saiu de Ipatinga, Minas Gerais, a cerca de quinze anos. Veio para São Paulo em busca de trabalho que desse uma vida digna e sem as restrições de sua condição econômica. Veio e não mais voltou. Tampouco enviou notícias aos familiares. A mãe torturada pela ausência resolveu vir procurá-la em São Paulo. E depois de perambular em vários conhecidos recebeu a informação de que Lourdes vivia na Cracolândia. E numa manhã de abril com o

[7] ANGERAMI, V. A. *Desespero e flagelo humano. Parêmias da Cracolândia.* Belo Horizonte: Editora Artesã, 2017

céu azul como sois as manhãs de abril exibe ela chega a Cracolândia, mais suja e malcheirosa do que nunca em que pese as limpezas em diversos horários. Nada disso importa e sim que ela está em busca de Lourdes. E amparada por diversas pessoas, inclusive com representantes do Guarda Civil Metropolitana ela começa a busca incessante esperando e rezando para que a informação da presença de sua filha naqueles cantos estivesse errada. Infelizmente depois de uma breve andança ela encontra Lourdes. A filha é apenas uma caricata da moça que deixou Ipatinga tempos atrás. Lourdes mal reconhece a mãe, seja pelo torpor provocado pela droga, seja pelo próprio distanciamento de ambas. Desdentada, suja, de roupas velhas, puídas e rasgadas, magra abraça a mãe e chora muito. A mãe lhe diz, "Filha vim buscá-la. Vamos embora pra casa". Lourdes olha pra mãe e diz, "Aqui é meu lugar, aqui nesse inferno estão meus familiares. Mãe, estou morrendo. Estou com sangramento. Saí ontem do hospital. Não vou viver mais, não aguento viver mais". As duas se abraçam e choram muito. Um choro profundo e doloroso. A mãe tenta ainda por alguns dias ir ao encontro da filha nesse cenário de desolação, e ao fim se despede, sempre chorando e volta pra Ipatinga. E com a certeza de que nunca mais verá a filha, nem mesmo em seu cortejo fúnebre. E o que me ocorre de imediato é o mistério desse detalhamento de alguém preferir ficar e morrer na rua ao invés de voltar ao seu torrão natal junto de seus familiares. Mistério profundo demais para minha compreensão. A única coisa que me ocorre é mais uma vez constatar a presença do Santo Demônio em seus domínios. Paz e bem!

REFERÊNCIAS

AMATUZZI, M. M. *Psicologia na comunidade: uma experiência*. 2. ed. Campinas: Ed. Alínea, 2013.

ANGERAMI, V. A. *Psicoterapia existencial: noções básicas*. Belo Horizonte: Editora Artesã, 2017.

ANGERAMI, V. A. *Desespero e flagelo humano. Parêmias da Cracolândia*. Belo Horizonte: Editora Artesã, 2017.

ANGERAMI, V. A. *Psicoterapia e Subjetivação. Uma Análise de Fenomenologia, Emoção e Percepção*. São Paulo: Pioneira Thomson Learning, 2003.

ANGERAMI, V. A. *Psicossomática e suas interfaces. O lado Silencioso do Adoecimento*. São Paulo: Cengage, 2014.

ANGERAMI, V. A. *Suicídio: uma alternativa à vida. Fragmentos de psicoterapia*. Belo Horizonte: Editora Artesã, 2017.

CARMO, P.S. *Merleau-Ponty Uma introdução*. São Paulo: EDUC, 2011.

CASTORIADES, C. *A instituição imaginaria da sociedade*. Rio de Janeiro: Paz e Terra, 1982.

DURKEIN, È. *Suicídio: O estudo da sociologia*. São Paulo: Editora Martins Fontes, 2000.

LOCCOMAN, *L. A polêmica da internação compulsória. Revista Scientific American Mente e Cérebro. Abril de 2002.*

MANN, T. *Arthur Schopenhauer, o mundo como vontade representação*. Biblioteca do pensamento vivo. São Paulo: Ed. Livraria Martins, 1965.

MAHFOUD, M. *A vivência de um desafio. Aconselhamento psicológico centrado na pessoa*. São Paulo: EPU, 1987.

ROSENBERG, R. L. (Org.); MORATO, H. T. P. *Abordagem centrada na pessoa: teoria ou atitude na relação de ajuda? Aconselhamento psicológico centrado na pessoa*. São Paulo: EPU, 1987.

ROSENBERG, R. L.; MORATO, H. T. P. *Relação de ajuda. Aconselhamento psicológico centrado na pessoa*. São Paulo: EPU, 1987.

POESIA

Renovação

Michele Mendes Costa

E num rompante de esperança a porta se fecha, os carros passam apressados e um espaço se abre.

As crianças correm e os sorrisos se dissipam.

O gosto do novo parece se revelar nas contradições cotidianas...

As lágrimas nossas de cada dia, expostas ou sufocadas.

As músicas que trilham as vias da lembrança.

Chega o cheiro da brisa e um brilho de lua surge envolto pelo silêncio que só os grilos podem delicadamente perturbar.

Os sorrisos que foram embora, teimosos regressam.

Amores irracionais persistem.

Olhares límpidos repetem que cada instante espera algo que eternamente se renova.

Desconhecer o passo seguinte é um presente.

Encontrar a surpresa e dar-lhe um abraço é ter a chance de saltitar entre as pedras do caminho.

Paremos de vez em quando para olhar a beleza tão vizinha...

É preciso notar o pulso, as flores, a dor e a alegria.

Capítulo 11

SUICÍDIO ENTRE PESSOAS IDOSAS: O QUE SABEMOS E O QUE PODEMOS FAZER

André Luís Sales da Costa

INTRODUÇÃO

O processo de envelhecimento humano vem sendo objeto de estudo devido a vários aspectos, dentre eles: o aumento do número de pessoas idosas, a crescente ampliação da demanda por serviços de saúde, bem como a criação de políticas voltadas para assegurar os direitos e necessidades desta população. Frente a estas demandas, a Organização das Nações Unidas (ONU) nomeou os anos de 1975 a 2025 como a Era do Envelhecimento. Este período vem sendo caracterizado pela diminuição da natalidade e pelo aumento da expectativa de vida (Heredia, 1999; Silva et al., 2005). Conforme um estudo realizado pelo Centro Latino-Americano de Demografia, a população de pessoas com 60 anos e mais em 1960 era de 12.185.317 e estima-se que em 2020, a população de idosos será de 81.311.483 nesta região (Heredia, 1999). Os resultados desta pesquisa afirmam que a população de idosos na América Latina aumentará a cada ano e, em 2020, este aumento produzirá graves consequências a nível social, político e econômico (Heredia, 1999). Mediante esta constatação, algo semelhante se observa no Brasil. Percebe-se que o país apresenta índices crescentes de pessoas idosas, sendo que as projeções apontam que, em 2025, ocuparemos o 6º lugar no mundo em número de idosos (Silva et al., 2005; Pavarini et al., 2005) com mais de 32 milhões de pessoas acima dos 60 anos e crescendo também os de 80 anos ou mais (Pavarini et al., 2005).

Um dos graves problemas que afeta a população mundial e particularmente os idosos nos países da América Latina é o suicídio. A Organização Mundial da Saúde (OMS) "estima que em 2020, mais de 1,5 milhões de pessoas vão cometer suicídio" (Bertolote; Fleischmann, 2002 apud Lovisi et al., 2009, p. S 87). Em termos mundiais, os idosos são considerados como o grupo populacional de maior risco para o suicídio, tornando-o um problema de saúde pública que vem se intensificando com o envelhecimento (Pinto et al., 2012 a, b).

No Brasil, estudos epidemiológicos têm focado a violência como um dos problemas de Saúde e dentre as categorias da violência encontra-se o suicídio (Lovisi et al., 2009; Mello-Santos et al., 2005). Os dados destas pesquisas mostraram que houve um certo aumento das taxas de mortalidade por suicídio de idosos no Brasil no período estudado, principalmente entre os idosos acima dos 70 anos. Além destes estudos, também foram realizadas pesquisas qualitativas com um instrumento semi-estruturado chamado Autópsia Psicossocial (Minayo et al., 2012 a, b). Estas pesquisas fizeram parte de um estudo multicêntrico, com o objetivo de identificar e compreender as variáveis que interagem e alimentam a associação do evento suicídio com a velhice.

Diante desta complexidade citada acima, torna-se promissor apresentar resultados de estudos sobre este fenômeno, além de destacar os resultados mais recentes nacionalmente, de pesquisas quantitativas e qualitativas. A estrutura do presente capítulo se dará em quatro partes. No primeiro capítulo, apresentaremos uma breve revisão dos estudos nacionais e internacionais sobre o suicídio. Inicialmente, destacaremos o estudo sociológico do suicídio por Émile Durkheim – um dos primeiros autores a estudar o fenômeno. No segundo capítulo, comentaremos também sobre a transição demográfica que alterou o perfil etário da população e o perfil da saúde no país. No terceiro capítulo, apresentamos estudos internacionais e nacionais sobre a epidemiologia do suicídio, além dos estudos qualitativos realizados com Autópsias Psicológicas e Psicossociais. Por fim, apresentamos sugestões aos serviços de saúde para que desenvolvam estratégias de prevenção ao suicídio de idosos, bem como recomendações para atender os familiares enlutados.

1. O ESTUDO SOCIOLÓGICO SOBRE O SUICÍDIO: DURKHEIM

O tema suicídio ganhou atenção mundial através da obra *Suicídio: estudo de sociologia*, de Émili Durkheim, publicada em 1897. Durkheim desenvolveu a primeira tentativa científica de interpretação do suicídio no intuito de apresentar sua relação as forças sociais que ultrapassam as esferas dos sujeitos (Minayo, 1998). Este livro tornou-se referência para a compreensão das relações entre as ciências sociais e epidemiologia, principalmente nas questões metodológicas (Minayo,

1998). Durkheim (2011, p. 14) conceitua suicídio como "todo caso de morte que resulta direta ou indiretamente de um ato, positivo ou negativo, realizado pela própria vítima e que ela sabia que produziria esse resultado". Destacamos, por sua vez, que Durkheim considera o suicídio como um fato social, pois para este autor, não há uma sociedade sem suicídio, assim como não há sociedade sem lei e crime. Desta forma, Durkheim apresenta o suicídio a partir de sua significância social, no século XIX, como indicador de anomia[1] da sociedade francesa.

Nesse estudo clássico do século XIX, Durkheim inaugura o método sociológico de investigação, explicitando a perspectiva de se tratar as relações pessoais de nível micro como resultantes do impacto de macroestruturas. Desta forma, podemos considerar este empreendimento como inovador para a época, pois a sociologia, tal como a conhecemos nos dias atuais, estava em processo de desenvolvimento, atravessando a estrada do positivismo como todas as outras ciências daquele século.

Neste livro, Durkheim apresentou as taxas de suicídios de países europeus como Inglaterra, França, Noruega, entre outros, com o intuito de analisar a tendência que determinados grupos sociais tinham para o suicídio. Comenta também que, em certos momentos históricos, as sociedades manifestariam uma predisposição para o suicídio, explicando que nestes países os suicídios estariam em função da relação entre indivíduo e sociedade ao qual está inserido (Nunes, 1998). Por ser um fato social, Durkheim concluiu que o suicídio não está relacionado a nenhum estado de psicopatologia como também não encontrou relação entre estados psicológicos normais, raça, hereditariedade, fatores cósmicos e de imitação (Nunes, 1998), desviando assim, qualquer explicação de ordem psicológica e individual para as explicações de ordem social ou às causas externas (Nunes, 1998; Minayo, 1998). Contudo, apesar do caráter inovador para o século XIX, e para a Sociologia propriamente dita, a obra de Durkheim sobre o suicídio sofreu várias críticas ao longo do século XX. Uma das críticas se refere a tentativa do autor em estabelecer leis universais para explicar os casos de suicídio. Com as estatísticas em mãos e a regularidade das taxas de suicídio, Durkheim tentou estabelecer correlações entre as hipóteses levantadas. Estas hipóteses levantadas pelo autor, estariam relacionadas a fatores sociais como a religião e mudanças sociais (Nunes, 1998). Outra crítica apresentada ao trabalho se refere a Durkheim não ter se preocupado em estudar as tentativas de suicídios para compreender os atos consumados (Nunes, 1998).

[1] Anomia foi um conceito desenvolvido por Durkheim em suas obras e está relacionado ao desequilíbrio entre as expectativas e exigências do indivíduo em relação ao meio social acordados e às crises econômicas.

A partir deste estudo clássico que ganhou notoriedade mundial, o suicídio despertou a atenção de diversos estudiosos no mundo, tornando-se, nos dias atuais, a pauta de pesquisas e de intervenção em saúde pública. Frente o exposto acima, o suicídio passou a ser reconhecido como um problema de ordem mundial, devido a sua complexidade, pelos danos associados e pelo impacto provocado na família (Conte et al, 2012).

2. O ENVELHECIMENTO HUMANO E SUAS IMPLICAÇÕES PARA O SETOR SAÚDE

O Século XX apresentou profundas e radicais transformações no que diz respeito à ciência e tecnologia, além do aumento do tempo de vida da população, que se constitui como um dos fatos mais significativos para a saúde pública mundial (Veras; Caldas, 2004). Veras e Caldas (2004, p. 424) comentam que "a esperança de vida experimentou um incremento de 30 anos ao longo do século XX, numa profunda revolução da demografia e da saúde pública". Conforme estes autores, tal revolução se apresenta como um dos maiores desafios sociais da história humana (Veras; Caldas, 2004).

Em termos mundiais, o número de pessoas idosas acima dos 60 anos tem crescido mais que qualquer outra faixa etária e estima-se que, em 2025, haverá 1,2 bilhão de pessoas com 60 anos no mundo (Pavarini et al., 2005). A OMS estima que o Brasil, no ano de 2020, será o sexto país no mundo em números de idosos (Silva et al., 2005; Pavarini et al., 2005), o que representará em números mais de 32 milhões de pessoas acima dos 60 anos, apontando também o crescimento entre os idosos com idade acima de 80 anos (Pavarini et al., 2005). Em um estudo realizado pelo Instituto Brasileiro de Geografia e Estatística (IBGE), no ano de 2000, esse crescimento apresentava projeções na esperança de vida ao nascer de 2,6% da população brasileira que passou dos 66 anos em 1991 para 68,6 anos em 2000. (Pavarini et al., 2005). Em um outro estudo realizado pelo mesmo instituto, havia no ano de 2008 para cada grupo de 100 crianças de 0 a 14 anos, 24,7 idosos de 65 anos ou mais e as projeções para 2050 são de 172,7 idosos para 100 crianças de 0 a 14 anos (Pavarini et al., 2005). Pavarini et al. (2005) comenta que a idade média de vida do brasileiro aumentou comparada com o estudo levantado em 2000. Conforme este estudo, a expectativa de vida dos brasileiros entre os anos de 1941 a 2008 sofreu um aumento de 27, 2 anos, passando de 45,5 anos para 72,7 anos. Podemos perceber que a transição demográfica que alterou o perfil etário da população, alterou também o perfil da saúde no país, ou seja, no lugar de doenças infectocontagiosas os profissionais de saúde, se depararam cada vez mais com doenças crônicas não transmissíveis (Pavarini et al., 2005; Charchat-Fichman et al., 2005; Heredia, 1999). Algumas delas são a hipertensão, diabetes, artrite, insuficiência renal crônica, osteoporose, demência (Pavarini et al., 2005), doenças cardiovasculares, neurológicas, neoplasias e alguns transtornos mentais (Lima-Costa, 2003).

Vale destacar ainda que, com o aumento do número de idosos, além do seu envelhecimento biológico, ocorre o aumento das taxas de morbidade e comorbidade, um impacto no próprio indivíduo que envelhece, na família, na sociedade e no Estado (Lima-Costa, 2003). Tais transformações acarretam declínios nos seus aspectos psicológicos e sociais o que requer tipos de assistências diferenciadas, especialmente em termos de saúde (Lima-Costa, 2003; Silva et al., 2005; Souza, 2005). O envelhecimento pode resultar na presença de múltiplas doenças e incapacidades com consequente deterioração da saúde do idoso e constituindo, assim, grave problema clínico e de Saúde Pública (Maia et al., 2004; Lima-Costa, 2003). Com o avanço da idade, as mudanças biológicas aumentam o risco de morbidade entre os idosos. Os membros deste grupo etário apresentam pelo menos uma doença ou mais condições crônicas (Lima-Costa, 2003; Maia et al., 2004) e necessitam de ajuda em três ou mais atividades diárias (Maia et al., 2004).

Além disso, o crescimento da população idosa provoca o risco de desenvolvimento de doenças associadas aos transtornos psiquiátricos, sendo a ansiedade e depressão os transtornos mentais mais frequentes (Maia et al., 2004; MArinho, 2006). Maia et al. (2004) comentam que a prevalência de transtornos mentais entre idosos na população urbana está relacionada à múltiplas doenças, ser do sexo feminino e à baixa renda. Já Stella (apud Maia et al., 2009) e Marinho (2006) identificaram que os principais problemas associados à depressão e ansiedade no idoso são a idade avançada, ser do sexo feminino, declínio do estado funcional, doenças crônicas e prejuízo cognitivo além das condições sociais precárias. Em outro estudo realizado, Marinho et al. (2006) comentam que os idosos estão mais vulneráveis aos transtornos psiquiátricos devido ao acúmulo de doenças crônicas preexistentes, dificuldades financeiras, exclusão, desmerecimento social e maior ocorrência de eventos produtores de estresse.

O idoso encontra-se vivenciando perdas continuadas como perda do status ocupacional e econômico, declínio físico, maior frequência de doenças físicas e incapacidades, o que facilita o expressivo rebaixamento de humor (Maia et al., 2009). Conwel e Thompson (2008) comentam que os idosos estão sujeitos a comorbidade múltiplas e declínio funcional o que aumenta o risco para o suicídio.

3. ESTUDOS EPIDEMIOLÓGICOS SOBRE O SUICÍDIO DE IDOSOS

Conte et al. (2012, p. 2018) relata que "a OMS definiu o suicídio como uma violência autoinfligida e um ato decidido, iniciado e levado até o fim por uma pessoa com total conhecimento ou expectativa de um resultado final". Frente esta definição e os elevados índices de suicídio, tentativas e ideações suicidas, este fenômeno é visto como um importante problema de saúde pública (Meneghel et al., 2012). Vale destacar que estudos apontam que os países ocidentais apresentam uma frequência alta de tentativas de suicídio entre as mulheres enquanto que o ato de se matar acontece entre os homens, caracterizando este fenômeno como o paradoxo do suicídio (Caneto, 2008). Mediante esta realidade, o suicídio está entre as dez principais causas de óbitos entre homens e mulheres em todas as faixas etárias no mundo (Baptista et al., 2012; Lovisi et al., 2009; Pinto et al., 2012 b; Ponce et al., 2008) o que constitui um problema relevante de saúde e que vem se intensificando com o envelhecimento populacional (Pinto et al., 2012 b).

No Brasil, diversas pesquisas com dados epidemiológicos sobre o suicídio foram realizados no intuito de descrever e melhor compreender a complexidade deste fenomeno, utilizando o Sistema de Informação de Mortalidade do Sistema Único de Saúde (SIM/DATASUS). O estudo de Mello-Santos et al. (2005) apresentou um aumento de 20% da taxa global de suicídio no Brasil em vinte anos, sendo o grupo dos idosos, aquele que apresentou as mais elevadas taxas de mortalidade por suicídio. Outro estudo importante foi a análise epidemiológica do suicídio no Brasil entre os anos de 1980 a 2006, realizado por Lovisi et al. (2009). Neste estudo, Lovisi et al. (2009) evidenciaram taxas médias de mortalidade por suicídio mais altas encontradas nas regiões Sul (9,3/100 mil) e Centro-Oeste (6,1/100 mil) em homens idosos com 70 anos ou mais. Brzozowski et al. (2010) analisaram a tendência temporal de suicídio no Brasil entre 1980 a 2005, observando aumento das taxas com o avançar da idade em ambos os sexos. Neste estudo, os autores comentam que os Estados do Mato Grosso, Mato Grosso do Sul, Goiás, Tocantins, Amazonas, São Paulo e Estados da Região Sul estão entre aqueles com aumentos nas taxas de suicídio. Meneghel et al., (2004) descreveram as características de mortalidade por suicídio no Rio Grande do Sul, sendo as faixas etárias acima de 70 anos as que apresentaram elevação das taxas de mortalidade por suicídio. Pinto et al. (2012 a) apresentaram resultados divergentes dos achados de Lovisi et al. (2009) e Meneghel et al. (2004). Segundo aqueles autores, não foi verificado aumento da taxa de mortalidade por suicídio entre os idosos acima dos 70 anos nos estados brasileiros no período de 1980 a 2009 (Pinto et al., 2012 a). Neste estudo são apresentadas as taxas de mortalidade conforme os anos selecionados, segundo ao sexo e pela unidade da federação. Na região norte, o Amazonas foi o Estado que apresentou diminuição na taxa de mortalidade no período proposto do estudo. No ano de 1980, esta taxa correspondia a 6,2/100.000 habitantes, e em 2009, a taxa de mortalidade por suicídio de pessoas com 60 anos ou mais no Amazonas foi de 3,2/100.000 habitantes. Em outro estudo, cujo objetivo foi descrever a mortalidade por suicídio de pessoas com 60 anos ou mais, Pinto et al. (2012 c) apresentaram os resultados de 51 municípios que tiveram taxas acima de 10 óbitos/100.000 habitantes, entre os anos de 1996 a 2007. Segundo estes autores (Pinto, et al., 2012 b), Manaus foi selecionada no estudo por ser um dos municípios com mais de 24 casos notificados de suicídio de idosos, apresentando a taxa de 15,4/100.000 habitantes no triênio de 2005-2007. Os resultados apresentados nestas pesquisas mostram que as adversidades econômicas e ausência de apoio social, aumentam os riscos de suicídio naqueles que são vulneráveis, em idosos, com histórico de tentativas anteriores, com transtornos mentais (principalmente depressão), comorbidades tais como abuso/dependência de álcool/drogas. Os métodos de perpetração do suicídio mais comuns foram o enforcamento, armas de fogo e envenenamento.

Pesquisas apontam que uma grande parte dos idosos que morreram por suicídio apresentavam algum tipo de transtorno mental, sendo que de 71% a 90% deles sofriam de depressão (Conwell; Thompson, 2008; Pinto, et al. 2012 b; Cavalcante et al., 2012 b). Conforme Camarano et al. (2005) a prevalência dos sintomas depressivos em idosos no Brasil estava entre 6% e 12% no ano de 2003, caracterizando a depressão como a quinta principal doença entre pessoas de 60 anos ou mais. Já Cavalcante et al., (2012 b, p. 2987) comentam que a depressão no idoso "está associada à perda da habilidade física, aparência, papel social e morte de outros, o que ajuda os idosos sentirem a necessidade de resolver ou pôr fim a uma situação insuportável". A associação entre depressão e comorbidade múltipla agrava ainda mais o prognóstico e aumenta o risco de suicídio, o que justifica fortalecer medidas preventivas, tendo em vista que o idoso coloca em prática seu plano suicida (Cavalcante et al. 2012 b). O suicídio de idosos desafia ainda mais a saúde pública, o que demanda ações capazes de dar suporte às diferentes facetas que o problema apresenta (Cavalcante et al. 2012 b).

Outro aspecto importante envolvido no suicídio de idosos é a questão de gênero. Segundo Minayo, et al. (2012 b, p. 2666) "as estatísticas de mortes e agravos por violência no Brasil mostram que, em todos os grupos etários, os homens são as maiores vítimas e os maiores perpetradores, inclusive nos grupos acima de 60 anos". Em grande parte dos países ocidentais, as taxas de mortalidade por causas externas (agressões, acidentes e suicídio) entre homens chegam a um coeficiente duas a cinco vezes maior do que entre as mulheres, e os de suicídio, de três a cinco vezes (Minayo et al., 2012 b). Minayo et al., (2012 a, b) comentam que o suicídio entre os homens é hoje um problema de saúde pública reconhecida pela OMS, inclusive no Brasil, sendo os idosos acima de 60 anos as maiores vítimas. Conforme Pinto et al. (2012 a), a OMS estima que no ano de 2025, os idosos apresentarão taxas mundiais de 41 óbitos por 100.000 habitantes entre homens com idade igual ou superior que 65 anos, caracterizando-os como o grupo populacional de maior risco para o suicídio.

No que diz respeito às mulheres, as taxas de mortalidade por suicídio são menores quando comparadas às taxas de mortalidades entre os homens. Contudo, a taxa aumenta a partir dos 75 anos, chegando a atingir 15,8 óbitos por 100.000 habitantes (Pinto et al., 2012 a). Meneghel et al. (2012) comentam que se for apenas considerar o ato consumado, o suicídio é um problema masculino, mas se for acrescentar as tentativas, os números elevam a carga para as mulheres. No que diz respeito às tentativas e aos óbitos consumados, Pinto et al., (2012 c) relatam que nas outras faixas etárias, abaixo dos 60 anos e mais, essa relação fica na faixa de 100 a 200 tentativas para uma morte consumada, porém, nos idosos, são de 2 a 3 tentativas para um óbito. Portanto, a presença prévia de tentativa é um fator preditivo para o suicídio em idosos (O'Connel et al., 2004).

Mello Jorge et al. (2008) comentam que no Brasil existem problemas quanto à quantidade e à qualidade dos registros de óbitos das bases de dados de informação em saúde. Estes autores relatam que 67% das mortes por causas mal definidas se encontram na faixa etária de 60 anos ou mais. Contudo, Pinto et al. (2012 c) nos informam que é possível suspeitar que o suicídio, em função de questões religiosas e econômicas a ele relacionadas, possui taxa de subnotificação ainda mais elevada que as associadas as outras causas externas. Outro fator importante que está relacionado à subnotificação, diz respeito à distribuição dos óbitos por suicídio no Brasil, onde se verifica uma variação dos coeficientes entre as regiões (Macente et al., 2011). Conforme Macente et al. (2011), a região sudeste concentra 50% dos registros de suicídio, a região sul possui os maiores coeficientes e a região norte os menores índices. Segundo os autores (Macente et al., 2011), estes informes dizem que não é possível afirmar precisamente qual a relação entre esses dados e os problemas relacionados à qualidade do registro.

4. ESTUDOS COM AUTÓPSIAS PSICOLÓGICAS E AUTÓPSIAS PSICOSSOCIAIS

Além dos estudos epidemiológicos sobre a mortalidade por suicídio, que lançam mão de dados secundários, também exitem pesquisas realizadas por meio de entrevistas semi-estruturadas direcionadas aos familiares próximos àqueles que morreram por suicídio. Nestas pesquisas, busca-se pormenorizar não apenas características do suicida, mas também circunstâncias e impressões sobre os motivos que levaram a tal ato.

Estes instrumentos são historicamente chamados de Autópsias Psicológicas, sendo inicialmente utilizados em estudos quantitativos. Contudo, diversos estudiosos brasileiros e de outros países vêm observando que no processo de coleta dos dados, os entrevistados costumam narrar episódios e aspectos importantes sobre os eventos relacionados ao suicídio, além de expressarem os diferentes sentidos de como conseguem explicar para si mesmos o que ocorreu.

Assim, autores como Cavalcante et al. (2012 a) e Minayo et al. (2012 a, b) realizaram modificações nos instrumentos clássicos de Autópsias Psicológicas, desenvolvendo assim, o que chamam de Autópsias Psicossociais. Os estudiosos que se valem das Autópsias Psicossociais, buscam captar os sentidos atribuídos ao suicídio de modo intencional, ou seja, captam os aspectos mais subjetivos das impressões dos entrevistados sobre a morte da pessoa que se suicidou, sem deixar por outro lado, de abordar questões mais objetivas.

O primeiro estudo sobre suicídio foi realizado nos Estados Unidos por Eli Robins e seus colaboradores, da Universidade de Washington. A pesquisa foi relizada entre os anos de 1956 e 57, sendo estudados 134 casos de suicídio (Isometsä, 2001). Após este estudo, Dorpat e Ripley replicaram os resultados de Eli Robins em uma segunda pesquisa sobre suicídio, realizada na cidade de Seatle (Isometsä, 2001). No mesmo período em que estes estudos estavam sendo realizados, Shneidman e colaboradores do Centro de Prevenção do Suicídio de Los Angeles desenvolveram um método para estudar e esclarecer mortes consideradas duvidosas (Isometsä, 2001; Vasudeva-Murthy, 2010; Owens, et al., 2008). O termo Autópsia Psicológica foi atribuído por Shneidman para denominar o método de investigação retrospectivo como caminho para identificar as características de personalidade, condições de vida e estado mental do suicida (Rojas, 2001; Vasudeva-Murthy, 2010). O objetivo deste instrumento era buscar obter, de forma clara, ampla e precisa, as informações sobre as circunstâncias que permeavam as mortes de vítimas de suicídio (Vasudeva-Murthy, 2010; Rojas, 2001; Isometsä, 2001).

Esta (re)construção biográfica da vítima era obtida pelas informações colhidas de documentos pessoais, relatórios policiais, registros médicos e entrevistas com familiares, amigos e outras pessoas que tiveram contato com a vítima antes de sua morte (Vasudeva-Murthy, 2010; Rojas, 2001; Isometsä, 2001). Após a criação do instrumento, a Autópsia Psicológica serviu de instrumento e auxílio para médicos forenses classificarem com maior precisão o registro de suicídio nos certificados de óbitos (Werlang, 2012; Cavalcante; Minayo,

2012 a). Rapidamente este roteiro de entrevista tornou-se uma ferramenta de auxílio nos estudos de suicídio na Europa. Isometsä (2001) relata que o primeiro estudo europeu com Autópsia Psicológica ocorreu na Inglaterra, onde foram estudados 100 casos de suicídios entre os anos de 1966 a 1969. Países como Austrália, Nova Zelândia, Israel, Índia e Canadá realizaram vários estudos com Autópsia Psicológica, apresentando resultados convergentes e fornecendo dados com respeito aos fatores relacionados ao suicídio (Isometsä, 2001). Outro estudo europeu com Autópsia Psicológica, foi realizado entre os anos de 1987 a 1988 na Finlândia e fez parte do Projeto Nacional de Prevenção do Suicídio, criado pela Junta Nacional de Saúde Finlandesa (Isometsä, 2001). Neste estudo, foram analisados 1.397 suicídios registrados no período (Isometsä, 2001). Os resultados indicaram a presença de transtorno de humor (30-90%) e uso de substâncias (15-56%) como as circunstâncias prevalentes relacionadas aos suicídios (Isometsä, 2001).

No ano de 1994, foram realizadas na Colômbia, na cidade de Santa Fé de Bogotá, estudos com Autópsias Psicológicas (Rojas, 2001). Este estudo sul americano, foi realizado pelo Instituto Nacional de Medicina Legal e Forense da Colômbia, formado por profissionais interessados em estudar o suicídio com auxílio deste instrumento (Rojas, 2001). Os resultados deste estudo apresentaram a predominância de conflitos intrafamiliares, traços de personalidades narcisistas e limítrofes, prevalência de suicídio em homens jovens, solteiros e que haviam manifestado ideações suicidas (Rojas, 2001).

Werlang (2012) explica que este método rapidamente tornou-se um procedimento confiável e aceito, mas por se tratar de uma avaliação complexa, que necessita de modelo e da ausência do objeto, o entrevistador poderia estar exposto a tendenciosidade. Assim, Werlang desenvolveu um instrumento semiestruturado, visando diminuir o viés subjetivo no uso deste recurso de avaliação, investigando a aplicabilidade desse instrumento (Werlang, 2012). Após a validação da Autópsia Psicológica, este instrumento já foi adaptado para o espanhol em um estudo realizado na Espanha (Garcia-Caballero et al., 2010).

No Brasil, trabalhos de campo foram realizados com este tipo de instrumento, adaptado às pessoas idosas, com o tema: É possível prevenir a antecipação do fim? Suicídio de idosos no Brasil e a possibilidade de atuação do setor saúde (Cavalcante et al., 2012). A realização deste estudo com diversos pesquisadores nacionais, conduzidos por Fátima Cavalcante e Cecília Minayo foi feita em dez municípios brasileiros, que denunciaram a vulnerabilidade de 51 idosos (Werlang, 2012).

Conforme comentado acima, este grupo de pesquisadores realizou modificações no modelo clássico de Autópsia Psicológica, buscando qualificar a coleta de informações qualitativas, elaborando o que viriam chamar de Autópsia Psicossocial. Conforme os autores explicam, este é um instrumento de estudo retrospectivo, que reconstituiu o *status* da saúde (física e mental), e as circunstâncias sociais das pessoas que faleceram por suicídio a partir de entrevistas com familiares próximos às vítimas (Werlang, 2012; Cavalcante et al., 2012). Cavalcante et al. (2012) comentam que, por ser uma pesquisa qualitativa, os pesquisadores trabalham com amostras pequenas de casos, entretanto, o ponto forte está na contextualização dos dados da história psicossocial das pessoas estudadas e na possibilidade de se apresentar uma série de circunstâncias que os estudos epidemiológicos não conseguem (Cavalcante et al., 2012). Os resultados dos estudos com Autópsias Psicossociais no Brasil têm mostrado que problemas financeiros, conflitos na família, isolamento social e solidão são os motivos sociais mais frequentes como gatilhos para o suicídio em idosos (Minayo et al., 2012 a, b). A depressão, o isolamento social e a solidão afetam principalmente os homens, tornando-se no caso deles, um fator de risco para suicídio (Cavalcante et al., 2012 a; Minayo et al., 2012 a, b). Outros fatores encontrados pelas Autópsias Psicossociais associados aos suicídios foram os abusos, desqualificações, doenças físicas e mentais, tentativas e suicídio na família, alcoolismo, uso de outras drogas (Cavalcante et al., 2012; Minayo et al., 2012), a vivência de eventos estressantes como a perda de familiares significativos, estar solteiro, separado ou viúvo (Di Mauro et al., 2003). Nestes estudos, foram pesquisados 40 homens e 11 mulheres, sendo o enforcamento, o método mais utilizado em ambos os sexos. Os outros métodos utilizados foram as armas de fogo e envenenamento, mais frequentes estre os homens e chamas e queda de altura, mais frequentes entre as mulheres (Cavalcante et al., 2012).

5. ESTUDO REALIZADO COM AUTÓPSIAS PSICOSSOCIAIS NO ESTADO DO AMAZONAS

Nosso trabalho com idosos vem desde minha inserção nos hospitais de câncer nos quais tenho o privilégio de trabalhar. São várias experiências, inquietações e questionamentos. Em minha graduação *Lato Sensu*, tive a oportunidade de estudar com cientistas brasileiros renomados na área do envelhecimento como Renato Peixoto Veras (Geriatra), Célia Pereira Caldas (Enfermeira), ambos da Universidade Aberta da Terceira Idade, situada na Universidade do Estado do Rio de Janeiro (Unati/Uerj) e com Euler Ribeiro (Geriatra) da Universidade Aberta da Terceira Idade, situada na Universidade do Estado do Amazonas (Unati/UEA). Nesta pós-graduação trabalhava com os aspectos preventivos das doenças do envelhecimento, contudo, a experiência de trabalhar diretamente com pacientes em fase final da vida me instigava ainda mais em buscar conhecimentos voltados ao tema morte. Eis que surge a possibilidade de estudar o tema, porém, com um enfoque totalmente diferente do câncer. No mestrado, pude ser orientado por um dos pesquisadores nacionais mais renomados sobre suicídio indígena, Maximiliano Loiola Ponte de Souza (Psiquiatra da Fundação Oswaldo Cruz do Instituto de Pesquisa Leonidas e Maria Deane (FIOCRUZ/ILMD). Este instituto de pesquisa fica localizado na cidade de Manaus, Amazonas). Contudo, nossos olhares eram divergentes em relação ao objeto de estudo, e foi aí que surgiu a ideia de juntar nossos trabalhos sobre idosos e suicídio. Algo relativamente novo para ambos, pois cada um tinha suas bases sólidas sobre seus respectivos temas de estudo. Um desafio!

De nossa dissertação, conseguimos publicar um artigo na Revista de Saúde Pública da Universidade do Estado de São Paulo (RSP/USP) com nossos dados qualitativos sobre suicídio de idosos. A seguir, traremos com mais detalhes os resultados deste estudo, tentando intercalar com nossos objetivos propostos neste capítulo. Porém, acredito ser necessário apresentar dados do Instituto Brasileiro de Geografia e Estatística (IBGE) sobre o Amazonas, estado ao qual a pesquisa foi realizada.

O Amazonas possui área territorial de 1.559.161,7 Km^2, o que representa aproximadamente 31% da Amazônia legal brasileira. Conforme os dados do IBGE (2012), viviam no Estado do Amazonas no ano de 2010 aproximadamente 3.483.985 de habitantes. Manaus, capital do Estado, representava 51,7% da população total e está localizada à margem esquerda do Rio Negro, em confluência com o Rio Amazonas (IBGE, 2012 b). No ano de 2010, Manaus possuía 1.802.014 habitantes, apresentando área territorial de 11.401 Km^2 e densidade demográfica de 2,23 habitantes/Km^2 (IBGE, 2012 b). A população de idosos também cresceu no Estado do Amazonas. Entre os anos de 2000 a 2010, a população estimada de pessoas com 60 anos ou mais passou de 137.060 para 210.255, havendo um incremento superior a 50% neste grupo etário. Considerando a população total do estado, este grupo etário representava 4,9% em 2000 e 6,3% em 2010. Conforme os dados apresentados pelo IBGE (2012), Manaus, também apresentou aumento em sua população de pessoas com 60 anos ou mais. Neste período de dez anos, Manaus passou de 65.731 em 2000 para 108.081 idosos em 2010. Considerando a população total da capital, este grupo etário representou 4,68% em 2000 e 6% em 2010 (IBGE, 2012). Em relação aos números referentes à relação de gênero, o número de idosos do sexo masculino em 2000 contabilizava 28.321 (2,02%) idosos, e em 2010, estes números corresponderam a 46.880 (2,6%) idosos. Em relação ao sexo feminino, haviam 37.410 (2,66%) idosas em 2000, passando para 61.201 (3,4%) idosas em 2010 (IBGE, 2010 a).

Frente ao desafio crescente do número de idosos no Estado do Amazonas, o estudo realizado teve como objetivo analisar as narrativas de familiares sobre o suicídio de idosos em Manaus, explorando os caminhos simbólicos que recorrem para dar sentido a esse evento, com vistas a identificar possibilidades para o enfrentamento desse problema social e de saúde pública (Costa; Souza, 2017).

Para a seleção dos casos, obtivemos permissão da Fundação de Vigilância em Saúde do Estado do Amazonas, para encontrar declarações de óbitos de idosos que constavam o suicídio. Encontramos 37 declarações de óbito de idosos (60 anos ou mais) que morreram por suicídio (X60–X84, CID X), no período de 2001–2010, em Manaus. Em 13 casos, não foi possível encontrar o endereço ou telefone dos familiares. Destaca-se que visamos explorar em profundidade, um número menor de casos dos 24 restantes. Assim, selecionamos 12 familiares, por conveniência, sendo feita de modo a garantir a diversidade da amostra, o que permitiu incluir idosos com mais de 70 anos, mulheres, e pessoas que cometeram suicídio por diferentes métodos (Costa; Souza, 2017). Os familiares foram previamente convidados por telefone a participar da pesquisa em data pré-agendada, o que nos possibilitou explicar o detalhamento dos objetivos da pesquisa. Desta forma, familiares de oito idosos aceitaram participar da pesquisa, assinando o termo de consentimento livre e esclarecido (Costa; Souza, 2017). Dos oito casos, participaram nove mulheres e dois homens. Suas idades variaram entre 19 anos e 76 anos, sendo dois aposentados, uma técnica de enfermagem, uma do lar, um artista plástico, uma professora universitária, dois estudantes e um musicista. Em relação aos idosos, seus perfis também foram destacados. Sete do Amazonas (três de Manaus e quatro do interior) e um do Ceará. Suas idades variaram entre 60 e 74 anos, maioria católicos (7 casos), ensino fundamental incompleto (6 casos), trabalhando (4 casos), casados (4 casos) e como método para o suicídio o enforcamento (6 casos) (Costa; Souza, 2017).

Para construir as histórias dos suicídios de idosos ocorridos em Manaus, lançamos mão da técnica de Narrativa. O processo narrativo deve ser compreendido de forma dinâmica, onde eventos do passado são narrados de uma maneira que permita uma compreensão dos sentidos construídos pelo atual narrador; e o presente é explicado tendo como referência o passado reconstruído (Costa; Souza, 2017). Há que se destacar que os sentidos atribuídos nas narrativas, não devem ser entendidos como uma construção individual, pois aquele que narra se vale de princípios e lógicas culturais do grupo ao qual está inserido.

O roteiro de entrevista utilizado está dividido em duas partes: na primeira, estão questões sobre perfil pessoal, socioeconômico e condições de vida do idoso; na segunda, abordam-se as circunstâncias do suicídio, os fatores precipitantes e o impacto do suicídio na família. Para a construção das Narrativas, utilizamos o roteiro de Entrevista de Autópsia Psicossocial de duas formas: 1) para reconstruir as narrativas dos informantes e; 2) como um meio para extrair as categorias que foram utilizadas em nossas análises. Desta forma, é relevante destacar que seguimos as orientações de Deslandes, Gomes e Minayo (2011) como procedimento metodológico para a interpretação de dados em pesquisa qualitativa. Cada categoria empírica, permitiu produzir um recorte analítico que privilegiou compreender os seus aspectos históricos, os fatores de risco ou protetores, os fatores agravantes como doenças físicas e mentais, as circunstâncias afetivas, sociais e econômicas, vida pessoal e motivações para o suicídio dos idosos estudados.

Por ser um estudo multidisciplinar em saúde, utilizamos autores da Psicologia, da Sociologia e Antropologia, que serviram de embasamento para nossas análises. Sugiro ao leitor, ver na seção bibliográfica os autores citados que serviram de norte analítico da presente pesquisa. Abaixo, iremos apresentar algumas categorias que achamos interessante apresentar no presente capítulo além das narrativas que surgiram durante o tratamento dos dados. Todos os nomes apresentados abaixo são fictícios e tem como objetivo manter sigilo em relação às identidades.

5.1 Uma vida longa construída por perdas

Das oito narrativas, exceto uma, temos histórias de suicidas que vivenciaram perdas ao longo de suas vidas, quer sejam financeiras, mortes de entes queridos, queda no status social ou econômico, ou algum tipo de doença crônica.

João era um idoso de 68 anos. Quando jovem, deixou sua cidade natal do estado do Ceará para residir em Manaus e prosperar financeiramente. Trabalhou sua vida inteira como feirante, conseguindo acumular vários imóveis como casas e bancas de feira. Tinha certa mágoa dos filhos, pois nenhum quis dar seguimento ao seu negócio. Entretanto, seus bens foram perdidos em jogos de azar. Um ano antes de seu suicídio, organizou uma viagem para visitar sua mãe no Ceará. Estava feliz com o progresso financeiro em sua vida e, por conta disto, tinha o desejo de mostrar a família que construiu para a mãe. Antes da viagem, recebeu a notícia do falecimento dela. Meses depois, após exames de rotina, foi informado pelo médico que tinha uma doença grave (enfisema pulmonar) e incurável. Com o agravamento da doença, passou a apresentar alucinações visuais e auditivas. Com o agravamento da doença e as alucinações, João atentou contra a própria vida tentando se afogar no rio, porém, foi salvo por algumas pessoas que o viram se jogar da ponte. A família tentou levá-lo para atendimento em um serviço de saúde mental, mas ele não aceitou. O suicídio ocorreu em um domingo de manhã.

A narrativa de Pedro retrata a história de um idoso suicida que foi gerente de uma empresa famosa na cidade. Próximo a se aposentar, descobriu que a empresa não estava pagando seus direitos trabalhistas. Após a descoberta desta situação, resolveu acionar a empresa na justiça para obter seus direitos, porém, para que o processo não se arrastasse na justiça, aceitou um acordo que incluía rebaixamento de seu cargo e diminuição de salário. Pedro perdera a alegria de viver devido à humilhação sofrida pelo rebaixamento de sua função e pela incapacidade de ajudar sua esposa financeiramente no tratamento de câncer. Desta forma, passou a apresentar dificuldades financeiras e, principalmente, de adaptação à nova realidade. Por vezes, falava aos familiares que um dia iria tirar sua própria vida, porém, ninguém dava crédito em sua fala e sofrimento. A família não pensou na possibilidade de levá-lo para um serviço de saúde mental. O suicídio ocorreu no momento da queima de fogos do *réveillon*.

Temos a história de Joselito, um idoso que durante sua infância, viveu uma vida de miséria e fome. Quando adulto, trabalhou na parte gráfica de um jornal, sempre levando uma vida desequilibrada financeiramente, de abuso de álcool e conflitos no casamento. Durante a velhice, sua esposa morreu. Ao longo do tempo, Joselito perdeu progressivamente a visão em decorrência do diabetes e, desta forma, foi se sentindo cada vez mais entristecido e isolado socialmente. Apresentava dificuldades de relacionamento com uma enteada, por não aceitar seu comportamento "rebelde". Frente a tristeza e isolamento constante, sua família não pensou na possibilidade de levá-lo para avaliação em um serviço especializado. Foi encontrado enforcado pela enteada, por volta das 5h30.

As narrativas de João e Pedro, nos trazem história de idosos que tiveram perdas de tudo o que conquistaram e construíram ao longo de suas vidas (bens e status). Podemos compreender que a perda do status e o declínio financeiro criam uma sensação de ausência de lugar social, o que implica uma mudança que vem associada a um valor simbólico, alterando o sentido do papel social que era desempenhado até o momento (Minayo et al., 2012 b; Färber, 2012). Tais sofrimentos estão relacionados à incapacidade de exercerem seus papeis de provedores, portanto, o fracasso em cumprir esse tipo de papel, abre uma ferida de difícil cicatrização, levando-os a se sentirem desonrados e envergonhados. Contudo, há um agravamento na vida de João que se soma às perdas financeiras que é o anuncio de uma doença que agravou seu estado de saúde mental. Esta situação será comentada mais abaixo. Em relação à narrativa de Joselito, a perda de sua visão para o diabetes fez com este idoso se isolasse afetiva e socialmente. Färber (2012) explica que se o idoso não for capaz de ressignificar sua perda e não elaborar o luto ao longo de sua vida, ocorrerá um processo de aniquilação da possibilidade de envelhecer e viver a velhice com qualidade. Podemos compreender que estes fatores se tornaram elementos importantes na fragilização deste idoso, que morreu sem elos de referências, e em completa solidão.

Euclides era um idoso que estava separado de sua esposa e filhos por causa de recorrente envolvimento com outras mulheres. Frente ao comportamento "promiscuo", houve várias indisposições entre ele e seus familiares. Anos mais tarde, a ex-esposa e os filhos foram convocados a comparecer a um serviço de saúde, pois o idoso recebera o diagnóstico de câncer de próstata e estava em "depressão profunda", tendo sido abandonado, sem dinheiro, pela companheira atual em um quarto alugado e sem os cuidados necessários. A retornar ao antigo lar, verbalizava constantemente receio de ficar "impotente sexualmente" devido o tratamento oncológico. Sua família o levou para uma urgência psiquiátrica, sendo indicado psicoterapia, que não foi efetivada devido à recusa do idoso. Enforcou-se de madrugada no banheiro.

Bonifácio era um idoso que trabalhava viajando pelo interior do Amazonas. Tal situação lhe permitia ter envolvimentos extraconjugais, fato este, que levou ao rompimento de seu matrimônio. A esposa de Bonifácio comenta que ele foi abandonado pela atual companheira depois do primeiro Acidente Vascular Cerebral (AVC). Como se não bastasse o abandono pelo adoecimento, perdeu seu trabalho por ficar incapacitado de exercer sua função trabalhista. Retornou ao antigo lar para receber cuidados da ex-esposa, quando sofreu um segundo AVC. Constantemente, dizia ter medo de ficar "impotente sexualmente". Este medo o fazia verbalizar que, a qualquer momento, poderia ir embora. Participou de um grupo de psicoterapia. Antes do suicídio, apresentou alucinações visuais e auditivas. O idoso se enforcou com um fio elétrico preso à grade de uma janela.

As narrativas de Euclides e Bonifácio, nos trazem histórias de idosos que teriam ficado muito abalados diante do fato, ou da possibilidade, de desenvolverem impotência sexual. A forma como o diagnóstico de uma condição crônica incide no imaginário dos idosos é percebida como relevante pelos narradores, no que concerne à sua relação com o suicídio (Costa; Souza, 2017). Conforme explica Vicente e Souza (2006), ao homem é permitido, culturalmente, a realização sexual com mais de uma parceira e espera-se dele o cumprimento do seu papel, contudo, a repressão de sua sexualidade põe em risco a sua virilidade. Nestas narrativas, esses conflitos eram expressos na seguinte frase "eu não sou mais homem". Podemos compreender que o fracasso no cumprimento desse papel significou para estes dois idosos, desonra e vergonha, além de não suportarem o abandono pelas suas atuais parceiras e de se tornarem dependentes de suas antigas esposas.

Josefina era uma idosa que vivenciou várias perdas. Quando jovem, perdeu seu esposo e irmão em um acidente automobilístico. Após anos de trabalho no Polo Industrial de Manaus (antiga Zona Franca), foi demitida antes de conseguir sua tão sonhada aposentadoria. Após sucessivas buscas por emprego, não conseguiu se reinserir no mercado de trabalho, o que a deixou "em desespero" pelo fato de não conseguir saldar suas dívidas, que vinham se acumulando. Dias antes de seu suicídio, Josefina encontrava-se triste e isolada em seu quarto. Apesar da apresentação destes comportamentos, seus familiares não perceberam qualquer necessidade de levá-la a atendimentos de saúde mental. Sua morte foi considerada como "um ato de loucura". Josefina foi encontrada enforcada no seu quarto aproximadamente as 7:00 da manhã.

A morte desta idosa, conforme Meneghel et al., (2013) pode ser entendido como uma solução para a situação limite, sendo o suicídio a única saída para solucionar os conflitos sociais e interpessoais geradores de sofrimento. Podemos compreender que o suicídio de Josefina está ancorado no dever e no sofrimento, reflexo de uma vida inteira de execução de atividades femininas, que a levaram ao cansaço por não conseguir cumprir o seu dever de sustentar a casa. Contudo, o ato de "loucura" relacionado ao suicídio produz indagações internas sem respostas lógicas, trazendo à tona o estigma social que domina o imaginário das pessoas próximas ao suicida (MITTY; FLORES apud PINTO et al., 2012 b). Owens e Lambert (2012) comentam que nas narrativas dos suicídios femininos, colhidos de entrevista com Autópsias Psicológicas realizada na Inglaterra, os sofrimentos e as adversidades cotidianas são percebidas como parte de uma vulnerabilidade inata que as mulheres possuem de sucumbirem à doença mental até o autoextermínio. Tanto a visão de mulher frágil, como a incapaz de resolver seus problemas e a vulnerabilidade para doença mental torna esse tipo de explicação mais aceitável em relação aos suicídios femininos (OWENS; LAMBERT, 2012).

5.2 Um desassossego sofrido na velhice: álcool e drogas

Ezequiel viajava a trabalho pelo interior do Amazonas, por uma instituição de pesquisa. Esse trabalho envolvia longas viagens pelo interior do estado. Apresentava uma relação conflituosa com os filhos, que se ressentiam do uso recorrente e em público do uso de álcool e maconha por parte do pai. Suas viagens a trabalho foram interrompidas pelas fortes dores que sentia por causa da Artrose, o que ocasionou o afastamento de suas funções para exercer outra e o uso intensivo das substâncias citadas acima. Com o agravamento das dores e do uso excessivo de drogas, seus familiares lhe sugeriram atendimento em serviços de saúde mental, no qual foi veementemente rejeitado. Em uma de muitas discussões, Ezequiel agrediu fisicamente sua esposa. Tal situação gerou um desconforto entre filhos e esposa. Esta lhe negou perdão e desculpa. Saiu de casa e se retirou por dois dias ao sítio da família. Ao retornar a Manaus, no dia de sua morte, saiu de casa dizendo que iria beber com os amigos e se despedir deles. Desta forma, os familiares decidiram sair de casa para evitar conflitos. Se vendo sozinho em casa, Ezequiel se matou com um tiro, sangrando por horas até sua morte. Para os familiares, o suicídio foi interpretado como uma forma de vingança do idoso contra a esposa devido a mesma não o ter desculpado pela agressão que sofrera.

A narrativa de Ezequiel retrata a vida de um idoso suicida com histórico de uso excessivo de álcool e maconha, com traços agressivos e impulsividade, relações familiares conflituosas e má adaptação ao envelhecimento, devido à doença crônica no fim da vida. O uso de drogas surge nesse caso, como fator precipitante para a opção do autoextermínio, à medida que atuou como potencializador dos sofrimentos já existentes em sua vida. Na dependência do álcool e outras drogas, o sujeito coloca a substância como prioridade em sua vida e, como consequência disso, é comum esse tipo de dependência estar associado a conflitos interpessoais, sociais e ao suicídio (Brasil, 2006). Podemos supor que as drogas, além de servir de gatilho ao comportamento impulsivo, tornou-se um potente sinalizador de risco para o suicídio. Meleiro (2010) comenta que o impulso, na maioria das vezes é passageiro, contudo, pode ser fatal mediante uma atitude impensada com o intuito de resolver uma dor. Diante do exposto, podemos ressaltar que a ocorrência de um evento estressor relacionado a um conflito familiar, serviu de evento precipitador para o suicídio que aconteceu dois dias depois da agressão física. Contudo, os estudos sobre suicídio habitualmente valorizam a questão do uso problemático de álcool e outras drogas em jovens, mas pouco o fazem entre idosos. Este caso demonstra a importância de estudos sobre suicídio em idosos.

5.3 Psicopatologia na velhice

Em relação aos contatos com serviços de saúde mental, apenas três idosos foram levados ao atendimento psiquiátrico e/ou psicoterápico (Euclides, Moises e Bonifácio). Os demais recusaram sugestões de seus familiares para que recebessem esse tipo de serviço.

Euclides foi atendido por um psiquiatra do Centro Psiquiátrico Eduardo Ribeiro (CPER), sendo diagnosticado com "depressão profunda". Foi receitado a usar o Rivotril, entretanto, os familiares relataram que o idoso dormia muito quando tomava o remédio. Apesar da tentativa de ajuda e dos atendimentos realizados, o idoso ceifou sua vida antes de completar o tratamento psiquiátrico.

Moises foi atendido por um médico da Policlínica Codajás, que o diagnosticou com depressão. Para ajudar no tratamento proposto, encaminhou o idoso ao psicólogo do mesmo serviço. Entretanto, após ter sido atendido e recebido receituário, parou de tomar os remédios indicados (familiar não soube informar quais) e abandonou os atendimentos por não se achar "louco". Recebeu apenas um atendimento com o psiquiatra do serviço.

Bonifácio realizou psicoterapia de grupo com psiquiatra da Policlínica Codajás para tratar da depressão que surgiu depois do AVC. Entretanto, segundo a esposa do idoso, o atendimento não surtiu efeito, pois ele interrompeu o tratamento com a sua morte.

Houve duas tentativas de ajuda que não se concretizaram (João e Ezequiel). Os agendamentos para os serviços de saúde mental ocorreram mediante a tentativa de suicídio (João) e pelo uso pesado de drogas (Ezequiel). Mesmo com a tentativa de seus familiares em ajudá-los a minimizar seus sofrimentos, os idosos recusaram a assistência oferecida, por não se acharem "loucos".

Já Joselito e Josefina resignaram-se em silêncio até o dia do ato fatal e Pedro recusou todos os pedidos de sua esposa em buscar ajuda profissional.

A negativa em receber a assistência de profissionais de saúde mental se reflete na assertiva: "eu não sou louco". Essa verbalização reflete um preconceito sobre as pessoas que são atendidas nestes serviços, pois somente as pessoas loucas vão ao psicólogo e ao psiquiatra. Seria de fundamental importância a revisão destes pressupostos e o esclarecimento a respeito das indicações e possíveis benefícios que este tipo serviço poderia promover ao bem-estar emocional da população em geral, e mais especificamente dos idosos, no intuito de prevenir o suicídio.

CONSIDERAÇÕES FINAIS

Nosso capítulo veio apresentar uma proposta diferente dos demais capítulos do presente livro. Trouxemos nosso olhar sobre o fenômeno suicídio à uma parcela da população pouca estudada: os idosos. Além disso, apresentamos o olhar hermenêutico (método aplicado na Psicologia Fenomenológica-Existencial) dentro da interdisciplinaridade que a área da saúde se propõe a estudar. Nosso horizonte paradigmático se amplia no momento que desviamos nosso olhar psicológico e exigimos um aprendizado de outras disciplinas como a epidemiologia, a antropologia e a sociologia. Foi o que fizemos, caro leitor: trazer nosso estudo para ampliar vossos horizontes mediante pesquisa com a Autópsia Psicossocial e o método o Narrativo.

Através das narrativas dos familiares, coletadas mediante as Autópsias Psicossociais, identificamos que os suicídios estavam associados ao diagnóstico, suspeita e/ou iminência de câncer, impossibilidade de enxergar, conflitos familiares, além da dependência em relação ao autocuidado. Para os familiares, a junção destes fatores, proporcionaram o surgimento de uma dor psicológica que atingiu intensidade intolerável, motivando os idosos a cometerem o ato fatal.

Ressalta-se também o papel da depressão nos oito casos aqui analisados. Contudo, apenas três idosos foram atendidos por profissionais de saúde mental. Apesar de receberem atendimento, os idosos recusaram o tratamento devido a ideia de que não estavam "loucos". O estigma em relação a esse tipo de assistência acaba por prejudicar aqueles que necessitam de intervenções para minimizar o sofrimento psicológico. Desta forma, podemos sugerir que a depressão ora surge como fator primário associado a perdas, declínios socioeconômicos, endividamentos, violência social e conjugal, crises de solidão e melancolia, ora como fator secundário de complicações físicas e mentais.

Cabe ressaltar a história do idoso dependente de álcool e maconha que tirou sua vida após ameaça de separação por parte de sua esposa. A narrativa do familiar traz a crença de que esta tragédia possui a marca da punição àqueles que sobreviveram ao suicídio. Esta marca persistiu durante a entrevista, onde a culpa, raiva e ressentimento surgiram na narrativa da filha.

Em todos os casos estudados, notaram-se verbalizações explícitas e implícitas de que os idosos iriam cometer suicídio. Tais comentários eram expressos na forma de desesperança, sentimento de inutilidade, pedidos de perdão, cansaço em viver e aviso sobre a intenção de morte. Entretanto, é possível identificar nas narrativas dos familiares, a falsa crença de que o sujeito não dá aviso quando deseja se matar. Este fato está ancorado na ideia da fraqueza ou fragilidade física do idoso em realizar o ato suicida.

Outro aspecto presente em nossos achados se refere à questão da fragilidade masculina. Ouvimos relatos de depressão, princípios de honra, regras da masculinidade dominante e agravos de saúde física como eventos relacionados aos suicídios masculinos. Identificou-se que, para os idosos, o momento da saída das atividades e a perda de poder sobre suas famílias, coincidiram com outras perdas, como a viuvez e o padecimento por doenças que passaram a tolher sua autonomia. Assim, muitos se sentiam, conforme seus familiares, sem assunto, calados, tristes, isolados, sem lugar dentro de sua casa e sem um repertório narrativo capaz de expressar as limitações do corpo e da saúde.

Através das narrativas, conseguimos coletar e reunir informações que serviram para construir um conhecimento aprofundado sobre o suicídio de idosos. Assim, foi possível compreender a interação entre os fatores clínicos, de risco, circunstanciais, conflitos familiares, além da falta de suporte aos agravos de saúde que motivaram esses idosos, a resolver de uma forma trágica, os conflitos que estavam vivenciando.

Cabe aqui destacar, a experiência do autor que atende pessoas – em sua maioria idosos – em tratamento oncológico para dor e cuidados paliativos pela Fundação Centro de Controle em Oncologia do Amazonas. Em nosso serviço, realizamos atendimento por meio de equipe multiprofissional (médico, psicólogo, enfermeira, assistente social, fisioterapeuta e capelã) nos domicílios de pacientes considerados sem possibilidade de cura pela medicina e que estão debilitados de se locomover até a instituição. Através das visitas domiciliares, buscamos minimizar o sofrimento dos pacientes e familiares em relação ao processo de terminalidade. Mediante o exposto, recomendamos ao setor saúde o desenvolvimento de estratégias qualificadas para acompanhamento dos idosos em seus domicílios como possível medida preventiva ao suicídio. O desenvolvimento deste tipo de programa, atenderia principalmente os idosos com doenças crônicas incapacitantes como a cegueira, dores, câncer, e em particular, aqueles que estão apresentando sintomas depressivos e risco para o suicídio. Para finalizar, no caso das famílias de idosos suicidas, seria importante o desenvolvimento de um acompanhamento profissional qualificado, e que não se limite apenas a uma visita ou consulta. Infelizmente, identificamos nas narrativas que os familiares tentam (e muitas vezes não conseguem) resolver por si mesmos seus problemas emocionais decorrentes do suicídio de seus familiares. Entretanto, para a maioria dos entrevistados, não falar sobre o assunto com pessoas estranhas, vizinhos e até mesmo com os profissionais, parece manifestar uma forma de defesa da dor que estão sentindo pela perda trágica de um idoso da família. Desta forma, o atendimento contínuo com os familiares sobreviventes contribuiria para ressignificar o suicídio, além de ajudá-los a reinterpretar suas vivências e minimizar o impacto da perda.

REFERÊNCIAS

BAPTISTA, M. N. *et al.* Análise epidemiológica do suicídio em duas regiões do estado de São Paulo entre 2004 e 2008. *Psicologia em Pesquisa,* UFJF, v. 6, p. 02-12, 2012.

BERTOLOTE, J. M.; FLEISCHMANN, A. A global perspective in the epidemiology of suicide. Suicidology. In: LOVISI, G. M. *et al. Análise epidemiológica do suicídio no Brasil entre* 1980 e 2006. *Revista Brasileira de Psiquiatria*, v. 31, supl. II, p. 86-94; 2009.

BRASIL. Ministério da Saúde. Estratégia nacional de prevenção do suicídio; prevenção de suicídio: manual dirigido a profissionais das equipes de saúde mental. Campinas, SP: Universidade Estadual de Campinas, 2006

BRZOZOWSKI, F. S. *et al.* Suicide time trends in Brazil from 1980 to 2005. *Caderno de Saúde Pública*, Rio de Janeiro, v. 26, p. 1293-1302, jul. 2010.

CAVALCANTE, F. G; MINAYO, M. C. S; MENEGHEL, S.N; SILVA, R. M; GUTIERREZ, D. M. D; CONTE, M *et al.* Autópsia psicológica e psicossocial sobre suicídio de idosos: abordagem metodológica. *Ciência & Saúde Coletiva v.* 17, p. 2039-52, 2012 a.

CAVALCANTE, F. G. *et al.* Autópsia psicológica e psicossocial sobre suicídio de idosos: abordagem metodológica. *Ciência & Saúde Coletiva*, v. 17, p. 2039-2052; 2012 b.

CHARCHAT-FICHAMAN, C. P. *et al.* Declínio da capacidade cognitiva durante o envelhecimento. *Revista Brasileira de Psiquiatria*, v. 27, n. 1, p. 79-82, jan-mar 2005.

CONTE, M. *et al.* Programa de prevenção ao suicídio: estudo de caso em um município do Sul do Brasil. *Ciência & Saúde Coletiva*, v. 17, p. 2017-2026, 2012.

CONWELL, Y.; THOMPSON, C. Suicidal Behavior. In: *Elders*. Psychiatric Clinic of North America, v. 31, p. 333-356; 2008

COSTA, A. L. S; SOUZA, M. L. P. Narrativas de familiares sobre o suicídio de idosos em uma metrópole amazônica. *Revista de Saúde Pública*, São Paulo, v. 51, 2017.

DESLANDES, S. F; GOMES, R; MINAYO, M. C. S. *Pesquisa Social: teoria, método e criatividade*. 33. ed. – Rio de Janeiro: Vozes, 2011.

DI MAURO, S. *et al.* Suicides and the third age. *Archives Gerontology Geriatric*, 36(1): p. 1-6; 2003.

DURKHEIM, É. *O Suicídio: Estudos de Sociologia*. Prefácio: Carlos Henrique Cardim. Tradução: Monica Stahel. 2. ed. São Paulo: Editora WMF Martins Fontes, 2011.

FÄRBER, P. S. *Envelhecimento e elaboração de perdas. A terceira idade - SESC*, São Paulo, v. 23, p. 7-17, 2012.

GARCIA-CABALLERO, A. *et al.* Adaptación y Validación de la Semi-Structured Interwiew for Psychology Autopsy. *Actas Españolas de Psiquiatria*, v. 38, p. 332-339, 2010.

HEREDIA, O. C. *Características demográficas da Terceira Idade na América Latina e no Brasil. Estudos Interdisciplinares sobre o Envelhecimento,* Porto Alegre, v. 2, p. 7-21, 1999.

INSTITUTO BRASILEIRO DE GEOGRAFIA E ESTATÍSTICA – IBGE. Censo Demográfico, 2012: Disponível em: <http://www.sidra.ibge.gov.br> Acesso em: 02 de fevereiro de 2018.

INSTITUTO BRASILEIRO DE GEOGRAFIA E ESTATÍSTICA – IBGE. Territórios 2012: Disponível em: <http://www.sidra.ibge.gov.br/bda/territorio/unit.asp?e=v&t=4&codunit=13&z=t&o=4&i=P> Acesso em: 02 de fevereiro de 2018.

ISOMETSÄ, E. T. *Estudios de autopsia psicológica: una revisión. European Psychiatry,* v. 16, p. 379-385, 2001.

LIMA-COSTA, M. F. Epidemiologia do envelhecimento no Brasil. In: ROUQUAYROL, M. Z.; ALMEIDA FILHO, N. *Epidemiologia e Saúde,* 6. ed. Rio de Janeiro: MEDSI; 2003.

LOVISI, G. M. *et al.* Análise epidemiológica do suicídio no Brasil entre 1980 e 2006. *Revista Brasileira de Psiquiatria,* v. 31, supl. II, 86-93, 2009.

MACENTE, L. B.; ZANDONADE, E. Estudo da série histórica de mortalidade por suicídio no Espírito Santo (de 1980 a 2006). *Jornal Brasileiro de Psiquiatria, v.* 60, p. 151-157, 2011.

MAIA, L. C.; DURANTE, A. M. G.; RAMOS, L. R. Prevalência de transtornos mentais em área urbana no norte de Minas Gerais, Brasil. *Revista de Saúde Pública, v.* 38, p. 650-656, 2004.

MARINHO, V. Transtornos de ansiedade em idosos. In: VERAS, R. P.; LOURENÇO, R. *Formação humana em geriatria e gerontologia: uma perspectiva interdisciplinar.* Rio de Janeiro: UnATI/Uerj, 2006.

MELEIRO, A. M. A. S. Suicídio, o fim à vida. *Associação Brasileira de Psiquiatria,* v. 2, p. 10-12, set-out, 2010.

MELLO JORGE, M. H. P. *et al.* A mortalidade de idosos no Brasil: a questão das causas mal definidas. *Epidemiologia e Serviços de Saúde,* Brasília, v. 17, p. 271-28, out-dez, 2008.

MELLO-SANTOS, C.; BERTOLOTE; J. M.; WANG, Y. P. Epidemiology of suicide. In: *Brazil (1980-2000): characterization of age and gender rates of suicide. Revista Brasileira de Psiquiatria,* v. 27, p. 131-134, 2005.

MENEGHEL, S. N. *et al.* Suicídio de idosos sob a perspectiva de gênero. *Ciência & Saúde Coletiva,* v. 17, p. 1983-1992, 2012.

MENEGHEL, S. N. *et al.* Suicídio de mulheres: uma situação limite? *Athenea Digital,* v. 13, p. 207-217, 2013.

MINAYO, M. C. S. A autoviolência, objeto da sociologia e problema de saúde pública. *Cadernos de Saúde Pública,* v. 14, n. 3, 421-428; abr-jun, 1998.

MINAYO, M. C. S.; GRUBITS, S.; CAVALCANTE, F. G. Observar, ouvir, compartilhar: trabalho de campo para autópsias psicossociais. *Ciência & Saúde Coletiva, v.* 17, p. 2027-2038, 2012 a.

MINAYO, M. C. S.; MENEGHEL, S. N.; CAVALCANTE, F. G. Suicídio de homens idosos no Brasil. *Ciência & Saúde Coletiva,* v. 17, p. 2665-2674, 2012 b.

MITTY, E.; FLORES, S. Suicide in late life. In: PINTO, L. W.; ASSIS, S. G.; PIRES, T. O. *Fatores associados com a mortalidade por suicídio de idosos nos municípios brasileiros no período de 2005-2007. Ciência & Saúde Coletiva*, v. 17, p. 2003-2009, 2012 b.

NUNES, E. D. O suicídio – reavaliando um clássico da literatura sociológica do século XIX. *Caderno de Saúde Pública*, Rio de Janeiro, v. 14, p. 7-34, jan-mar.,1998.

O'CONNELL, H. *et al. Recent developments: Suicide in older people.* BMJ, v. 329, p. 895-899, 2004.

OWENS, C. *et al.* Tales of biographical disintegration: how parents make sense of their son's suicides. *Sociology of Health & Illness*, v. 30, n. 2, p. 237-254; 2008.

OWENS, C.; LAMBERT, H. Mad, bad or heroic? Gender, identity and accountability in lay portrayals of suicide in late twentieth-century England. *Cult Medicine Psychiatry*, v. 36, p. 348-371, 2012.

PAVARINI, S. C. I. *et al.* A arte de cuidar do idoso: gerontologia como profissão? *Texto Contexto Enfermagem*, v. 14, n. 3, p. 398-402, jul-set, 2005.

PINTO, L. W. *et al.* Evolução Temporal da mortalidade por suicídio em pessoas com 60 anos ou mais nos estados brasileiros, 1980 a 2009. *Ciência & Saúde Coletiva*, v. 17, p. 1973-1981, 2012 a.

PINTO, L. W. Fatores associados com a mortalidade por suicídio de idosos nos municípios brasileiros no período de 2005-2007. *Ciência & Saúde Coletiva*, v. 17, p. 2003-2009, 2012 b.

PINTO, L. W. *et al.* Mortalidade por suicídio em pessoas com 60 anos ou mais nos municípios brasileiros no período de 1996 a 2007. *Ciência & Saúde Coletiva*, v. 17, p. 1963-1972, 2012 c.

PONCE, J. C. *et al.* Álcool em vítimas de suicídio em São Paulo. *Revista de Psiquiatria Clínica*, v. 35, supl. 1, p. 13-16, 2008.

ROJAS, I. A. J. La autopsia psicológica como instrumento de investigación. *Revista Colombiana de Psiquiatría*; vol. 30, n. 3, p. 271-276, 2001.

SILVA, M. C. Q; ALMEIDA, J. L. T.; LOPES NETO, D. Programa de assistência à saúde do idoso em Manaus em nível ambulatorial: uma análise crítica de gestores. *Textos Envelhecimento*, Rio de Janeiro, v. 8, n. 1, p. 50-67, 2005.

VASUDEVA MURTHY, C. R. Psychological Autopsy – A Review. *Journal Medicine Science*, v. 3, p. 177-181, 2010.

VERAS, R. P.; CALDAS, C. P. Promovendo a saúde e a cidadania do idoso: o movimento das universidades da terceira idade. *Ciência & Saúde Colet*iva, v. 9, p. 423-432, 2004.

VICENTE D.D, SOUZA L. *Razão e sensibilidade: ambiguidades e transformações no modelo hegemônico de masculinidade.* Rio de Janeiro: Arquivos Brasileiros de Psicologia, 2006.

WERLANG, B. S. G. Autópsia Psicológica: importante estratégia de avaliação retrospectiva. *Ciência & Saúde Coletiva*, v. 17, p. 1955-1962, 2012.

Capítulo 12

TERAPIA COGNITIVO-COMPORTAMENTAL E O SUICÍDIO: POSSIBILIDADES DE INTERVENÇÃO

Résia Silva de Morais
Maura Ribeiro Alves

INTRODUÇÃO

Segundo a Organização Mundial da Saúde (OMS), ocorre um suicídio, em algum lugar do planeta Terra, a cada 45 segundos. Em termos globais, o suicídio é responsável por 1,4% do total de mortes. No Brasil as taxas de suicídio vêm aumentando vertiginosamente. A contar de 1980, houve um aumento de 29,5% até 2006 e estamos em oitavo lugar entre os demais países em número de registros de mortes por suicídio. Esses dados alarmantes demonstram a necessidade de se discutir tal fenômeno e elaborar estratégias que contribuam e instrumentalizem profissionais da área da saúde mental para assistirem, de maneira mais efetiva, indivíduos que tiveram comportamentos de autoextermínio (OMS, 2000).

O ato e/ou comportamento suicida engloba uma condição na qual a pessoa ameaça tirar a própria vida, mas não efetiva a ação. O fenômeno do comportamento suicida é bastante complexo de ser abordado, uma vez que no mundo ocidental, a morte, por si só, já é um tema difícil de ser trabalhado nos mais variados contextos sociais, como na escola, família, meio acadêmico, e até nos cursos profissionais da área de saúde. Além de que, vários fatores estão implicados nos motivadores do autoextermínio, sendo estes no campo psicológico (aspectos cognitivos/afetivos/motivacionais), fisiológico, estilo de vida, problemas conjugais, conflitos familiares, sociais e econômicos (Botega, 2015).

No modelo Cognitivo-Comportamental o comportamento suicida tem sido objeto de estudo há bastante tempo, com vistas a entender os processos cognitivos/afetivos/motivacionais/fisiológicos que estão subjacentes ao autoextermínio e ao desenvolvimento de estratégias terapêuticas que consigam melhorar o bem-estar subjetivo do indivíduo, propiciando a minimização do sofrimento psíquico implicado no suicídio.

Nesse ensejo, esse capítulo apresentará algumas estratégias terapêuticas fundamentadas no modelo cognitivo-comportamental, que poderão auxiliar no manejo de casos clínicos de comportamento suicida.

Para tal é necessário apresentar a Terapia Cognitivo-Comportamental no que tange aos seus princípios norteadores.

O modelo cognitivo-comportamental embasa-se em 10 axiomas e/ou postulados, descritos por seu criador Aaron Beck (2000), e adaptados à prática terapêutica por Judith Beck (1997, 2014). O primeiro deles refere-se a capacidade interpretativa do indivíduo para com seu contexto e sua relação com o self. Assim, o funcionamento psíquico dá-se a partir de uma rede de estruturas cognitivas com significados denominados esquemas (Beck, 2000). No campo da terapia, esse princípio auxilia o terapeuta a desenvolver uma formulação de caso e uma conceituação cognitiva, que embasará o delineamento do processo interventivo.

O segundo princípio refere-se à qualidade da relação terapêutica, necessária para se estabelecer um vínculo terapeuta-paciente pautado na empatia, escuta atentiva, interesse e competência.

O terceiro axioma refere-se à condição de trabalho em equipe entre terapeuta e paciente. O terapeuta tem uma participação ativa durante o tratamento, estimulando a colaboração e participação do paciente durante todo o processo interventivo.

Já o quarto princípio declara que o processo de intervenção deve ser orientado para os objetivos terapêuticos específicos e com enfoque nas dificuldades consideradas necessárias pelo paciente juntamente com seu terapeuta.

O quinto princípio estabelece que a terapia seja inicialmente voltada para as dificuldades e necessidades atuais e presentes do paciente. Posteriormente, caso seja necessário, trabalham-se questões passadas, que precisam ser ressignificadas para fortalecer o self do indivíduo e, consequentemente, ampliar sua qualidade de vida atual.

O sexto princípio destaca que a terapia é orientativa e baseada na psicoeducação. Nesse sentido, o primeiro passo é informar o paciente sobre o modelo cognitivo, sua psicopatologia, caso tenha, e o instrumentalize a ser seu próprio terapeuta.

O sétimo princípio esclarece que o tempo de tratamento deve ser limitado no tempo, uma vez que, ao ser direcionada para o problema e orientada a objetivos, o tratamento visa ter um início e um final com objetivos claros de minimização dos sintomas apresentados e uma clarificação da condição cognitiva que esteja precipitando o adoecimento do sujeito.

O oitavo princípio remete à estruturação das sessões terapêuticas com vista a ordenar o momento da terapia em inicial, intermediário e final. No momento inicial, solicita que o paciente comunique seu estado de humor, fale sobre a semana e estabeleça uma questão, ou mais questões, que queira discutir na sessão corrente. No momento intermediário, discute-se as questões trazidas pelo paciente, define-se tarefas de casa, caso houver, e estabelece-se apontamentos conclusivos. Por fim, solicita-se um feedback para o paciente. Esse processo auxilia na compreensão, por parte do paciente, do funcionamento da sessão evitando que o tempo da terapia seja usado de forma não construtiva.

No nono princípio, estabelece-se o objetivo maior da terapia que é identificar, avaliar e modificar os padrões cognitivos/emocionais/comportamentais subjacentes ao sofrimento psíquico do indivíduo. Com esse intuito, auxilia-se o paciente, a partir da descoberta guiada, a desenvolver cognições pautadas na realidade, questionando seus padrões de pensamentos automáticos, que estão enviesados e disfuncionais. Um dos pilares dessa estratégia terapêutica linguística denomina-se questionamento socrático, que tem por finalidade auxiliar o paciente a testar suas convicções, colocando-as à prova e buscando evidências que as comprovem. Como, numa condição de adoecimento psíquico, entende-se que as distorções cognitivas tornem-se fortes e frequentes, o questionamento socrático permite que a pessoa construa cognições mais realistas, úteis e válidas.

Por fim, o último princípio aponta para o uso de inúmeras estratégias terapêuticas que auxiliam no propósito de alcançar uma melhora psíquica. Essas estratégias aliam técnicas de várias abordagens teóricas, como a Gestalt, psicodinâmicas, comportamentais, entre outras.

Segundo Dobson (2006), as terapias cognitivo-comportamentais desenvolveram-se na década de 60 com a premissa básica na qual os processos afetivos, comportamentais e fisiológicos seriam mediados pela cognição e que, alterando-se esta, tais processos poderiam ser modificados. Atualmente, entende-se que esses processos se alteram mutuamente e que o sistema cognitivo tem um papel modulador e organizador central (Salkovskis, 2012).

Inúmeros formatos de terapias cognitivo-comportamentais foram desenvolvidos, como a Terapia Comportamental Racional Emotiva, de Ellis (1997); Treinamento de AutoInstrução, de Meichenbaum (1997); Terapia Cognitiva, de Beck (1964); entre outras de igual importância. Todas elas compartilham de três premissas: a cognição afeta o comportamento; a cognição pode ser modificada e a mudança comportamental pode ser feita através da mudança cognitiva.

Para o desenvolvimento das estratégias terapêuticas para o comportamento suicida descritas nesse capítulo, segue-se a orientação teórica de Aaron Beck, na qual o modelo cognitivo busca compreender como o indivíduo interpreta a realidade e os eventos a sua volta, uma vez que esse processo é o gatilho para o entendimento das psicopatologias (Dobson, 2005).

O modelo cognitivo de Beck foi inicialmente desenvolvido para o tratamento da depressão, mas, posteriormente, foi expandido para inúmeras outras demandas psicopatológicas ou eventos que precipitam sofrimento psicológico (Knapp, 2004). O modelo parte do princípio "de que as emoções, os comportamentos e a fisiologia de uma pessoa são influenciados pelas percepções que ela tem dos eventos" (Beck, 2014). Nesse sentido, em termos terapêuticos, busca-se identificar os pensamentos do paciente, que estão num nível automatizado, e disfuncional em situações de psicopatologia. Por exemplo, uma pessoa em contato com uma situação avaliativa pode pensar não ser capaz de sair-se bem e sentir-se substancialmente ansioso, a ponto de ter seu desempenho prejudicado. O intuito do processo terapêutico é modificar os pensamentos automáticos através de questionamentos que viabilizem a busca de evidências e sua utilidade funcional (Beck, 2014).

O modelo cognitivo é apresentado para inúmeras demandas clínicas, incluindo transtornos depressivos, ansiosos, transtorno bipolar, esquizofrenia, entre outros. Na perspectiva de se compreender o comportamento suicida, Beck (2011), afirma que a explicação se deve ao nível de desesperança do indivíduo. Quadros como transtorno depressivo, transtorno bipolar e esquizofrenia são importantes causadores do autoextermínio, mas pesquisas apontam para a desesperança como um valor preditivo de maior frequência.

A terapia cognitivo-comportamental tem resultados significativos no tratamento dos mais variados transtornos mentais (Beck, 1997; Wright, Basco, Thase, 2008), inclusive com pacientes com transtornos crônicos, graves e resistentes ao tratamento (Wright et al., 2008).

A desesperança é entendida como uma crença de um futuro incerto, e está intimamente relacionada à intenção suicida (Wenzel, Brown e Beck, 2010). A pessoa que apresenta esse tipo de crença tende a prever o futuro sem expectativas, perde a motivação pela vida e seu desejo de viver é prejudicado. Essas pessoas podem desenvolver as seguintes cognições: "eu não vejo nada melhorar, não há razão para viver"; "eu não consigo suportar a vida, jamais poderei ser feliz"; "eu sou um peso para os meus familiares, é melhor que fiquem sem mim"; "eu me sinto infeliz e só tenho uma saída".

Apesar da forte relação entre desesperança e comportamento suicida, nem todos os pacientes suicidas apresentaram desesperança frente ao ato.

Existem pacientes que tentaram o suicídio e não tinham intenção de morte. Tal comportamento é explicado pela necessidade que sentem de comunicar algo a alguém (Wenzel, Brown e Beck, 2010).

Com relação ao processo terapêutico da terapia cognitiva-comportamental com pacientes com comportamentos suicidas, este assemelha-se com o processo terapêutico para tratamento da depressão, transtornos de ansiedade, transtornos de dependência de substância, dentre outros. Nesse sentido, o terapeuta engaja-se em problemas de vida do indivíduo, especificamente àqueles concatenados com crises suicidas. Assim, metas terapêuticas importantes levam em consideração a prevenção do suicídio através de estratégias que modifiquem a ideação ou intenção suicida e na busca de técnicas que promovam esperança para o futuro (Wenzel, Brown e Beck, 2010).

PLANO DE INTERVENÇÃO

Através de muitos anos de atuação e estudos, a construção do plano de intervenção propõe um método de trabalho para estagiários e profissionais da área da psicologia, com o intuito de reduzir ou cessar a possibilidade de futuras tentativas de suicídio, através de um processo sistematizado de estratégias terapêuticas comportamentais, cognitivas e emocionais.

O plano de intervenção deve ser dividido em dois momentos, uma Fase primordial de Acolhimento e Contenção e a Fase de Intervenção. A separação é puramente didática, porque na prática o próprio ato de intervenção jamais deixa de ser acolhedor; e vice-versa. O acolhimento atende uma certa urgência solicitada pelo paciente ou familiares, e a coleta de dados para formulação do caso se inicia. O grande objetivo nesta fase é acolher a dor, o desespero e a perda de esperança que o paciente está vivendo, impedindo o comportamento suicida inicialmente. Neste momento, não se pode esquecer que o tratamento psicofarmacológico é de suma importância. A Fase final é a de Intervenção e sugere uma intervenção dividida em três processos clínicos de tratamento, a saber: Processo Clínico Inicial, Processo Clínico Intermediário e Processo Clínico de Controle e/ou Final.

Para atuar de maneira preventiva, é preciso avaliar o risco de suicídio, determinando os fatores de risco distais e proximais que necessitam ser trabalhados, e os fatores de proteção. O processo de prevenção mantém e reafirma os fatores de proteção ao mesmo tempo que reduz os fatores de risco (Gonçalves, Freitas e Sequeira, 2011; Werlang, Borges e Fensterseifer, 2005).

Os fatores predisponentes são os fatores de riscos distais; a longo prazo, constroem a base para a constituição dos comportamentos suicidas. Já os fatores de risco proximais são os precipitantes imediatos que atualizam e desencadeiam os comportamentos estressores, interligados a um leque de ocasiões, mas não são imprescindíveis nem reguladores para o suicídio (Mósicicki, 1999; Meleiro, 2010; Wenzel, Brown e Beck, 2010; Medeiros e Maia, 2012).

Segundo Bertolote, Mello-Santos e Botega (2010), alguns dos fatores predisponentes são:

- sexo masculino: suicídio; sexo feminino: tentativas;
- idade: os mais jovens: tentativa e os idosos: suicídio;
- história familiar de comportamentos suicidas e alcoolismo;
- tentativa(s) prévias(s);
- presença de transtornos mentais;
- presença de doenças físicas;
- presença de desesperança;
- estado civil divorciado, viúvo, solteiro;
- abuso físico, emocional ou sexual na infância;
- estar desempregado ou aposentado;
- isolamento social;
- pertencer a uma minoria étnica;
- pertencer a uma minoria sexual;
- baixo nível de inteligência.

E os fatores precipitantes que desencadeiam os comportamentos suicidas podem estar em torno da:

- separação conjugal;
- ruptura de relação amorosa;
- rejeição afetiva e/ou social;
- alta recente de hospitalização psiquiátrica;
- graves perturbações familiares;
- perda de emprego;
- modificação da situação econômica ou financeira;
- gravidez indesejada (principalmente para solteiras);
- vergonha;
- temor de ser descoberto (por algo socialmente indesejável).

Já os fatores de proteção estão associados a uma rede social de apoio, que fortalece razões específicas para viver. Alguns dos fatores protetores para o comportamento suicida podem ser:

- ausência de transtorno mental;
- gravidez;
- senso de responsabilidade para com a família;
- suporte social positivo,
- religiosidade;
- estar empregado;
- satisfação elevada com a vida;
- presença de criança na família;
- capacidade de resolução de problemas;
- capacidade de adaptação,
- positiva relação terapêutica.

CONCEITUAÇÃO COGNITIVA

Conceituação cognitiva, conceitualização de caso, formulação de caso ou enquadre cognitivo do caso, é um plano de intervenção que orienta o psicólogo no processo de tratamento (Beck, 1997).

O modelo esquemático, construído através da formulação de caso, é a base do tratamento psicoterápico e busca modificar os fatores de vulnerabilidade e os processos cognitivos, tais como as crenças centrais e intermediárias (Caminha et al., 2007). Os pensamentos e imagens automáticas que os pacientes vivenciam durante a crise suicida são influenciadas por essas crenças e a compreensão da estrutura do modelo cognitivo do paciente oportuniza a formulação do caso e a redução de um futuro comportamento autoagressivo.

Desta forma, a Terapia Cognitivo-Comportamental (TCC) em pacientes com comportamento suicida, inicia-se no acolhimento, já discutido acima e na construção da conceituação cognitiva e objetiva para aprimorar o tratamento, auxiliando o terapeuta na aquisição de um entendimento mais amplo do paciente (Kuyken et al., 2005; Persons, et al, 2006; Rangé, 2011; Knapp e Rocha, 2003),

Sabe-se que a formulação de caso é uma tarefa clínica mais ampla que o diagnóstico e inclui esse último como um elemento da conceituação (Friedberg e Mcclure, 2004). Portanto, de acordo com Lopes, J.; Lopes, R. e Lobato (2006), utilizar a classificação diagnóstica não constitui abandonar a intersubjetividade, pois o olhar personalizado do terapeuta se estabelece na conceituação cognitiva ao compreender as estruturas e esquemas que influenciam cada paciente.

PROCESSO CLÍNICO INICIAL

1. Engajar o paciente no tratamento

Após o acolhimento, o engajamento do paciente ainda não está totalmente consolidado, e segundo Henriques, Beck e Brown. (2003), estratégias que aumentam a conformidade com o tratamento são fundamentais.

Ferreira (2014), define engajar da seguinte maneira:

[Do fr. *engager.*] Verbo transitivo direto. 1.Aliciar para serviço pessoal, ou para emigração. Verbo pronominal. 2.Obrigar-se a serviço por engajamento. 3.Alistar-se ou profissionalizar-se em força armada. 4.Filiar-se a uma linha ideológica, filosófica, etc., e bater-se por ela; pôr-se a serviço de uma ideia, de uma causa, de uma coisa.

Mas engajar-se; comprometer-se; pôr-se a serviço de uma ideia terapêutica não é um passo muito simples, tanto para o terapeuta quanto para o paciente. O psicólogo está pronto para ajudá-lo e o paciente está pronto para desistir, cansado de tanta dor. Mesmo em caminhos contrários, o terapeuta precisa ir até o seu encontro e fazer o contive para essa nova caminhada. Mas esse convite precisa ser aceito todos os dias, portanto, o processo de engajamento é afiliar o paciente ao tratamento e manter a sua adesão durante todo o processo de intervenção de maneira criativa, sincera, respeitosa e empática.

2. Condução da Conceituação Cognitiva

A formulação de caso na TCC é constituída por 4 processos: a) avaliação diagnóstica, b) aquisição de informações e planejamento de tratamento, c) tratamento propriamente dito e d) testagem das hipóteses e acompanhamento (Persons e Davidson, 2010). Em cada etapa do processo terapêutico, o psicólogo retorna repetidamente para a fase de avaliação, recolhe dados e monitora o avanço da terapia testando as formulações (hipóteses) que amparam a estratégia de intervenção (Morais, 2014).

3. Coleta de dados

3.1 Escala de Autorrelato

As escalas são excelentes ferramentas de investigação, com o intuito de alinhar a avaliação do clínico.

3.1.1 BHS – ESCALA DESESPERANÇA – (Beck Hopelessness Scale)

Faixa Etária: 17 a 80 anos

É constituída por 20 afirmações de Verdadeiro(V) ou Falso(F) que permitem avaliar a extensão das expectativas negativas do paciente sobre seu futuro imediato e a longo prazo. É indicadora indireta do risco de suicídio em indivíduos deprimidos ou que já tiveram atos suicidas. Cada afirmação é pontuada com 0 ou 1. Das 20 afirmações: 9 são otimistas e 11 pessimistas, (BECK, 2001).

Resultado:

0 – 4 = ASSINTOMÁTICO
5 – 8 = MÉDIO
9 – 13 = Desesperança MODERADA
14 – 20 = Desesperança SEVERA

3.1.2 Inventário Beck de Ideação Suicida (BSI)

Faixa Etária: 17 a 80 anos de idade.

É constituída por 21 itens, O examinando responde de acordo com uma escala de 0 a 3. Caso a pontuação total seja equivalente a 6 ou mais, a ideação suicida é considerada clinicamente significante. Entretanto, a presença de qualquer escore diferente de zero revela a existência de ideação suicida e demonstra necessidade de avaliação clínica detalhada (Beck, 2001).

4. Plano de Segurança

O Plano de Segurança é construído pelo paciente durante essa fase inicial terapêutica, a partir do momento que ele consegue reconhecer sinais que precedem a crise suicida, tais como pensamentos automáticos, imagens, emoção ou comportamento.

Segundo Wenzel, Brown e Beck (2010), a lista auxilia os pacientes a reduzirem o risco de um ato suicida. Ao concordarem com as estratégias e os recursos de *coping* os pacientes mesmo em crise estão mais comprometidos com o tratamento. Os elementos fundamentais do plano de segurança compreendem:

1) Reconhecer sinais de alerta que precedem as crises suicidas. Exemplos: querer ir dormir e não acordar mais; querer se ferir; pensar: "eu não aguento mais isso".
2) Identificar estratégias de *coping* que podem ser utilizadas sem se contatar outras pessoas. Exemplos: escutar música; respirar de forma controlada; fazer exercícios, tomar banho quente, caminhar, jogar vídeo game e etc.

3) Contatar amigos ou familiares. Exemplos: telefonar para um amigo para me distrair; telefonar para um familiar; telefonar para outra pessoa e etc.
4) Contatar profissionais ou estabelecimentos de saúde mental. Exemplos: telefonar para meu terapeuta; telefonar para meu psiquiatra; telefonar para a Emergência; telefonar para o CVV: 141 etc.

5. Avaliação do Risco de Suicídio

Deve ser desenvolvida, preferencialmente a cada sessão, pois é uma das práticas terapêuticas essenciais para avaliar aspectos do risco de suicídio, focando mais na ideação e na intenção de garantir a segurança do paciente. Wenzel, Brown e Beck (2010) descrevem alguns exemplos, tais como:

a) "Você tem vontade de morrer ou sente que a vida não vale a pena ser vivida?"
b) "Você tem vontade de se matar ou pretende se matar?"

Mas outras questões poderão ser realizadas de acordo com o discurso de cada paciente.

PROCESSO CLÍNICO INTERMEDIÁRIO

O processo de tratamento clínico intermediário tem o formato muito parecido com algumas atividades desenvolvidas no processo clínico inicial. Ou seja, o terapeuta inicia o atendimento avaliando o risco de suicídio e o comprometimento com a terapia e os outros serviços; faz uma retomada das sessões anteriores e revisa o plano de segurança.

Mas é nesta fase que as estratégias de intervenções comportamentais, emocionais e cognitivas serão aplicadas (Wenzel, Brown e Beck, 2010). A prevenção de futuros atos suicidas é o objetivo fundamental do tratamento, portanto, durante todo esse processo, as intervenções serão realizadas com o auxílio de estratégias bem específica para cada situação apresentada.

1. Estratégias Específicas de Intervenção

1.1 Estratégias Comportamentais

Nesta fase o paciente está inativo, desesperançoso e com sentimento de impotência. Iniciar a intervenção com estratégias comportamentais objetivas, gerar algumas mudanças imediatas que potencializem e conduzam o paciente a uma posição satisfatória para avaliação das crenças suicidas.

Wenzel, Brown e Beck (2010) apresentam algumas atividades essenciais no processo intermediário, tais como: a) aumentar atividades prazerosas (fazer uma lista e se comprometer com a prática); b) restabelecer Vínculos Sociais (o psicólogo não pode ser o único) e c) reestabelecer e/ou encaminhar para outros serviços (saúde, econômico).

O restabelecimento dos vínculos familiares e afetivos é de fundamental importância. Uma condição própria do ser humano é o sentimento de solidão. Entretanto, em algumas situações, sua presença desencadeia sentimentos de desesperança, dor, sofrimento e pensamentos suicidas. O sentimento de ausência movimenta o sujeito a buscar aquilo que falta, mas como bem ressalta Angerami-Camon, (2002, p. 9), “é como se a grande maioria das pessoas não aguentasse a condição de ser só”.

Outras técnicas de intervenção comportamental desenvolvidas para diferentes transtornos podem ser adaptadas no processo clinico.

O Ensaio Comportamental é uma técnica de intervenção bastante utilizada na prática e perfeitamente adaptável, também chamado de treinamento de papéis ou role-play. É uma técnica inspirada nos procedimentos desenvolvidos por Moreno (2008), fundador do Psicodrama. O ensaio pode ser utilizado em vários problemas clínicos e visa o aperfeiçoamento do repertório comportamental já existente ou a instalação de novos comportamentos por meio do treinamento. Portanto, é através da representação teatral que terapeuta e cliente simulam sequências de interações sociais que potencializam o paciente a criar estruturas comportamentais de tolerância e controle (Abreu e Guilhardi, 2004).

Para a construção do ensaio com pacientes de autoextermínio, o terapeuta precisa ser capaz de definir a situação-problema; em seguida, organizar as sequências comportamentais de tentativas de suicídio em relação aos eventos relatados pelo paciente; depois, oferecer instruções e padrões comportamentais, que podem ser desempenhados ou dramatizados; exibir o comportamento em uma cena; dar dicas sobre a performance; e, caso o paciente esteja preparado para encenar, inverter os papéis e deixá-lo reapresentar por várias vezes e depois reavaliar o desempenho do paciente na cena e nos próximos encontros avaliar o desempenho em casos reais (Calais e Bolsoni-Silva, 2008 e Souza, Orti e Bolsoni-Silva, 2012).

1.2 Estratégias Emocionais

Estratégias de *coping* afetivo

Segundo Vaz-Serra (2007), o *coping* é compreendido como as estratégias que auxiliam o sujeito a administrar situações estressoras. Para Lazarus e

Folkman (1984), o coping é desenvolvido pelo ser humano com o intuito de conduzir, de forma eficiente, as exigências internas e/ou externas que sobrecarregam e desgastam seus recursos internos. De acordo com outros autores, estruturas de avaliação, gestão das circunstâncias, resolução, controle, minimização e tolerância a dor e o estresse estão presentes no coping (Kristensen, Schaefer e Busnello, 2010; Richter et al., 2013).

As estratégias de coping podem ser classificadas em dois tipos, dependendo da sua função: a) focadas no problema e b) focadas na emoção (Folkman e Lazarus, 1980). A situação indutora de estresse irá direcionar o tipo de estratégias de coping desenvolvidas. Quando o caso é avaliado como pouco intenso e controlável, o paciente consegue administrar estratégias focadas no problema. Caso a situação avaliada é intensa e o paciente tem a ideia de que nada pode ser feito para alterar as condições situacionais prejudiciais, ameaçadoras ou de muita dor, é preciso reduzir o estado de tensão emocional, focando na emoção (Folkman e Lazarus, 1980; Vaz-Serra, 2007).

As estratégias de coping a) focadas no problema procuram trabalhar situações que originaram o estresse, tentando modificá-lo, podendo a sua ação ser direcionada para o ambiente (exterior) ou para o indivíduo (interior). A dinâmica do coping, desenvolvida para mudar ou administrar alguns aspectos de um ambiente, deve definir o problema; produzir soluções alternativas; analisar os custos e benefícios de cada solução; escolher a melhor solução; e, agir com o paciente diretamente na resolução do problema. Já no *coping* dirigido para o indivíduo, o paciente deve desenvolver estratégias que reavaliam cognitivamente a origem do estresse, transformar estruturas motivacionais, alterando o nível de envolvimento com o problema e finalmente aprender novos padrões de comportamentos mais saudáveis (Lazarus e Folkman, 1984).

Segundo Lazarus e Folkman (1984), as estratégias de *coping* "b", focadas na emoção, envolvem esforços para administrar ou regular as emoções negativas associadas ao episódio de estresse. No caso de pacientes com comportamentos suicidas, Wenzel, Brown e Beck (2010) relatam que essas estratégias de *coping* afetivo ajudam os pacientes a regularem suas emoções, impedindo as autoagressões e as condutas de autoextermínio. Há 3 habilidades que o clínico pode trabalhar dentro desta perspectiva de *coping* afetivo.

1. Autoalívio físico

Engajar os pacientes em atividades físicas rigorosas (diminuir a dor emocional); e desenvolver Relaxamento Muscular Progressivo e Exercícios de Respiração. Essa categoria ainda utiliza técnicas comportamentais, pois busca amenizar a carga fisiológica para então conduzir o paciente para uma perspectiva de autoalívio cognitivo e sensorial.

A técnica original do Relaxamento Muscular Progressivo foi sistematizada pelo fisiologista Edmund Jacobson (1976). Segundo Vera e Vila (2007), diante da extensão da técnica, adaptaram-na e simplificaram-na, mantendo o mesmo resultado encontrado por Jacobson. O relaxamento é proposto através da alternância entre contração e distensão em cada grupo muscular do corpo. Tal técnica consiste em condicionar o sujeito a compreender e identificar situações de tensão. Esta identificação será o sinal para que o paciente automaticamente relaxe. Mas, é preciso construir hábito, e como qualquer hábito, a técnica necessita ser praticada várias vezes.

Outra técnica clássica é o relaxamento autógeno do psiquiatra alemão Johannes H. Schultz (1932). O paciente é conduzido para estados de relaxamento através de autossugestões, fundamentadas em impressões de peso e calor nas extremidades do corpo, controle dos batimentos cardíacos, sensações de tranquilidade e autoconfiança, e concentração passiva da respiração.

Em relação a exercícios de respiração utilizados nesta primeira categoria, uma das técnicas desenvolvidas é a respiração diafragmática. Ela é voltada para a redução de tensões e promoção do bem-estar físico e psicológico. O paciente deve colocar a mão na região abdominal e a outra na região torácica e a respiração deverá ser conduzida em torno de 2 a 3 minutos (Neves Neto, 2011).

2. Autoalívio cognitivo

Através de uma perspectiva cognitiva, o uso de técnicas de distração é bastante frequente. Sabe-se que a distração é uma estratégia de curto prazo, mas auxilia o paciente a focar a atenção em pensamentos positivos e, combinado com memórias ou cenas prazerosas; o paciente conseguirá administrar situações perturbadoras sem se machucar ou desesperançar (Linehan, 1993).

3. Autoalívio sensorial

Nesta categoria, o paciente poderá conduzir o estresse, empregando sentidos como o cheiro, o som e o toque. Alguns exemplos, tais como escutar música que te faz sentir bem, tomar banho na temperatura que te relaxa e/ou tocar objetos para se acalmar, são essenciais para a condução de pacientes com comportamentos suicidas.

Além disso, a técnica da regulação emocional torna algumas pessoas mais bem-sucedidas ao lidar com circunstâncias estressoras (Silva e Freire, 2014). As práticas de *mindfulness* (atenção plena) são técnicas de autorregulação emocional; a estratégia propõe estar consciente e atento (*mindful*) às nossas reações de maneira tolerante e curiosa, a fim de libertar as pessoas do condicionamento automático e permitir a observação e regulação das emoções para a experiência presente (Leahy, Tirch e Napolitndo, 2013).

1.3 Estratégias Cognitivas

Nas terapias cognitivas, de modo geral, existe um número incontável de estratégias. Para o desenvolvimento de pacientes suicidas, algumas são essenciais no tratamento.

a) Modificando Crenças Centrais

Desenvolver habilidades para identificar pensamentos e crenças negativas e como elas afetam os sentimentos e comportamentos. As crenças centrais comuns em pacientes suicidas são as de desamparo, de desamor e de desvalor. Construa um quadro e oriente o paciente a identificar cada crença.

b) Registro de Pensamentos Automáticos

É um processo de identificação de pensamentos, sentimentos e comportamentos em um dado momento. O registro de Pensamentos Automáticos deve apontar o que está implícito; ligar os pensamentos ao humor e ao comportamento e analisá-los com a realidade (Yalom, 2006).

c) Contestação dos Pensamentos e identificação das distorções cognitivas.

A TCC conduz os pacientes a contestar os pensamentos, especialmente aqueles associados aos sintomas clínicos e comportamentos mal adaptativos. Yalom (2006) descreve este método como uma ferramenta em que se desafiam as crenças negativas e se identificam as distorções no pensamento. Segundo Knapp (2004), as distorções cognitivas podem conduzir o paciente a conclusões equivocadas, dificultando seu desempenho. Algumas das distorções frequentemente presentes nos pacientes de autoextermínio são: Catastrofização: esperar o pior de uma situação; raciocínio emocional: prever os fatos através de uma emoção; Polarização: apresentar um pensamento "tudo-ou-nada"; Abstração Seletiva: filtrar mentalmente apenas um aspecto da situação; Adivinhação: antecipar o futuro; Leitura mental: prever o que os outros estão pensando; Desqualificação do positivo: as experiências positivas são triviais; Personalização: assumir a culpa ou responsabilidade por acontecimentos negativos; hipergeneralização: uma situação específica é universalizada; Imperativos: fica em torno da ideia de 'deveria' e 'tenho que', em vez de simplesmente considerar como as coisas são; questionamento (E se?): foca naquilo que poderia ter sido e não aconteceu.

O método de contestação destas distorções é o questionamento socrático, e a intenção do método não é convencer o paciente em relação às inadequações dos pensamentos e sim, guiá-lo ao encontro de evidências que corroborem se tal crença é verdadeira ou não (Knapp, 2004).

d) Identificando razões para viver

Segundo Wenzel, Brown e Beck (2010), os pacientes com comportamentos suicidas são capazes de listar vários motivos para morrer. Pensar e identificar razões para viver tais como família, amigos, negócios, filhos, meta e espiritualidade aumentam a probabilidade de engajamento ao tratamento. A lista precisa ser confeccionada e sempre consultada em momentos de crise. Para alguns pacientes, essas listas podem não ser tão eficazes. Neste caso, a construção do Kit de Esperança, concretiza a eficiência da estratégia. O Kit coleciona itens que retomam lembranças de pessoas, lugares e sensações que oferecem razões para viver.

e) Desenvolvendo Cartões de Coping

São lembretes construídos durante a terapia e auxiliam o paciente a lidar com perturbações associados à desesperança e à ideação suicida. Os pensamentos automáticos negativos são registrados no cartão e uma resposta alternativa deverá ser construída (Wenzel, Brown e Beck, 2010).

f) Aumentando as habilidades de resolução de problemas

Neste momento o clínico deverá encorajar o paciente a listar possíveis soluções desenvolvidas desafiando suas crenças desadaptativas.

g) Reduzindo a impulsividade

Orientar os pacientes a não tomar decisão em momentos de crise e listar as vantagens e desvantagens de agir por impulso.

PROCESSO CLÍNICO DE CONTROLE E/OU FINAL

No processo clínico de controle, a Prevenção de Recaídas é uma parte essencial do tratamento para finalização e/ou avaliação. O uso do protocolo de prevenção de recaídas de Wenzel, Brown e Beck (2010), fundamenta no desenvolvimento de exercícios de imaginação das crises suicidas, reais ou hipotéticas, guiada pelo clínico e a descrição dos pensamentos, sentimentos e comportamentos em relação ao episódio imaginário.

CONSIDERAÇÕES FINAIS

O comportamento suicida tem sido foco de políticas de ação para alarmar a população no sentido de promover uma publicização desse ato tão nefasto à vida. Inúmeras ações têm sido adotadas por órgãos responsáveis pela assistência à saúde mental no sentido de minimizar a alta estatística desse ato tão desolador para a pessoa em sofrimento e seus pares relacionais. Nessa linha, essa obra teve também o objetivo de instrumentalizar profissionais da área psicológica para o atendimento de casos de autoextermínio.

Uma das propostas interventivas é a Terapia Cognitiva-Comportamental, a qual tem tido resultados satisfatórios no que tange o tratamento de pessoas que tiveram comportamento suicida. O tratamento busca primordialmente o resgate à vida e ao seu teor valorativo. Para isso, inúmeras estratégias terapêuticas têm sido desenvolvidas, validadas e amparadas em dados empíricos e científicos. Com relação ao manejo clínico, este é descrito levando em consideração as fases do processo terapêutico: inicial, intermediário e final/preventivo.

Na fase inicial o importante é promover o engajamento do paciente ao tratamento a partir de uma ação terapêutica amparadora, acolhedora, amorosa e gentil, uma vez que esse paciente está em um nível significativo de sofrimento psicológico. Nessa fase, inicia-se o desenvolvimento da conceituação de caso, a qual promove um entendimento sobre os motivadores da execução do comportamento suicida, a história de vida da pessoa, suporte social, condicionantes cognitivos-emocionais-volitivos-fisiológicos, que estão subjacentes ao comportamento suicida, e os estilos de enfrentamento da pessoa nas situações estressantes ao longo da vida. Outra importante ação é estabelecer junto ao paciente um plano de segurança, que irá ajudá-lo caso tenha uma ideação suicida, como: reconhecer sinais de alerta que precedem as crises suicidas, contatar pessoas próximas e órgãos de ajuda, entre outras.

Na fase interventiva do processo clínico, as estratégias terapêuticas visam acessar canais cognitivos, afetivos e comportamentais para promover um fortalecimento psíquico a partir da autorregulação emocional, reestruturação cognitiva, manejo do estresse, estratégias de enfrentamento diante de situações que causem vulnerabilidade à pessoa. Nesse aspecto, o objetivo dessa fase é aumentar a esperança diante da autovida, fortalecer o self e adotar comportamentos que fortaleçam o enfrentamento de situações adversas e deletérias.

Por fim, o processo terapêutico visa promover a prevenção de recaída a partir de estratégias desenvolvidas durante o tratamento com o paciente e que serão adotadas por este em situações que o deixa vulnerável a ter comportamento de autoextermínio. Esse momento é especialmente importante pois apesar de o paciente não estar mais em situação de risco e com uma perspectiva esperançosa para com a vida, este deve ter consciência que as recaídas podem aparecer, mas que agora, em função do tratamento terapêutico, está mais fortalecido para lidar com elas.

O comportamento suicida deve continuar a ser objeto de pesquisa e de interesse de políticas públicas que promovam a melhoria do bem-estar subjetivo do indivíduo, para que este não encontre no autoextermínio uma solução para seu sofrimento. Nada deve ser mais valioso do que viver uma vida plena, vislumbrando um futuro esperançoso e possível.

REFERÊNCIAS

ABREU, C. N.; GUILHARDI, H. J. (Org.). *Terapia comportamental e cognitivo comportamental: Práticas clínicas*. São Paulo: Roca, 2004.

ANGERAMI-CAMON, V. A. *Psicoterapia Existencial*. São Paulo: Pioneira Thomson Learning, 2002.

BECK, J. S. *Terapia cognitiva: Teoria e prática*. Porto Alegre: Artes Médicas, 1997.

BECK, A. T. *et al*. *Escalas Beck*. São Paulo: Casa do Psicólogo, 2001.

BECK, A. T.; ALFORD, B. A. *Depressão: causas e tratamento*. Porto Alegre: Artmed, 2011.

BECK, J. S. *Terapia cognitiva-comportamental: Teoria e prática*. Porto Alegre: Artmed, 2014.

BERTOLOTE, J. M.; Mello-Santos, C. de; BOTEGA, N. J. Detecção do risco de suicídio nos serviços de emergência psiquiátrica. *Rev. Bras. Psiquiatr.*, São Paulo, v.32, supl. 2, p. 87-95, 2010.

BOTEGA, N. J. *Crise Suicida: avaliação e manejo*. Porto Alegre: Artmed, 2015.

CALAIS, S. L. e BOLSONI-SILVA, A. T. Alcances e limites das técnicas comportamentais: algumas considerações. In: CAVALCANTE, M.R. (Org.). *Análise do Comportamento – avaliação e intervenção*. São Paulo: Roca, 2008.

CAMINHA, R. M.; WAINER, R.; OLIVEIRA, M.; PICCOLOTO, N. M. (Org.). *Psicoterapias cognitivo-comportamentais: teoria e prática*. São Paulo: Casa do psicólogo, 2007.

DOBSON, K. S. *Manual de terapias cognitivo-comportamentais*. Porto Alegre: Artmed, 2006.

ELLIS, A. El estado de la cuestión en la terapia racional-emotiva-conductual. In: CARO, I. (Org.). *Manual de psicoterapias cognitivas*, 3. ed. Barcelona: Paidós, p. 91-101, 1997.

FERREIRA, A. B. de H. *Dicionário da língua portuguesa*. 5. ed. Curitiba: Editora Positivo, 2014.

FRIEDBERG, R. D.; MCCLURE, J. M. *A prática clínica de terapia cognitiva com crianças e adolescentes*. 2. ed. Porto Alegre: Artmed, 2004.

FOLKMAN, S.; LAZARUS, R. S. An analysis of coping in a middle-aged community sample. *Journal of Health and Social Behavior*, v. 21, p. 219–239, 1980.

GONÇALVES, A. M.; FREITAS, P. P., SEQUEIRA, C. A. C. Comportamentos suicidários em estudantes do ensino superior: Factores de risco e de proteção. *Millenium*, v. 40, p. 149-159, 2011.

HENRIQUES, G.; BECK, A. T.; BROWN, G. K. Cognitive therapy for adolescent and young adult suicide attempters. *American Behavioral Scientist*, v. 46, p. 1258-1268, 2003.

JACOBSON, E. *You Must Relax: Practical Methods for Reducing the Tensions of Modern Living*. 5. ed. Chicago: McGraw-Hill, 1976.

KRISTENSEN, C. H.; SCHAEFER, L. S.; BUSNELLO, F. B. Estratégias de coping e sintomas de stress na adolescência. *Estud. psicol. (Campinas),* Campinas, v. 27, n. 1, p. 21-30, 2010.

KNAPP, P. *et al. Terapia cognitivo-comportamental na prática psiquiátrica*. Porto Alegre: Artmed, 2004.

KNAPP, P.; ROCHA, D. B. Conceitualização cognitiva: Modelo de Beck. In: CAMINHA R. M.; WAINER R.; OLIVEIRA M.; PICCOLOTO N. M. (Org.). *Psicoterapias cognitivo-comportamentais: Teoria e prática*. São Paulo: Casa do Psicólogo, p. 39-46, 2003.

KUYKEN, W.; FOTHERGILL, C. D.; MUSA, M.; CHADWICK, P. The reliability and quality of cognitive case formulation. *Behaviour Research and Therapy, v. 43,* p. 1187-1201, 2005.

LAZARUS, R. S.; FOLKMAN, S. *Stress, appraisal, and coping*. New York, NY: Springer, 1984.

LEAHY, R. L.; TIRCH, D.; NAPOLITANO, L. A. *regulação emocional em psicoterapia: um guia para o terapeuta cognitivo-comportamental*. Porto Alegre: Artmed, 2013.

LINEHAN, M. M. *Diagnosis and treatment of mental disorders. Skills training manual for treating borderline personality disorder*. New York, NY, US: Guilford Press, 1993.

LOPES, E. J.; LOPES, R. F. F.; LOBATO, G. R. Algumas considerações sobre o uso do diagnóstico classificatório nas abordagens comportamental, cognitiva e sistêmica. *Psicologia em Estudo, v. 11*, p. 45-54, 2006.

MEDEIROS, M. N. F.; MAIA, L. *Risco de suicídio, saúde e estilos de vida: estudo com estudantes universitários*. Dissertação. Universidade da Beira Interior, 2012.

MEICHENBAUM, D. El estado de la cuestión en la modificación cognitivo-conductual. In: Caro, I. (Org.). *Manual de psicoterapias cognitivas, 3. ed.* 3.ed. Barcelona: Paidós, p. 149-156, 1997.

MELEIRO, A. M. S. Risco do suicídio: Avaliação médico-psiquiatra do risco de suicídio. *Debates*, v. 5, p. 11-15, 2010.

MELO, W. V. *Estratégias psicoterápicas e a terceira onda em terapias cognitivas*. Porto Alegre: Sinopsys, 2014.

Moreno, J. L. *Psicodrama*. 16. ed. São Paulo: Cultrix, 2008.

MORAIS, R. S. de. *Inventários Beck para crianças e adolescentes: revisão sistemática da literatura*. Dissertação (Dissertação em Psicologia). Universidade Federal de Uberlândia – UFU. Uberlândia-Minas Gerais, 2014.

MÓSCICKI, E. K. Epidemiology of Suicide. In: JACOBS D. G. (Editor). *The Harvard Medical School Guide to Suicide Assessment and Intervention*. Jossey-Bass; San Francisco, CA. p. 40–51, 1999.

NEVES NETO, A. R. Técnicas de respiração para a redução do estresse em terapia cognitivo-comportamental. *Arq. Med. Hosp. Fac. Cienc. Med.* Santa Casa, São Paulo, v. 56, p. 158-68, 2011.

ORGANIZAÇÃO MUNDIAL DA SAÚDE - OMS. Prevenção do suicídio: um manual para profissionais da saúde em atenção primária. Genebra, 2000.

PERSONS, J. B.; ROBERTS, N. A.; ZALECKI, C. A.; BRECHWALD, W. A. G. Naturalistic outcome of case formulation-driven cognitive-behavior therapy for anxious depressed outpatients. *Behaviour Research and Therapy, v. 44*, p. 1041-1051, 2006.

PERSONS, J. B., e DAVIDSON, J. Cognitive-behavioral case formulation. In: K. S. Dobson (Editor.), *Handbook of cognitive-behavioral therapies*. 3 ed. New York: Guilford Press, p.172-193, 2010.

RANGÉ, B. (Org.). *Psicoterapias cognitivo-comportamentais: um diálogo com a psiquiatria*. 2ª ed. Porto Alegre: Artmed, 2011.

RICHTER, J.; LAURITZ, L. E.; PREEZ, E. DU, CASSIMJEE, N.; GHAZINOUR, M. *Relationships between Personality and Coping with Stress: An Investigation in Swedish Police Trainees*. Psychology, v. 04, p. 88–95, 2013.

SALKOVSKIS, P. M.; SERRA, A. M. *Fronteiras da Terapia Cognitiva*. São Paulo: Casa do Psicólogo, 2012.

SCHULTZ, J. H. *Das Autogene Training (konzentrative Selbstentspannung). Versuch einer klinisch-praktischen Darstellung*. Leipzig: Thieme, 1932.

SILVA, E.; FREIRE, T. Regulação emocional em adolescentes e seus pais: Da psicopatologia ao funcionamento ótimo. *Aná. Psicológica*, Lisboa, v. 32, n. 2, p. 187-198, 2014.

SOUZA, V. B. DE; ORTI, N. P.; BOLSONI-SILVA, A. T. Role-playing como estratégia facilitadora da análise funcional em contexto clínico. *Rev. bras. ter. comport. cogn.*, São Paulo, v. 14, n. 3, p. 102-122, 2012.

VAZ-SERRA, A. *O stress na vida de todos os dias*. 3. ed. Coimbra: Vaz-Serra, 2007.

VERA, M. N; VILA, J. Técnicas de Relaxamento. In: CABALLO, V. E. (Org.). *Manual de técnicas de terapia e modificação do comportamento.* 3. ed. São Paulo: Santos Livraria Editora, p.147-165, 2007.

WENZEL, A; BROWN, G. K; BECK, A. T. *Terapia Cognitivo Comportamental para pacientes suicidas.* Porto Alegre: Artmed, 2010.

WERLANG, B. S. G.; BORGES, V. R.; FENSTERSEIFER, L. Fatores de risco ou proteção para a presença de ideação suicida na adolescência. *Revista Interamericana de Psicologia/Interamerican Journal of Psychology, v.* 39, p. 259-266, 2005.

WRIGHT, J. H.; BASCO, M. R.; THASE, M. E. *Aprendendo a terapia cognitivo-comportamental: Um guia ilustrado.* Porto Alegre: Artmed, 2008.

YALOM, I. D.; LESZCZ, M. *Psicoterapia de grupo: teoria e prática.* 5. ed. Porto Alegre: Artmed, 2006.

Capítulo 13

A INTERVENÇÃO CLÍNICA, RESGATANDO O SENTIDO DE VIDA

Cristiana Ornellas Renner

A intervenção clínica, no âmbito de uma terapia psicológica em pacientes com o risco de suicídio, tem como objetivo imediato o resgate do sentido de viver.

Mas o que é o suicídio e como ele tem sido estudado no caminho do saber humano?

A psicologia constitui um saber independente, porque tem um objeto definido: os eventos da mente humana, porém, os conhecimentos da mente humana têm uma história e se desenvolveram inicialmente ligados a outros saberes.

Não há a intenção de se abrir um foco interdisciplinar amplo neste artigo, mas apenas apresentar casos clínicos e usar as contribuições de dois autores que estudaram com muito empenho o problema do suicídio. Esses autores não são definitivos, nem estão relacionados à intervenção de tipo psicológico, mas mostram de forma especial a magnitude da problemática humana envolvida no ato do suicídio.

Primeiramente apresentarei os autores e em seguida os casos clínicos.

São eles, Albert Camus, no ensaio sobre *L'Absurde et le Suicide* (1965), num estudo de caráter filosófico, e Émile Durkheim, na obra clássica *O Suicídio* (1986), que analisa o suicídio como um problema sociológico.

SOBRE O SUICÍDIO: ALBERT CAMUS

Segundo Camus (1965), só há um problema filosófico verdadeiramente sério: o suicídio. Julgar se a vida vale, ou não vale, a pena ser vivida, é o problema fundamental da filosofia, todos os demais vêm depois.

Para ele, não há necessidade de se demonstrar que esta é a questão fundamental, e não aquela que diz que o mundo gira em torno do sol, se existem três ou mais dimensões, ou outra questão qualquer. Galileu, que tinha conhecimento de uma verdade importante, abjurou dela, quando viu que poria sua vida em perigo. Era uma questão fútil diante do valor da vida.

Segundo Camus (1965), não se pode tratar o suicídio como uma relação social. É um ato individual, íntimo, que é preparado no silêncio do coração, como uma grande obra. Um homem perdeu sua filha, cinco anos depois se suicida. A tragédia foi vivida por ele, ocorreu dentro de si, começou a miná-lo. A sociedade não tem grande coisa a ver com este resultado, e sim, o que se passa no interior do indivíduo e começa a miná-lo. O verme do suicídio se encontra no coração do homem. É aí que deve ser procurado. Há muitas razões para o suicídio, geralmente estas não são as mais aparentes. Nós temos o hábito de viver, antes de ter o hábito de pensar. O corpo recua ante a morte. O movimento em direção ao suicídio instala-se no coração humano provocado por tristezas íntimas, doenças incuráveis; por outro lado, o desencadeamento desse ato pode se dar por um fato banal, tal como, a indiferença, ou a aparente indiferença, de um amigo, num momento de angústia. A morte voluntária supõe o reconhecimento, talvez instintivo, da perda de nexo do hábito de viver, da falta de sentido da agitação quotidiana, e da inutilidade do sofrimento, que se instala de forma lenta e progressiva e vai minando o sentido da vida.

O suicídio é uma decisão absurda, que provém do absurdo da condição humana. É uma solução ao absurdo da vida. Entende-se assim que um homem que não trapaceia, abandone o mais rapidamente possível uma situação incompreensível. Há, também, os que, sem concluírem o ato, interrogam-se todos os dias. Será a maioria? Não, a fixação do homem à vida é mais forte que as misérias do mundo.

Escapa-se do absurdo da vida pela esperança ou pelo suicídio. O escape pela esperança, dá sentido à vida.

Ante os problemas que fazem perder o sentido da vida, há dois modos de pensar: a evidência e o lirismo. Pode existir um equilíbrio entre a evidência trágica da condição de vida, e o lirismo, que privilegia sua beleza, e nos faz aceitar a vida com clareza e emoção. Entre esses dois extremos, a percepção trágica e a reação lírica, pode predominar a dialética que se apoia na fé e na simpatia, e nega o suicídio.

O raciocínio de Camus (1965) caminha por várias ramificações, esclarece vários ângulos do problema. Ele não dá uma resposta definitiva sobre o suicídio, mas qualifica-o como o único problema filosófico verdadeiramente sério.

SOBRE O SUICÍDIO: ÉMILE DURKHEIM

Émile Durkheim escreveu seu famoso livro sobre o suicídio em 1897, ao perceber que o aumento do número de suicídios estava associado ao enfraquecimento dos laços de solidariedade social.

As taxas de suicídio eram crescentes no século XIX na Europa, e vinham aumentando desde o final do século XVIII; para muitos, isso parecia ser causado por uma crise moral da sociedade. Nunca se negou que o suicídio fosse influenciado por fatos sociais, e outros fatores, tais como, a raça e doenças mentais herdadas, que, já nessa época, não eram ignorados como possíveis causas do suicídio. Mas, em seu estudo, Durkheim viu o suicídio como um fato social, que precisava ser explicado por outros fatos sociais. Concluiu que o aumento do número de suicídios indicava uma fragilização dos laços de integração social.

Não é necessário nos alongar aqui sobre os bem conhecidos tipos de solidariedade social concebidos por Durkheim (1986): a solidariedade mecânica e a orgânica, que explicam as diferentes formas de integração social. Quando a solidariedade mecânica é a base da coesão social, as crenças e os valores são compartilhados e controlam a conduta social: a coletividade domina o indivíduo, e há apenas um desenvolvimento rudimentar da autoconsciência individual. Nessas comunidades, fortes laços familiares, e vínculos afetivos estreitos, aproximam as pessoas de forma intensa e direta. Há pouco espaço para a diferenciação e o individualismo.

A solidariedade orgânica, isto é, a interdependência de indivíduos e grupos que passam a ter relações constantes de trocas uns com os outros. só começa a surgir com o desenvolvimento da especialização da produção, e ocorrerá fortemente apenas com a industrialização. A solidariedade orgânica não pressupõe a semelhança, mas o desenvolvimento do individualismo, da diferenciação entre as pessoas.

Durkheim elaborou seu estudo coletando ou formulando novas estatísticas sobre o suicídio, e analisou-as sob o enfoque social.

Verificou que o número de suicídios variava muito entre os países europeus. Nessa época, as taxas de suicídio da Inglaterra eram duas vezes maiores que as da Itália; as da Dinamarca quatro vezes maiores que a inglesa; viu, também, que elas eram maiores entre os países protestantes que entre países católicos, embora ambas as crenças condenem os suicídios.

Os protestantes, segundo Durkheim (1986), estão sozinhos diante de Deus, os católicos têm o clero, que intervém ante a divindade, portanto, a integração social é maior na Igreja Católica que na protestante. Observou que o número de suicídios se diferencia segundo as estações do ano, são mais frequentes na primavera e menos no inverno, quando a contradição entre o meio externo radiante incide sobre um indivíduo socialmente enfraquecido. As taxas de suicídio se elevam nas fases de depressão econômica, de desemprego, e, também, nos momentos de *boom* econômico, assim não são determinadas apenas por fatores materiais, mas também pela instabilidade econômica, que rompe os códigos morais que regem as vidas dos indivíduos. Durkheim seguiu analisando vários aspectos das estatísticas sobre o suicídio, mostrando que, quanto maior for a integração social numa comunidade menor será a taxa de suicídios, não há necessidade de alongar aqui, expondo todos os aspectos de seu estudo.

Para ele o suicídio é um fato social e suas taxas variam segundo os tipos e a intensidade da solidariedade social existente. Então, nas sociedades simples a dominação social limita a ação individual, o que se modifica quando ocorre a mudança social em direção às sociedades complexas. Esse novo tipo de sociedade, exige um novo tipo de autoridade moral, que deverá ser construído.

A liberdade maior do indivíduo apareceu devido a um movimento histórico e não devido a um atributo independente do ser humano. A transição da solidariedade mecânica para a orgânica provoca tensões, estas tensões, que Durkheim (1986) observou em seu momento de vida, poderão ser superadas, pela justiça social e pela igualdade de oportunidades. Se a base dessa sociedade é a divisão social do trabalho, a sociedade é diferenciada, numa sociedade diferenciada as tensões podem ser resolvidas pela construção de uma nova ordem moral.

O que reter de um texto que nada contém da psicologia experimental moderna? O processo de desenvolvimento da individualidade continua em movimento na sociedade. A obra Durkheim (1986) mantém sua importância. O rompimento dos laços da solidariedade mecânica continuam a ocorrer. Como operar sobre um problema individual que tem raízes no mundo social em desenvolvimento? Como tratar a solidão individual que pode levar ao suicídio? Como operar sobre um ângulo específico do suicídio, dos liames que unem os indivíduos na sua rede de relações sociais, o cimento que une o indivíduo ao seu próximo?

Esses dois estudos exploram o cenário externo na busca das causas que levam ao suicídio. Ambos perguntam, que fatos levaram estas pessoas ao suicídio?

São dois estudos que provêm de autores distantes no tempo, com tipos diferentes de formação. E ambos mostram que o ímpeto ao suicídio é agravado pela perda de laços vitais e afetivos, que propiciam a união entre as pessoas, resultado do crescente individualismo.

Ambos apontam disfunções no sentido da vida, decorrentes dos afrouxamentos dos vínculos que unem o suicida ao meio social em que vive.

Nesses textos, nada se encontra diretamente sobre tratamento clínico. Sua contribuição ao psicólogo é a identificação do fenômeno.

Respondem à pergunta: Que tipo de fenômeno é este? Onde estão suas raízes? Como posso compreendê-lo?

Ambos os autores, contribuem de forma competente, embora não definitiva, através de reflexões seguras, elaboradas com acuidade, para esclarecer a complexidade do problema do suicídio.

Sobre o prisma dessas análises, destacam-se alguns pontos relevantes para casos em que há a probabilidade do suicídio, o analista deverá observar:

- Perda dos vínculos de integração social. Ambos os autores mostram isso, de uma forma ou de outra. É preciso pesquisar a rede de relações sociais mantidas, sua intensidade e sentido.
- A intensidade da dor.
- As fontes do sentido de vida, sua força e efetividade.
- É, geralmente, uma inclinação oculta, que ocorre no recôndito da alma. Deve-se tentar caminhos de acesso aos motivos ocultos, sem levantar o problema. Não se suicida por reflexão, dificilmente é um ato racional. Procurar reduzir situações conflitivas que desencadeiam a tendência corrosiva ao suicídio.
- Se há perda de sentido da importância da execução dos hábitos cotidianos.
- Atuar sobre os laços que aproximam os laços sociais.
- Descobrir os fatores de proteção, afetivos. Estimular a esperança.

OBSERVAÇÕES CLÍNICAS

Não se pode deixar de considerar aqui, a relação de troca que existe entre conhecimentos teóricos bem fundamentados e as observações da experiência clínica. Imenso desafio lidar com este tema. O objetivo do psicólogo é procurar meios de aproximar o paciente da aceitação da vida. Mas não há regras fixas, há indícios, não há pistas claras, há suspeitas. Cito agora alguns exemplos.

Pedro

Na clínica, tenho observado que a intensidade da dor nem sempre aparece como desencadeador do suicídio.

Considerei uma situação de pânico, em que a pessoa teme perder a capacidade visual, a audição, a fala, teme falar no assunto, porque assim seu medo é acentuado, desencadeando um sintoma de pânico. Percebia-se claramente que o suicídio, não era uma questão. A dor era intensa, mas o suicídio não era uma questão.

"– Qual é o seu maior medo?

– Medo? Eu tenho medo de ficar cego. Aliás, tenho mais medo, tenho medo de ficar cego e surdo.

– Como seria isso?

– Eu poderia falar com as pessoas, mas não poderia ouvi-las...

– Era isto que te causava dor?

– Há mais... cego, surdo, mudo... seria terrível... eu teria que digitar para me comunicar com as pessoas. Não haveria viagens, livros, música... teria que criá-las no meu mundo...

– Que pessoas são essas?

– Minha família, minha família cuidaria de mim. Isto eu sinto, haveria um cuidado comigo.

– E o que você faria?

– ... eu rezaria, eu tentaria estar muito próximo de Jesus, eu pediria a ajuda de Jesus, eu me jogaria nos braços Dele.

– Isso te dá conforto?

– Sim, algum, apesar da minha fé fraquejar....

– Pensar nisso pensar em uma solução de traz alívio?

– Não. Isso me traz angústia. A maior angustia... eu prefiro não pensar nisso. É assim que eu lido com estes pensamentos que me fazem pânico."

Pedro procurava compreender estes pensamentos, mas a orientação terapêutica foi a de desvincular-se dos temores, não pensar em seus maiores medos, pois estes funcionavam como um buraco negro, aumentando seus sintomas patológicos. As sessões enfatizavam as novas oportunidades que estavam surgindo em sua vida. Nas situações de pânico, o caminho em muitos casos, é o de fortalecer os aspectos protetores da vida e analisar os fatores estressores (que possivelmente desencadearam a patologia).

Sofia

Ha 10 anos, encontrei Sofia no quarto do hospital, no dia seguinte a sua tentativa de suicídio, em que tomou uma cartela de medicação. Eu e um psiquiatra trabalhávamos juntos neste caso.

Sofia passava manteiga em uma torrada, com alguma dificuldade, pois suas mãos tremiam. Eu estava insegura, não estava claro o caminho a percorrer naquela sessão. Ouvi e acolhi; suas queixas eram de pessoas próximas. Hoje, quando observo esta cena, vejo que já havia vitalidade... ela comia e degustava aquele café da manhã, não estava desconectada, perdida em sua dor. Havia dor, mas não havia infinita angústia nesse momento, raiva sim, ela se queixava da sua família. É muito importante que haja a possibilidade de distinguir, quase que milimetricamente, a raiva, a angustia, a dor e principalmente a solidão e o isolamento. Ela tinha relacionamentos disfuncionais, ela não conseguia dizer "não", não se sentia ouvida e ficava atordoada com as pressões de familiares. A atitude de Sofia, receptiva ao conversar, mostrava que o vínculo com o terapeuta já constituía um fator protetor para sua vida.

Elizabeth

Elizabeth estava sentada em meu consultório com um pouco de dificuldade para falar, havia um sentimento depressivo intenso e, por vezes, dizia que queria morrer. Ela dizia que a morte seria um apaziguador para sua dor. Nas sessões seguintes, após muito esforço, ela passou a falar sobre seu dom para as artes, sobre os passeios de bicicleta aos domingos com a família, e nos momentos na escola com os amigos, que lhe davam algum alivio à dor.

O tratamento de Elizabeth foi feito em conjunto com um colega psiquiatra, que eu chamei desde o início. A medicação foi ajustada algumas vezes e foi absolutamente necessária para sua evolução. Durante as sessões, eu procurava mergulhar em sua dor, fazia perguntas tão detalhadas, que tinha a sensação de que fazíamos uma cirurgia naquela vivência. Havia necessidade de entendimento: quais eram os fatores de risco e os protetores? Um passeio de bicicleta? Desenhar? Series na televisão? Amigos no recreio? Sentia vontade de se jogar pela janela? Dava-lhe alívio se a janela estivesse fechada? Estar com a mãe era um acalento? Planejava outro tipo de morte? Pensava em outro tipo de morte?

Elizabeth sentia tanta dor que não pensava em poupar a família e manter-se viva pela família, queria simplesmente parar de sofrer e morrer. Em seu caso, não havia planejamento: quando ela passava por perto da janela de sua casa, pensava em pular e se matar para aliviar sua dor. Uma das condutas foi aconselhar a mãe para que ficasse sempre junto dela, as janelas permanecessem fechadas e, à noite, que ela dormisse no quarto da irmã. Ela acatava as condutas, e seu bem-estar variava, até ir conseguindo maior estabilidade, com melhora gradual e crescente.

Nas sessões com Elisabeth, habitávamos o tema das pequenas coisas, que lhe davam prazer, e havia muito acolhimento. Fiz algumas orientações a seus pais, no sentido de poupá-la de momentos estressantes. Esta foi a única paciente, até aquele momento, que senti um medo real de que se matasse. O psiquiatra, com quem eu trabalhei, disse o mesmo. Mas ele pontuou sabiamente que se ela fosse internada, poderíamos fazer uma marca para o resto de sua vida, se pudéssemos poupá-la da internação, melhor seria... e assim fomos trabalhando. Elizabeth não queria morrer, mas não suportava a dor, e a família estava atenta às suas necessidades.

Estávamos no fio da navalha: fizemos um trabalho detalhadíssimo, procurando vasculhar cada fração de felicidade de sua vida. Como na maioria dos casos deste tipo, falamos com frequência sobre a morte, se ainda pensava na morte, se ainda queria morrer. Elizabeth queria ajudar e respondia prontamente, e de maneira transparente, colaborando no tratamento. Outro aspecto importante, houve muita colaboração da família.

Phoebe

Phoebe tinha um olhar triste e sereno. Era como se suportasse sua dor, amparasse e convivesse com ela. Eu não excluía a possibilidade de ela estar lapidando, cultivando sua dor. Nas sessões havia sintonia e acolhimento. Ela estava vivendo só, sua família vivia em outra cidade.

Não tinha emprego, dinheiro e ela dizia que, também, não havia comida. Estava quase perdendo sua moradia. Trabalhávamos, um psiquiatra e eu, com os temas cotidianos trazidos, seus pensamentos depressivos, sua falta de esperança, falta de amigos etc.

Quais eram seus fatores protetores? Havia a dúvida sobre um antigo diagnóstico de borderline, feito em tratamento anterior.

Em certo momento, ela disse que queria morrer, iria se matar no dia do nascimento de sua irmã gêmea, já falecida. Falou isso com antecedência de duas ou três semanas. Quando eu perguntava sobre seu propósito de se matar, ela dizia docemente "não", mas soava como um "não, ainda".

Disse que houve um momento em que quis se jogar da janela, mas temeu não morrer, seu apartamento não era tão alto. Tive então a impressão de que, na verdade, ela temia morrer. Na véspera do aniversário de sua irmã, meu colega de atendimento, psiquiatra, perguntou-me se havia risco de suicídio, dizendo: "Não poderei atendê-la hoje, se houver risco, vamos interná-la. Você a atendeu agora: há ou não risco?"

"Não, ela não vai se matar...". Foi um pequeno detalhe... um esmalte em suas unhas me ajudara a definir: não havia comida, não havia amigos, não havia dinheiro, mas ela tinha pintado as unhas, então havia sim, no caso dela, havia uma graciosidade consigo. Portanto, ela não se mataria.

Difícil decisão, mas decisão tomada. Por vezes, temos que percorrer caminhos desconhecidos e tomar decisões arriscadas, mas definidas e firmes pela nossa observação.

"Ok, então, não vamos interná-la". Sim, houve receio no dia seguinte, mas senti paz. Ela não se matou... Anos depois, ainda tive notícias dela.

REFERÊNCIAS

CAMUS, A. *L'absurde et le Suicide, Essais*. Paris: Gallimard, 1965.

DURKHEIM, E. *Le Suicide*. Paris: PUF, 1986.

Capítulo 14

COMPORTAMENTO SUICIDA: UM RELATO DE EXPERIÊNCIA SOBRE AS INTERVENÇÕES E CONTINGÊNCIAS MANTENEDORAS

Gythãna Dantas Cidreira Merigui
Iran Johnathan Silva Oliveira

1. INTRODUÇÃO

A morte intencional e autoinfligida, ou seja, quando o indivíduo tira sua própria vida, é configurada como suicídio. Em torno de 3.000 pessoas se matam diariamente em todo mundo segundo a Organização Mundial de Saúde (2000) sendo que a cada 40 segundos, uma pessoa comete suicídio e a cada três segundos alguém atenta contra a própria vida. Tem crescido entre os jovens os casos de suicídio, entre esses destaca-se a faixa-etária de 15 a 35 anos, tornando-se uma das principais causas de morte. Alguns fatores podem contribuir para o alto índice de suicídios como o abandono, os maus tratos, a perda dos vínculos e a solidão.

O Centro de Valorização da Vida (CVV) estima que cerca de 90% dos indivíduos que puseram fim as suas vidas cometendo suicídio tinham diagnóstico de algum déficit ou excesso comportamental e que, na época, 60% deles apresentavam um comportamento depressivo. Observa-se um aumento do número de suicídios em 43,8% entre 1980 e 2005 no Brasil (CVV, 2005).

Segundo pesquisas realizadas pelo CVV o comportamento suicida passa por alguns estágios: Inicia-se com ideação/pensamentos de morte, em seguida com um planejamento e finalmente com o ato de morte. Vale ressaltar que existem em torno de 10 a 20 tentativas para cada suicídio consumado. Os dados comprovam que entre as pessoas que tentam o suicídio, em torno de 15 a 25% farão uma tentativa novamente no ano seguinte. Desses, estima-se que 10% consumam o ato em 10 anos, sendo que este período compreende desde a primeira tentativa até o suicídio consumado (CVV, 2005).

Para cada grupo de 100 atendimentos realizados nos serviços de pronto atendimento em emergência e urgência relacionados ao suicídio, três já tentaram, cinco planejaram e 17 já chegaram a pensar em suicídio. Geralmente, as pessoas socorridas recebem os primeiros atendimentos, porém, dificilmente são encaminhadas de maneira correta aos serviços especializados em saúde mental para acompanhamento adequado, sem os mesmos, provavelmente a maior parte desses indivíduos voltará a tentar o suicídio (CVV, 2005).

As pessoas que cometem suicídio geralmente dão indícios de sua intenção. Porém, nem todo ato suicida pode ser relacionado à um planejamento. Embora seja minoria, é possível que um indivíduo cometa o ato sem demonstrar essa intenção previamente.

A terapia Comportamental Cognitiva está entre as práticas interventivas em casos relacionados ao comportamento suicida. Existem outros termos utilizados com frequência para se referir à psicoterapias embasadas na abordagem cognitiva ou Terapia Cognitiva (TC) como a Terapia cognitivo-comportamental (TCC).

A Terapia cognitivo-comportamental associa um conjunto de procedimentos comportamentais e uma abordagem cognitiva. Daí o fato da nomenclatura TCC que pode ser compreendida como "um termo mais amplo que inclui tanto a TC padrão quanto combinações ateóricas de estratégias cognitivas e comportamentais" (Knapp; Beck, 2008 p. 555).

No momento em que o indivíduo procura a psicoterapia, a Terapia Cognitiva Comportamental foca nos conflitos que estão sendo vivenciados pelo cliente, com vistas à aquisição de estratégias que promovam mudanças satisfatórias para o seu repertório comportamental.

Diante desse contexto, a problemática é: quais as possíveis contingências mantenedoras do repertório comportamental suicida? Segundo Wright (2010), o modo de pensar desesperançado é um dos sintomas mais nefastos da depressão grave e é fortemente associado ao risco de suicídio. A TCC aplicada ao suicídio e depressão tem demonstrado diminuir a desesperança e o risco de tentativas subsequentes de suicídio. Portanto, esta pesquisa teve como objetivo propor um relato de experiência, em que foi utilizada a Terapia Comportamental Cognitiva enquanto abordagem, bem como suas respectivas técnicas, buscando descrever e analisar as contingências mantenedoras no repertório comportamental suicida, identificando as possíveis situações ou variáveis que podem levar um indivíduo a consumação do ato, mas, sobretudo, relatando as intervenções realizadas durante o processo com foco nestas classes de comportamento.

REFERENCIAL TEÓRICO

O suicídio tem aumentado mundialmente em até 60% nos últimos 45 anos, conforme dados da Organização Mundial da Saúde (OMS, 2000). A morte por suicídio em indivíduos de ambos os sexos, com idade entre 15 e 35 anos, é a terceira causa. Anualmente, segundo tais estatísticas, aproximadamente um milhão de mortes ocorrem por suicídio em todo mundo. Isso significa dizer que a cada 40 segundos um ser humano tira sua própria vida (WHO, 2000).

Levcovitz (1998) comenta que entre os povos primitivos os índices de suicídio são maiores, se comparados com a população brasileira de forma geral, e, por isso, essa questão tem sido foco de estudos e discussões.

Prieto e Tavares (2005) alertam para a importância de um cuidado maior no sentido de se evitar o acesso a objetos ou métodos letais por parte daqueles que, de alguma maneira, têm apresentado um comportamento impulsivo e suicida. Essa atitude pode, segundo os autores, ajudar a prevenir muitos casos. Pesquisas mostram que entre os que tentam o suicídio, não há um único perfil clínico entre indivíduos internados (Rapeli; Botega, 2005).

Nem sempre as tentativas de suicídio estão relacionadas a déficits comportamentais, embora alguns casos possam estar associados. Este dado pode ser investigado por meio de autópsia psicológica[1]. Cunha (2009, p. 197) afirma que

> a avaliação retrospectiva possibilita, então, observar pistas diretas ou indiretas relacionadas àquele comportamento letal que estava por vir, permitindo, através do método que se convencionou chamar de autópsia psicológica, compreender os aspectos psicológicos de uma morte específica, esclarecendo o modo da morte, refletindo a intenção letal ou não do falecido (Cunha, 2009, p. 197).

Segundo Cunha (2009), o objetivo da autópsia psicológica é buscar informações para uma compreensão do "porquê" (motivação), "como" (letalidade), "de quê" (intencionalidade) e "o quê" (precipitadores e/ou estressores). A autora explica que esses são os "quatro constructos subjacentes à estratégia da autópsia psicológica". Para a obtenção dos dados no processo de autópsia psicológica, são utilizados vários instrumentos. Entre esses, existe uma entrevista semiestruturada como modelo para esse fim. Com vistas à prevenção do

[1] A autópsia psicológica é um procedimento que tem como objetivo coletar dados esclarecendo possíveis dúvidas relacionas a mortes por suicídio. Dessa forma, busca-se descobrir quais possíveis fatores poderiam ter influenciado no comportamento autodestrutivo, culminando com a morte. Nesse processo é possível descartar outras possibilidades que porventura poderiam ter ocasionado aquela morte, tais como acidentes ou homicídios (CUNHA, 2009).

suicídio o levantamento dessas informações é extremamente relevante (Werlang; Botega, 2003).

Segundo Prieto e Tavares (2005), a depressão está relacionada, em mais de 60% dos casos, com o suicídio, e estudos comprovam que 90% estão associados com algum outro transtorno. Pesquisadores realizaram um estudo em 2003, na cidade de Campinas-SP, por meio de inquérito domiciliar, com 515 pessoas com idade acima dos 14 anos, com base nos resultados obtidos, afirmaram que a ideação suicida esteve consistentemente associada a indicadores de déficits ou excessos comportamentais. Para prevenção do suicídio é importante elaborar estratégias considerando os fatores culturais e ambientais (Botega; Barros; Oliveira, et al 2005, p. 45-53).

Segundo Dalgalarrondo (2009), a ideação são pensamentos recorrentes. O autor alerta que "a ideação suicida deve ser sempre investigada cuidadosamente em pacientes com humor triste". O autor ainda explica que, juntamente com o comportamento depressivo, principalmente quando relacionado a angústia e desesperança, inicialmente ocorrem ideias relacionadas à morte, posteriormente ideias suicidas, seguidas de planos suicidas, finalizando com ações e tentativas de suicídio que culminam ou não em morte.

As pessoas mais próximas de alguém que cometeu suicídio são comumente chamadas de "sobreviventes" e podem sofrer graves consequências (WHO, 2001). O termo "sobrevivente" busca retratar o impacto que tal ação pode gerar em uma família. Podem ser oferecidas avaliações e intervenções por meio de técnicas clínicas às famílias "sobreviventes" do suicídio.

Para as autoras Walsh e Mcgoldrick (1998), a morte, entre todas as experiencias humanas, é a mais desafiadora e requer uma dolorosa adaptação por parte do sistema familiar e de forma individual, traz impactos que afetam outros relacionamentos. A perda por suicídio abrange o falecido como também os sobreviventes, que de forma comum vivenciam o sofrimento do luto.

Bromberg (2000) aborda que o impacto da morte, seja por suicídio ou não, provoca uma série de necessidades emocionais e relacionais no sistema familiar. Segundo a autora, somente após superar a crise causada pelo suicídio é que será possível uma reorganização da família por meio de uma nova configuração, tendo como base a busca novamente do equilíbrio, agora em um nível diferente.

Trigueiro (2004) questiona sobre a excessiva cautela no que tange às notícias sobre suicídio pela mídia. O autor admite que tal postura se baseia em pesquisas que se referem a uma espécie de suposta "contaminação", porém, alerta que se faz necessário elaborar estratégias de prevenção, buscando meios apropriados que sejam úteis para a divulgação de serviços para o atendimento de tal demanda.

Diante desse contexto, percebe-se a extrema importância da prevenção do comportamento suicida, que segundo a Organização Mundial da Saúde (2000), é uma questão com alto grau de complexidade e multideterminados fatores. Portanto, faz-se necessária uma prevenção em todas as esferas sociais de forma macro e sistemática, implementando ações específicas, que venham intervir nos setores de atenção básica à saúde, até as ações em um contexto social mais amplo como instituições de ensino, empresas, órgãos de justiça e políticas públicas.

METODOLOGIA

Material e métodos: A referida pesquisa se deu pelo método de estudo de caso clínico centrado na pesquisa descritiva e que se estrutura nos moldes de uma pesquisa qualitativa, pois, visa favorecer conhecimentos para serem replicados em situações semelhantes, baseando-se na Análise de Contingência ou Análise Funcional, que se refere à relação de dependência estabelecida entre as variáveis condicionantes e o evento, na solução de problemas específicos. A pesquisa e a divulgação dos resultados foram aprovadas e autorizadas pelo Termo de Consentimento Livre e Esclarecido, assinado no Serviço de Psicologia (SEPSI) da Universidade Luterana do Brasil – Centro Universitário de Palmas (CEULP/ULBRA).

Sujeito da pesquisa: A participante Rosa (nome fictício), foi uma pessoa do sexo feminino, 26 anos de idade na época do estudo, solteira, ensino médio completo, de nível socioeconômico baixo, diagnosticada com episódio depressivo moderado (H.D.: F32.1), conforme CID-10. Primeira filha de uma prole de quatro irmãos. Não teve oportunidade de conviver com o pai e queixava-se de um relacionamento conflituoso com a mãe. Após convivência de 7 anos com o pai do seu filho, a cliente estava separada há seis meses, fato que a levou a voltar para casa da sua genitora, o que favorecia constantes conflitos. Quando chegou para o tratamento, fazia o uso da seguinte farmacoterapia: Oleptal 600 mg (oxcarbazepina), Rivotril 2mg (clonazepan) e Venlaxin 150 mg (cloridrato de venlafaxina) e tinha histórico de tentativa de suicídio. O uso do medicamento Oleptal 600mg (oxcarbazepina) era justificado pelo diagnóstico psiquiátrico de epilepsia emocional, uma vez que a participante apresentava crises convulsivas, mas os exames de imagem não justificavam o quadro clínico. A história vital do sujeito participante desta pesquisa foi obtida com o auxílio do Questionário de História Vital de Lazarus. Segue um resumo de alguns fatos, citados por ela como relevantes, em sua história de vida, considerando as fases do desenvolvimento, como mostrado na tabela a seguir:

Infância (0 a 5 anos)	Falecimento da avó materna, três meses após seu nascimento. Separação dos pais.
Infância (6 a 10 anos)	Tinha medo do "chupa-cabra" (sic) e diz que devido a isso, não ia ao banheiro depois das 18h, pois o banheiro ficava do lado de fora da casa. Sofria com enurese noturna e relata que a enurese persiste até a idade atual quando se sente muito ansiosa ou nervosa por algum motivo.
Infância (11 a 15 anos)	Primeira crise epiléptica. O fato ocorreu depois que sua mãe voltou de uma viagem de aproximadamente 4 meses. Relata que havia parado de chupar o dedo aos 3 anos de idade. Mas neste período voltou a fazê-lo. Este comportamento perdurou até os 19 anos, quando iniciou seu segundo relacionamento.
Adolescência (16 a 20 anos)	Relata que, devido aos conflitos constantes com a mãe, resolveu sair de casa para morar com o seu primeiro namorado, aos 17 anos, vindo a se separar do mesmo um ano depois.
Juventude (21 a 25 anos)	Início do seu segundo relacionamento que durou aproximadamente 7 anos. Como fruto desta convivência, teve um filho aos 23 anos. Foi diagnosticada com depressão pós-parto por médico psiquiatra. Relata que, segundo o pai do seu filho, ela teve crises epilépticas enquanto amamentava e algumas vezes, quando estava em crise, gemia e chamava pela mãe.
Juventude (26 anos...)	No momento da psicoterapia, havia 6 meses que estava separada do pai do seu filho. Começou a apresentar estados emocionais negativos em decorrência aos conflitos constantes com a mãe, no que culminou em ideação/tentativa de suicídio. Diagnóstico de depressão após avaliação psicológica. Passou por atendimento psiquiátrico. em foi diagnosticada com depressão e epilepsia emocional.

Materiais e ambiente: O atendimento terapêutico foi realizado no consultório padrão do Serviço de Psicologia (SEPSI) do CEULP/ULBRA do Município de Palmas – TO. Foram utilizados instrumentos diagnósticos de avaliação e intervenção, tais como: Questionário de História Vital de Lazarus (Lazarus, 1980); Bateria de Beck que compreendem o Inventário de Depressão (BDI), o Inventário de Ansiedade (BAI), a Escala de Desesperança (BHS) e a Escala de Ideação Suicida (BSI). Conforme os manuais, as Escalas

Beck, são indicadas para sujeitos entre 17 e 80 anos de idade (Cunha, 2001). BDI, Inventário de Depressão Beck, trata-se de uma escala de auto relato, de 21 itens, cada um com quatro alternativas, para medida da intensidade da depressão. BAI, Inventário de Ansiedade, trata-se de uma escala de auto relato, constituída por 21 itens, cada um com quatro níveis que refletem a gravidade de cada sintoma: 1) "Absolutamente não"; 2) "Levemente"; 3) "Moderadamente"; 4) "Gravemente". O BAI mede a intensidade das respostas de ansiedade. BHS, Escala de Desesperança, trata-se de uma escala que engloba 20 itens, consistindo em afirmações que envolvem cognições sobre desesperança, para medida da dimensão do pessimismo. BSI, Escala de Ideação Suicida, trata-se de uma escala constituída de 21 itens, para investigar ideação suicida.

O Inventário de Sintomas de Stress para adultos de LIPP (ISSL) visa identificar de modo objetivo a sintomatologia que o cliente apresenta, avaliando se este possui sintomas de stress, o tipo de sintoma existente (se somático ou psicológico) e a fase em que se encontra. Esta avaliação destina-se ao uso com jovens acima de 15 anos e adultos. O ISSL é composto de três quadros que se referem às quatro fases do stress (Alerta, Resistência, Quase-Exaustão e Exaustão). No total, o ISSL inclui 37 itens de natureza somática e 19 de psicológica, sendo os sintomas, muitas vezes repetidos, diferentes somente em sua intensidade e seriedade (LIPP, 2000). Diários de Registros de Comportamentos (Bueno; Brito, 2003). Plano antissuicídio e "cartão de enfrentamento" (Wright et al., 2010), além de som, notebook, impressora, papel, caneta e papel cartão.

Procedimentos: A participante foi diagnosticada com episódio depressivo moderado (H.D.: F32.1), conforme CID-10 após avaliação psicológica e um quadro de epilepsia emocional diagnosticado por um psiquiatra, conhecida na literatura médica como crises não epilépticas psicogênicas (CNEP). Foi encaminhada para atendimento psicológico no SEPSI, sendo submetida a triagem e posteriormente aos atendimentos psicoterapêuticos. Foram realizadas duas sessões semanais, com duração de 50 minutos cada. O processo psicoterapêutico consistiu em cinco fases: Linha de Base, Intervenção I, Avaliação Pós-Férias, Intervenção II e Avaliação Final.

A Linha de Base compreendeu a fase inicial, ocorrendo entre a 1ª e 4ª sessões. Nela, foi estabelecido o *rapport*, visando a qualidade da relação psicoterapêutica, em seguida, foi feita a entrevista inicial com a participante, tendo em vista a obtenção de dados sobre suas queixas, assim como suas demandas; foi estabelecido o contrato psicoterapêutico de sigilo; houve a explicação dos procedimentos da abordagem TCC, dos objetivos, das técnicas e do trabalho cooperativo. Ainda na linha de base, a fim de obter maiores informações sobre a participante, foi entregue, como tarefa de casa, o questionário de "História

Vital de Lazarus", visando pesquisar amplamente sua história de vida. Solicitou-se a descrição do seu modo de se comportar via "Diário de Registro de Comportamento". Pediu-se uma Carta à Psicoterapia, com o intuito de pesquisar seus objetivos em relação à psicoterapia, tendo como destinatário a própria psicoterapia, relatando o que se espera e quais as suas intenções para com ela.

Adiante, se deu a aplicação dos testes da Bateria de Beck, que compreendem o Inventário de Depressão (BDI), o Inventário de Ansiedade (BAI), a Escala de Desesperança (BHS) e a Escala de Ideação Suicida (BSI). Também foi utilizado o Inventário de Sintomas de Stress para adultos de LIPP (ISSL). A duração de aplicação dos testes citados acima foi de uma sessão de atendimento. Os respectivos scores estão devidamente descritos nos resultados e discussão. Além disso, foram utilizados os "Diários de Registros de Comportamentos" com o objetivo de possibilitar a monitoração e auto monitoração por parte da psicoterapeuta e da participante, respectivamente. Este diário foi entregue ao final da cada sessão para que a participante no decorrer da semana descrevesse as situações desconfortantes que aconteceram.

A segunda fase, ou seja, a Intervenção I foi desenvolvida da 5ª a 10ª sessão. Nela, foram aplicadas as técnicas da TCC, selecionadas logo após a coleta de dados (Linha de Base). As técnicas: "Diários de Registros de Comportamentos" que teve como objetivo evidenciar os comportamentos inadequados para a cliente e modelá-los; "Plano antissuicídio" e elaboração do "cartão de enfrentamento" (Wright et al., 2010). Neste cartão, havia estratégias para serem utilizadas em caso de futuros conflitos e/ou momentos de crise. Manejo de ansiedade, que é composto por Hiperventilação, Controle Respiratório e Educação sobre a Ansiedade (Bueno et al., 2008), que visava melhor compreensão por parte da cliente em relação a ansiedade e seus sintomas para aquisição de recursos e manejo da mesma. Relaxamento Autógeno de Schultz (Vera; Vila, 2007), a técnica teve como finalidade promover relaxamento na cliente frente a situações estressoras, promovendo melhor adesão ao tratamento; a técnica "Pizza da vida", apresentada no Graf. 1, buscou ressaltar as prioridades da cliente e o tempo gasto em diferentes contextos e qual a correlação disso com seus comportamentos. A Reestruturação Cognitiva (Wright et al., 2010), teve como objetivo ajudar a cliente a reconhecer e modificar os pensamentos não adaptativos e desafiar diretamente as crenças irracionais ou disfuncionais, modificando-as ou substituindo-as por outras mais adaptativas.

É importante ressaltar que uma nova técnica só foi incluída quando a participante já detinha domínio sobre a técnica anterior. A finalização da fase II deu-se com o estabelecimento de um "Programa de Férias", uma vez que, o Serviço-Escola de Psicologia, na qual este estudo foi realizado, suspendeu suas atividades em função de recesso acadêmico. As instruções que constaram no "Programa de Férias" montado para Rosa foram: "Este é um Programa que precisa ser feito com muito comprometimento e dedicação. Você deve fazer: a) controle respiratório – 10 sessões ao dia, seguindo instruções já entregues (para o controle da sua ansiedade); b) organizar e realizar o aniversário do filho no mês julho, conforme planejado. c) Sempre que sentir ansiedade exacerbada, investigar o que ocorreu imediatamente antes de sentir-se ansiosa. Fazer o registro; d) realizar atividades de quebra de rotina, geradoras de prazer, tais como: fazer caminhadas (duas vezes na semana, das 16:00h às 17:00h); e) verificar no SENAC os cursos ofertados no período de férias, escolher e cursar o que seja de seu interesse. f) registro da verificação do humor (todos os dias); g) diário de Registro de Comportamento (toda vez que ocorrer uma situação que lhe trouxer desconforto); h) utilizar-se das estratégias do 'cartão de enfrentamento' desenvolvidas no consultório para quando estiver ansiosa. i) Carta à Psicoterapia (dizendo, como estava antes da psicoterapia e o que já aprendeu durante o processo)".

A terceira fase compôs-se da Avaliação Pós-Férias. Ela ocorreu entre a 23ª e a 29ª sessão. Quando foi desenvolvido o acolhimento da participante; investigou-se se houve adesão ao Programa de Férias; feita a checagem de novas demandas; realizadas as reaplicações da Bateria de Beck e aplicação ISSL, com o objetivo de levantamento de dados para comparação com as fases anteriores e posteriores a essa, além de favorecer a definição da quarta fase, ou seja, o delineamento da Intervenção II. A Intervenção II ocorreu entre a 30ª e 40ª sessões. Nessa fase, foram aplicadas as seguintes técnicas: Análise Funcional; Reestruturação Cognitiva; "Carta à psicoterapia". Implantação de estratégias para serem executadas em continuidade e com base no Plano Antissuicídio. A Avaliação Final, compreendeu a 41ª e 42ª sessões. Nessa última fase, foram reaplicados os inventários da Bateria de Beck, com o objetivo de comparar e analisar os dados obtidos nas duas fases anteriores. Também foi obtido o feedback verbal da participante em relação a todo o processo psicoterapêutico realizado.

RESULTADOS E DISCUSSÕES

Seguem fragmentos da "Carta à Psicoterapia", escrita por Rosa em sua 2ª sessão, em que relata "Eu espero amadurecer, ser uma mulher e não mais uma menina. Quero ter paciência e muita disciplina. Espero me esforçar bastante e quero descobrir quem sou eu de verdade. Nessa terapia eu quero deixar para trás toda minha insegurança e a minha tristeza" (Fig.1) [...] "Quanto a minha mãe... sei que nem a terapia pode ajudar, nunca seremos mãe e filha... mas quero fazer o meu melhor, quem sabe um dia ela se orgulhe de mim!" (Fig.2).

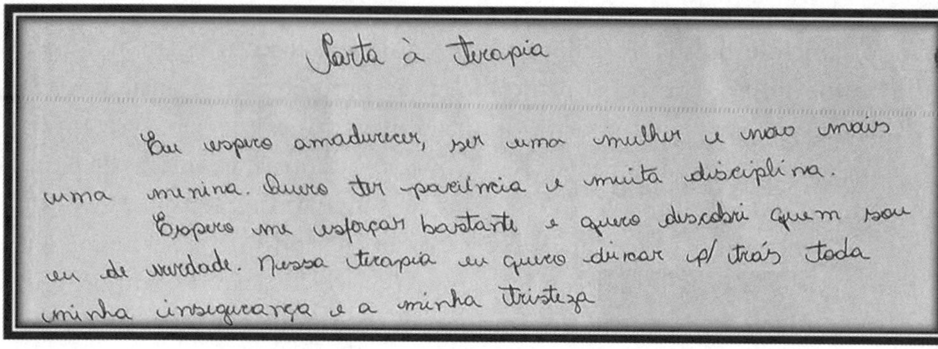
Carta à terapia

Eu espero amadurecer, ser uma mulher e não mais uma menina. Quero ter paciência e muita disciplina.

Espero me esforçar bastante e quero descobri quem sou eu de verdade. Nessa terapia eu quero deixar p/ trás toda minha insegurança e a minha tristeza

Figura 1 – Fragmento de Carta à Psicoterapia

A seguir é possível acompanhar o diálogo sobre os fragmentos da Carta à Psicoterapia entre Rosa **(R)** e a Psicóloga **(P)**:

P: "Rosa o que você quer dizer quando se refere a querer descobrir quem é?".

R: "É porque faço coisas que às vezes não quero fazer... depois me envergonho."

P: "Como o quê?".

R: "Me matar... penso em me matar".

P: "Por que apenas agora, Rosa, você buscou ajuda de um psicólogo?".

R: "Porque primeiro estava em tratamento com psiquiatra, estava tomando remédio, mas realmente percebi que não estava resolvendo."

P: "Rosa você poderia me explicar de forma mais detalhada o porquê acredita que o tratamento não estava resolvendo?".

R: "Não estou conseguindo reagir, mesmo com a medicação. Acredito que a psicoterapia irá me auxiliar a transpor esta tristeza e esse desespero, porque não quero cometer suicídio... da última vez planejei tudo... fui até a ponte para me jogar...(choro) Fiquei bastante tempo olhando para a água, mas pensei que morrer afogada seria muito sofrido... a morte seria muito lenta... então, decidi morrer enforcada. Mas quero me enforcar com uma mangueira e não com uma corda. Mas toda vez que vou concretizar o plano, lembro do meu filho de dois anos... acho que ele ainda precisa de mim...".

P: "Rosa... como será sua vida nos próximos anos? Conseguiria imaginar?".

R: "(Choro) Não... acho que não aguento mais essa vida... não consigo... não quero continuar... não quero continuar sofrendo...".

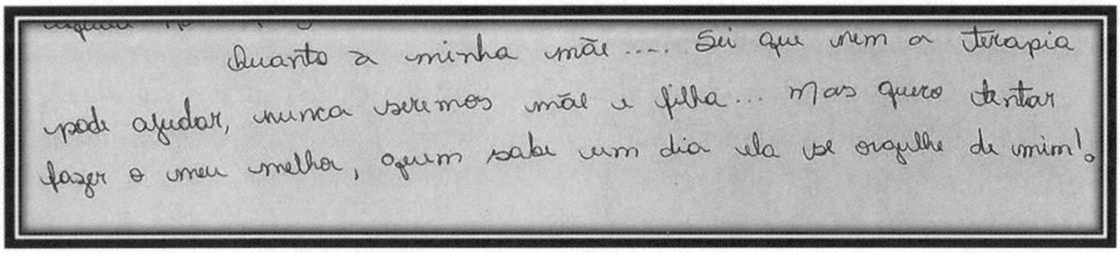
Quanto a minha mãe.... Sei que nem a terapia pode ajudar, nunca seremos mãe e filha... Mas quero tentar fazer o meu melhor, quem sabe um dia ela se orgulhe de mim!.

Figura 2 – Fragmento de Carta à Psicoterapia

P: "Ao se referir à sua mãe, diz que nem mesmo a psicoterapia poderá ajudar. O que te faz afirmar isso, Rosa?"

R: "Quando engravidou de mim, ela era adolescente... não fui desejada... ela me vê como o maior erro da vida dela. Ela me chama de fracassada. Nunca me deu amor... ela me humilha todo tempo... parece que não me vê como filha, me vê como uma inimiga, uma rival".

Tanto no diálogo terapêutico, como nos fragmentos apresentados na "Carta à Psicoterapia", feita pela participante, é notória a necessidade de um processo psicoterapêutico com vistas ao desenvolvimento de comportamentos mais assertivos. Portanto, o processo iniciou-se com a utilização da técnica da "Pizza da Vida". Após orientação, Rosa foi traçando o tempo gasto por ela nas situações atuais de sua vida e que julgava relevantes. Feito isso, transcreveu esse tempo, dividindo-o em pedaços, conforme mostrado no Graf.1, como se fosse uma pizza.

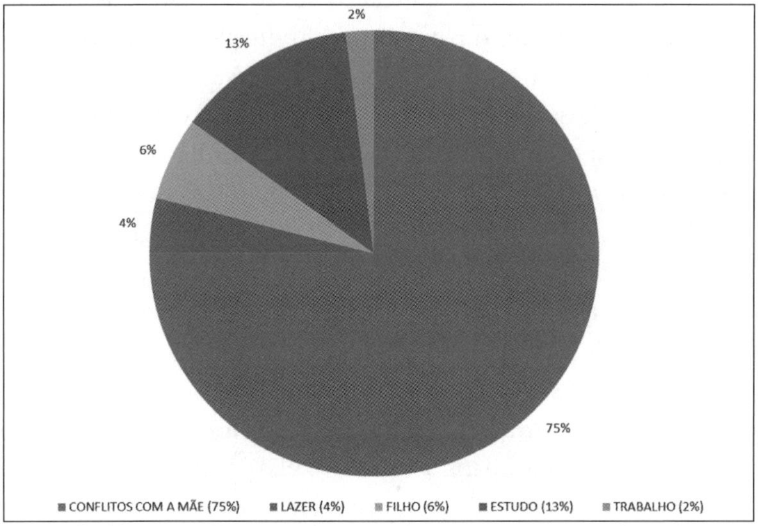

Gráfico 1 – Demonstração do tempo gasto pelo sujeito em sua rotina diária, utilizando-se a técnica de "Pizza da Vida"

Em seguida, o diálogo terapêutico referente à técnica da "Pizza da Vida":

P: "Rosa, ao observar este desenho, como você definiria sua vida?".

R: "Um caos... depois que tive que voltar para casa da minha mãe, minha vida virou um inferno!".

P: "Como se sente ao me falar sobre isso, que tipo de sentimentos vem à tona, Rosa?".

R: "Desespero, vontade de sumir... só queria conseguir ser feliz e não consigo".

P: "Rosa, pelo que estou percebendo, o fato de estar buscando ajuda é uma prova que, de alguma forma, você não desistiu de lutar. Não está impotente. Você concorda?".

R: "Não tinha pensado nisso... faz sentido...".

Nesse momento, é possível perceber que a participante havia começado a se engajar no processo psicoterapêutico. Apesar das circunstâncias estarem dificultando o alcance de algumas mudanças que ela tanto desejava, a partir do instante em que se sentiu aceita e acolhida, começava a conseguir ver novas possibilidades.

Segundo Wainer, Pergher e Piccoloto (2003), faz-se necessário que o indivíduo compreenda que os sintomas podem ser desconstruídos da mesma maneira que são construídos. Para isso, utiliza-se a Psicoeducação. Diante disso, foi aplicada a técnica de Manejo de Ansiedade, que é composta por hiperventilação que ativa as respostas do Sistema Nervoso Autônomo Simpático (SNAS), Controle Respiratório e Educação sobre a Ansiedade. Foram feitas algumas perguntas à Rosa como parte de um inquérito científico relacionado aos eventos privados e manifestos ativados pelo SNAS durante a hiperventilação, como se segue: "Rosa agora gostaria que você se atentasse para seu corpo e me dissesse o que está sentindo". "Estou tonta, minhas mãos estão suando, estou sentindo como se fosse desmaiar...". "O que está pensando nesse momento, Rosa?". "parece que vou morrer!". "O que mais?". "Pavor, sentimento de morte...". "Quais as reações que você sentiu em seu corpo, Rosa?". "Senti meu corpo tremendo, formigando, estou com falta de ar e tonta, minha cabeça parece que quer doer".

Após as indagações, foi aplicada a técnica de Controle Respiratório, com vistas a equilibrar as funções orgânicas, ativando as respostas do Sistema Nervoso Autônomo Parassimpático (SNAP). Essa técnica visou melhorar o entendimento por parte da participante em relação a ansiedade e seus sintomas, para aquisição de recursos e manejo da mesma. Para finalizar o atendimento, foi realizada a educação sobre a ansiedade.

A técnica de Reestruturação Cognitiva foi utilizada com o objetivo de envolver a participante em um processo, onde a mesma teria oportunidade de compreender os conceitos da psicoterapia e não apenas aprender de forma didática e descontextualizada os objetivos da mesma.

Uma das principais técnicas utilizadas foi o "Plano Antissuicídio", onde foram desenvolvidas, de forma personalizada, uma série de intervenções. Entre essas, foi solicitado que a participante elaborasse uma lista de motivos pelos quais viver, discriminando o porquê, quem ou o quê a fazia relutar diante da possibilidade de um ato suicida.

Por precaução, algumas medidas de segurança foram tomadas. Entre essas, foi pedido que a participante deixasse os medicamentos aos cuidados da madrinha, visto ser essa a pessoa de maior vínculo afetivo no momento com condições de ajudá-la. Além de acionar a rede de apoio, foi feito um "contrato pela vida" onde a participante se comprometeu que, se caso fosse consumar o ato suicida, entraria em contato com a psicoterapeuta por meio do seu supervisor.

Na interpretação dos resultados no Inventário de Sintomas de Stress para adultos de LIPP (ISSL), Rosa apresentava na linha de base, sintomas de stress e se encontrava na fase de resistência, com uma sintomatologia predominantemente psicológica. Na avaliação pós-férias, apresentava sintomas de stress e se encontrava também na fase de resistência, só que agora, com uma sintomatologia predominantemente física. Já na avaliação final, apresentava sintomas de stress encontrando-se na fase de resistência, e voltou com uma sintomatologia predominantemente psicológica. Por meio deste inventário pôde-se concluir que o stress deveria ser monitorado e medidas de controle de stress se faziam necessárias, a fim de que se pudesse conter o processo e evitar que Rosa caísse na próxima fase, a exaustão.

Na técnica de Reatribuição, a participante desenvolveu uma maneira mais assertiva, no que se refere ao tempo gasto em sua rotina (Graf.2).

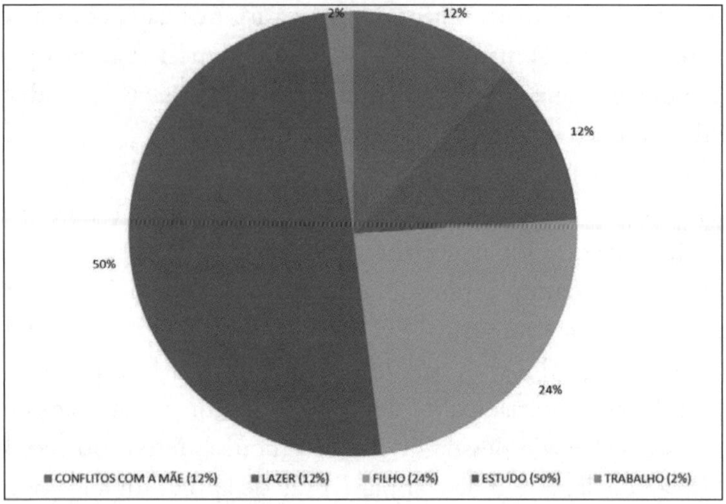

Gráfico 2 – Reatribuição do tempo gasto pelo sujeito em sua rotina diária utilizando-se a técnica de "Pizza da Vida".

A "Técnica da Pizza" teve como função ajudar a participante a diminuir a desesperança, uma vez que essa técnica dá possibilidades ao indivíduo de modificar seus pensamentos disfuncionais, identificando os eventos que eram considerados situações aversivas. Em relação aos itens do "Plano Antissuicídio", Rosa verbaliza que: "Não irei mais perder meu tempo com pensamentos que me induzem à morte. Quero me dedicar mais às coisas que fazem com que a vida tenha significado". Após a avaliação final os resultados dos testes de Beck são apresentados e discutidos, como segue. Inventário de Depressão de Beck (BDI): Em consenso com o Graf.3, na fase inicial, Rosa alcançou escore 29, indicando nível moderado de depressão; na Avaliação Pós-Férias obteve-se um aumento para 34. Já na Avaliação Final o escore caiu para 16, portanto, nível leve de Depressão. Inventário de Ansiedade de Beck (BAI): Na fase inicial, Rosa atingiu o escore 29 (Graf.3), indicando nível moderado de ansiedade; na Avaliação Pós-Férias aumentou para 33 nível grave. Já na Avaliação Final o escore caiu para 20, nível moderado de ansiedade. Escala de Desesperança (BHS): De acordo com o gráfico 3, na fase inicial Rosa obteve o escore 6, indicando nível leve de desesperança; na Avaliação Pós-Férias alcançou um aumento de 11 indicando um nível moderado. Logo, na Avaliação Final o escore caiu para 2, sugerindo nível mínimo de desesperança. Escala de Ideação Suicida (BSI): Conforme o Graf.3, na fase inicial Rosa alcançou escore 10 indicando ideações suicidas; na Avaliação Pós Férias obteve-se um aumento para 23 o que demandou uma atitude de alerta. Já na Avaliação Final, o escore caiu para 03, o que sugere uma significativa melhora no que se refere ao risco de suicídio. Com a Bateria de Beck foi possível investigar tanto a intensidade como a topografia dos comportamentos-problema de Rosa relacionados à ideações suicidas, desesperança, depressão e ansiedade. Na linha de base, a participante apresentava fortes indicativos de ideação suicida, ansiedade moderada, nível moderado de depressão e stress na fase de resistência. Já na Fase Pós-Férias, verificou-se que os comportamentos-problema aumentaram em sua intensidade. Isso pode ser explicado por causa do período em que a participante esteve sem o acompanhamento psicoterapêutico devido ao recesso do Serviço escola de Psicologia. Rosa em sua primeira sessão após férias afirmou, que "Foi horrível ficar sem psicoterapia". Porém, na avaliação final teve um declínio considerável dos mesmos e dessa forma foi possível constatar a relação entre os resultados das escalas de Beck, e o quadro sintomático, uma vez que a depressão favorece as ideações suicidas, podendo levar ao suicídio.

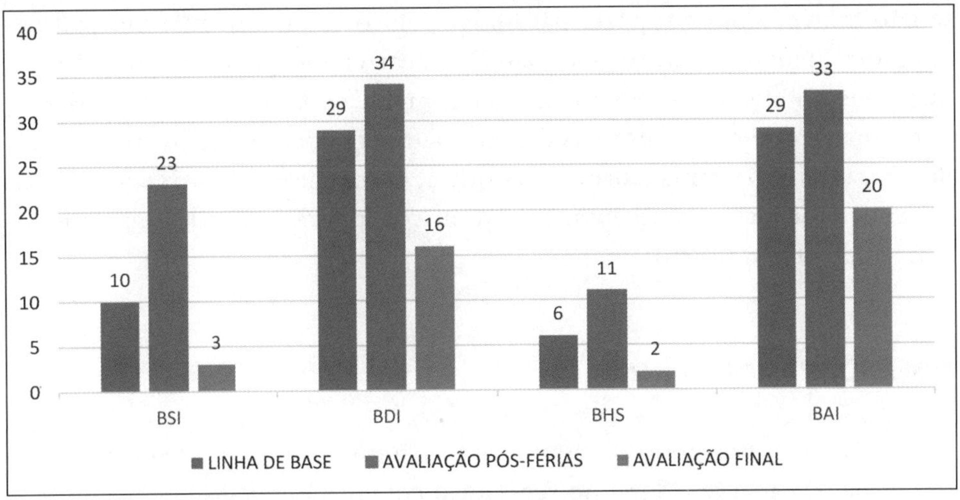

Gráfico 3 – Resultados das escalas de Beck durante a linha de base, Avalição Pós-férias e Avaliação Final.

Diante desse contexto, percebe-se uma correlação entre os sintomas apresentados e o comportamento suicida da participante. A mesma apresentava uma percepção negativa quanto ao futuro, que era agravada pelos conflitos constantes com sua mãe, o que favorecia a construção de auto falas negativas, que contribuíam de forma direta com o repertório comportamental e a relação com as tentativas de suicídio.

Alguns fatores importantes podem favorecer a proteção contra o comportamento suicida, entre eles: apoio familiar, relações sociais satisfatórias, autoconfiança, perspectiva positiva em relação ao futuro e à situação atual, habilidade para procurar ajuda quando surgirem dificuldades e estar aberto ao conhecimento. Também são relevantes os fatores culturais que favorecem a integração social como participação em igrejas, esportes e outras atividades; relacionamentos satisfatórios com colegas e professores na escola entre outros.

Em determinadas situações de forma específica, o comportamento suicida é mais frequente em determinadas famílias do que em outras. Para compreender essa questão, entende-se que características fisiológicas e comportamentais, que estão relacionadas a fatores inatos, a ontogênese individual que se refere a modificação do comportamento pela interação direta do organismo com o meio, ou seja, relaciona-se com a subjetividade e a história de vida do indivíduo, bem como a ontogênese sociocultural no que tange ao comportamento modificado por questões culturais, são fatores que podem em maior ou menor grau favorecer ou não a ocorrência do comportamento (Moreira; Medeiros 2007). Dessa forma eventos traumáticos na infância, principalmente se não houve apoio e suporte para lidar com o trauma bem como padrões comportamentais destrutivos na família, acarretarão graves consequências, que poderão afetar o indivíduo posteriormente. Faz-se necessário salientar que situações de risco e os mais diversos fatores podem variar de um indivíduo para outro, de uma cultura para outra, entre países e continentes, o que dependerá de fatores ambientais, econômicos, políticos e culturais, em seus mais diferentes contextos.

CONSIDERAÇÕES FINAIS

Os resultados obtidos neste estudo demonstram que as seguintes contingências são mantenedoras do repertório comportamental suicida: conflitos constantes com sua genitora, evento que culminou no desencadeamento da depressão, visão negativa do futuro, impedimento de conviver com seu filho, favorecendo a construção de crenças negativas. Para este estudo foram utilizadas as Técnicas de Modificação do Comportamento da TCC, objetivando o controle dos mesmos. A participante adquiriu novos repertórios comportamentais, sendo estes assertivos, substituindo as contingências mantenedoras do comportamento suicida. Faz-se necessário ressaltar que, desta forma, os resultados aqui apresentados sugerem que os objetivos propostos por esse estudo foram alcançados. No entanto, seria imprescindível que Rosa desse continuidade ao processo psicoterapêutico, com vistas à manutenção dos resultados obtidos, bem como para intervenções que ainda se fazem necessárias em seu repertório devido à outras classes de comportamentos-problema.

REFERÊNCIAS

BOTEGA, N. J.; BARROS, M. B. de A.; OLIVEIRA, H. B. *et al.* Comportamento suicida na comunidade: prevalência e fatores associados à ideação suicida. *Rev. Bras. Psiquiatria.*, vol. 27, no. 1, p. 45-53, mar 2005

BROMBERG, M. H. *A. Psicoterapia em situações de perdas e luto.* São Paulo: Livro Pleno, 2000.

BUENO, G. N.; BRITTO, I. A. G. S. Graus de ansiedade no exercício do pensar, sentir e agir em contextos terapêuticos. In: Brandão M. Z.; Conte F. C.; Brandão F. S.; INGBERMAN Y. K.; MOURA C. B.; SILVA V. M.; OLIANE S. M. (Org.), *Sobre Comportamento e Cognição: clínica, pesquisa e aplicação.* Santo André: ESETec Editores Associados, *v.* 12, p. 169-179, 2003.

BUENO, G. N.; RIBEIRO, A. R. B.; OLIVEIRA, I. J. S.; ALVES, J. C.; MARCON, R. M. Tempos modernos versus ansiedade: aprenda a controlar sua ansiedade. In: SILVA, W. C. M. P. (Org.). *Sobre Comportamento e Cognição: análise comportamental aplicada.* Santo André: ESETec Editores Associados, v. 21, p. 341-352, 2008.

CABALLO, V. E. (Org.). *Manual de Técnicas de Terapia e Modificação do Comportamento.* Tradução organizada por M. D. Claudino. São Paulo: Santos Editora, 2007.

CUNHA, J. A. *Manual de versão em português das escalas de Beck.* São Paulo: Casa do Psicólogo Livraria e Editora; 2001.

CUNHA, J. A. A. *Psicodiagnóstico.* Porto Alegre: Artmed, v. 5, 2009.

CENTRO DE VALORIZAÇÃO DA VIDA (CVV) Prevenção ao suicídio se faz com aceitação e compreensão: experiência do Centro de Valorização da Vida. Brasília: Ministério da Saúde, 2005.

DALGALARRONDO, P. *Psicopatologia e semiologia dos transtornos mentais.* Porto Alegre: Artmed, 2009.

KNAPP, P; BECK, A. Fundamentos, modelos conceituais, aplicações e pesquisa da terapia cognitiva. *Revista Brasileira de Psiquiatria,* v. 30, n. 2, p. 554-564, 2008.

LAZARUS, A. A. *Terapia multimodal do comportamento.* 2. ed. São Paulo: Manole, 1980.

LEAHY, R. L.; TIRCH, D.; NAPOLITANO, L. A. *Regulação emocional em psicoterapia: um guia para o terapeuta cognitivo-comportamental.* Porto Alegre: Artmed, 2013.

LEVCOVITZ, S. K. *O paraíso terreal: o suicídio entre índios Guarani no Brasil.* Belo Horizonte: Te Corá; Rio de Janeiro: Espaço e Tempo, 1998.

LIPP, M. E. N. *Inventário de sintomas de stress para adultos de Lipp.* São Paulo: Casa do Psicólogo, 2000.

MOREIRA, M. B.; MEDEIROS, C. *A. Princípios básicos de Análise do Comportamento.* Porto Alegre: Artmed, 2007.

ORGANIZAÇÃO MUNDIAL DA SAÚDE (OMS). *Prevenção do Suicídio: um manual para profissionais da saúde em atenção primária*. Genebra: OMS, 2000.

ORGANIZAÇÃO MUNDIAL DA SAÚDE (OMS). *Prevenção do suicídio: um manual para profissionais da mídia,* Genebra: OMS, 2000.

PRIETO, D.; TAVARES, M. Fatores de risco para o suicídio e tentativa de suicídio: incidência/eventos estressores e transtornos mentais. *Jornal Brasileiro de Psiquiatria,* v. 2, 2005.

RAPELI, C. B.; BOTEGA, N. J. Perfis clínicos de indivíduos que tentaram suicídio com maior gravidade admitidos num hospital universitário. *Revista Brasileira Psiquiátrica*, v. 27, n. 4, p. 285-289, dez. 2005.

TRIGUEIRO, A. Suicídio. Problema Oculto na Saúde Pública: papel da mídia no esclarecimento (desvelamento). In: LIMA, C. A. de; *et al.* (Org.) *Violência faz mal à saúde*. Brasília: Ministério da Saúde, 2004.

VERA, M. N; VILA, J. Técnicas Baseadas Principalmente no Condicionamento Clássico. In: CABALLO, V. E. (Org.). *Manual de Técnicas de Terapia e Modificação do Comportamento*. Tradução organizada por M. D. Claudino. São Paulo: Santos Editora, 2007.

WAINER R; PERGHER G. K.; PICCOLOTO N. M. Terapia Cognitivo-comportamental das Depressões. In: CAMINHA, R.; WAINER, R.; OLIVEIRA, M.; PICCOLOTO N. M. (Ed.). *Psicoterapias cognitivo-comportamentais: Teoria e prática*. São Paulo: Casa do Psicólogo, p. 61-85, 2003.

WALSH, F.; MCGOLDRICK, M. *Morte na Família: Sobrevivendo às perdas*. Porto Alegre: Artes Médicas, 1998.

WERLANG, B. G.; BOTEGA, N. J. Entrevista semiestruturada para autópsia psicológica em casos de suicídio. *Revista Brasileira de Psiquiatria*, v. 25, n. 4, p. 212-219, out. 2003.

WORLD HEALTH ORGANIZATION (WHO). *Preventing suicide: how to start a survivors' group*. Geneva: World Health Organization, 2000.

WORLD HEALTH ORGANIZATION (WHO. *Prevenção do suicídio (SUPRE), estudo multicêntrico de intervenção no comportamento suicida (SUPRE-MISS). WHO*, Genebra: World Health Organization, 2001.

WRIGHT, J. *et al. Terapia Cognitivo Comportamental para doenças mentais graves. Porto Alegre:* Artmed, 2010.

POESIA

O mistério da mulher morena

Valdemar Augusto Angerami

Para Mormorena

Cabelos lisos e revoltos como o mar...
Desalinhados como o vento... E trazendo em sua graciosidade a cor da noite.
Tua silhueta é real no imaginário quando fecho os olhos e te sonho...
Também te sonho acordado com situações que me fazem ter você como real...
Apreciar o contorno das montanhas na madrugada e também você...
Tudo é tão sensível como parte de algo que não conceituo...
E tampouco consigo definir...
De detalhes que se constroem uma subjetividade...
E que se entranha com o real e te faz ausente como presença...
Distância que nos separa ou nos une...
Sonhos que nos acalentam ou nos torturam...
Tantos mistérios a te envolver que a única coisa real é o intangível...
Aninhada em meus braços como de outras vezes... Delírio ou sonho...
Tua presença sob a luz da lareira sorvendo o vinho no teu corpo...
E com a música de Debussy, ou na magia dos nossos filmes é suavidade..
De você, você, algo que me é indecifrável e ao mesmo tão fascinante...
Instigante! De acreditar que você é um sonho...
Sonho que me faz pulsar vida em momento em que a própria vida se extenua de tanta turbulência...
Você idealização de algo que não sei os contornos, mas que me faz o coração vibrar em alegria ao sonhar se tornar real...

Serra da Cantareira, numa tarde azul de Verão...

Capítulo 15

PSICOTERAPIA E COMPORTAMENTO SUICIDA: POSSIBILIDADES E DESAFIOS DE PRÁTICAS SINGULARES E INTEGRADAS ÀS REDES DE ATENÇÃO EM SAÚDE

Ana Vitória Salimon-Santos
Lazslo Antonio Ávila

O suicídio é o ato de pôr um fim à própria vida deliberadamente, independentemente de ser resultado de impulso ou premeditação e sempre constitui uma urgência prioritária para o pessoal da saúde (Bertolote, 2012).

Werlang e Botega (2004) referem-se ao comportamento suicida como todo ato pelo qual um indivíduo causa lesão a si mesmo, qualquer que seja o grau de intenção letal e de conhecimento do verdadeiro motivo desse ato.

O suicídio tem sido intensamente pesquisado nos últimos anos, dado ser uma das principais causas de mortalidade no mundo inteiro e seus efeitos diretos e indiretos afetarem incontáveis famílias e comunidades. Desde o estudo sociológico pioneiro de Emile Durkheim, ainda no século XIX, diferentes aportes biológicos, sociológicos, psicológicos e psicanalíticos o têm tomado como foco principal de investigação. Mesmo dentro de áreas específicas, diversas são as abordagens de análise. Como ilustração, citamos que em Psicologia encontramos textos discorrendo sobre suicídio a partir de diferentes referenciais teóricos como Cognitivo-comportamental, Existencialista, Fenomenológico-existencial, Fenomenológica Hermenêutica, Gestalt, Histórico-Social, Junguiana, Logoterapia e Psicanálise.

Para este relato, nos ateremos a concepção da Organização Mundial de Saúde (OMS), para a qual o suicídio é uma questão complexa e multicausal, inerentemente conectada à ampla definição de saúde como "estado de completo bem-estar físico, social, emocional e espiritual".

Este relato de experiência objetiva discorrer sobre possibilidades e desafios de processos psicoterapêuticos, com pessoas que apresentam comportamento suicida e com familiares de pessoas que tenham tentado suicídio ou faleceram por suicídio associados com as redes de políticas públicas, não sendo objetivo discorrer sobre abordagens teóricas dos mesmos.

Aborda os serviços prestados pelo Serviço Escola de Psicologia do Centro Universitário de Adamantina-SP, UNIFAI, denominado Núcleo de Psicologia – NUPFAI, os quais, juntamente com as ações de uma pesquisa de doutorado[1] e a mobilização de profissionais, órgãos e instituições do município de Adamantina – SP. resultaram na construção de uma rede de atenção temática intersetorial denominada "*Rede Promover Vida*", a qual objetiva, como o próprio nome diz, "promover vida", auxiliando pessoas em situação de risco através de ações e atendimentos multiprofissionais e interinstitucionais, objetivando a promoção de saúde e com o propósito último de evitar situações de violência contra si próprio e/ou outros, de qualquer tipo.

As considerações aqui apresentadas se encontram em processo contínuo de revisão crítica dada a complexidade do tema e das alterações de clientela e contextos nos quais os comportamentos suicidas e as políticas públicas ocorrem.

O CONTEXTO NO QUAL SE CONSTRÓI A REDE

Considerando a diversidade de características das regiões brasileiras, avaliamos como relevante apresentar brevemente o município no qual se desenvolveram as ações, bem como as ocorrências iniciais que, em certa medida, as motivaram.

O cenário inicial localiza-se numa pequena cidade do interior paulista, com 33.797 habitantes de acordo com o último censo (IBGE, 2010) e população estimada atual em 35.139 munícipes (IBGE, 2018), instalada como município no ano de 1949, distante 600 km da capital, localizada a Oeste do Estado de São Paulo, numa região de pequenas cidades contíguas, com alta densidade de presídios, limitadas possibilidades culturais e de atendimentos na área de Saúde. A média de salários dos trabalhadores formais em Adamantina é de 2,1 salários mínimos e 26,4% da população tem rendimento nominal mensal per capita de até meio salário mínimo (IBGE, Censo 2010). Não obstante, seu Índice de Desenvolvimento Humano Municipal (IDHM) é 0,790 (IBGE) e é classificada no grupo 3 do Índice Paulista de Responsabilidade Social (IPRS),

[1] "Caracterização de suicídios, tentativas de suicídios e a construção de políticas públicas preventivas em município de pequeno porte" desenvolvida pela autora Ana Vitória Salimon-Santos sob orientação do autor Lazslo Antonio Ávila, vinculada a Faculdade de Medicina de São José do Rio Preto – FAMERP (não concluída).

o que agrega municípios com baixos níveis de riqueza e bons indicadores de longevidade e escolaridade (SEADE).

Em 1999, o município na área de Saúde pública contava com um Centro de Saúde, três Unidades Básicas de Saúde (UBS), um hospital geral e Pronto-Socorro (Santa Casa de Misericórdia), uma Associação de Pais e Amigos dos Excepcionais (APAE) e um hospital psiquiátrico.

Em 2018, o município conta, além dos equipamentos acima citados, com 11 Estratégias de Saúde da Família (ESF), um Núcleo de Apoio a Saúde da Família (NASF), um Centro de Atenção Psicossocial – CAPS tipo I, um Serviço Residencial Terapêutico (SRT) e o hospital psiquiátrico encontra-se em processo de reestruturação e auto denomina-se como Polo de Atividades Integradas (PAI).

No município existe uma instituição de ensino superior com mais de 25 cursos de graduação e cerca de 3.000 alunos. Os serviços – escolas de Educação Física, Fisioterapia, Nutrição, Odontologia e Psicologia, através de suas práticas de estágios e extensão, somam-se aos atendimentos das políticas públicas em Saúde em Adamantina e municípios adjacentes. O curso de Medicina encontra-se no 6º termo devendo em breve somar a atuação dos estágios às políticas públicas.

Neste contexto, especialmente duas ocorrências marcaram o início de muitas reflexões, pesquisas e ações referentes a comportamento suicida e violência.

Em 1999, após retornar de férias ao trabalho, um dos autores deste capítulo, na época psicóloga na Fundação Estadual do Bem Estar do Menor (FEBEM, atualmente denominada Centro de Atendimento Socioeducativo ao Adolescente – Fundação CASA), responsável pelo acompanhamento de medidas socioeducativas em meio aberto na sub-região, recebeu de uma colega de trabalho, assistente social do Escritório Regional de Ação Social (ERAS)[2], a informação de que uma adolescente, Josie (nome fictício), atendida em medida socioeducativa havia tentado suicídio e, após internação no hospital geral, encontrava-se internada no hospital psiquiátrico. Na ocasião, o subposto de atendimento da FEBEM[3], o ERAS e um Posto de Atendimento ao Trabalhador (PAT) funcionavam em um mesmo imóvel alugado pela Secretaria da Assistência e Desenvolvimento Social do Estado, propiciando apoio mútuo em algumas ações. A fala seguinte ao informe, sempre ainda ecoa: "Ela esteve aqui dias antes, disse que precisava muito falar com você!".

[2] O ERAS de Adamantina foi extinto e atualmente o município se reporta a Divisão Regional de Assistência e Desenvolvimento Social – DRADS de Dracena.

[3] O Subposto da FEBEM de Adamantina foi extinto, o acompanhamento das medidas socioeducativas foi municipalizado e a supervisão é de responsabilidade da DRADS de Dracena.

Em 2005, a mesma psicóloga, na condição de responsável técnica do Serviço Escola de Psicologia do Centro Universitário (na ocasião faculdades integradas), recebe em uma manhã um senhor, acompanhado de uma moça, o qual, na recepção, sem tempo de qualquer menção para adentrar a uma sala, informa: "Estamos vindo do velório do José (nome fictício). Preciso que atenda a mulher dele e seu filho". José, havia sido acompanhado em medida de Liberdade Assistida (LA), e a psicóloga, ex-orientadora de LA, não tinha contato com ele há aproximadamente dois anos. Na sequência, o senhor relata que José havia se suicidado e como seu filho era muito parecido com ele, queriam que o atendessem, pois tinha certeza que, se a psicóloga tivesse conversado com José antes, "isto" não teria acontecido (SIC).

O filho de José era uma criança prestes a completar dois anos, descrito como agitado, agressivo, impulsivo. Sua mãe tinha 17 anos.

Josie, na ocasião da tentativa de suicídio tinha 16 anos; José suicidou-se aos 19. Eram adolescentes ativos, sedentos por presente e futuro. Tinham em comum em suas trajetórias de vida a violência. Frequentemente se envolviam em lutas corporais. Josie viveu parte de sua infância em um abrigo da FEBEM. José tinha seu corpo marcado por cicatrizes, a maioria delas, segundo ele, porque costumava intervir, desde pequeno, em brigas, quando sua mãe, alcoolizada, era agredida por companheiros.

Por que jovens "tão vivos" buscaram a morte? Como jovens que eram tão agressivos com outras pessoas agrediram a si mesmos? Seriam as lacunas ou formações decorrentes das violências molas propulsoras da autodestruição?

Não cabe adentrar nas suas histórias nem nas providências tomadas, mas apresentar algumas das questões que suscitaram, as quais têm implicações nos trabalhos posteriormente desenvolvidos.

A assistente social, enfaticamente, afirma que Josie teria procurado a psicóloga e afirmado que precisava muito falar com ela. O sr. afirma que José não teria se suicidado se tivesse falado com a psicóloga. Teriam os atendimentos prestados, mesmo não sendo propriamente psicoterapia, aspectos terapêuticos, protetivos para a vida?

Não saberemos se os atendimentos teriam um efeito preventivo, porém, as duas falas levam à hipótese de que algum aspecto dos atendimentos prestados proporcionaria um possível fator protetor para a autodestrutividade, a nosso ver, pela potência do vínculo construído, o qual favorecia a conexão com aspectos concretos da realidade, a resolução prática de alguns aspectos do cotidiano, como também o intenso exercício de conexão consigo próprio, através do acolhimento, reflexões críticas, análise de si próprio e na relação com o mundo.

Importante ressaltar que o atendimento de ambos partia de uma determinação judicial e dos pressupostos decorrentes dos objetivos da medida de LA, tais como promoção social do jovem e família, inserção e acompanhamento em equipamentos como escolas, cursos profissionalizantes e outros.

O artigo 118 da Lei 8.069/90, Estatuto da Criança e do Adolescente – ECA (Brasil, 1990) requer para a condição de orientador uma pessoa capacitada, designada pela autoridade para acompanhar o caso, a qual poderá ser recomendada por entidade ou programa de atendimento. Apesar de não exigir qualquer qualificação profissional específica, o fato de ser realizado por uma psicóloga imprimia algumas condições peculiares a sua forma de trabalho. Não era psicoterapia, porém, apresentava algumas condições análogas aos serviços psicológicos, ocorriam com periodicidade semanal, sempre no mesmo horário, com a participação do jovem e dos responsáveis e versava sobre os assuntos de interesse do jovem, de modo reflexivo e com intervenções práticas junto à comunidade, como contato com educadores nas escolas, projetos sociais, entre outros. O jovem e/ou família também poderiam recorrer ao atendimento sempre que necessário e utilizava-se, dependendo do desenvolvimento do jovem e modos de ser, objetos mediadores no atendimento como desenhos ou jogos, além de intervenções como respostas compreensivas, interpretações de ensaio e muitas abordagens nascidas do próprio encontro terapêutico. Não era propriamente psicoterapia, porém, podemos identificar algumas propriedades terapêuticas.

Retornando a solicitação dos familiares de José, eles apresentaram a necessidade de atendimento aos mais próximos e a preocupação de que o menino, no futuro, também viesse a se suicidar. Existiriam aspectos transgeracionais na questão do suicídio? Seriam importantes a atenção e o apoio às pessoas próximas, como cuidado presente e também como fator protetivo futuro? Naqueles breves minutos, escancararam-se aspectos que atualmente são focos de estudos e intervenções no Brasil do que é denominado de posvenção, que tem por objetivo o cuidado com os sobreviventes, no que diz respeito ao pós-suicídio de um ente querido (Fukumitsu e Kovács, 2015). A posvenção também é compreendida como prevenção, pois busca minimizar danos ao desenvolvimento das pessoas que se encontram impactadas por um suicídio.

Tais vivências, acompanhadas de perguntas, questionamentos e hipóteses puderam ser revisitadas inúmeras vezes e construíram, junto com outras tantas, as bases da Rede Promover Vida, descrita no próximo tópico.

Cabe ressaltar que no município, na época, não havia nenhuma política pública nem protocolo de atenção à saúde específico para a questão do comportamento suicida. Existiam incômodos diversos, reações populares manifestando tristeza, dó, inconformidade, repulsa, dúvidas, indignação, entre outros.

Além das bases oficiais de dados como DATASUS (Departamento de Informática do Sistema Único de Saúde), da Fundação SEADE (Sistema Estadual de Análise de Dados do Estado de São Paulo) e do IBGE (Instituto Brasileiro de Geografia e Estatística), uma primeira ação acadêmica para melhor conhecimento do fenômeno suicídio ocorreu, ainda em 2005, quando graduandas do curso de Psicologia realizaram uma pesquisa vinculada a disciplina Psicologia do Desenvolvimento, orientada pela primeira autora deste capítulo, analisando os boletins de ocorrência de 05 delegacias policiais, de dois municípios, quanto a suicídios e tentativas de suicídio, sendo possível identificar pela caracterização das pessoas e relatos a complexidade da questão, extrapolando âmbitos da esfera policial, psicológica e social, e já ensejando a necessidade de uma articulação entre as áreas das Políticas Públicas, com proposição de um programa de acompanhamento para as pessoas e suas famílias[4].

AS INTERVENÇÕES EM REDE

Na sequência, apresentamos, brevemente, algumas das ações e acontecimentos históricos que culminaram numa rede de atenção a pessoas com comportamento suicida e suas famílias, da qual faz parte e é um dos motrizes o Serviço Escola de Psicologia da UNIFAI.

Em meados de 2007, houve uma confluência de situações e necessidades que culminaram em ações integradas de um estágio de Psicologia Social, de uma pesquisa de doutorado, em parceria com a Secretaria de Saúde de Adamantina e com a Santa Casa de Misericórdia de Adamantina (Pronto-Socorro e Hospital geral).

Diante de várias ocorrências de comportamento suicida, o secretário de Saúde[5], na época, também provedor da Santa Casa de Misericórdia, solicitou ao Serviço Escola de Psicologia – NUPFAI, a possibilidade de intervenção da Psicologia. Considerando a necessidade de campo de estágio para uma aluna na área de Psicologia Social[6] e do desconhecimento sobre o fenômeno, solicitou-se a possibilidade do levantamento das tentativas de suicídio através de coleta de

[4] Pesquisa apresentada na II Mostra de Psicologia das Faculdades Adamantinenses Integradas (FAI): Incidência de suicídios e tentativas de suicídio em pequenas cidades do interior paulista: "tsunamis" particulares e sociais (2003 a 2005) de autoria de Joana Darc Borro, Geralda Custódio dos Santos, Solange Maria Momente Hirayama, Larissa Freitas Marchioli e Ana Vitória Salimon Carlos dos Santos.

[5] José Pedro Forghieri Ruette

[6] Regina Angelo Amorim, a qual atualmente é psicóloga da Santa Casa e do CAPS.

dados no hospital geral para, juntamente com outros dados, construir-se um projeto de intervenção, daí também se consolidando a proposta de pesquisa de doutorado "Caracterização de suicídios, tentativas de suicídios e a construção de políticas públicas preventivas em municípios de pequeno porte" em formato de pesquisa-participante[7].

O levantamento iniciado no Pronto Socorro, a princípio através da coleta de registros de ocorrências que extrapolavam o campo da saúde em um livro ata, transformou-se numa prática contínua até os dias atuais, porém, é atualmente realizada pela própria equipe de profissionais do Pronto-Socorro e do hospital (internação), através da Ficha de notificação individual de violência interpessoal/autoprovocada do Ministério da Saúde (MS), conforme regulamentação da Portaria GM/MS Nº 204/2016, que define a Lista Nacional de Notificação Compulsória de doenças, agravos e eventos de saúde pública nos serviços de saúde públicos e privados em todo o território nacional.

A ficha de notificação é um importante instrumento para as intervenções com pessoas em condição de risco, pois, além de propiciar análises epidemiológicas pelos setores competentes, subsidiando ações em Saúde, inclusive dados para análise de projetos com recursos financeiros, permite aos profissionais em nível local realizar o seguimento do atendimento das pessoas notificadas, inclusive os encaminhamentos para psicoterapia.

Em 2008, ainda antes da Santa Casa contratar o primeiro profissional de Psicologia, estagiários de Psicologia que atuavam no projeto de Humanização Hospitalar[8] tornaram-se parceiros do projeto de intervenção em comportamento suicida, na ocasião denominado "Projeto de Atenção a Vida" ou por vezes "Pró-Vida", e iniciaram um trabalho de atendimento em crise, ainda na hospitalização, e tentavam garantir encaminhamento, pós-alta, para tratamento psicológico, o qual era viabilizado através de vaga imediata no Serviço Escola de Psicologia da FAI, por estagiários de Psicologia Clínica, ou com a psicóloga do Centro de Saúde local[9]. Para o Serviço-escola de Psicologia também passaram a ser encaminhados os familiares de pessoas que se suicidavam ou tentavam suicídio.

Tais práticas, a princípio realizadas por estagiários de Psicologia, sob supervisão de docentes psicólogos do curso de Psicologia da UNIFAI, mantêm-se ainda

[7] Como facilitador, a pesquisadora Ana Vitória Salimon-Santos também era a supervisora do estágio e responsável técnica do Serviço Escola.

[8] Supervisionado pela psicóloga e professora do Centro Universitário de Adamantina, Fulvia de Souza Veronez.

[9] Heloisa Mara Serva Pesce.

como importantes intervenções clínicas com a pessoa em risco de suicídio. O suporte prestado a pessoa e família durante a internação bem como o encaminhamento para serviço de referência com a maior brevidade possível favorece que exista a percepção de apoio, que existam espaços para escuta, reflexão e providências concretas que se façam necessárias. Atualmente, estas ações são geralmente realizadas por profissionais, frequentemente psicólogo ou ainda por assistente social ou enfermeiro, algumas vezes com o apoio de estagiários.

Um outro aspecto a ser ressaltado é que a atenção prestada desde a passagem pelo pronto-socorro e/ou internação hospitalar possibilita o seguimento da atenção em saúde, sendo que anteriormente, muitas vezes as unidades básicas de saúde não tinham conhecimento das ocorrências e a pessoa se mantinha sem qualquer atendimento além do emergencial.

Em 2009, houve a contratação da primeira psicóloga da Santa Casa de Adamantina[10], bem como, nesse mesmo ano iniciou o funcionamento do primeiro e único Centro de Atenção Psicossocial (CAPS) do município, ampliando possibilidades de monitoramento, intervenções terapêuticas e encaminhamentos.

Através da estruturação de alguns serviços, do diálogo entre profissionais e estagiários, possibilitando conhecer um pouco mais das demandas e dos contextos nos quais ocorriam as tentativas de suicídios, concluiu-se pela necessidade de ampliar os serviços a serem oferecidos, bem como a comunicação entre os mesmos. Já não mais entendíamos o comportamento suicida como restrito a necessidade de atendimentos psicológicos, médicos e outros da Saúde. O comportamento suicida é o ápice de um conjunto que pode abranger todo e qualquer aspecto da vida das pessoas, portanto, em níveis institucionais do serviço público, podemos pensar na relevância do envolvimento de todas as secretarias e/ou ministérios de governo como habitação, cultura, trabalho, entre outros, além dos comumente identificados como Saúde, Assistência Social e Educação.

Em 26 de maio de 2010 foi realizada na sala de reuniões do Centro de Saúde municipal a primeira reunião do que passou a se constituir posteriormente na equipe gestora, multiprofissional e interinstitucional da Rede Promover Vida.

Nesta primeira reunião participaram o secretário e a diretora da secretaria municipal de Saúde, a pesquisadora/supervisora de estágios/responsável técnica pelo serviço escola, uma aluna do curso de especialização em Psicologia da Saúde da UNIFAI e profissionais da Santa Casa, do Centro de Saúde, do CAPS e do hospital psiquiátrico.

[10] Luana Botan

As reuniões ocorrem até hoje, no mínimo mensalmente. Nos primeiros anos ocorriam, geralmente, a cada 15 dias; em época de eventos ocorrem semanalmente ou de acordo com a necessidade.

A composição dos participantes vai se alterando conforme o desenho das políticas públicas no município e fluxo dos profissionais; órgãos e programas vão sendo criados ou extintos, profissionais são transferidos de setor, ingressam ou se desligam; estagiários também ingressam ou se desligam pela formatura.

Nas reuniões geralmente participa um ou dois membros de programa, setor, segmento ou órgão, não há obrigatoriedade e nem fixação dos membros. Quem vem multiplica para os pares. As decisões são veiculadas e assumidas coletivamente. A organização de cada segmento para as ações depende de seus objetivos e modo próprio de gestão. O grupo se constitui num funcionamento de grupo operativo (Pichon-Rivière, 1988) no qual a tarefa é a contínua reflexão e o desenhar de ações para a promoção da saúde e prevenção do suicídio e outras violências. Nesse processo, frequentemente o grupo se auto avalia, bem como favorece a saúde mental de seus membros.

Considerando o foco deste trabalho, que é a relação da psicoterapia e políticas públicas, não cabe estender o histórico e funcionamento da rede, cabendo, porém, ressaltar que, ao longo dos anos, foram inúmeras as alterações ocorridas nas políticas públicas e no funcionamento do grupo e da Rede Promover Vida, sendo apresentada a seguir sua atual definição, objetivos, composição e modo de funcionamento, nos permitindo ingressar no tópico sobre os serviços prestados pelo Serviço Escola de Psicologia.

A "Rede Promover Vida" é um espaço de interlocuções e ações, que visa a ampliação de conhecimentos, competências e atitudes para a promoção da saúde e prevenção ao suicídio e outras violências (Salimon-Santos, 2015). Esta definição foi cunhada em 2015, após inúmeras tentativas de definições, pois não se tratava mais de um programa com bordas definidas. Apesar de ser um projeto articulado pelo Núcleo de Psicologia em parceria com inúmeros órgãos e instituições, somente existe no compromisso e participação dos mesmos; além disso, mesmo com menor intensidade, estende-se a outros municípios através de atendimentos comuns (seja pelo município de ocorrência do fato ou residência da pessoa envolvida ou pela existência de recursos necessários), seja pela participação de outros municípios nos eventos que são realizados. Há também muitas trocas entre profissionais e estudiosos da área, tendo sido o *facebook* um excelente instrumento favorecedor de novos contatos e potencializador da rede. Conforme citado por Fukumitsu e Kovács (2015), há desde 2013 um grupo no facebook denominado "Rede Promover Vida". Esse grupo, apesar de não ser a via oficial, tem como objetivo favorecer a comunicação e fortalecer ações.

Na prática, existe um protocolo de ações de modo que, a partir da detecção de situações de risco ou ações já efetivadas relacionadas ao comportamento suicida e violências, são tomadas as providências quanto as notificações e prioridade no atendimento e no encaminhamento das pessoas envolvidas para os órgãos de referência. Durante os acompanhamentos por qualquer órgão, se necessário, são acionados os parceiros, com o objetivo de sanar situações apresentadas.

Para psicoterapia, na rede pública há uma psicóloga no Centro de Saúde, duas no CAPS, pela Secretaria de Saúde, e o Serviço Escola de Psicologia.

Participam atualmente do grupo gestor: secretarias municipais de Adamantina-SP, como de Saúde (gestor, CAPS, Programas de Estratégias de Saúde da Família, Agentes Comunitários, Setor de Vigilância Epidemiológica, Unidades Básicas de Saúde, NASF), Educação (Psicologia e gestor) e Assistência Social (órgão gestor, Centro de Referência em Assistência Social – CRAS, CREAS, Centro de Convivência da Juventude- CCJ); instituição acadêmica: Centro Universitário de Adamantina, com a cooperação de vários cursos, além da Psicologia (atividades da graduação e pós-graduação em Psicologia da Saúde, Núcleo de Psicologia com estágios nas áreas de Psicologia Escolar, Psicologia do Trabalho, Psicologia Clínica, Psicologia Institucional/social), Diretoria Regional de Ensino, Pronto-Socorro municipal, Santa Casa de Misericórdia, Corpo de Bombeiros e Conselho Tutelar. Também colaboram com a rede ex-alunos e ex-funcionários. Participam com frequência das ações representantes da Polícia Civil e Militar, da Coordenadoria de Saúde do Sistema Penitenciário/Coordenadoria de Unidades Prisionais da Região Oeste (CROEST), Tiro de Guerra, técnicos do Poder Judiciário, representantes de organizações não governamentais, entre outros. Encontra-se em instalação no município, com o apoio da Rede Promover Vida e inclusive mobilizado por pessoas que já participaram e/ou participam da rede, um posto do Centro de Valorização da Vida (CVV), estando constituída legalmente a organização não governamental que será a mantenedora do posto, denominada NAVIDAD, Núcleo de Apoio a Vida de Adamantina.

Desde 2011, em data próximo a 10 de setembro, dia mundial de prevenção do suicídio[11], a Rede Promover Vida realiza eventos de caráter comunitário e científico com o objetivo de sensibilizar e orientar a comunidade sobre promoção de Saúde, prevenção de suicídios e outras violências, instrumentalizar

[11] Data instituída pela Associação Internacional de Prevenção ao Suicídio (International Association for Suicide Prevention – AISP – https://www.iasp.info/), apoiada pela Organização Mundial de Saúde (World Health Organization – WHO).

melhor as pessoas e profissionais a lidar com situações de risco para suicídio e com pessoas em luto, promover práticas de saúde para os próprios profissionais. São realizadas capacitações para segmentos específicos, palestras por demanda e um encontro com abrangência regional, sendo sua estruturação e temas definidos coletivamente pelo grupo articulador da rede a partir do tema mundial definido pela IASP e pelas necessidades locais.

Em 2018, o tema definido pela IASP é: "Working Together to Prevent Suicide" (Trabalhando juntos para a prevenção do suicídio).

O evento anual com o nome Encontro por uma Cultura da Paz de Adamantina/SP: ações de promoção a vida, prevenção do suicídio e outras violências foi realizado em sua sexta edição em 2017 e ocorreu concomitantemente ao *1º Simpósio Regional de Prevenção e Posvenção do Suicídio* realizado na UNIFAI composto por palestras, oficinas, mesa redondas, minicurso e workshop[12].

Ao longo dos anos, muitos temas têm sido trabalhados. Citamos alguns: Suicídio, Saúde Pública e ações de prevenção em rede; identificação e a abordagem da pessoa com risco de suicídio; Corpo de Bombeiro e ações que podem salvar vidas; atenção a pessoas com comportamento suicida e famílias; prevenção ao suicídio na atenção básica; processos de enlutamento e os cuidados com os sobreviventes; Ficha de notificação e investigação de violências; atendimento de pacientes com tentativa de suicídio na urgência e emergência; atuação do Centro de Valorização da Vida – CVV; a violência, a mídia e a prevenção do suicídio; riscos e proteção em um mundo.com; modos de subjetivação da juventude contemporânea e educação: contribuições da Psicologia no enfrentamento às autodestrutividade e violências; prevenção e posvenção do suicídio e as "redes" de atenção.

Já foram realizadas oficinas de dança, teatro, corporeidade, fotolinguagem e expressividades, como: A rede e a roda: Dança circular como um instrumento pela Cultura da Paz; Dança circular como prática integrativa; Oficina de fotolinguagem: O que mereço do trabalho? Eu, você, nós na rede: conexões corporais em jogo; SucARTEando: experiências de ser, criar e fazer na roda da vida e nas redes; perspectiva teatral do suicídio e sua abordagem artística.

É interessante ressaltar que todas essas ações iniciaram efetivamente em 2007, ainda sendo desconhecidas as Diretrizes Nacionais de Prevenção do Suicídio, que datam de 2006[13].

12 http://www.sigamais.com/noticias/cidades/psicologia-da-unifai-e-rede-promover-vida-ralizam-acoes-de-promocao-a-vida-e-prevencao-do-suicidio/

13 Portaria nº 1.876 de 14/08/2006 – Institui Diretrizes Nacionais para Prevenção do Suicídio, a serem implantadas em todas as unidades federadas, respeitadas as competências das três esferas de gestão

Quando conhecidas, auxiliaram a delinear as ações, inclusive em consonância com os projetos do Ministério da Saúde e outros que visam a Prevenção da Violência e a Construção de uma Cultura de Paz[14], sendo possível observar na recente publicação do Ministério da Saúde, *Agenda de ações estratégicas para a vigilância e prevenção do suicídio e promoção da Saúde no Brasil: 2017 a 2020* (Brasil, 2017), a adequação das ações da rede construída. Porém, são muitos os aspectos deficitários e insuficientes que necessitam de implementação. Poderíamos iniciar pelos aspectos dos determinantes sociais da Saúde, porém, nos ateremos ao foco deste relato.

Não adianta somente teorizarmos sobre processos terapêuticos se não existirem condições para que as pessoas possam fazer uso dos mesmos.

Nesta direção, foi necessário construir e conectar serviços de atenção para que, mesmo com falhas e dificuldades, o município pudesse oferecer e ampliar o acesso a espaços de acolhimento, psicoterapia e outros serviços a pessoas com comportamento suicida e seus familiares.

Apesar dos fluxos definidos, conexão e comunicação entre os órgãos, não há capacidade suficiente para atender a demanda, geralmente associada a falta de recursos humanos. Mesmo com todos os avanços, nos deparamos com filas de pessoas aguardando psicoterapia, muitas vezes em condição de urgência.

Nessas condições, geralmente o atendimento se dá de modo estritamente medicamentoso e retorna para acompanhamento somente na Atenção Básica, que não conta com o profissional psicólogo no território.

Em 2012, foi elaborado e inscrito um projeto, via Secretaria Municipal de Saúde, para o Ministério da Saúde, visando concorrer a financiamento de projetos para Prevenção de Violências e Acidentes e Promoção da Saúde e Cultura da Paz (Portaria GM/MS n.2802/2012) e foram aprovados recursos para o ano de 2013.

Com o recurso do Ministério da Saúde, foi possível contratar por um ano uma psicóloga[15] para o Projeto Promover Vida, na Secretaria de Saúde, auxiliando a fortalecer a Rede Promover Vida. Por mais um ano a prefeitura municipal renovou seu contrato com recursos próprios, não podendo mais fazê-lo no vencimento de dois anos.

[14] Segundo a OMS, a saúde é um completo estado de bem-estar físico, mental e social e não meramente a ausência de doença (ORGANIZAÇÃO MUNDIAL DA SAÚDE, 1946 APUD BRASIL/MS, 2017), sendo assim, de acordo com o mesmo documento a própria concepção de saúde é uma manifestação da cultura de paz, pois essa perspectiva ampla de saúde, não se restringe ao indivíduo, mas contempla também a coletividade, a sociedade e o planeta.

[15] Edilene Tassinari

Os eventos anuais têm promovido esclarecimentos, conhecimentos, desmitificações sobre o suicídio, parecendo-nos ampliar o respeito e a compreensão de condições humanas, ampliar a escuta e percepção das pessoas em relação às outras, favorecendo encaminhamentos e a formação de profissionais e futuros profissionais para práticas mais adequadas.

Por outro lado, o êxito dos encontros no que diz respeito a sua amplitude e alcance, como por exemplo o de 2017, que contou com a participação de aproximadamente 500 pessoas e em torno de 40 municípios, não tem a mesma correspondência de impacto na alteração da realidade e/ou impacto na vida das pessoas afetadas por comportamentos suicidas.

Em 2013, a UNIFAI, então FAI, encaminhou a proposta do "Programa Rede Promover Vida: ações de promoção da saúde e prevenção ao suicídio e outras violências", ao Ministério da Educação (MEC) para concorrer a recebimento de recursos do ProExt (Programa de Extensão Universitária). Em julho de 2013, houve aprovação do programa para execução e recebimento de recursos. Porém, com mudanças governamentais em nível nacional, ocorreram dificuldades e o recurso nunca foi recebido. Ele proporcionaria a ampliação do programa envolvendo, além do curso de Psicologia, os cursos de Enfermagem, Farmácia, Serviço Social. Numa segunda etapa também seriam envolvidos os cursos de Comunicação Social e Tecnologia em Análise e Desenvolvimento de Sistemas – TADS.

Tais aspectos, assim como a regulação de vagas para internação, configuração dos quadros de pessoal dos equipamentos de Saúde, competências e configuração dos serviços, bem como ausência de normativas nacionais que garantam psicólogos nos estabelecimentos de saúde, extrapolam as competências e gestão do município e merecem discussão a parte.

PECULIARIDADES DO ATENDIMENTO PSICOTERÁPICO PRESTADO NO SERVIÇO-ESCOLA DE PSICOLOGIA

O Serviço Escola do curso de Psicologia da UNIFAI, Núcleo de Psicologia (NUPFAI), é órgão do curso de Psicologia responsável por propiciar condições para o desenvolvimento de atividades concernentes aos diversos campos da Psicologia, que se destinam a formação profissional dos alunos e ao atendimento da comunidade, propiciando suporte administrativo, acadêmico e técnico à atividades de ensino, pesquisa e extensão, e servindo como espaço físico para atividades de treinamento de avaliação psicológica e de estágios supervisionados por docentes psicólogos, regularmente inscritos no Conselho

Regional de Psicologia de São Paulo (CRP/06), nas áreas de Psicologia da Educação, do Trabalho, Clínica e Institucional/Social, além dos campos externos, entre outras atribuições. Atualmente conta com 09[16] docentes psicólogos, os quais estruturam e supervisionam serviços psicológicos realizados pelos estagiários na região, potencializando de modo significativo as políticas públicas nas mais diversas áreas. Eles também contribuem com as ações comunitárias e científicas da Rede Promover Vida realizando palestras, oficinas, minicursos entre outros.

O NUPFAI iniciou suas atividades em meados de 2004 quando a primeira turma de Psicologia, da então Faculdades Adamantineneses Integradas (FAI), atingiu o sétimo termo do curso. Atualmente, desenvolve projetos em instituições públicas, privadas ou em organizações não-governamentais, nas áreas de Educação, Saúde, Assistência Social, Trabalho, Hospitalar, Jurídica, Segurança Pública, Direitos Humanos, entre outras, com diversos enfoques e modalidades de atenção.

Sua capacidade de atendimento é proporcional ao número de alunos. No último ano atendeu em média 40 instituições e 120 pacientes semanalmente.

No próprio Núcleo de Psicologia são desenvolvidos atendimentos nas 4 áreas de estágios (Psicologia da Educação, do Trabalho, Clínica e Institucional/ Social), em modalidades individual ou grupal, abrangendo as várias faixas de desenvolvimento do ciclo vital, existindo projetos de psicoterapia clínica, saúde do trabalhador, atenção às situações de crise, reabilitação, desenvolvimento e aprendizagem, entre outros.

Dentre os projetos de atenção em situação de crise existem o Plantão Psicológico e o Promover Vida, no qual atuam estagiários do 9° e 10° períodos do curso de Psicologia, da área de estágio supervisionado institucional/social.

Os projetos atuam integrados, com os estagiários compondo uma mesma equipe, somente diferenciando o foco norteador e algumas das metodologias utilizadas por cada subgrupo.

Os estagiários realizam plantões semanais, de no mínimo 3 horas no serviço escola, e permanecem à disposição para demandas espontâneas e mesmo para agendamento rápido via recepção do NUPFAI quando há situações que demandam intervenção mais imediata e/ou necessidades do próprio serviço-escola como realização de triagens. Atuam com metodologia interventiva, tendo por suporte o referencial teórico winnicottiano e também subsidiados

[16] Ana Vitória Salimon-Santos, Andrea Fernandes de Araujo Gasques, Cassiano Ricardo Rumin, Evelyn Yamashita Biasi, Fulvia de Souza Veronez, Magda Arlete Vieira Cardozo, Maria de Fátima Belancieri, Luis Santo Schicotti, Thaísa Angélica Deo da Silva Bereta.

em estudos apresentados pelo laboratório de Saúde Mental e Psicologia Clínica Social da Universidade de São Paulo, com os projetos Ser e Fazer e APOIAR, os quais apresentam modalidades de pesquisa-intervenção que se fundamentam na psicanálise winnicottiana, caracterizada pelo uso de mediações facilitadoras da expressão de indivíduos e coletivos, em contextos psicoterapêuticos e psicoprofiláticos (Vaisberg, 2004 e Tardivo, 2004, 2008), bem como trabalhos de Ancona-Lopes (2002), Marques (2005), entre outros.

Lins (2006) destaca, nas consultas terapêuticas, a importância que Winnicott deu a função holding do analista, em que a boa qualidade ambiental é apontada por ele como importante para a vida emocional dos indivíduos em qualquer idade, como também no tratamento psicanalítico.

Os plantões possibilitam que possam ser atendidas situações de crises diversas e que sejam agendadas com rapidez pessoas com comportamento suicida e/ou seus familiares, geralmente encaminhados pelo setor de psicologia da Santa Casa local, CREAS, Conselho Tutelar e parceiros da região como penitenciárias e serviços de Saúde.

Os atendimentos ocorrem numa vertente clínico-social e, sempre que necessário, são realizados contatos com recursos comunitários e encaminhamentos. Trabalha-se também com a perspectiva de inclusão do grupo familiar nos atendimentos.

Na prática, dependendo do fluxo e caracterização da demanda, as delimitações entre um projeto e outro ficam bastante tênues, como por exemplo quando a necessidade é o atendimento de uma situação de luto, ou mesmo uma crise suicida. Enquanto os estagiários do Promover Vida têm como foco primordial de ação pessoas com comportamento suicida, suas famílias e intervenções integradas à rede, inclusive sua articulação, os estagiários do plantão psicológico têm por foco as demandas da clínica escola, regulando a porta de entrada, o fluxo de serviços e as demandas para pronto-atendimento, como orientações quanto a desenvolvimento, situações pré-cirúrgicas, conflitos emergenciais, orientação familiar, entre outros.

O projeto Promover Vida, via NUPFAI, tem por objetivo, além do atendimento a pessoas com comportamento suicida e suas famílias, especialmente a implementação da rede (diagnóstico contínuo e articulação), monitoramento das ocorrências e dos acompanhamentos no NUPFAI, capacitações da rede de atenção básica, educação em saúde para leigos, estruturação e execução junto com a UNIFAI e parceiros do evento de 10 de setembro, interrelação com outros órgãos e municípios vizinhos, entre outras. Estas ações são integradas com os parceiros e os estagiários participam de reuniões e intervenções também na comunidade.

Sempre existe a preocupação com a organização dos dados decorrentes das ações, de modo a subsidiar análise e novas ações.

Considerando o reduzido número de serviços de Psicologia no município e região e ainda que o NUPFAI atende a demanda de cidades vizinhas, o serviço escola mantém-se com fila de espera. Além do contínuo diálogo com os gestores da Saúde, está sendo um desafio para o projeto do plantão psicológico elaborar propostas para a fila de espera, bem como, em conjunto com os demais projetos e supervisores do NUPFAI, propor a organização de grupos de pais, oficinas terapêuticas, entre outros grupos, os quais, além de tecnicamente adequados, supririam parte da demanda reprimida.

Uma situação também bastante complexa é a que, na medida que o plantão está disponível e não existem outros serviços com disponibilidade de vaga, muitas vezes todos os horários de atendimento permanecem ocupados, impossibilitando fluidez para as ações, especialmente um maior investimento do Promover Vida na própria comunidade.

Como as ESF, mesmo a Santa Casa e o CAPS não têm para onde encaminhar o paciente pós tentativa de suicídio ou perda por suicídio para psicoterapia, mesmo que em todas as reuniões tenha sido definido o investimento maior em ações de saúde mental na atenção básica, os estagiários acabam ampliando os seus horários para poder priorizar o atendimento dos pacientes.

Além dessa consequência, os pacientes que ingressam no NUPFAI pelo plantão psicológico, quando não têm alta, são encaminhados para os demais projetos existentes. Sabemos que, geralmente, pacientes engendrados em tramas de violência, não só das tentativas de suicídio e luto, podem demandar modalidades de atendimento que extrapolam os objetivos de uma psicoterapia breve. Nos casos que a abordagem necessária enquadra-se em settings diferenciados, os pacientes permanecem na área de Psicologia Institucional. Na medida em que é adequado tecnicamente, são também encaminhados para outros projetos no próprio Núcleo de Psicologia ou para outros recursos externos.

Além do atendimento no plantão psicológico e a priorização de vagas, o recurso das ligações telefônicas, inspirado no trabalho de Botega (2010), tem sido utilizado. Quando o paciente desiste do atendimento, tem alta ou, por alguma razão, encontra-se impedido de vir aos atendimentos, solicitamos autorização para periodicamente entrarmos em contato. Nessas ligações, é disponibilizada escuta e há o oferecimento de um horário para atendimento, caso queira.

Há anos temos avaliado a possibilidade de organização de grupos terapêuticos com pessoas que perderam outras próximas e também para familiares de pessoas que tenham tentado suicídio, porém, considerando o tempo de capacitação dos estagiários e a sobrecarga da demanda, ainda não foram implantados. Também encontra se em projeto a implantação de grupos comunitários de saúde mental na atenção básica.

Está sendo implantado um grupo terapêutico com adolescentes, que será homogêneo em relação à faixa etária, porém heterogêneo em relação às queixas e sintomatologia. Tem sido expressiva a cessação de tentativas de suicídios e automutilação na maioria dos adolescentes após o início do processo terapêutico e da terapia focada em questões pertinentes ao período de desenvolvimento, por demanda dos próprios adolescentes.

O presente trabalho não tem como esgotar as peculiaridades dos atendimentos realizados, que poderiam ser abordados desde aspectos teóricos, técnicos, éticos, de pesquisas para avaliação de impactos efetivos para a prevenção, porém, gostaríamos de ressaltar, alguns outros aspectos.

Temos recebido, além de adolescentes, adultos, crianças a partir de 7 anos com comportamentos autolesivos, inclusive, tentativas de suicídios; como denominou Angerami-Camon (2011), o escarro maior do desespero humano. Fica bem evidente a dificuldade, não só das famílias, mas também dos órgãos e sociedade em geral, de compreender e intervir. Nossa proposta tem sido trabalhar com toda a família e com as instituições relacionadas.

Temos atendido um expressivo número de adolescentes e de adultos, e algumas crianças. Seja no histórico atual dos mais jovens ou na história pregressa dos adultos, geralmente encontramos violências, omissão ou negligência. Tais aspectos geram feedbacks para a rede, no sentido de políticas públicas que necessitam ser desenvolvidas, não só na área de saúde, mas do trabalho, da segurança, de esportes e lazer, entre outras.

Entendemos a psicoterapia como fundamental, porém, não enclausurada dentro de um modelo reducionista, que reflete linearmente a oposição entre saúde-doença e que reduz a pessoa com comportamento suicida a um transtorno mental. O sujeito deve ser contextualizado em um tempo histórico, inscrito em uma realidade social, perpassada por inúmeros aspectos, sociais, políticos.

Devemos salientar a importância do plantão para situações de crise, uma referência para ligação e contatos no aqui e agora. Muitas e muitas vezes, um retorno de ligação faz toda a diferença para o desfecho de situações de crise, bem como contatos telefônicos para encaminhamentos "concretos", identificação de recursos para profissionalização ou esclarecimento de questões jurídicas.

Em relação às ações de posvenção, conforme estudo de material clínico de supervisões, os casos acompanhados logo após a morte do familiar apontam para a necessidade de apoio imediato às famílias, tornando-se o atendimento um espaço de acolhimento para memórias, questionamentos, afetos e, especialmente, nos casos que envolviam o falecimento de um dos genitores, ampliação das possibilidades de reorganização concreta de rotinas, funções e papéis. O impacto do suicídio, detectado ao longo de atendimentos de pacientes com queixas diversas, corrobora a importância do cuidado com os enlutados pelo suicídio, tendo havido relatos de mortes que ecoam há décadas, sugerindo que o acolhimento, logo após as ocorrências de perdas, favoreceria a vivência de lutos mais suportáveis e com melhores condições de acomodação[17].

A idade do sobrevivente e sua posição nos arranjos familiares também são variáveis importantes a serem observadas nos acompanhamentos. Especialmente quando se trata de crianças, o vínculo do outro genitor com a pessoa falecida, bem como a forma como estava lidando com sua perda, interferem intensamente na relação com a criança, possibilitando ou não que sejam base para seu melhor desenvolvimento. O outro genitor sobrevivente tem a dupla carga de cuidar de si e da família, sendo importante ser cuidado.

Tanto nos atendimentos de pessoas que tenham tentado suicídio quanto no de suas famílias e nas enlutadas, a disponibilidade do terapeuta de se fazer presente, numa escuta atenta, e a disponibilidade para um setting flexível, especialmente na crise e em casos diferenciados, difíceis como diria Winnicott, se mostrou relevante para a formação de vínculos e possibilidades de novos sentidos de vida.

Considerando a relevância dos processos psicoterápicos e que vagas para psicoterapia são restritas no serviço público, com consultas, muitas vezes, com periodicidade ampla e tempo reduzido de sessão e também são de acesso limitado na rede privada, por conta de seus custos, além de, geralmente, serem feitas em horários diurnos, durante a semana, ao pensamos em prevenção do suicídio, seriam úteis plantões psicológicos em órgãos de funcionamento 24 horas, como o próprio pronto socorro para situações físicas.

Neste momento, retornando ao início, relembramos de Josie e José, que talvez pudessem ter um ponto de referência a buscar quando na crise.

CONSIDERAÇÕES FINAIS

Podemos concluir que em Adamantina ocorreram muitos movimentos em prol de intervenções em comportamento suicida, seja para prevenção, posvenção ou promoção de saúde. Muito se construiu pelo envolvimento e

[17] Trabalho apresentado no simpósio de extensão "Por extenso" da Universidade Estadual de Londrina – UEL, em 2016: "Alguns ecos do suicídio: o luto e as lutas de famílias que perderam um membro por suicídio".

compromisso de profissionais e instituições que assumiram o desafio de melhor conhecer e enfrentar a autodestrutividade humana.

Muitos caminhos se construíram, há o interesse de municípios vizinhos em ampliar a proposta, porém, mesmo com tantos profissionais capacitados e muitas pessoas que puderam ser acolhidas pela rede, muito ainda há para ser feito, analisando os impactos das ações e implementando aquelas ações que se demonstraram mais produtivas, mas factíveis. O tema do suicídio é tão amplo, multifacetado e complexo, que qualquer trabalho sério deve necessariamente estar em contínuo processo de reinvenção. Os profissionais e os equipamentos públicos e privados precisam ser acionados, acompanhados, amparados, enriquecidos, promovidos e avaliados de todas as formas que forem realizáveis no presente e no futuro.

Neste momento do trabalho, continuamos a compreender a importância do funcionamento da rede, da compreensão do ser humano de forma complexa e da necessidade de intervenções amplas, de promoção em saúde, em rede, porém, ademais de todas as reflexões da ótica social e das necessidades de intervenção nos determinantes sociais, a garantia do atendimento psicoterápico se faz necessária. Além de todos os esforços que continuarão a ser realizados, fica a expectativa da Agenda de Ações Estratégicas para a Vigilância e Prevenção do Suicídio e Promoção da Saúde do Brasil.

REFERÊNCIAS

ANCONA-LOPES, Marília (Org.). *Psicodiagnóstico: processo de intervenção.* São Paulo: Cortez, 2002.

ANCONA-LOPEZ, S. A porta de entrada: reflexões sobre a triagem como um processo interventivo. In: MELO-SILVA, L. L.; SANTOS, A. dos; SIMON, C. P. *Formação em Psicologia*: *serviços-escola em debate.* São Paulo: Vetor, 2005.

ANGERAMI; V. A. *Suicídio. Uma Alternativa à Vida. Fragmentos de Psicoterapia Existencial.* Belo Horizonte: Artesã Editora, 2017.

ANGERAMI; V. A. Suicídio infantil: o escarro maior do desespero humano. In: ANGERAMI; V. A. *et al.* (Org.) *O atendimento infantil na ótica fenomenológico-existencial.* 2. ed. São Paulo: Cengage Learning, 2011.

ARAGÃO NETO, Carlos H. de. O sentido na vida como fator de proteção ao suicídio. *Revista Brasileira de Psicologia*, Salvador- Bahia, v. 02, p. 17-27, 2015. Disponível em: http://revpsi.org/wp-content/uploads/2015/12/Arag%C3%A3o-Neto-2015-O-sentido-na-vida-como-fator-de-prote%C3%A7%C3%A3o-aosuic%C3%ADdio.pdf.

BAPTISTA, M. N. *Suicídio e depressão: atualizações*. Rio de Janeiro: Guanabara Koogan, 2004.

BERENCHTEIN NETTO, Nilson. Suicídio: uma análise psicossocial a partir do materialismo histórico dialético. Dissertação de mestrado apresentado a PUC/SP, 2007.

BERTOLOTE J. M. *O Suicídio e sua prevenção*. São Paulo: UNESP, 2012.

BOTEGA N. J.; SILVEIRA, I. U.; MAURO, M. L. F. *Telefonemas na crise: percursos e desafios na prevenção do suicídio*. Rio de Janeiro: ABP, 2010.

BOTEGA, N. J. *Crise suicida*. Porto Alegre: Artmed, 2015.

BOTEGA, N. J.; RAPELI, E. B.; CAIS, C. F. Comportamento suicida. In: BOTEGA, N. J. (Org.) *Prática psiquiátrica no Hospital Geral: interconsulta e emergência*. Porto Alegre: Artmed, 2007.

BRASIL. LEI Nº 8.069, de 13 de julho de 1990.

BRASIL. MINISTÉRIO DA SAÚDE. Portaria nº 1.876 de 14 de agosto de 2006.

BRASIL. Portaria nº 204, de 17 de fevereiro de 2016.

BRASIL/MINISTÉRIO DA SAÚDE. Agenda de Ações Estratégicas para a Vigilância e Prevenção do Suicídio e Promoção da Saúde do Brasil (2017-2020) l. 2017.

CASSORLA, R. M. S. (Coord.). *Do suicídio: estudos brasileiros*. 2. ed. São Paulo: Papirus, 1991.

CONSELHO FEDERAL DE PSICOLOGIA. Resolução nº 10 de 20 de dezembro de 2000.

CONSELHO FEDERAL DE PSICOLOGIA. O Suicídio e os desafios para Psicologia. Brasília: CONSELHO FEDERAL DE PSICOLOGIA, 2013. Disponível em https://site.cfp.org.br/wp-content/uploads/2013/12/Suicidio-FINAL-revisao61.pdf.

CONSELHO REGIONAL DE PSICOLOGIA-SP PSI. O suicídio midiatizado. CRP/06, n.90, julho/agosto, 2017.

CORRÊA, H.; BARRERO, S. P. *Suicídio: uma morte evitável*. São Paulo: Atheneu, 2006.

DEJOURS, C.; BEGUE, F. *Trabajo y suicídio*. Madrid: Modus Laborandi, 2010.

DIAS, M. L. *Suicídio: testemunhos de adeus*. São Paulo: Brasiliense, 1991.

DURKHEIM, E. *O suicídio: um estudo sociológico*. Rio de Janeiro: Zahar, 1982.

DUTRA, E. Comportamentos autodestrutivos em crianças e adolescentes: orientações que podem ajudar a identificar e prevenir. In: HUTZ, C.S. (Org.) *Situações de risco e vulnerabilidade na infância e na adolescência: aspectos teóricos e estratégias de intervenção*. São Paulo: Casa do Psicólogo, 2002.

DUTRA, E. Pensando o suicídio sob a ótica fenomenológica hermenêutica: algumas considerações. *Revista abordagem gestalt*, Goiânia, v. 17, n. 2, p. 152-157, dez. 2011. Disponível em <http://pepsic.bvsalud.org/scielo.php?script=sci_arttext&pid=S1809-68672011000200006&lng=pt&nrm=iso>. Acessos em: 03 abr. 2018.

FAI. Regimento Interno do Núcleo de Psicologia das Faculdades Adamantinenses Integradas. 2004. Disponível em http://www.fai.com.br/portal/_arquivos/_itens_home/4fbe45cc957491bada377c0124d575ca.pdf.

FARBEROW, N. L., SHNEIDMAN, E. *The cry for help*. New York: McGraw-Hill Book Company, 1965.

FUKUMITSU, K. O. *Suicídio e psicoterapia: uma visão gestáltica*. São Paulo: Livro Pleno, 2005.

FUKUMITSU, K. O.; KOVÁCS, M. J. O luto por suicídios: uma tarefa da posvenção. *Revista Brasileira de Psicologia*, Salvador-BA, v. 2, p. 41-47, 2015. Disponível em http://revpsi.org/wp-content/uploads/2015/12/Fukumitsu-Kov%C3%A1cs-2015-O-luto-por-suic%C3%ADdios-uma-tarefa-da-posven%C3%A7%C3%A3o.pdf.

HILLMAN, James. *Suicídio e alma*. 3 ed. Petrópolis: Vozes, 2009.

IBGE. Dados e contagem populacional. Disponível em https://www.ibge.gov.br/geociencias-novoportal/organizacao-do-territorio/estrutura-territorial/15761-areas-dos-municipios.html?t=destaques&c=3500105. Acesso em: 24 mar. 2018.

IBGE. Disponível em https://cidades.ibge.gov.br/brasil/sp/adamantina/panorama. Acesso em: 24 mar. 2018.

KOVÁCS, M. J. *Morte e desenvolvimento humano*. São Paulo: Casa do Psicólogo, 1992.

KRUGER, L. L; WERLANG, B. S. G. A dinâmica familiar no contexto da crise suicida. Psico-USF, Itatiba, v. 15, n. 1, p. 59-70, abr. 2010.

LINS, M. I. A. *Consultas terapêuticas: uma prática clínica de D. W. Winnicott*. São Paulo: Casa do Psicólogo, 2006.

MACEDO, M. M. K.; WERLANG, B. S. G. Tentativa de suicídio: o traumático via ato-dor. *Psic.: Teor. e Pesq.*, v. 23, n. 2, p. 185-194, 2007.

MELEIRO, A. M. A. da S.; TENG, C. T.; WANG, Y. P. (Coord.) *Suicídio: estudos fundamentais*. São Paulo: Segmento Farma, 2004.

MARQUES, N. Entrevista de triagem: espaço de acolhimento, escuta e ajuda terapêutica. In: MACEDO, M. M. K.; CARRASCO, L. K. *(Con)textos de entrevista: olhares diversos sobre a interação humana*. São Paulo: Casa do Psicólogo, 2005.

MINAYO, M. C. S. Suicídio: violência autoinfligida. In: *Secretaria de Vigilância em Saúde. Impacto da violência na saúde dos brasileiros*. Brasília: Ministério da Saúde, p. 205-239, 2005.

MINISTÉRIO DA SAÚDE. *Prevenção de violência e promoção à cultura de paz.* Brasília – DF, 2008.

ORGANIZAÇÃO MUNDIAL DA SAÚDE. *Prevenção do suicídio: um manual para profissionais da saúde em atenção primária.* Genebra, 2000.

PICHON-RIVIÈRE, E. *O processo grupal.* 3. ed. SP: Martins Fontes, 1988.

RESMINI, E. *Tentativa de suicídio: um prisma para compreensão da adolescência.* Rio de Janeiro: Revinter, 2004.

SALIMON-SANTOS, A. V. Descrição do grupo Rede Promover Vida. Disponível em: https://www.facebook.com/groups/1396338997259454/. Acesso em: 3 mar. 2018.

SANTOS, R. A.; BALADI, R. H. R.; PONZIO, C. S. A atuação do psicólogo junto a pacientes vítimas da tentativa de suicídio na unidade de pronto-socorro do hospital geral. In: ANGERAMI-CAMON, V. A. *Psicologia hospitalar: a atuação do psicólogo no contexto hospitalar.* São Paulo: Traço, 1984.

SEADE - Fundação Sistema Estadual de Análise de dados. Perfil dos municípios paulistas. Adamantina. Disponível em http://www.perfil.seade.gov.br/. Acesso em 03 abr. 2018.

SILVA, M. N. R. M. de O.; COSTA, I. I. A rede social na intervenção em crise nas tentativas de suicídio: elos imprescindíveis da atenção. *Revista Tempus Actas Saúde Coletiva*, v. 4, n. 1, p. 19-29, 2010.

TARDIVO, L. C. O Laboratório de Saúde Mental e Psicologia Clínica Social e o APOIAR: fundamentos e propostas. *Psic: revista da Vetor Editora*, v. 5, p. 40-47, 2004. Disponível em:http://pepsic.bvsalud.org/scielo.php?script=sci_arttext&pid=

S1676-73142004000100006&lng=pt&tlng=pt.

TARDIVO, L. S. P. L. C.; GIL, C. A. *Apoiar: Novas Propostas em Psicologia Clínica.* São Paulo: SARVIER, 2008.

VAISBERG, T. A. V. *Ser e fazer: enquadres diferenciados na clínica winnicottiana.* Aparecida-SP: Ideias e Letras, 2004.

WENZEL, A.; GREGORY K. B.; BECK A. T. *Terapia cognitivo-comportamental para pacientes suicidas.* Porto Alegre: Artmed, 2010.

WERLANG, B. G.; BOTEGA, N. J. *et al. Comportamento suicida.* Porto Alegre: Artmed, 2004.

WORLD HEALTH ORGANIZATION (WHO). Preventing suicide: A global imperative. Geneva: World Health Organization, 2014. Disponível em: http://apps.who.int/iris/bitstream/handle/10665/131056/9789241564779_eng.pdf;jsessionid=CB53E7577CE0858547EEE927C2C50EA5?sequence=1.

Capítulo 16

O DESVELAMENTO DO SUICÍDIO NOS PROCESSOS JUDICIAIS

Tiago Lupepsa

INTRODUÇÃO

Em um primeiro momento, a partir do conhecimento de mais um projeto referente à descrição e compreensão de fenômenos humanos sob uma perspectiva fenomenológica existencial, especificamente a respeito do Suicídio presente nesta obra, houve considerável distanciamento contemplativo voltado à temática. Esta reação espontânea se deu como resultado de uma ausência de relação direta com este complexo fenômeno humano, no contexto clínico e jurídico, nos quais se insere minha prática profissional. Diferente de uma epistemologia clássica ou uma categorização de assuntos e qualidades inerentes à Psicologia Jurídica, tal como Disputa de Guarda, Adoção, Alienação Parental, Abuso Sexual e outros, o Suicídio não se constituía, aparentemente, em um tema chave na atuação prática, no cotidiano forense; ao mesmo tempo em que o mesmo fenômeno se apresentava de modo superficial e distante das relações estabelecidas no contexto clínico. Já num segundo momento, através de um movimento reflexivo, pude perceber o quanto o Suicídio e, de modo geral, atitudes autodestrutivas se fazem presentes nos processos judiciais e na prática clínica, ora velados ora desvelados, em categorizações processuais diversificadas (contexto jurídico) e no rol de experiências de cunho familiar e social (contexto clínico) compartilhadas nestas relações constituídas em ambas as especialidades. O termo "desvelamento" escolhido aqui tem, justamente, este significado de emergência daquilo que está escondido, numa alusão ao conceito de Martin Heidegger, tratado nas aulas do Professor José Carlos

Michelazzo, durante o Curso de Formação em Psicoterapia Existencial, no ano de 2007. Neste sentido, o presente texto tem o objetivo de descrever e analisar, à luz da fenomenologia existencial, expressões do fenômeno Suicídio e suas tentativas, estritamente em casos presentes em processos judiciais, observados e intervindos durante a prática profissional em curso no Tribunal de Justiça do Estado do Paraná. Para tanto, haverá uma contextualização deste espaço de intervenção e saber *psi*, incorrendo na descrição de três casos específicos, com níveis diferenciados de aprofundamento e proximidade, com considerações analíticas vistas como pertinentes para cada caso, apresentando assim esta relação entre subjetividade, intervenção judiciária e Suicídio.

O lugar de onde se pronuncia refere-se à realidade mesma constituída e legitimada pela Seção III (Dos Serviços Auxiliares[1]) do Estatuto da Criança e do Adolescente (ECA). Seu Artigo 150 preconiza que "cabe ao Poder Judiciário, na elaboração de sua proposta orçamentária, prever recursos para manutenção de equipe interprofissional, destinada a assessorar a Justiça da Infância e Juventude"; de modo que no Artigo 151, há clareza no enunciado de que "compete à equipe interprofissional, dentre outras atribuições que lhe forem reservadas pela legislação local, fornecer subsídios por escrito, mediante laudos, ou verbalmente, na audiência, e bem assim desenvolver trabalhos de aconselhamento, orientação, encaminhamento, prevenção e outros, tudo sob imediata subordinação à autoridade judiciária, assegurada a livre manifestação do ponto de vista técnico". Tais premissas impulsionaram o profissionalismo para a execução de avaliações psicológicas, estudos sociais e estudos de caso que visam subsidiar decisões judiciais demandadas por situações de risco e violência presentes na infância e juventude brasileira, de modo que psicólogos, assistentes sociais e pedagogos, preponderantemente, integram as denominadas "equipes interprofissionais", na tentativa de propor soluções aos problemas apresentados na população infanto-juvenil de sua Comarca, de seu Estado. O trabalho desenvolvido pelas equipes são correspondentes as perícias descritas pelas leis processuais Civil e Penal e está imprescindivelmente compactuado com o princípio da Proteção Integral, extensamente difundido pelo Estatuto da Criança e Juventude e outros dispositivos legais brasileiros (Digiácomo, 2011).

É neste espaço que se insere o psicólogo na atuação em psicologia jurídica, especialidade reconhecida pelo Conselho Federal de Psicologia e que

[1] Os Serviços Auxiliares comumente recebem a denominação de Serviço Auxiliar da Infância e Juventude, mas podem variar entre os Tribunais de Justiça de cada Estado. Nota-se um processo de mudança da denominação para Núcleo de Apoio Especializado, diante da abrangência de atuação para além da Vara de Infância e Juventude, com atendimentos na Vara de Família e Vara Criminal.

busca estabelecer uma relação entre Psicologia e Direito, preservando suas especificidades (Rovinski, 2007).

Vejamos alguns exemplos específicos em que casos de Suicídio se fazem presentes nos processos judiciais.

O SUICÍDIO DESVELADO EM PROCESSOS JUDICIAIS DE REGULAMENTAÇÃO DE VISITAS E ADOÇÃO

Um caso que expressa o Suicídio e seus desdobramentos nos processos judiciais se refere ao caso de Eduardo[2] (9 anos) e Andressa (6 anos). A relação estabelecida com as crianças se deu a partir da judicialização de uma demanda de cunho familiar, referente a Regulamentação de Visitas pleiteada pela avó paterna, no final do ano de 2015. Tratavam-se de alegações de deliberado afastamento das crianças do convívio da avó e da tia paterna, perpetrada pela genitora, o que motivara a busca pela garantia do direito à convivência familiar. Há a aproximadamente dois anos Mário (genitor) havia discutido fervorosamente com Elizabeth (genitora), de modo que a segunda decidiu pôr fim ao relacionamento amoroso de seis anos. Em uma atitude de intenso descontrole, Mario ligou para sua mãe pedindo perdão para o que iria fazer e informando que ficaria um tempo fora da cidade. Poucas horas depois, houve o recebimento da informação de que Mario sofrera um acidente de trânsito e perdera a vida. Em uma reta, na rodovia da saída da cidade, o carro conduzido por Mário à velocidade de 160 km/h se chocara frontal e violentamente contra um caminhão de combustível, ocasionando sua morte instantânea. Não se fez possível a obtenção de um conjunto maior de informações a respeito do relacionamento conjugal de ambos; sobre a presença de indícios anteriores de cometimento de tal ato extremo, de experiências de sofrimento psíquico e suas motivações em Mário. A circunstância de residirem em outra Comarca quando do fato e a correspondente ausência de jurisdição se faz um complicador para uma abstração próxima da realidade concreta, incorrendo em considerável parcialidade nas conclusões referentes a dinâmica familiar de seus integrantes. Fato é que houve, segundo a avó e tia paternas, um distanciamento e fragilidade no vínculo afetivo fortemente constituído entre avó, tia e netos após esta tragédia familiar, que seria resultado da falta de mediação da (e com) a genitora.

[2] Os nomes dos envolvidos foram substituídos para preservação da identidade.

O questionamento apresentado pelo Ministério Público (através do Promotor de Justiça) ao Serviço Auxiliar se referia a viabilidade de manutenção do vínculo afetivo entre crianças e família extensa paterna e consequente necessidade de regulamentação das visitas pleiteadas. Diante destas circunstâncias, houve a procedência de métodos (leitura integral dos Autos; especificação da demanda apresentada; reunião de procedimentos para acesso as vivências relacionadas a demanda; consecução dos procedimentos – entrevistas e escutas, principalmente; análise dos dados colhidos; conclusão; feedback; e elaboração do Laudo/Relatório Psicológico) (Rovinski, 2007) que pudessem acessar as experiências tanto infantis quanto adultas (no caso, da mãe, Elizabeth), possibilitando meios de compreensão destas mudanças nas relações familiares.

Houve considerável dificuldade no acesso às vivências relacionadas ao Suicídio de Mario, por parte de Elizabeth, de modo que sua introspecção e silêncio explicitaram seu nível de abertura para lembranças, narrativas e sentimentos. Seu principal argumento era de que as crianças pouco interesse demonstravam na convivência com a avó e a tia paterna e de que o contato com elas acentuaria o sofrimento das crianças, sendo que seu principal interesse, naquele momento, era a proteção dos filhos e esquecimento de tudo que ocorrera. Esta relação de entrevista e acolhimento, de vivências com a genitora, produzira poucos esclarecimentos ao contexto apresentado, ao mesmo tempo em que algo era certo: estava em andamento um movimento deliberado de busca de esquecimento e enfraquecimento de vínculos com pessoas e fatos desagradáveis da tenra historicidade destas crianças.

Em uma escuta realizada com Eduardo, houve a intenção de promover um ambiente não ameaçador (pelo contrário, acolhedor) para a criança, ao mesmo tempo em que se conhecia, ingenuamente, o cotidiano familiar da mesma. Há a enunciação do papel do psicólogo em uma linguagem acessível para a criança, de acordo com sua idade. Neste caso, esclareço que houve o chamado para uma "conversa" para conhecer Eduardo e saber como está sua vida depois das mudanças de casa, de cidade e as mudanças na família. Eduardo relatava com desânimo e tristeza a morte do pai por "acidente de carro", denunciando aí a presença de um afeto significativo em relação ao genitor, o que contradizia um distanciamento anteriormente afirmado. Em sua fala espontânea, Eduardo descrevia sua nova escola e novos amigos, seu quarto novo e seus brinquedos. Questionado sobre sua família, sobre quem era sua família, mencionou a mãe, a irmã e "meu pai agora" (o atual marido da genitora). Da família nuclear para a família extensa, procedeu-se o questionamento sobre seus avós, ao passo que Eduardo logo referenciou os avós maternos. "E a outra avó? " indaguei. Eduardo balançou a cabeça negativamente e como que tomado por um espanto exclamou:

"Sim! A vó Bi! Ela ficou lá", se referindo à cidade onde vivia. Com sorriso no rosto, Eduardo procedeu a narrativa de experiências em conjunto com a avó e tia paternas: passeios no shopping; assistir filme comendo pipoca; dormir junto com a avó em seu quarto. Estas reações verbais e não verbais espontâneas da criança deflagram experiências significativas em seu campo de vivências, que fez desvelar as recordações e os afetos presentes nestas relações familiares. Parece que nem tudo morreu conjuntamente com seu genitor; há "heranças subjetivas" presentes em Eduardo. Ser fidedigno a esta relação estabelecida com a criança se faz primordial para apresentação das conclusões materializadas no Laudo/Relatório Psicológico juntado ao processo judicial. Fato é houve a expedição de alvará de visitas, garantindo a convivência familiar entre netos, avó e tia paterna, que acontecem mensalmente. Assim, houve acordo entre a avó paterna e genitora quanto aos termos das visitas, de modo que o processo judicial de Regulamentação de Visitas culminou em arquivamento.

Cerca de seis meses depois, ao Serviço Auxiliar é encaminhado um processo de Adoção. Trata-se do interesse de adoção do padrasto em relação a Eduardo e Andressa, de modo que este ocupe o lugar, do ponto de vista jurídico, do genitor quanto à paternidade. Se assim o for, haverá a emissão de novos documentos para as crianças, inclusive Certidões de Nascimento, em que se fará a subtração do nome do pai biológico e avós paternos e substituídos pelo nome do padrasto com as respectivas denominações de seus genitores, constituindo estes como os novos avós paternos das crianças. Incorre-se na perda de qualquer vínculo jurídico com o genitor e familiares da família extensa paterna.

Neste caso, os questionamentos apresentados pelo juiz ao Serviço Auxiliar se referem à existência de um vínculo afetivo constituído entre crianças e padrasto; o preparo e motivação do pretendente a adoção; e a conveniência da medida pleiteada. Para se obter uma visão imparcial deste novo pleito, houve a escolha pela abstenção de atuação, resultando na realização da referida avaliação psicológica por outro profissional do Serviço Auxiliar. Contudo, esta nova avaliação que se procedeu não trouxe elementos significativos diversos dos já apontados na avaliação psicológica anterior. Há clareza de que se trata de outra demanda, muito mais complexa e específica, que é o trato de questões existenciais, na medida em que altera o estatuto de filiação das crianças. É importante pontuar que, ainda que haja uma determinação judicial para apontamento sobre a conveniência da medida pleiteada, é imprescindível sabermos o lugar que ocupamos no cerne destas relações jurídicas, sob pena de extrapolarmos nossas atribuições enquanto profissionais psicólogos, incorrendo em descumprimento de princípios éticos. Mas a questão que se quer colocar aqui se refere a esta intenção de apagar, deliberadamente, pessoas e fatos da subjetividade e objetividade (documentos), das crianças de modo que se possa apresentar uma realidade mais palatável, do ponto de vista dos valores socialmente compartilhados e o estigma advindo do ato do Suicídio do genitor. Apagar estes vínculos jurídicos apagaria os vínculos e memórias atinentes ao genitor e família extensa paterna? Do ponto de vista das crianças, seria um atendimento ao seu melhor interesse atribuir este vínculo vitalício com o padrasto? E o que fazer com as recordações e sentimentos relacionados a avó e tia paterna? Estas e outras questões serão respondidas ao longo do processo judicial, ainda em andamento. Contudo, se faz oportuno mencionar que:

> O sujeito que possui subjetividade não pode ser a subjetividade do sujeito na medida em que conceitualmente tais composições se revelam excludentes e não alcançam a nossa empreitada – tornam subjetivos conceitos que pedem dados objetivos e que se mostram distantes de um enquadre teórico-filosófico. Subjetivo é aquilo que é relativo ao sujeito, que está somente no individual de cada um deles; pode ser definido como algo que não é objetivo (Angerami, 2003, p. 14).

Em uma análise pontual e impulsiva, somos tentados a ocupar o lugar de juízes e proclamar a sentença do referido requerimento de Adoção, deferindo ou indeferindo tal pedido. Contudo, na restrição de nosso campo de atuação, o que se observa é intenção de "borrar", apagar esta parte "suja" do belo jardim familiar. Este próprio movimento denuncia a angústia inerente à vivência do Suicídio no âmbito familiar. Há muitas questões em jogo: o forte vínculo afetivo em construção com o padrasto; vivências diferenciadas entre as crianças, haja vista a diferença de idade, a presença e ausência de recordações (memória); o estranhamento pela ausência do sobrenome do padrasto para Andressa; uma identidade construída com o sobrenome do pai biológico por parte de Eduardo.

Este é um processo judicial em andamento. Importante pontuar que haverá a citação do mesmo para a avó paterna, para a apresentação de contestação da medida requerida, se o for (e provavelmente será). Novos desdobramentos ocorrerão não sem a angústia presente nas crianças em relação a suas situações familiares. Contudo, já há a apresentação das crianças, através de redes sociais e outros veículos de comunicação, como filhos do padrasto, com a descrição do sobrenome do mesmo e subtração do sobrenome do pai biológico. Esta campanha de qualificação do padrasto como pai e a fragilização dos vínculos com a família natural paterna se faz um contexto semelhante aos observados em casos de Alienação Parental (Lupepsa, 2017).

O SUICÍDIO DESVELADO EM PROCESSO JUDICIAL DE MEDIDA PROTETIVA DE URGÊNCIA (LEI MARIA DA PENHA - LEI Nº 11.340/2006).

O trabalho do psicólogo no contexto judiciário se mostra em constante expansão no que concerne a área de atuação o que, inevitavelmente, produz seus efeitos (inserção em novos grupos e contextos de potencial reflexão e resolução de conflitos; escuta e acolhida; sobrecarga de trabalho e demanda). Há a ampliação de intervenções da esfera da infância e juventude para a esfera criminal, de modo que a demanda relacionada à violência contra a mulher se faça objeto de avaliação psicológica para a mesma equipe do Serviço Auxiliar. Tratam-se de processos judiciais em que uma Medida Protetiva de Urgência, prerrogativa anunciada da Lei Maria da Penha, se constitua uma das sentenças proferidas pelo Juiz/Magistrado da esfera competente, qual seja, da Vara Criminal. Esta sentença, legitimada em um Despacho Judicial/Conclusão é o resultado de uma situação problema/queixa policial/boletim de ocorrência, que constitui uma rede de relações composta por unidades familiares, comunidade, Polícia Civil e/ou Militar, Ministério Público e Tribunal de Justiça. O advogado/defensor comporá, também, esta rede de relações, na garantia da defesa e apresentação do contraditório envolvendo o réu.

Em um recorte neste amplo processo, o Serviço Auxiliar se insere nesta rede de relações de duas maneiras: 1º realizando a orientação de mulheres vítimas ou que apresentam queixas de violência encaminhadas pela Delegacia da Mulher ao Juízo; 2º realizando avaliação psicológica nos casos em que se há dúvidas quanto a viabilidade de reaproximação do suposto agressor aos seus dependentes (filhos), com a possibilidade de revogação parcial da medida. É para a primeira situação que nos deteremos aqui. Trata-se de uma ação articulada entre a Delegacia da Mulher e Serviço Auxiliar, em que o segundo intervém em relação as pessoas (mulheres) encaminhadas pela primeira, em um grupo constituído semelhantemente a um Grupo de Crescimento (Martins e Amatuzzi, 2005). O espaço para a escuta e fala das e com as mulheres se combinam com as orientações a respeito de tipos de violência (física, psicológica, sexual, patrimonial) observadas, infelizmente, no cotidiano feminino, bem como se procede uma apresentação sobre dispositivos das políticas públicas (o Centro de Referência em Atendimento à Mulher – CRAM principalmente) competentes para atendimento psicológico e social, acompanhado de uma Cartilha elaborada com estas informações, como material de apoio. Há a composição de um ambiente planejado e uma programação (flexível) das etapas do encontro, que sofre o risco de ser confundido com Audiência, nos termos jurídicos. Estes encontros acontecem mensalmente, com participantes (mulheres) diferentes em cada encontro, haja vista a reunião de mulheres atendidas pela Delegacia da Mulher *naquele* mês. Os encontros têm duração de aproximadamente duas horas e o número de participantes é consideravelmente variável: doze, três, sete... Esta pode ser a única relação estabelecida entre a mulher vítima e o psicólogo do Serviço Auxiliar, uma vez que esta será assistida pela política de assistência social (o CRAM mencionado).

Pois bem! Foi em um destes encontros que se fez possível o contato com Paula. Trinta minutos depois do término do Grupo, Paula se apresenta ao Serviço Auxiliar com o encaminhamento da Delegacia da Mulher. Esta situação resultou em um atendimento e orientação individualizados, com suas particularidades (maior contato com a intimidade nesta relação intersubjetiva; ambiente privado; dentre outros). Fez se visível o olhar de desespero e as mãos trêmulas de Paula logo em sua apresentação. Diferente de uma timidez (ideia logo refutada nas primeiras palavras de Paula), tratava-se de um estado de um intenso pavor, medo, desespero e desamparo. Sua narrativa apresentava um medo menos voltado ao ex-cônjuge ou qualquer elemento ficcional de seu imaginário: seu medo era de si mesma. Com uma posição corporal de submissão (cabeça baixa), lágrimas nos olhos, mãos trêmulas nos joelhos, Paula permitiu, ou melhor, pediu para que a conhecesse, de modo que relatava, suscintamente, acontecimentos recentes e significativos em sua vida: o casamento, os filhos, o declínio do casamento, a descoberta do uso de drogas (*cocaína*) por parte do marido, a confirmação de uma traição conjugal, o término/ruptura propriamente dito e seu desdobramento (violência física do ex-cônjuge) e o consequente acolhimento de sua genitora em sua residência. Seu maior incômodo, estranhamento e queixa voltavam-se para si mesma, quando relatou sentir "ideias estranhas" não sentidas antes, correspondentes a pular de uma ponte, a se jogar em frente a um carro em movimento; a vontade que tinha de tomar algo forte, na tentativa de parar de sentir o que estava sentindo. Restava evidente a vivacidade e contundência com que tais pensamento se faziam presentes, não se constituindo uma fala com a intenção de impressionar ou causar espanto. Contudo, inevitavelmente a surpresa, espanto, compaixão diante da dor e outros sentimentos inundam a consciência naquele exato momento de escuta. Há a necessária devolução destas apreensões em intervenções verbais de acolhimento, de mínima compreensão sobre a estranheza vivenciada a partir de sua forte experiência de vitimização e de rompimento de vínculo afetivo (relação conjugal), além da necessidade de se conhecer mais a respeito destas e outras vivências, nesta fase de mudanças em sua vida. Fez se evidente o desmoronamento do projeto de vida matrimonial e status familiar, o qual Paula, com alguma satisfação (diferente de prazer) e tolerância, vivenciava. Seu sofrimento parece se exacerbar pelo valor atribuído ao seu papel e função social (esposa do lar e mãe) que concorre com suas crenças religiosas compartilhadas, na medida que trouxe (neste caso específico) um sentido pejorativo diante da separação, o que vivenciava como fracasso e uma perda de referência. De modo explícito, Paula não estava suportando existir assim. A atitude de suporte emocional ocorreu concomitantemente com a busca de informações objetivas (endereço, telefone) para o encaminhamento e acompanhamento de Paula. Com o estabelecimento de uma nova relação de confiança (possível pela psicoterapia) e, caso pertinente, uma avaliação psiquiátrica humanizada, o alívio e o resgate da esperança poderiam acontecer. Paula se despediu, mais calma de quando chegou, depois de aceitar passar seus dados pessoais e receber a orientação quanto a viabilidade de ser atendida pela equipe técnica do CRAM. Sua vontade de ajuda se fez mais intensa que o desespero e resultou em seu comparecimento no dia seguinte ao estabelecimento supracitado. As informações compartilhadas do CRAM para o Serviço Auxiliar dão conta da dificuldade de acompanhamento psicossocial de Paula, em razão de suas ausências nos atendimentos agendados, ausência do domicílio de sua genitora, quando das visitas domiciliares realizadas. As entrevistas e atendimentos junto a genitora de Paula dão conta de seu distanciamento em relação aos seus dois filhos, numa abstenção gradativa do exercício parental e convivência, delegando à sua genitora os cuidados diários necessários, assim como um abuso de bebida alcoólica por parte de Paula, em contextos relacionais desconhecidos. Cientes que todos estão em relação aos pensamentos autodestrutivos de Paula e o possível prelúdio de tentativas de Suicídio, há a continuidade de ações (visitas domiciliares, escutas e orientações dirigidas a genitora de Paula, contatos com a mesma) que visam assistir esta mulher em suas vivências advindas do desdobramento da violência sofrida e o declínio de seu projeto de vida familiar.

Este contexto apresentado não é, infelizmente, uma exclusividade de Paula. Testemunhamos um sem número de casos de violência doméstica em que os principais atingidos são mulheres, crianças e adolescentes. A violência está arraigada na sociedade e é compartilhada ao longo das gerações. Em uma sociedade patriarcal e machista, ela é naturalizada e aceita, com mudanças de paradigma a passos lentos. À mulher é creditado o dever para como os cuidados do lar, do marido e dos filhos, com pouco ou nenhum acesso ao desenvolvimento de habilidades, aquisição de conhecimento, que culminaria em maior autonomia e independência (Brandão e Gonçalves, 2010).

Sobre a prevalência de aspectos culturais e sociais para a subjetividade, Valdemar Augusto Angerami assevera que:

> A autoestima, tão presente na questão do Suicídio, é outro dado de fundo social e está diretamente ligada aos padrões de êxito impostos pela sociedade. Este sentimento dificilmente advém de convicções próprias ou de crenças nos próprios valores pessoais. Ao contrário, trata-se de sentimento gerado a partir daquilo que outros, uma parcela de representação social, determinam e julgam a uma dada pessoa (Angerami, 2017, p.41).

Nota-se, no cotidiano profissional e na relação com colegas de trabalho, um aumento de ações, por parte de políticas públicas, que visam oferecer importantes espaços de escuta e emancipação da mulher vítima de violência. O estabelecimento de novas relações, tanto com a psicoterapia quanto o contato com outras mulheres vítimas de violência, pode oportunizar o vislumbre de novos horizontes na existência de Paula.

O SUICÍDIO DESVELADO EM PROCESSO JUDICIAL DE MEDIDAS DE PROTEÇÃO

O primeiro contato com a triste história de Beatriz se deu a partir do recebimento de uma Carta Precatória[3] advinda da Comarca onde se situava o abrigo o qual se encontrava a adolescente, então com dezesseis anos. Tratava-se da necessidade de avaliar a possibilidade de resgate de vínculos com sua genitora, através do conhecimento de características psicológicas e sociais, bem como sua capacidade para responsabilização e exercício parental perante Beatriz. O referido processo causou certa surpresa devido sua extensão: mais de mil páginas descrevendo toda a relação de Beatriz e seu grupo familiar com os órgãos de proteção e Poder Judiciário, que serão expostos resumidamente aqui.

Beatriz é a filha mais nova de seis irmãos. Os registros dão conta de que seu irmão mais velho residia com a família extensa paterna em outro Estado, enquanto seu predecessor fora encaminhado para adoção, após o devido processo de destituição do poder familiar (não havia mais informações a este respeito). Seus quatro irmãos subsequentes são frutos do segundo casamento de sua genitora e com os quais Beatriz teve maior convivência.

Quando Beatriz completou um ano de vida, houve um fato preponderante para os contornos que delinearam sua infância e juventude e situação familiar.

[3] Em termos gerais, uma Carta Precatória é um ato para cumprimento (pode ser uma oitiva, uma citação ou intimação, a realização de uma avaliação psicológica ou estudo social, por exemplo) de uma determinação judicial em outra Comarca, de modo que há a juntada de todo o processo judicial, da Comarca de origem para a Comarca de destino.

Seu pai falecera do que foi descrito na Certidão de Óbito como enforcamento intencional. Sem profundo conhecimento de nuances da vida privada e familiar de seu genitor, a narrativa da genitora indica a presença de depressão e uso abusivo de álcool neste contexto. Esta perda dos integrantes do grupo familiar teve, como um dos desdobramentos, a volta do uso abusivo de álcool da genitora de Beatriz, até então estabilizado, conforme informado, o que precedeu um reiterado movimento de autodestruição e perda da capacidade de cuidado de si e de seus filhos. Com os vínculos já enfraquecidos com sua família extensa, a genitora de Beatriz se viu desamparada e incapaz de uma autonomia e independência. Sem o desenvolvimento de uma *práxis* diversa do cotidiano matrimonial e familiar (influenciadas pelo contexto cultural relacionado ao papel da mulher na sociedade, a exemplo do que já comentamos), seu cotidiano se restringiu a embriaguez e a relacionamentos fugazes e "funcionais" (amparo material em troca de afeto), enquanto Beatriz e irmãos mudavam reiteradamente de residência, ora com a genitora, ora com a avó materna, em um atendimento precário e descontínuo de suas necessidades (alimentação, higiene, vestuário etc.). Este cenário de risco sequenciou a medida de proteção correspondente ao acolhimento institucional, após a ineficácia das intervenções dos serviços socioassistenciais e de saúde aplicadas. Esta foi a primeira ruptura (ou melhor, o segundo atravessamento, após o Suicídio do genitor) na existência de Beatriz e seus irmãos. Conduzidos ao abrigo pelo Conselho Tutelar de sua cidade, através de decisão judicial, iniciou-se o vínculo institucional de Beatriz e irmãos, ao mesmo tempo em que se enveredou no processo de análise sobre as possibilidades de reintegração familiar, seja através da genitora, seja por algum integrante da família extensa.

A partir deste primeiro acolhimento institucional, se observa uma série de relatórios de órgãos da rede de proteção integral (Conselho Tutelar, Secretaria Municipal de Assistência Social, Secretaria Municipal de Saúde) deflagrando o processo de autodestruição constante pelo qual a genitora de Beatriz perpassava, chegando ao ponto de estar em situação de rua. Ao mesmo tempo, havia a manutenção do vínculo de Beatriz e irmãos com a genitora e avó materna, por meio das visitas realizadas ao abrigo em que residiam as crianças. De modo estapafúrdio, se observa o deslinde de um processo sem objetividade e moroso, em que tais relatórios se multiplicam e não produzem nenhum efeito direto em relação à situação irregular das crianças. Constatam-se mudanças de juízes e promotores da Comarca, de modo que há uma protelação excessiva para decisões, sem que haja, durante um ano inteiro, mudanças reais no contexto da medida de proteção.

O período de inércia é rompido a partir de uma decisão que transferia as crianças do abrigo da Comarca para outro abrigo de outra Comarca. A argumentação, não muito clara, apontava para um possível prejuízo no desenvolvimento psicológico das crianças, devido a experiência de contato com sua genitora, em considerável descontrole emocional, juntamente com sua embriaguez, aliado à descrição de melhores estruturas, no abrigo de destino, para acolhimento das crianças. Ora, até o momento, nenhuma ação concreta se vislumbra para a garantia do direito a convivência familiar de Beatriz e irmãos.

O segundo acolhimento institucional de Beatriz e irmãos durou, pasmem, dez anos. Nos primeiros três anos, o que se observa no processo judicial, se refere a mais do mesmo, ou seja, ações desarticuladas e inócuas, avaliações psicológicas sem propósito definido, estudos sociais estigmatizantes e consideravelmente morais em relação a genitora, sem que uma proposta para a solução do problema (a medida de proteção) fosse apontada. Quando havia um posicionamento incisivo, por parte da equipe técnica, a respeito da inviabilidade de reintegração familiar e pertinência do encaminhamento para a família substituta, mais morosidade se seguia em relação às autoridades judiciárias (promotores e juízes, em constante rotatividade, principalmente em Comarcas do interior) para a tomada de decisão. Neste interim, Beatriz e irmãos se desenvolviam física, psicológica e socialmente em um contexto institucionalizado, privados de uma vida familiar. As visitas mensais da avó materna promoviam mais sofrimento do que bem-estar a estas crianças, uma vez que almejavam, em vão, uma experiência de possuírem um lar, que nunca se concretizava.

Decorridos quatro anos do segundo acolhimento institucional, há a decretação de destituição do poder familiar, fazendo com que a genitora de Beatriz e seus irmãos deixe de ser considerada, juridicamente, a mãe de seus próprios filhos. Beatriz contava com nove anos e seus irmãos, respectivamente, 10, 11 e 13 anos de idade. Não há informações no processo quanto ao encaminhamento deste grupo de irmãos para família substituta, por meio da adoção. Podemos supor que houve a procura por pessoas e casais habilitados para adotar, de modo que deve ter havido uma incompatibilidade entre o perfil (idade e grupos de irmãos, principalmente) de crianças desejadas por estas pessoas e casais e as características reais de Beatriz e irmãos. Podemos supor também, com incredulidade, que tal prática não fora executada e as crianças ficaram à mercê de uma iniciativa não concretizada. Fato é que Beatriz e irmãos ficaram institucionalizados até atingirem a maioridade (18 anos) e não apresentam, em suas narrativas, experiências relacionadas a tentativas de adoção.

Enquanto os irmãos de Beatriz permaneceram no mesmo abrigo até a maioridade, seu percurso sofrera mais transformações. Quando completara 14 anos (dez anos de acolhimento institucional), Beatriz fora transferida para uma outra instituição, em um centro urbano distante das duas cidades nas quais vivera institucionalizada. A justificativa para a transferência se referia ao cometimento de um transtorno mental e ao início da prática de uso de drogas, nos momentos em que se ausentava[4] do abrigo. Nos documentos presentes no processo judicial não se observa um interesse na preservação dos vínculos entre os irmãos, havendo o entendimento de que esta medida salvaguardaria os interesses de Beatriz. Aí se deu a cisão entre o único laço afetivo e familiar duradouro de Beatriz: a irmandade vivenciada em um contexto institucional.

No decurso de observação dos documentos produzidos pelos profissionais mostra-se incisiva a descrição de comportamentos de indisciplina e estabelecimento de conflitos entre Beatriz e integrantes (equipe técnica, educadores, funcionários) responsáveis pelos abrigos, o que se fez decisivo para este posicionamento de requerimento de transferência. Se de um lado há o discurso sobre o melhor interesse para a adolescente, se encontra velada uma intenção de se livrar do "problema", que era Beatriz, diante da impotência relacionada os comportamentos da adolescente. Já viram uma exclusão de um excluído? Pois bem, Beatriz fora reiteradamente excluída de TODAS as instituições que a acolheram, totalizando quatro abrigos, sob justificativa de seu comportamento de agressão e autoagressão, indisciplina e falta de "adaptação" às normas da instituição.

Ao longo de todo o processo, houve a coleta de diversos diagnósticos diferentes apontados por psiquiatras que atenderam Beatriz ao durante seus 15 anos de acolhimento institucional. Esquizofrenia, transtorno de personalidade com instabilidade emocional, atraso cognitivo leve, transtorno de ansiedade, transtorno bipolar, transtorno de humor e transtorno mental e comportamental devidos ao uso de cocaína. Interessante notar que nos referidos documentos médicos, resultados de avaliação, não há nenhum apontamento em relação ao contexto de desenvolvimento de Beatriz, desenvolvimento este preponderantemente institucionalizado e sem experiências de cunho familiar. As declarações médicas e outros documentos parecem realizar um recorte que começa no comportamento observado da adolescente e termina com a discrepância deste comportamento com os comportamentos da maioria dos acolhidos, em uma negligência com todo o contexto de relações institucionalizadas no desenvolvimento de Beatriz.

Resumindo a história institucional e processual de Beatriz, depois da transferência para abrigo longe de seus irmãos, as mesmas queixas eram apresentadas por parte da equipe técnica do abrigo, ao passo que sugeriam

4 Não concordo em usar o termo "fugir" haja vista que a medida de proteção correspondente ao acolhimento institucional não prevê restrição de liberdade, tal como uma internação em centro de socioeducação para adolescentes que cometeram ato infracional.

o encaminhamento da adolescente para abrigo próximo de sua família de origem (família que já perdera sua legitimidade por determinação judicial). Foi neste interim que houve o quarto acolhimento institucional de Beatriz, no abrigo pertencente à Comarca na qual se situa este Serviço Auxiliar. Foi quando Beatriz deixou de ser apenas uma personagem de um processo judicial para se fazer presente, pessoalmente, neste novo e velho relacionamento institucional que se constituía. Beatriz ficou aproximadamente um ano neste quarto acolhimento e mais três meses sob os cuidados de uma terceira pessoa que demonstrou interesse em se responsabilizar pela adolescente, antes de seguir para o seu quinto acolhimento institucional, agora para adultos, no mesmo centro urbano de onde viera.

A relação estabelecida com Beatriz, durante este período de acolhimento institucional na Comarca, possibilitou aferir o desmoronamento de suas expectativas em relação à genitora. O distanciamento fez com que Beatriz idealizasse e almejasse ser cuidada por sua genitora, em uma ilusão de que a mesma havia se transformado em uma pessoa diferente, amorosa, equilibrada e pudesse lhe proporcionar um lar. Quando Beatriz observou o atual estado de sua genitora, que se assemelhava a mesma genitora de suas lembranças mais remotas, a contraviolência (Laing e Cooper, 1973), advinda da violência de seu projeto original sobre a nova genitora, emergiu com considerável expressão. Houve reiterados episódios agressivos no abrigo (a exemplo dos descritos pelas equipes técnicas dos abrigos anteriores), em que Beatriz se mostrava intolerante (comportamento, no mínimo, compreensível) as regras rígidas da instituição, que se chocava com seu interesse de estabelecer relações não institucionalizadas. Certa vez, Beatriz quebrou a janela de seu quarto (alojamento, na verdade) e começou a cortar seus pulsos com os vidros quebrados, resultando em momentos de desespero por todos os envolvidos, que buscaram prontamente atendimento médico de urgência. Em outro episódio, uma educadora chegou a tempo de desfazer o laço que Beatriz colocara em seu pescoço, deixando seu rosto roxo por asfixia, restando pouco para concretizar o mesmo ato final manifesto por seu genitor.

O envolvimento e as intervenções realizadas com Beatriz eram preponderantemente tomadas por impotência. A sensação era de estar suportando o insuperável, diante de seu contexto pessoal e institucional. Com o fracasso na reintegração familiar, bem como o fracasso no encaminhamento à família substituta por meio da adoção, as chances de permanecer no acolhimento institucional até a maioridade eram enormes. Contudo, em uma das "saídas" não permitidas do abrigo, Beatriz compartilhou sua história com uma mulher (Izabel), que se situava em um local público da cidade. Sensibilizada com a situação de Beatriz, Izabel convidou a adolescente a pernoitar em sua casa, diante da intransigência dessa em retornar ao abrigo. Comunicando as autoridades sobre o fato no dia seguinte, Izabel requereu a responsabilidade por Beatriz, para surpresa de todos. Assim, houve o aval judiciário para tal, e Beatriz iniciou uma experiência de cunho familiar com Izabel e seus dois filhos, Diego (7 anos) e Fernanda (16 anos). Com o estabelecimento destas relações, fez-se possível observar algumas características e comportamentos repetitivos em Beatriz, como uma intolerância diante da imposição de regras; a intensidade com que vivenciava pequenas frustrações; sua agitação e agressividade, que pareciam que a adolescente estava em um monólogo, tamanha sua ausência de abertura para escuta, sintomas esses que se assemelhavam com a descrição nosológica de alguns transtornos descritos, principalmente em relação ao transtorno de personalidade. Pequenos desentendimentos com Izabel e seus filhos tomavam dimensões gigantescas para Beatriz, ao ponto de sair da residência com ameaças de não retornar. Estas atitudes ocorriam reiteradamente, a cada dois ou três dias. Foi neste momento em que houve a opção pela adoção de um atendimento predominantemente clínico para o caso, ao invés de realizar o encaminhamento para psicólogos da política pública de saúde. Durante dois meses, duas vezes por semana, havia a realização de psicoterapia por Beatriz. Um dia realizado na sala de entrevista do Fórum; outro dia na residência de Izabel. A intenção era conduzir Beatriz a um movimento reflexivo a respeito de seus sentimentos e pensamentos que emergiam destas novas relações familiares, ampliando suas possibilidades de escolha nas situações de tensão e adversidade. A esperança era, também, a possibilidade de constituição de um vínculo afetivo capaz de superar sua condição de institucionalização. Longe de responsabilizar a adolescente pelo fracasso de suas relações (falaremos sobre essa responsabilização), havia o investimento em mostrar para a Beatriz que estas eram novas relações e que ela também poderia experimentar novas formas de ser, ao invés de fechar definitivamente esta possibilidade de vivência familiar, por causa de sua intransigência. Penso que o ponto alto das 11 sessões realizadas se deu, na terceira sessão, no momento em que pedi para Beatriz ilustrar todas as suas residências (casas e abrigos) em um único papel. De posse deste papel, situei o lápis em cima de sua primeira casa e tracei o caminho percorrido pela adolescente ao longo de sua infância e juventude, abrigo por abrigo, até chegar à residência de Izabel. Posteriormente, reconduzi o traço da casa para o abrigo, do abrigo para a casa, da casa para outro abrigo, do abrigo para outro abrigo e assim aleatoriamente, de maneira repetitiva e exagerada, apontando que este é um movimento que está sendo realizado pela adolescente, a partir de sua chegada a residência de Izabel. A descrição desta experiência, em detrimento de outras, se deve ao fato de constatar um movimento reflexivo a partir desta observação em uma via de comunicação diferenciada, que se assemelha uma intervenção de resposta refletora de comportamento não verbal (Erthal, 2013) que pareceu ser mais esclarecedora para Beatriz. Valorizo este momento também por conta de que, após esta sessão, houveram 23 dias de significativa satisfação mútua entre os integrantes desta nova conjuntura familiar, sem agressões ou autoagressões, de modo que há credulidade na tentativa de desenvolvimento de tolerância e maior abertura por parte da adolescente.

Seria magnífico apresentar um final feliz para história de Beatriz. Contudo, falta generosidade das contingências da existência em seu ser inocente, do ponto de vista familiar. Adversidades (desemprego de Izabel; ameaças de perda da guarda de seu filho por conta do ex-marido, que era contra a presença da adolescente no ambiente familiar) e restabelecimento dos conflitos entre Beatriz e Izabel desgastaram consideravelmente a relação constituída, resultando na saída de Beatriz da residência de Izabel para ficar em condição de situação de rua, passando por uma internação psiquiátrica até seu encaminhamento a uma instituição de longa permanência, devido ao alcance da maioridade, onde permanece até hoje.

O contexto de Beatriz reflete a situação de várias crianças e adolescentes acolhidos em instituições por todo Brasil. Lídia Natália Dobrianskyj Weber (2000) irá expor este cenário horripilante em seu artigo *Os filhos de ninguém: abandono e institucionalização de crianças no Brasil*. Discorrendo sobre o descaso e valorização gradativa da infância e juventude como estágio de desenvolvimento do ser humano, em um viés histórico, Weber irá descrever a origem da institucionalização no Brasil, até chegar na promulgação do Estatuto da Criança e do Adolescente (ECA). Critica a discrepância entre a riqueza do país e a falta de investimentos em serviços socioassistenciais, que influencia diretamente na capacidade de proteção e cuidado das famílias com suas crianças. Ao mesmo tempo em que acolhe os resultados deste processo de exclusão social, que é a incapacidade de os pais cuidarem de seus filhos, há inércia sobre a ação nos fatores desencadeantes (miséria social, principalmente) deste cenário. Irá relacionar o contexto social com o consequente abandono e institucionalização. As crianças e adolescentes em situação de risco e institucionalizadas (portanto, excluídas) se fazem no desdobramento de um contingente de mães excluídas e abandonadas pela sociedade, se constituindo em um círculo vicioso e pernicioso. O acolhimento institucional, entendido como uma medida de proteção, irá revelar sua perversidade no momento em que se prorroga o tempo de permanência de acolhimento da criança e do adolescente, supostamente protegidos, estagnando sua situação subjetiva, jurídica, familiar e social, como o caso de

Beatriz. É neste sentido que se fazem estas crianças e adolescentes, "filhos de ninguém", haja vista serem retirados de suas famílias de origem, acolhidos em abrigos, sem serem encaminhados para uma família substituta, por meio da Adoção. É o máximo de uma alienação institucional: uma medida de proteção se constitui em uma violência irreparável.

É nesta conjuntura institucional que irá se desenvolver a autoestima e autoconceito destas crianças e adolescentes. Há uma extensa literatura científica que se detém na relação entre os vínculos sociais primários (família, escola) e a constituição da subjetividade. Já abordamos, em trabalho anterior (Lupepsa, 2017), a interiorização da família como um "nós" psicológico e que irá se desdobrar em outros contextos relacionais ao longo da existência. Em qualquer escola de pensamento, seja psicanálise, behaviorismo, histórico-cultural, existencial-humanista, não há que se olvidar sobre a imprescindibilidade de uma relação de cuidado, proteção e afeto como prelúdio de um desenvolvimento físico, cognitivo e emocional salutar e o estabelecimento de relações sociais satisfatórias. Aqui estamos tratando justamente do aviltamento destas experiências, por tempo indeterminado[5]. O cotidiano institucional, muito diferente de uma experiência familiar, possui suas especificidades e se caracteriza por relações deveras impessoais; normas de funcionamento rígidas; compartilhamento de objetos e espaços por um grande número de crianças e adolescentes; submissão de todos a uma mesma autoridade hierárquica, resultando no que Erving Goffman denomina "mortificação do eu".

> O indivíduo chega à instituição com uma concepção de si mesmo, adquirida de sua vida social, da qual tem que abrir mão imediatamente ou lentamente. Nisso, seu eu é mortificado mesmo que não intencionalmente, e esse processo é relativamente poderoso nas instituições totais. Isto ocorre, por exemplo, quando é obrigado a executar uma rotina diária de vida que considera estranha a ele – aceitar um papel com o qual não se identifica (Goffman apud Pereira et al, 2012, p.54).

A relação entre auto estima e o processo de institucionalização pode ser evidenciado por diversos autores (Pereira et al, 2012; Hutz, 2005; Morato, 2015), além da relação entre autoestima e Suicídio exposta anteriormente (Angerami, 2017). A atitude de autodestruição observada em crianças institucionalizadas

[5] Os dispositivos legais (alterações no ECA; recomendações do Conselho Nacional de Justiça – CNJ) têm realizado esforços para enfatizar a importância da brevidade da medida de acolhimento institucional, a fim de que não ultrapasse o limite máximo estabelecido de dois anos, com reavaliação da situação do acolhido a cada seis meses. Contudo, na prática, ainda presenciamos casos em que tais premissas não são cumpridas.

demonstra guardar correspondência (desdobramento) com o processo de vitimização o qual se inserem desde tenra idade, ora velada ora desvelada.

Se o Suicídio se constitui o modo mais explícito de violência "para-si"; a inserção em práticas como uso e abuso de álcool e outras drogas, prostituição, criminalidade expressam uma autocondenação velada na abertura do ser para o mundo que, obviamente, se coaduna com este mundo real (dimensão social) em um reiterado processo de exclusão, que mantém o adolescente institucionalizado marginalizado na sociedade (duplamente marginalizado, já que se autocondena e é condenado pelo olhar objetivante do outro).

A verdade, abstraída desta relação com crianças e adolescentes acolhidos, é que os abrigos do Brasil têm que acabar. O investimento em medidas de proteção alternativas (o acolhimento familiar[6], por exemplo) para o atendimento de crianças e adolescentes em situação de risco e violência minimizam os efeitos impactantes sobre a subjetividade em uma experiência de acolhimento institucional.

CONSIDERAÇÕES FINAIS

Estes foram alguns exemplos de como o Suicídio e a autodestruição se fazem presentes no contexto dos processos judiciais analisados na Vara da Infância e Juventude, Vara de Família e Vara Criminal. Tratando do Suicídio e autodestruição, especificamente, se faz possível observar seus desdobramentos em outros processos judiciais[7].

Diante deste recorte tangenciado pela presença de casos de Suicídio em processos judiciais analisados, há o entendimento de que existência e autodestruição estabelecem uma relação com o Ser tal como apresentado na tese de José Carlos Michelazzo em seu livro *Do* um *como princípio ao* dois *como unidade:*

[6] Resumidamente, trata-se de programas executados por políticas públicas municipais, em que uma equipe técnica responsável acompanha famílias cadastradas para o recebimento de crianças e adolescentes em situação de risco. Enquanto há o acolhimento destas crianças e adolescentes por estas famílias, há investimentos de ações na família de origem para a superação do problema ensejador da medida de proteção. O acolhimento familiar pode preceder uma reintegração familiar ou um encaminhamento a família substituta por meio da Adoção.

[7] Me refiro aqui aos Pedidos de Guarda de crianças e adolescente por parte de integrantes da família extensa (avós, tios) em razão de Suicídio por parte do genitor ou genitora; significativas alterações emocionais e comportamentais em criança, assistida em Medidas de Proteção, que presenciou a tentativa de Suicídio de sua genitora; ameaças de cometimento de Suicídio em adolescentes durante o relacionamento com integrantes da família extensa, no processo de reintegração familiar, depois de longo período de institucionalização e sob ameaça de retorno ao Abrigo por parte de familiares; automutilação em adolescentes acolhidos; abuso de álcool e drogas, prostituição e situação de rua por parte de adolescentes que atingem maioridade depois de longo processo de institucionalização.

Heidegger e a reconstrução ontológica do real. Na capa do livro nos deparamos com a ilustração de um ponto chave para a análise do real em uma perspectiva heideggeriana, que supera a visão dicotômica de Descartes há muito vigente: o Arco. Trata-se de um Arco (de flecha mesmo) que exprime uma interdependência de seres concebidos, inicialmente, como separados, mas que se fazem razão de ser, justamente pela relação (relação que já concebe dois, que pode não ser o termo correto aqui, haja vista a busca de unidade dirimida por Michelazzo, a partir de Heidegger) estabelecida. A madeira, originalmente rígida, densa, estática assume a forma de flexibilidade, de "entortamento" em sua imbricada pertinência com a corda, *a priori*, flexível, leve, que por sua vez, se torna rígida, forte e estática. Tal reunião de características não se daria na ausência da madeira ou da corda nesta unidade, conceito essencial desenvolvido por Michelazzo (1999). É nesta mesma realidade, que concebe a unidade em desfavor do dualismo cartesiano, que observo a expressão do Ser de adolescentes como Beatriz. As atitudes mais incoerentes, impulsivas e de autodestruição se mostram diretamente relacionadas, ou melhor, se fazem unidade de um Ser de existência complexo, que abarca suas privações objetivas e subjetivas, sua vitimização perpetrada pela família natural, de sua comunidade, do Estado, principalmente neste período (infância e adolescência) de considerável limitação na abertura do Ser para o mundo que, inevitavelmente, influencia seu movimento reflexivo, preponderantemente, irreflexivo, o que atrasa, posterga o desenvolvimento de suas potencialidades, ao mesmo tempo em que abrevia seu fim (morte).

Resistência e luta parecem estar contidas nesta complexa trama entre a existência e a autodestruição aqui tratadas, seja na prática deliberada de encerrar a própria vida (a própria dor), seja na busca de autoconfirmação para um desprezo próprio, advindo de uma autoestima baixa, que encerra possibilidades de novas experiências e que é bem-sucedida em uma autodestruição velada.

Podemos observar certas convergências nestes casos apresentados, na medida em que se fazem presentes rupturas de relacionamentos significativos e atravessamentos nos projetos de vida familiar e situação social. Longe da intenção de apresentar uma causalidade simplista generalizante (Valdemar Augusto Angerami (2017) já nos mostrou as falácias nas tentativas de explicações para este complexo fenômeno do Suicídio) na relação entre sofrimento psíquico e autodestruição (compreendido aqui o Suicídio), tais experiências apontam para uma estreita relação entre o investimento afetivo exacerbado em UM papel e função social (que como vimos, é socialmente compartilhado e propagado) como preponderante à identidade e a consequente perda do sentido da vida.

O envolvimento existencial com Beatriz, Paula e os "sobreviventes" de Mario trouxe a convicção de que tais experiências de profundo sofrimento psíquico são correspondentes ao entendimento de Sören Kierkeggard sobre o desespero humano:

> Tem um motivo de desespero o homem que desespera, é o que se pensa durante um momento, e só um momento. A seguir surge o verdadeiro desespero, o verdadeiro rosto do desespero. Desesperando duma coisa, o homem desesperava de si, e logo em seguida quer libertar-se do seu eu. Dessa maneira, quando o ambicioso que diz "ser César ou nada" não consegue ser César, desespera. Embora isso tem outro sentido: é por não se ter tornado César que ele já não suporta ser ele mesmo. No fundo, não é por não se ter tornado César que ele desespera, mas do eu que não o deveio (Kierkegaard, 2001, p. 24).

Se a impotência é prevalente nos casos em que o psicólogo atua de modo incisivamente interventivo, como na clínica ou em dispositivos da política de assistência social e saúde, é gigantesca tal vivência de impotência em um contexto de cunho avaliativo, que caracteriza a atuação do psicólogo em psicologia jurídica.

O Suicídio e a autodestruição, tal como já evidenciou Angerami (2017) são sintomas de uma patologia social. Agir em seus desencadeadores, em seu contexto social (no Sistema de Justiça, na minimização de fatores de risco como a pobreza, doença mental, desemprego, criminalidade, dentre outros inúmeros fatores) específico brasileiro, reduz consideravelmente a ocorrência de casos como os descritos aqui.

REFERÊNCIAS

ANGERAMI, V. A. *Psicoterapia e Subjetivação: uma análise de fenomenologia, emoção e percepção.* São Paulo: Pioneira Thomson Learning, 2003.

ANGERAMI, V. A. *Suicídio: uma alternativa à vida: fragmentos de psicoterapia existencial.* Belo Horizonte: Ed. Artesã, 2017.

BRANDÃO, E. P.; GONÇALVES, H. S. (Org.). *Psicologia Jurídica no Brasil.* Rio de Janeiro: NAU Ed., 2004.

DIGIÁCOMO, M. J.; DIGIÁCOMO, I. A. ECA: *Estatuto da Criança e do Adolescente anotado e interpretado.* 2. ed. São Paulo: FTD, 2011.

ERTHAL, T. C. S. *Trilogia da existência: teoria e prática da psicoterapia vivencial.* Curitiba: Appris, 2013.

HUTZ, C. S. (Org.). *Violência e Risco na Infância e Adolescência: pesquisa e intervenção.* São Paulo – Casa do Psicólogo, 2005.

KIERKEGGARD, S. *O desespero humano*. Tradução de Fransmar Costa Lima. São Paulo: Martin Claret, 2001.

LAING, R. D.; COOPER, D. G. *Razão e Violência – Uma década da filosofia de Sartre (1950-1960)*. Petrópolis: Editora Vozes Ltda, 1976.

LUPEPSA, T. O fenômeno da Alienação Parental no contexto judiciário: possibilidade de intervenção sob o enfoque fenomenológico existencial. In: ANGERAMI, V. A. (Org.) *Psicoterapia Fenomenológico-Existencial*. Belo Horizonte: Ed. Artesã, 2017.

MARTINS, S. M. V.; AMATUZZI, M. M. Grupos de Crescimento: uma prática sob o enfoque fenomenológico. In: ANGERAMI, V. A. (Org.) *As Várias Faces da Psicologia Fenomenológico-Existencial*. São Paulo: Pioneira Thomson Learning, 2005.

MICHELAZZO, J. C. *Do um como princípio ao dois como unidade: Heidegger e a reconstrução ontológica do real*. São Paulo: FAPESP: Annablume, 1999.

MORATO, H. T. P *et al*. Adolescentes em Situação de Acolhimento Institucional: Um estudo sobre abandono. In: MORATO, H. T. P *et al*. *Aconselhamento Psicológico numa Perspectiva Fenomenológica Existencial – Uma introdução*. Rio de Janeiro: Guanabara Koogan, 2015.

PEREIRA, V. C. S. *et al*. Formação do Autoconceito e da Autoestima em Crianças Institucionalizadas. In: CARVALHO, M. C. N. e MIRANDA, V. R. *Psicologia Jurídica – Temas de aplicação*. 3. ed. Curitiba: Juruá Editora, p. 43-60, 2012.

ROVINSKI, S. L. R. *Fundamentos da perícia psicológica forense*. 2. ed. São Paulo: Vetor, 2007.

WEBER, L. N. D. Os filhos de ninguém: abandono e institucionalização de crianças no Brasil. *Revista Conjuntura Social*, Rio de Janeiro, n. 4, p. 30-36, 2000.

Capítulo 17

VALE A PENA VIVER? A PERGUNTA RADICAL REQUER RESPOSTA PESSOAL

Miguel Mahfoud

INTRODUÇÃO

Vale a pena viver? A pergunta que não quer calar se insinua discretamente e se mantém como pano de fundo para todo sujeito humano. Vez por outra, se torna verdadeiro grito a espera de resposta plausível, tão necessária a ponto de justificar a própria vida. A pergunta é radical: não vislumbrar resposta pode ser tão exasperante a ponto de esvanecer os recursos pessoais para o enfrentamento dos desafios cotidianos e para a construção de vínculos interpessoais significativos. Não vislumbrar resposta pode gerar vivência de vazio existencial a ponto de levar a suicídio, tanto quanto concluir que não vale a pena viver.

Trata-se, então, de considerar a importância radical daquela pergunta e dos processos de elaboração de sentido que efetivamente possibilitem a elaboração da experiência, a ponto de se chegar a respostas tão pessoais que tenham força de justificar o viver.

É um desafio imenso para os profissionais do campo da psicologia: não está em jogo apenas o diagnóstico e o manejo clínico de psicopatologias que envolvam de algum modo o tema suicídio; nem mesmo se trata de justificá-lo por via de condições da existência em suas formas histórico-culturais específicas; não se trata de tomar o problema do suicídio por via moralizante ou antimoralizante; nem mesmo se trata de construir narrativas que tomem o suicida por via de heroísmo, covardia ou liberdade. Tudo isso já foi feito e o desafio permanece. Para os psicólogos, no atual e dramático momento histórico-cultural, quando nos deparamos – com frequência sempre maior – com pessoas que solicitam auxílio enquanto estão atoladas nos afazeres sem porquês satisfatórios, ou paralisadas pela percepção de vazio em meio a excesso de atividades, ou experimentando ansiedade e confusão de sentimentos enquanto se veem bombardeadas por estímulos de toda ordem, ou estagnadas na tristeza e solidão em meio à cultura efervescente e multiconectada..., o desafio central atual está em ativar processos de elaboração da experiência, que possam ir além de administrar o mal-estar, a ponto de se chegar a respostas pessoais à grande – e de certo modo inevitável – pergunta: "Vale a pena viver?".

Buscamos, no presente texto, enfocar a questão na perspectiva da antropologia filosófica de Luigi Giussani (2009), de cunho fenomenológico e personalista, ao tematizar a "experiência elementar", enfatizando suas implicações para a psicologia. Assim, tomaremos condições existenciais, enquadramentos histórico-culturais e experiências clínicas pela ótica de elaboração da experiência pelo sujeito, enquanto este vive em sua dinâmica própria. (Mahfoud, 2012, 2014, 2016, 2017a).

DESAFIOS EXISTENCIAIS E CONTEMPORÂNEOS: A PENA

Em tempos de nova estruturação da sociedade da informação, com a autoexposição do indivíduo potencializada por importantes recursos tecnológicos, a conectividade fortemente estruturada se associa à vivência amplamente difusa da *solidão.*

A experiência de solidão é fundamental para a constituição da pessoalidade e da vida interior (Mahfoud, 2017b), vivência importante do sujeito consciente de si mesmo e de sua responsabilidade única e insubstituível perante o outro e perante o mundo (Frankl, 2016). Giussani (1993) chega mesmo a considerá-la fonte de relações interpessoais autênticas e geradoras de comunidade. Mas a solidão, como vivência de incomunicabilidade, como impossibilidade de que a pessoa apresente-se por completo nos relacionamentos e nas ações no mundo, é geradora de isolamento, com seu típico e consequente sofrimento psíquico. Tratase agora de ruptura no mundo das interrelações significativas e da falta de sentido:

> A incomunicabilidade como dificuldade de diálogo e comunicação, por sua vez, faz com que a solidão experimentada pelo homem perante o seu próprio destino se torne mais trágica. Perante o destino como ausência de significado, o homem experimenta uma solidão terrível. *A solidão, na realidade, não é estar sozinho, mas é a ausência de um significado.* Podemos estar no meio de milhões de pessoas e estar totalmente sozinhos se aquelas presenças não têm significado. (...) Estamos ali sem reconhecer o que nos une, então, a menor indelicadeza torna-se uma objeção que faz com que desmoronem todas as estruturas da confiança (Giussani, 2009, p. 132).

A solidão assim vivida gera "indiferença para com os outros que torna todo relacionamento um deserto", multiplicando as ocasiões de *desilusão*, e pode "explodir na violência do homicídio ou suicídio" (von Balthasar; Giussani, 2017, p. 117). O *desinteresse* pelo outro pode ser expressão de autoafirmação, mas, experiencialmente, pode se estruturar como aridez e "*incapacidade de interesse*" (Giussani, 2001a, p. 161), falta de gosto pelo diverso, a ponto de surgir desejo de morte.

Fortemente associado à solidão e ao desinteresse vivenciados, o *relativismo* contemporâneo os estrutura socialmente, justificando a falta de sentido no empenho de identificar pontos em comum em experiências diversas, desqualificando desde o ponto de partida a necessidade primordial de comunicação de si. Assim, o relativismo cultural justifica várias reduções de horizontes de sentido: vai do desafio da alteridade plena de sentido à tolerância, reduz a comunidade a mera convivência, passa da provocação pessoal advinda do diferente (solicitando maior complexidade e abertura) à resposta pré-programada e controlada socialmente pelo "politicamente correto" (Vanderbergue, 2010). Enquanto os mecanismos sociais buscam garantir respostas já programadas e pré-estabelecidas, o sujeito vai buscando se adequar, distraindo-se de sua busca pessoal e de suas tomadas de posição próprias, que lhe permitiriam reconhecer o outro como efetivamente significativo para si (e vice-versa), exasperando a solidão, o desinteresse, a incomunicabilidade de si e a falta de sentido (não apenas de algumas ocasiões ou gestos, mas da própria vida).

Sem um caminho próprio, identificado pessoalmente como significativo, a elaboração da experiência perde a força de gerar continuamente novos sentidos, de constituir unidade entre a infinidade de vivências que, ininterruptamente, se dão em fluxo contínuo (Mahfoud, 2016). Assim, as experiências não duram. Mesmo as significativas. Sem o movimento advindo da própria pessoa diante da provocação de cada coisa e da vida mesma, as palavras insistentemente impostas pela cultura não chegam a ser apropriadas pelo sujeito, não se tornam instrumento de expressão de si. Sem que se estruture a *espera* por algo significativo, vivida no cotidiano de modo pessoal e dramático, mesmo quando "me olham com generosidade, o vivido não dura, isto é, não dura além daquele momento mesmo" (Giussani, 1999, p.225). Desqualificada a espera, não se ama, não se amam pessoas, coisas ou causas, já que "a espera tem em si o amor, porque é 'tender a', um tender que espera sem fixar tempo ou modos" (Giussani, 1999, p. 225). Na cultura do *pragmatismo*, a relação é utilitária em função de um cálculo. Na cultura do pragmatismo, não se ama, não se espera. Se desespera.

Assim, enquanto nossa condição existencial e também nosso contexto histórico-cultural contemporâneo contrapõem dramaticamente cada espera de sentido (que continuamente ressurge) a sua impossibilidade de estruturação, a experiência de cada pessoa tende a ser marcada pela vivência da impotência e da *desilusão*, ora resultando em posições de indignação e rebelião, ora de resignação e tendência a apenas suportar o absurdo de existir. Em nenhuma delas, porém, por si mesmas, se gera um sentido de vida, objeto de insistente espera de cada ser humano.

> Se a consciência de nós mesmos não consegue ser completa, tanto que nos aborrecemos, nos irritamos ou nos desesperamos, dizemos: "é assim mesmo", e depois se estabelece uma familiaridade equívoca entre resignação e cinismo que reduz, que reconduz tudo a nada: "não vale a pena viver" (Giussani, 2014, p. 281).

Sem sentido de vida, acaba-se por desejar a morte. Mesmo antes de se ter a chance de formular uma resposta pessoal à pergunta "Vale a pena viver?", a pessoa pode desistir da vida. E de fato, não raro encontramos pessoas que desistiram da vida mesmo dentro de relações afetivas, que desistiram de viver mesmo continuando a trabalhar, desistiram de buscar conhecimento mesmo continuando a frequentar cursos, que desistiram de buscar mesmo que a busca não lhes deixasse em paz. Em tal contexto de falta de sentido e falta de significado pessoal para o enfrentamento de adversidades cotidianas, a solução do suicídio nem mesmo aparece ao sujeito acompanhada por alguma resistência mais significativa. Antes que tivesse a chance de problematizar e de chegar a uma resposta pessoal sobre a validade de viver em meio a todas essas penas, desiste.

Nossa responsabilidade, enquanto psicólogos, se refere a esse direito humano inalienável de nossos contemporâneos de viver sua busca pessoal e de chegar a amadurecer uma tomada de posição própria. O grito por sentido não pode ser calado. A pergunta "Vale a pena viver?" não se cala.

O QUE VALE A PENA?

Sem que o vivido perdure, sem que alguma coisa satisfaça plenamente ou estavelmente, temos o pensamento que

> ...uma coisa só vale a pena por cinco minutos. Aí então, ou a pessoa não pensa nisso ou se desespera. Suponhamos cinco anos em vez de cinco minutos. Seria como se alguém despertasse – desculpem – dentro de um caixão! Porque o homem quando se sente dentro dos limites, inteiramente dentro dos limites, sufoca-se (Giussani, 2001b, p. 37).

Mas, experienciando *valor* apreendemos algo "pelo qual vale a pena agir, ou existir": "valor não pode se confundir (como a mentalidade corrente sempre tenta fazer) com as reações que somos levados a ter. (...) O valor encerra o motivo, o objetivo de uma ação, aquilo pelo qual vale a pena agir ou existir" (Giussani, 2003a, p. 121). E nesse sentido, "valor é aquilo que nos escancara" em qualquer ação, "como um ângulo aberto ao infinito" (Giussani, 2001b, p. 37), possibilitando que a pessoa sinta e valorize coisas e circunstâncias e a vida mesma.

Na vivência de valor há uma profunda interligação entre juízo e afeição: verificar – experiencialmente – que algo "vale a pena" é sustento da afetividade; a afeição que pode ter duração tem como raiz a experiência de "valer a pena" (Giussani, 2011).

Numa tal unidade pessoal em que afeição e juízo estão unidos já na raiz da experiência, é possível para a pessoa ser e permanecer *protagonista*: diante da condição existencial dramática em que

> tudo o que acontece, no fundo, no fim, é desconcertante e contraditório com o que eu aplicaria; até o supremo sinal: a morte. *A vida é vencer a morte.* A exigência de viver se encontra diante dessa passagem absurda e estranha, contraditória" (Giussani, 2012, p. 44).

Nesse sentido, manter-se protagonista em meio à condição contraditória da existência exige juízo e afeição profundamente unidos. Paradoxalmente, é uma luta que pode conter uma quietude e serenidade (antídoto à ânsia e desespero já apontados). Tal unidade já presente na raiz da experiência humana pode se estruturar como recurso pessoal estável se a formação da pessoa incluir a sensibilidade ao todo e a inteligência que identifica, na experiência, a provocação da vida nos acontecimentos (fonte de sentimento, criatividade, empenho) (Giussani, 1999).

Outra grande dificuldade continua a se apresentar a nós sujeitos do contexto histórico-cultural contemporâneo: essa sensibilidade e inteligência leva a *reconhecer* os acontecimentos em que apreendemos o valor até, eventualmente, chegar ao juízo-afetivo de que algo ou a vida mesma valha a pena. Tal reconhecimento é atividade do sujeito, com critérios que lhe são próprios (experiência elementar); mas, o que tem valor e onde encontrá-lo não pode ser decidido pelo sujeito mesmo. Ele reconhece o que se apresenta (Mahfoud, 2012).

Tal descentramento incômodo ao sujeito contemporâneo é, paradoxalmente, o que lhe possibilita a abertura de si, necessária para que sua experiência de mundo não sucumba ao limite insuportável das circunstâncias e ao fechamento em si mesmo autodestruidor. A própria estruturação da experiência conta com algo além do planejado e pré-concebido, tornando-se significativo. A presença da vida na própria pessoa e no mundo é sempre advertida com surpresa, mais precisamente, como *acontecimento*. "Um imprevisto é a única esperança", na feliz expressão do poeta Eugenio Montale (prêmio Nobel de literatura de 1975) no poema intitulado "Antes da viagem": "O que será / a minha viagem? / Com excessivo cuidado a venho estudando / sem dela nada saber. Um imprevisto / é a única esperança" (Montale, 1990, p. 390).

> Um imprevisto está além de toda regra, de toda lógica ou medida, é imensurável, incomensurável com o que quer que seja, é mistério. Assim, todos os sinais do Mistério que nos tocam para que nos movamos, para que nos levantemos e nos movamos, nos impulsionam, nos incitam. E é de nossa natureza sentir esses impactos interiores, viver esses impulsos, esse desassossego grande, pelo encontro com algo totalmente irredutível a nós (imprevisto); somente pelo encontro com algo totalmente incomensurável por nós (imprevisto) *emerge o fio de esperança* que pode permanecer mesmo em meio aos detritos do mundo. (...) É o fio de esperança que não é rompido por nada (...), um fio de esperança que a guerra – a que se reduziu a tensão quotidiana do ser humano – tem a intenção de romper (Giussani, 2014, p. 283-284).

De fato, o poema de Montale termina constatando que "um imprevisto / é a única esperança. Mas dizem-me / que é tolice dizê-lo" (Montale, 1990, p. 390). Manter os olhos no acontecimento do mundo e seu mistério, no acontecimento e mistério que cada um é para si mesmo, é possibilidade de protagonismo, de pessoalidade, de esperança.

MUNDO E SUJEITO COMO ACONTECIMENTO

A possibilidade de manter a abertura própria do sujeito humano diante do mundo é vivê-lo enquanto *acontecimento*. A radicalidade da afirmação é tamanha que se pode dizer que a possibilidade de fazer experiência de si mesmo depende de um acontecimento. Claude Romano (2008, 2012; cf Martins, 2007) chega mesmo a afirmar que fazer experiência é acontecimento, e que a subjetividade ou se dá como acontecimento ou é, de algum modo, reduzida ou objetivada. E a imprevisibilidade é fator fundamental do acontecimento:

> A experiência que faço corresponde a esta provação, necessariamente única, irrepetível, em que me encontro implicado de forma essencial, e que me deixa, a cada vez, modificado. O que sobressai, aqui, não é a ideia de algo que se tenha adquirido, mas a de ser posto à prova, o que corresponde a uma transformação sofrida: só faço experiência na medida em que ela me sobrevém, de uma forma insubstituível, permitindo-me advir a mim mesmo, sempre novo e sempre outro, ainda imprevisível (Romano, 2012, p. 212).

Característico do acontecimento é o fato de não ser forjado pelo sujeito, mas apenas vivido por ele; que o sujeito mais depende do acontecimento do que o inverso, tendo o nascimento como grande paradigma: do nascimento abrem-se todas as possibilidades do sujeito, para o qual ele não fez rigorosamente nada; e cada acontecimento é também algum nascimento.

A própria inteligibilidade do mundo ao sujeito e do sujeito a ele mesmo dependem do acontecimento, pelo qual o sujeito pode fazer experiência no sentido preciso, acontecimento pelo qual ele pode viver sua abertura fundamental. Grande contribuição de Romano (2012), a meu ver, dá-se também ao formular o conceito de "encontro" onde, existencialmente, pode-se viver enquanto humanos. E quanto aos objetivos do presente texto, esse autor contribui de modo original e profundamente sintonizado com a antropologia filosófica giussaniana, ao tecer a interligação radical entre acontecimento, sentimento, desespero e maravilhamento, assim como a capacidade de responder do sujeito.

> Em todo sentimento está em jogo a *ipseidade como responsabilidade*. O que vale, *a fotiori,* naturalmente, para certos sentimentos em que a "reflexividade" se mostra exacerbada, como nos casos de acídia, nostalgia, melancolia ou tristeza: em todos esses sentimentos transparece um movimento de voltar-se para si e um dobrar-se sobre si mesmo que constituem o reverso da alegria. Fica claro, especialmente no caso dessa tristeza, que se opõe à expansão alegre: o abatimento – que nos priva de nossas forças – apaga nossos desejos, fecha-nos em nós mesmos e priva-nos de qualquer relação com os outros. (...) Porém, a própria tristeza reside na alternância, de abatimento e rebelião, fazendo com que seja precisamente *nossa*, faz com que coloquemos nós mesmos em jogo para experienciá-la, não ficando completamente despossuídos ou alienados de nossos sentimentos. (...) A tristeza, enquanto segue sendo *minha*, em vez de abatimento e revolta, sofrimento e luta, ainda que estremeça, ainda que devaste, não é "má" (Romano. 2012, p. 153-154).

Assim, o *desespero* vai além da *impossibilidade de minhas possibilidades* (segundo a caracterização heideggeriana), sendo

> incapacidade de assumir o acontecimento que me corresponde (...) e, por conseguinte, impossibilidade também de me tornar acontecimento através dele.(...) Tudo se funde numa vigilância anônima na qual "eu" estou ali sem estar, em um estupor impessoal dentro do qual o sofrimento, na fase mais aguda, se faz quase indolor (Romano, 2012, p. 155).

Estando o sujeito desapegado do que ocorre, o mundo se torna espetáculo e a hiperlucidez anônima do desespero atesta o deserto do eu, sem nem mesmo assumir sua morte, sua morte continuada (no dizer de Kierkegaard). O desespero é, então, a primeira relação com a morte, segundo Romano. Porém, o desespero manifesta também "uma relação originária com o acontecimento" (ROMANO, 2012, p. 157): dependemos deste para ser nós mesmos. Daí a radical importância do *encontro* como acontecimento.

> O encontro é, com efeito, esse acontecimento pelo qual o outro irrompe sempre pela primeira vez no mundo reconfigurando suas possibilidades intrínsecas. Enquanto acontecimento, ainda que possa ser provocado, excede minhas iniciativas e se dá a mim por *excesso* (ROMANO, 2012, p. 182).

No dizer de Giussani, temos necessidade radical de encontro com uma presença "*catalizadora das energias que nos escapam*", e que "*despertem o sentido do nascimento*" (TESTORI; GIUSSANI, 2013, p. 120), ativem a percepção de que somos acontecimentos de vida antes mesmos de termos decido por isso, renovando experiencialmente o maravilhamento pelo próprio existir e pela vida. Temos radicalmente necessidade de um encontro onde dizer "tu" corresponda a estar presente, corresponde a dizer "eu", a ser si mesmo.

Para Giussani, um encontro com essas características pode se dar através da natureza, de objetos culturais e artísticos, através de pessoas, sendo que essas últimas são indispensáveis ao sujeito para elaborar sua experiência, de modo tal que a abertura frente à vida mesma se estruture como campo aberto de possibilidades.

Giussani aponta ainda que a capacidade de ser presença mobilizadora de acontecimentos depende da consciência de si e do mundo como acontecimento, e como pertença onde se diz "tu" e "eu" radicalmente. Só assim alguém pode "ajudar outros seres humanos a ouvirem as próprias perguntas dentro de si" (GIUSSANI, 1988, p. 195) como acontecimento,

> Acompanhar os seres humanos na descoberta da exigência profunda que está dentro de todos os seus desejos (...), provocar e reconduzir o ser humano à verdade de cada desejo: É assim que a humanidade se torna menos ferida e ao mesmo tempo mais rica de alegria. (...) As grandes perguntas ressurgem continuamente, mesmo nas formas mais desesperadas, como suicídio etc. (...) Da experiência de impotência mesma, da insatisfação, é preciso ajudá-los a fazer emergir o grito – não tanto a busca de um caminho diferente (isso acontecerá depois). (...) Gritando sem nem saber que grita, compreendendo, porém – isto sim é necessário – que pode haver algo maior que nós. Depois é preciso fazer tudo o que uma companhia cheia de compaixão – no sentido etimológico e inteligente do termo – conseguirá sugerir (GIUSSANI, 1988, p. 195-196).

Numa tal consciência de si e do mundo como acontecimento, a *simplicidade* de reconhecimento tem vigor para fazer frente às objeções recorrentes, para o enfrentamento das adversidades ou das impotências que levam a pessoa a conceber suicídio. Com o emergir e a dilatação de tal experiência, a vida é levada a mudar por força de acontecimentos, por serem acontecimentos. No encontro, como realidade integralmente humana, a mudança pessoal "não se dá por saltos qualitativos de virtude" (Giussani, 2008, p. 133), mas pelo acontecimento que ele mesmo é, isto é, por *viver a abertura original*.

Ajudamos alguém a retomar sua abertura original, não tanto favorecendo a expressão de si como imaginação de si mesmo ou pela introdução de conteúdos específicos, mas, principalmente, pela "comunicação por osmose de uma experiência", como que pela "música das palavras" (Giussani, 2003b, p. 220).

A GUISA DE CONCLUSÃO

Diante do grito do coração, no desespero que se aproxima do suicídio, o desafio para nós psicólogos é que a insistente pergunta "Vale a pena viver?" possa ser examinada por um sujeito que vive sua abertura fundante, de modo que possa efetivamente colher o mundo e a si mesmo em exame. A impossibilidade de examinar a própria experiência de esperança ou desilusão a partir das exigências fundamentais tem sido uma das grandes injustiças de nosso tempo. Nosso desafio enquanto psicólogos é grande, e só podemos vivê-lo com a nossa própria abertura de vida. Ela mesma é nosso recurso para viver, assim como para trabalhar com quem não sabe mais se quer viver. A abertura de vida – que insistentemente se insinua em nossa interioridade, assim como se dá no mundo de relações ou no maravilhamento pela existência do mundo e pela vida mesma acontecendo... –, a abertura que nos surpreende é o grande recurso que temos para acompanhar o grito de dor e a desilusão em que muitos estão mergulhados. Sabendo que somos feitos da mesma terra de aridez e da mesma água fecunda.

Nessa abertura original e fundante, faz todo sentido o verso da poeta Adélia Prado, chamando-nos a olhar para as presenças que têm poder de transformação e de abrir esperança mesmo em meio à noite de sentido: "Estrelas na escuridão são ícones potentes" (Prado, 2015, p. 388).

Com ela mesma, reconhecemos nossa abertura voltada ao infinito, reconhecemo-nos todos como os seres humanos/acontecimentos, continuamente reconquistando as condições de delinear uma resposta pessoal: "O céu estrelado vale a dor do mundo" (Prado, 2015, p. 366). Vale a pena viver.

REFERÊNCIAS

FRANKL, V. E. *Teoria e terapia das neuroses: introdução à logoterapia e à análise existencial.* Tradução de Heloísa Reis Marino. São Paulo: É Realizações, 2016.

GIUSSANI, L. Intervista a Monsignor Luigi Giussani. Editoria de Antonio Sicari. *Communio*, n. 98-99, p. 182 – 217, 1988.

GIUSSANI, L. *Passos de experiência cristã.* Tradução de Giovanni Vecchio. São Paulo: Companhia Ilimitada,1993.

GIUSSANI, L. *L'attrattiva Gesù.* Milano: Rizzoli, 1999.

GIUSSANI, L. *Affezione e dimora.* Milano: Rizzoli, 2001a.

GIUSSANI, L. *O eu, o poder, as obras*: contribuição de uma experiência. Vargem Grande Paulista: Cidade nova, 2001b.

GIUSSANI, L. *Na origem da pretensão cristã.* Tradução de Paulo A. E. Oliveira. 2. ed. Rio de Janeiro: Nova Fronteira, 2003a.

GIUSSANI, L. *Realidade e juventude*: o desafio. Lisboa: Diel, 2003b.

GIUSSANI, L. *Le mie letture.* Milano: Rizzoli, 2008.

GIUSSANI, L. *O senso religioso.* Tradução de Paulo A. E. Oliveira. Brasília: Universa, 2009.

GIUSSANI, L. *Ciò che abbiamo di più caro.* Milano: Rizzoli, 2011.

GIUSSANI, L. Dal senso religioso a Cristo. In: AA.VV. *Dove la domanda si accende.* Castel Bolognese: Itaca, 2012, p. 34 – 56.

GIUSSANI, L. *In cammino:* (1992-1998). Milano: Rizzoli, 2014.

MAHFOUD, M. *Experiência elementar em psicologia*: aprendendo a reconhecer. Brasília: Universa; Belo Horizonte: Artesã, 2012.

MAHFOUD, M. Coração como núcleo pessoal: contribuições de Luigi Giussani. In: HOFFMANN, A.; OLIVEIRA, L. M.; MASSIMI, M. (Org.). *Polifonias do coração.* Ribeirão Preto: Fumpec, p. 117 – 138, 2014.

MAHFOUD, M. A estruturação da experiência segundo Luigi Giussani. *Estudos de Psicologia* (Campinas), v. 33, n. 3, p. 395 – 401, jul – set 2016.

MAHFOUD, M. (Org.). *"Quem sou eu?": Um tema para a psicologia.* Belo Horizonte: Artesã, 2017a.

MAHFOUD, M. Silêncio e interioridade pessoal em Edith Stein. *Revista de Filosofia Aurora*, v. 29, n. 48, p. 840 – 864, set – dez 2017b. Doi: http://dx.doi.org/10.7213/1980-5934.29.048.DS08.

MARTINS, J. G. Experiência e subjetividade em Claude Romano. In: CANTISTA, M. J. (Org.). *Desenvolvimentos da fenomenologia na contemporaneidade.* Porto: Campo das Letras, p. 167 – 213, 2007.

MONTALE, E. Prima del viaggio. In: *Tutte le poesie*. Editoria de Giorgio Zampa. Milano: Mondadori, 1990, p. 390.

PRADO, A. Mitigação da pena. In: *Poesia reunida*. Rio de Janeiro: Record, p. 366, 2015.

PRADO, A. Pensamentos à janela. In: *Poesia reunida*. Rio de Janeiro: Record, p. 388, 2015.

ROMANO, C. *Lo posible y el acontecimiento*. Tradução de A. Fornari, Santiago de Chile: Ed. Universidad Alberto Hurtado, 2008.

ROMANO, C. *El acontecimiento y el mundo*. Tradução de Fernando Rampérez. Salamanca: Sígueme, 2012.

TESTORI, G.; GIUSSANI, L. *Il senso della nascita*. Milano: Rizzoli, p. 120, 2013.

VANDENBERGUE, F. *Teoria social realista: um diálogo franco-britânico*. Belo Horizonte: UFMG; Rio de Janeiro: Iuperj, 2010.

VON BALTHASAR, H. U.; GIUSSANI, L. *L'impegno del cristiano nel mondo*. Milano: Jaca Book, 2017.

OS AUTORES

ORGANIZADOR

Valdemar Augusto Angerami

Psicoterapeuta existencial; professor de pós-graduação em Psicologia da Saúde na PUC-SP. Professor de pós graduação em Psicologia da Saúde na Universidade Federal do rio Grande do Norte (UFRN). Professor convidado do programa de pós-graduação em Psicologia e Câncer da UNICAMP. Coordenador do Centro de Psicoterapia Existencial. Membro da Comissão Justiça e Paz de São Paulo. Autor com o maior número de livros publicados em psicologia no Brasil e adotados em universidades de Portugal, México, Canadá e América Latina.

AUTORES

Ana Vitória Salimon-Santos

Psicóloga, Mestre em Psicologia pela Universidade Estadual Paulista (UNESP-Assis), Docente, supervisora de estágios e responsável técnica pelo Serviço Escola de Psicologia do Centro Universitário de Adamantina (UNIFAI), Associada fundadora da Associação Brasileira de Estudos e Prevenção do Suicídio (ABEPS), Membro e articuladora da Rede Promover Vida, Membro do Comitê pró-CVV de Adamantina-SP.

André Faro

Doutor em Psicologia e Docente no Programa de Pós-Graduação em Psicologia da UFS – Universidade Federal de Sergipe.

André Luis Sales da Costa

Psicólogo. Mestre em Saúde pelo Programa Multi-Institucional do Centro de Pesquisas Leônidas & Maria Deane da Fundação Oswaldo Cruz em parceria com a Universidade Federal do Amazonas – CPqLMD/FIOCRUZ/UFAM. Especialista em Gerontologia e Saúde do Idoso pela Universidade Aberta da Terceira Idade em parceria com a Universidade do Estado do Amazonas (UnATI/UEA). Atua no campo da saúde, especificamente em serviços de oncologia (Serviço de Terapia da Dor e Cuidados Paliativos da Fundação Centro de Controle em Oncologia do Amazonas – STDCP/FCECON/AM), ancorado nos referenciais da Psicologia Fenomenológico-Existencial.

Andrea dos Santos Nascimento

Graduação em Psicologia pela Universidade Federal do Espírito Santo, 1997. Mestre em Política Social pelo Programa de Pós-Graduação em Política Social do Departamento de Ciências Jurídicas e Econômicas da UFES, 2008. Doutora pelo Programa de Pós-Graduação em Psicologia pela UFES. Pós-Doutora pelo Programa de Pós-Graduação em Psicologia – Ufes. Desenvolve pesquisas nas áreas de mobilidade; psicologia do trânsito; psicologia ambiental; gênero e identidade; cultura; desengajamento moral; comportamento de risco. Atualmente é professora adjunta do Departamento de Psicologia, CCHN, Ufes.

Bruno Gonçalves

Graduado em Psicologia. Psicólogo Clínico com formação em Psicoterapia pelo Centro de Psicoterapia Existencial. Psicólogo da Saúde no Centro de Atenção Psicossocial de Porto Feliz. Psicoterapeuta na cidade de Indaiatuba e Salto.

Cleide Pereira Monteiro

Psicóloga. Psicanalista e Professora Doutora do Departamento de Psicologia da Universidade Federal da Paraíba. Possui Mestrado em Psicologia Clínica (UNICAP) e Doutorado em Letras (UFPB). Membro da Escola Brasileira de Psicanálise e da Associação Mundial de Psicanálise. Atua principalmente dentro dos seguintes temas: ensino e transmissão da teoria e clínica psicanalítica, psicopatologia, psicanálise aplicada nas instituições de saúde mental.

Cristiana Renner

Psicóloga clínica, professora e palestrante. Doutora em Ciências – UNIFESP. Mestre em Psicologia Clínica – USP. Graduada Psicóloga – PUC-SP

Francisco B. Assumpção Jr.

Professor livre-docente pela Faculdade de Medicina da Universidade de São Paulo Professor associado do Instituto de Psicologia da Universidade de São Paulo. Membro das Academias Paulista de Medicina (cad.103) e Psicologia (cad.17).

Gythãna Dantas Cidreira Merigui

Especialista em Psicopedagogia Clínica e Institucional (Monte Negro – GO). Graduada em Psicologia (ULBRA-TO, Graduada em Pedagogia – Licenciatura Plena (FADBA -BA). Coordenadora Pedagógica do Instituto Federal de Educação, Palmas TO.

Iran Johnathan Silva Oliveira

Doutorando em Psicologia (PUC-GO), graduado e mestre em Psicologia (PUC-GO). Especialista em Criminologia e Ciências Criminais (ESMAT). Docente do curso de Psicologia do CEULP/ULBRA Palmas e do Centro Universitário UnirG – Universidade de Gurupi – TO.

Lazslo Antonio Ávila

Psicólogo. Livre docente. Professor de graduação e pós-graduação da Faculdade de Medicina de São José do Rio Preto – FAMERP. Membro do NESME (Núcleo de Estudos em Saúde Mental e Psicanálise das Configurações Vinculares) e da SPAGESP (Sociedade de Psicoterapia Analítica de Grupo do Estado de São Paulo).

Luana Cristina Silva Santos

Psicóloga Clínica e Mestre em Psicologia Social pela Universidade Federal de Sergipe – Universidade Federal de Sergipe.

Luiz José Veríssimo

Psicólogo (PUC/RJ). Filósofo (mestrado, doutorado, pós-doutorado em Filosofia). Formação em Psicoterapia Vivencial com Tereza Erthal. Professor de Psicologias Existenciais e Humanistas e de Psicologia Analítica, na Veiga de Almeida. Supervisor clínico na área existencial e humanista, na UVA. Professor da Pós-Graduação em Psicologia Fenomenológico-Existencial na Universidade Paranaense (UNIPAR), e na Pós-Graduação em Psicologia Junguiana, Arte e Imaginário na PUC/RJ. Professor do Curso de Formação em Psicoterapia Vivencial. Publicou livros, capítulos e artigos nas áreas: Psicologia Existencial e Humanista, Jung, afetividade e relações humanas. Ética, Religião e Ecologia.

Maria Aparecida Penso

Psicóloga, Mestre e Doutora em Psicologia Clínica pela Universidade de Brasília. Pós-doutora em Psicossociologia pela Universidade Federal Fluminense. Terapeuta de Casais e Família. Coordenadora e Professora Titular do Programa de Pós-Graduação em Psicologia da Universidade Católica de Brasília. Pesquisadora e orientadora de alunos de Mestrado e Doutorado em questões relacionadas à dependência química, delinquência, violência e crianças e adolescentes em situação de acolhimento institucional, atuando principalmente nos seguintes temas: violência contra crianças, adolescentes, mulheres e idosos; dependência química e família; relações entre dependência química, delinquência e exclusão; relações entre a psicologia e o Direito na atenção ao dependente químico e à violência; construção de metodologia de intervenção com adolescentes e famílias; crianças e adolescentes em situação de acolhimento institucional. Autora de diversos artigos e livros sobre os temas de pesquisa acima apresentados. Seus quatro últimos livros são: *Jovens pedem socorro, Direitos e conflitos psicossociais, Abordagem à família no contexto do Conselho Tutelar* e *Infância e adolescência abandonadas.*

Maria Inês Gandolfo Conceição

Psicóloga, Psicodramatista. Especialista em Psicologia Hospitalar. Mestre e Doutora em Psicologia (UnB). Professora visitante na University of Toronto (2012). Professora Associada do Instituto de Psicologia da Universidade de Brasília (UnB). Coordenadora do Programa de Estudos e Atenção às Dependências Químicas (PRODEQUI/UnB) e Coordenadora do Programa de Pós-Graduação em Psicologia Clínica e Cultura (PPGPsiCC/UnB).

Marilda de Oliveira Coelho

Doutora PUCSP – Pontifícia Universidade Católica de São Paulo. Psicóloga Clínica da Saúde do Hospital de Clínica da Universidade Federal de Uberlândia – UF. Psicóloga da Clínica Psiade: atendimento de crianças, adolescentes, adultos e famílias

Marina Corrêa Damázio

Graduação em Psicologia pela Universidade Federal do Espírito Santo, em 2017. Mestranda do Programa de Pós Graduação em Psicologia da UFES.

Maura Ribeiro Alves

Formou-se em Psicologia pela Universidade Federal de Uberlândia. Mestre em Psicologia da Saúde/Processos Cognitivos (UFU). Especialista em Terapia Cognitivo-Comportamental (UFU). Especialista em Neuropsicologia (CFP). Tem experiência em atendimento psicoterapêutico e avaliação neuropsicológica, docência e pesquisa nas seguintes áreas: Terapia Cognitivo-Comportamental, Terapia Cognitiva do Esquema, Processos Cognitivos, Avaliação Neuropsicológica e Psicologia da Saúde (Hospitalar). Professora de Psicologia em Instituição de Ensino Superior. Supervisora de atendimento clínico em Terapia Cognitivo-Comportamental e Neuropsicologia. Professora de Pós-graduação em Terapia Cognitivo-Comportamental e Neuropsicologia. Professora do curso de formação em Terapia do Esquema.

Miguel Mahfoud

Psicólogo. Doutor em Psicologia Social pelo Instituto de Psicologia da Universidade de São Paulo. Professor Associado do departamento de Psicologia da Faculdade de Filosofia e Ciências Humanas da Universidade Federal de Minas Gerais, de 1996 a 2016

Naíra Barbosa Soares

Graduação em Psicologia pela Universidade Federal do Espírito Santo, em 2017.

Résia Silva de Morais

Psicóloga. Mestre em Psicologia com ênfase em Processos Cognitivos pela Universidade Federal de Uberlândia -UFU. Pós-Graduada em Terapia Cognitivo-comportamental – Uniara, Psicologia Hospitalar- Uniara e Psicopedagogia-UFU. Atualmente é Professora Universitária e trabalha em diversos contextos tais como: transtornos de comportamento, ideação suicida, transtornos de personalidades, disfunções sexuais, TAG, TOC, Bulimia, Anorexia, Dificuldades de Aprendizagem, Depressão e Terapia com Famílias Reconstituídas. Mensalmente discute com a sociedade sobre questões psíquicas e de comportamento em uma coluna mensal na Revista Cult Uberlândia e Região.

Silvana Carneiro Maciel

Graduação em Psicologia pela Universidade Federal da Paraíba/UFPB (1993); Mestrado em Psicologia Social pela UFPB (1997). Doutorado

Integrado em Psicologia Social pela UFPB/UFRN- (2007). Pós-Doutorado em Psicologia Social pelo ICS-Portugal (2014). Professora Associada II da UFPB da graduação e da Pós-graduação em Psicologia Social. Coordenadora do Grupo de Pesquisa em Saúde Mental e Dependência Química. Linha de Pesquisa Psicologia Social da Saúde. Bolsista Produtividade em Pesquisa, nível 2.

Sueli Guerreiro

Psicóloga Clínica. Atua com pessoas em situação de rua desde 2015. Coautora do livro *A prática da psicologia da saúde. atuação do psicólogo no contexto da saúde*; formação em psicoterapia fenomenológico-existencial pelo Centro de Psicoterapia Existencial.

Tiago Lupepsa

Formado em Psicologia pela Universidade Paranaense – UNIPAR, em 2006. Psicoterapeuta Existencial formado pelo Centro de Formação em Psicoterapia Existencial, em 2009. Psicólogo do Centro de Referência de Assistência Social – CRAS, de Pérola/PR, de 2008 a 2012. Psicólogo da Equipe de Equoterapia da Associação de Pais e Amigos dos Excepcionais – APAE, de Pérola/PR, de 2008 a 2012. Psicólogo do Serviço Auxiliar da Infância e Juventude – SAIJ, da Vara da Infância e Juventude da Comarca de Umuarama/PR, do Tribunal de Justiça do Estado do Paraná, desde 2012. Especialista em Psicologia Jurídica pelo Conselho Federal de Psicologia em 2015.

Este livro foi composto com tipografia Bembo
e impresso em papel Offset 75g. na Gráfica Del Rey.